わかりやすい！

IT 基礎入門 第4版

編著　アイテックIT人材教育研究部

JN105483

iTEC

人間力を、企業力に

内容に関するご質問についてのお願い

　この度は本書籍をご購入いただき誠にありがとうございます。弊社では本書の内容に関するご質問を受け付けております。書籍内の記述に，誤りと思われる箇所がございましたら，お問い合わせください。正誤のお問い合わせ以外の，学習相談，受験相談にはご回答できかねますので，ご了承ください。恐れ入りますが，質問される際には下記の事項を確認してください。

● ご質問の前に

弊社 Web サイトで「正誤表」をご確認ください。
最新の正誤情報を掲載しております。

https://www.itec.co.jp/learn/errata/

● ご質問の際の注意点

　弊社ではテレワークを中心とした新たな業務体制への移行に伴い，全てのお問い合わせを Web 受付に統一いたしました。お電話では承っておりません。ご質問は下記のお問い合わせフォームより，書名（第○版第△刷），ページ数，質問内容，連絡先をご記入いただきますようお願い申し上げます。

アイテック Web サイト　お問い合わせフォーム

https://www.itec.co.jp/contact

回答まで，１週間程度お時間を要する場合がございます。
あらかじめご了承ください。

● 本書記載の情報について

　本書記載の情報は 2023 年 8 月現在のものです。内容によっては変更される可能性もございますので，試験に関する最新・詳細な情報は，「独立行政法人 情報処理推進機構」の Web サイトをご参照ください。

https://www.ipa.go.jp/shiken/index.html

はじめに

　IT は「Information（情報）」と「Technology（技術）」で「情報の技術」です。
　AI，データサイエンス，IoT，ビッグデータなど，ニュースで IT の言葉はたびたび出てきますが，それらはどのような技術でしょう。

　学校では，小・中学校でプログラミング教育が始まり，高校で「情報Ⅰ」が必須科目になりました。学校で学習する IT の知識は社会人にとっても必要な内容で，仕事や生活をしていく上で，なくてはならない知識になっています。
　生活や仕事，社会で IT を活用することが多くなっている中で，便利さの裏にある情報セキュリティの重要性も非常に大きくなっています。

　本書は，少しでも多くの方に「IT を身近なものとして知ってほしい」という思いのもと制作しました。今回の第 4 版の改訂に当たっては，IT の基本事項からのわかりやすい説明を心がけながら，最新の IT 動向についても理解できるように，用語や説明を全面的に見直しました。

　掲載内容は，高校の「情報Ⅰ」に対応して改訂された「IT パスポート試験」のシラバス（Ver.6.2）に準拠していますので，IT パスポート試験の対策書としても利用していただけます。このシラバスでは，次のように三つの分野に分けて，社会人に必要な IT の知識が整理されています。
・**ストラテジ分野**……経営の基礎知識として，組織や人材育成・会計・法律の知識，企業の目標達成に向けてどのように経営を進めていくかという経営戦略の知識，その戦略に沿って IT をどのように活用するかという情報戦略の知識
・**マネジメント分野**……システム開発を適切に進めるための知識，チームで目標達成を目指すプロジェクトマネジメント，システムやサービスを継続利用するためのサービスマネジメント，第三者の視点でシステムを検証するシステム監査の知識
・**テクノロジ分野**……IT を目的どおりに活用するための基礎知識を学ぶ基礎理論，コンピュータのハードウェア・ソフトウェアの知識，IT を利用しやすくする情報デザインと情報メディアの知識，データベースやネットワーク，セキュリティなど技術を理解するための基礎知識

　この書籍を読み終わったとき，遠くにあった「IT」の世界が，少しでもあなたの身近なものになり，これからの生活に活かしていただければ幸いです。

2023 年 8 月
アイテック IT 人材教育研究部

目次

はじめに

読者特典

「ポイント復習！○×クイズ」の
ご利用について

　本書で学習した内容を振り返るため，PCやスマートフォンで演習できる「ポイント復習！○×クイズ」をご用意しました。書籍で学んだ必修ポイントを，○×クイズ形式で確認することができます。また，解説は音声付きなので，「目と耳で」復習ができます。スキマ時間の学習にご利用ください。

問題文を読んで，○か×を選びましょう。すべて本書で学習する内容です。

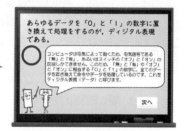

正解／不正解の判定のあと，解説が表示されます。間違えてしまった内容は，本書に戻って復習しましょう。
※解説表示時，音声が出ますので，デバイスの音量にご注意ください。音がなくても，ご利用いただけます。

①https://questant.jp/q/wakaruit4 に Web ブラウザからアクセスしてください。
②本書に関する簡単なアンケートにご協力ください。
　アンケートのご回答後，「ポイント復習！○× クイズ」に移動します。
③移動先の URL を，ブラウザのブックマーク／お気に入りなどに登録してください。
※こちらのコンテンツのご利用期限は，2026 年 8 月末です。
※毎年，4 月末，10 月末までに弊社アンケートにご回答いただいた方の中から抽選で 10 名様に，Amazon ギフト券 3,000 円分をプレゼントしております。ご当選された方には，ご登録いただいたメールアドレスにご連絡させていただきます。また，ご入力いただきましたメールアドレスは，当選した場合の当選通知，賞品お届けのためのご連絡，賞品の発送のみに利用いたします。
※プレゼント内容は，2023 年 8 月現在のものです。詳細は，アンケートページをご確認ください。

株式会社アイテック

第1部

企業と法務

IT は企業活動を支援する重要な役割をもちます。IT を十分に活用するためには，企業の目的や社会の中での企業の役割を理解し，企業活動に必要な組織や人材，科学的な考え方や会計に関する知識を理解することが必要です。また，企業活動を正しく進めるために，法律の知識も求められます。

1.1

企業活動

　企業とは，経営理念を掲げながら，利益を求めて永続的に活動をしていくものですが，最近では，社会や環境問題に対する貢献や役割を果たすことも重視されています。よい業績を残すため，ヒト，モノ，カネ，情報という経営資源を有効に活用することが求められ，企業活動の中で日々起きる問題も解決していく必要があります。そのための手法もこの章で紹介しています。

1　会社の仕事の仕組み

（1）経営理念と経営戦略

経営戦略▶
　会社をどのように経営していくかは，経営戦略によって決まりますが，この経営戦略を確立するためには，どの分野で活動するのかという「戦いの場」を明確にしておく必要があります。どんな大企業であっても世界全体をターゲットにすることは不可能です。自社のターゲットを明確に定め，重点的に攻略していくことが経営戦略の基本です。ターゲット

経営理念▶
を定めるときにベースになるものが経営理念や企業ミッションです。

```
┌──────────────────────┐
│  経営理念，企業ミッション  │
└──────────────────────┘
            ↓
┌──────────────────────┐
│        経営戦略        │
└──────────────────────┘
            ↓
┌──────────────────────┐
│      中長期経営計画      │
└──────────────────────┘
            ↓
┌──────────────────────┐
│       年度経営計画       │
└──────────────────────┘
```

図　経営理念，経営戦略と経営計画

　経営理念は，組織がもつ価値観や信念，組織の存在および活動目的，それら基になる考え方のことです。

　会社の経営は，この経営理念がベースになり，それを基に経営戦略，中長期経営計画が策定され，さらに，年度経営計画が策定されます。経営計画の中で，企業が進むべき目標が設定されています。

(2) 経営資源

　企業は，資本家から資本を集めて経営資源を手に入れ，それを有効に活用して利益を上げていくことを求められます。**経営資源**とは，会社を運営していくために必要となるもので，企業で働く「**ヒト**」，企業で販売・製造する「**モノ**」，経営資金となる「**カネ**」，経営戦略を決めるための「**情報**」が重要な経営資源です。このため，企業が保有するヒト，モノ，カネ，情報をできる限り有効に活用していくことが経営者に求められています。また，これらの経営資源を，有効に活用していくための方法として，**情報システム**を含む IT（Information Technology：情報技術）が利用されます。

① CSR（Corporate Social Responsibility：社会的責任）

　利益を追求するだけでなく，社会問題や環境問題の解決や，倫理にかなった活動をすることも企業の重要な責任になっています。

② SRI（Socially Responsible Investment：社会的責任投資）

　CSR の取組みを考慮して投資を行うことです。環境問題に取り組んでいる企業との取引を重視するといったことが行われています。

③グリーン IT

　環境保護や資源の有効利用など，地球環境の保全に十分に配慮して IT を活用したり，IT 製品の設計・生産を行ったりすることです。省エネの推進やリサイクル原料の使用などが行われています。

④SDGs（Sustainable Development Goals：持続可能な開発目標）

　2015 年の国連サミットで採択された，2030 年までに持続可能でよりよい世界を目指す国際目標のことです。多くの国や企業で積極的な取組みが開始されています。

⑤ステークホルダ（stakeholder）

　利害関係者という意味で，影響を与えたり受けたりする個人や組織を指しています。企業のステークホルダとしては，顧客，株主，経営者，従業員（その家族）などが挙げられます。

⑥コーポレートブランド

　企業のもつブランド力を指します。企業名から製品やサービスの品質イメージを連想させることで，競争優位性をもたらすことを目的としています。

経営資源▶
ヒト▶
モノ▶
カネ▶
情報▶
情報システム▶
IT▶
CSR▶
SRI▶
グリーンIT▶
SDGs▶
ステークホルダ▶
コーポレートブランド▶

(3) 経営管理

PDCA ▶　① PDCA

マネジメント
サイクル ▶

　仕事をうまくこなしていくためには，場当たり的な進め方ではなく，**マネジメントサイクル**（management cycle）をきちんと回すことが重要になります。

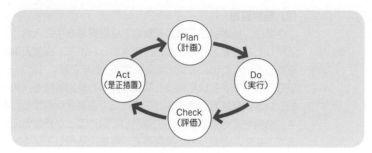

図　PDCA サイクル

Plan ▶　　仕事を行うためには，まず計画（**Plan**）を立てることが重要です。計画を立てずに仕事を行っても，よい結果は得られません。多くの人は仕事を行うときに，計画を立てて行いますが，大切なことは資料やデータとして残しておくことです。次に，計画に従って，業務を実行

Do ▶　　（**Do**）します。そして，実行した実績（結果）をしっかり把握するこ

Check ▶　とが重要です。把握した実績と計画とを比較して，評価（**Check**）します。もし，実績が計画を下回れば，何らかの問題が発生している

Act ▶　ことになるので，その問題を解決するための是正措置（**Act**）を行う必要があります。

PDCA
サイクル ▶

　この PDCA（Plan-Do-Check-Act）の流れを **PDCA サイクル**といい，これをきちんと回せば，企業活動は少しずつ改善されていくことになります。

OODA ▶　② OODA（Observe-Orient-Decide-Act；ウーダ）

　先の読めない状況で成果を出すための意思決定方法で，監視・観察（Observe），情勢判断（Orient），意思決定（Decide），行動（Act）の四つのステップで構成され，これらを繰り返し行うことからOODA ループといいます。PDCA は環境や状況の変化が少ない場合には適した考え方ですが，状況に合わせた柔軟な対応を素早く実現する考え方として OODA は注目されています。

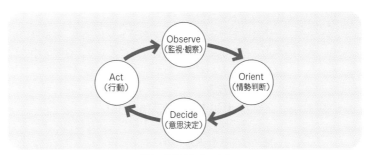

図　OODA ループ

BCP ▶
③ BCP（Business Continuity Plan：事業継続計画）

　　災害や事故などが発生した場合にも，可能な範囲で事業の継続ができるように，事前に策定された計画のことです。普段からの対策を含め，事業の継続やそのための復旧に重点を置いた計画となっています。事業継続に当たっては，BCP だけではなく，実際の運用や訓練，改善など一連のプロセスが必要となりますが，この一連のプロセス管理を

BCM ▶
BCM（Business Continuity Management：事業継続管理）といいます。

(4) ヒューマンリソースマネジメント（人的資源管理）

　　経営資源の一つである「ヒト」は，従業員が健康でやりがいをもち，能力やスキルを高められることが重要な要素となります。そのために，定期的な従業員の健康管理や，研修などの教育を実施します。

HR テック ▶
① HR テック（HRTech）

　　HR（Human Resource）と Technology を合わせた造語で，IT を活用して戦略的に人材を獲得・育成・管理していく試みのことです。具体的には，企業の労務管理・人事管理や，福利厚生，教育・研修，採用（労働力獲得）などの業務を，担当者の経験や勘に頼らず，AI（人工知能）やネットワーク，クラウドサービスの利用，データ分析ツールの活用などによって業務を効率化し，高い効果を目指します。

MBO ▶
② MBO（Management by Objectives：目標による管理）

　　担当者ごとに業務上の目標を設定し，担当者自身が目標達成に向けての業務遂行や進捗管理を主体的に行う活動のことです。

HRM ▶
③ HRM（Human Resource Management）

　　企業の重要な資源である人材を育成したり活用したりすることで，人材を中長期的に有効活用することを目的とするマネジメント手法です。

タレント
マネジメント▶

④タレントマネジメント

　企業におけるタレントマネジメントとは，従業員の能力・資質・スキルなどの情報を一元管理することです。企業の中で横断的に人材開発を行うことができ，戦略的な人材配置が可能となります。

⑤人材育成方法

OJT▶

・OJT（On the Job Training）

　日常の業務を通じて，上司や先輩が職務を遂行する上で必要な知識や技能を計画的，継続的に修得させる職場内訓練のことで，従業員の個性に応じた細かい教育が可能となります。

・Off-JT（Off the Job Training）

　日常の業務から離れ，講師による集合教育の形で実施される職場外訓練です。

アダプティブ
ラーニング▶

・アダプティブラーニング（adaptive learning）

　学習する人の理解度や得意・不得意を調べ，次に学習するのに最適な内容や演習問題を提示して，効率良く学習目標に到達できるように最適化した学習方法のことです。アダプティブ（adaptive）という言葉は「適応する」という意味です。

コーチング▶

・コーチング

　質問や簡単なアドバイスを投げかけ，自ら目標に向かって行動を起こすように仕向ける社員育成方法です。

メンタリング▶

・メンタリング

　コーチングと同様に，対話によって気付きや自発的な行動を促すようなコミュニケーションによる育成方法ですが，それに加えて，悩みの相談や心の整理など，メンタルにかかわる部分の支援を行います。

ダイバーシティ▶

⑥ダイバーシティ

　ダイバーシティとは，「多様性」のことで，国籍，年齢，性別など，個人や集団における多様性を尊重し積極的に活用していく社会のことです。

ワーク
エンゲージメント▶

⑦ワークエンゲージメント（work engagement）

　働きがいのことです。仕事から活力を得て，誇りと意欲をもち，いきいきとしている「活力・熱意・没頭」がそろった状態のことです。

ワークライフ
バランス▶

⑧ワークライフバランス（work life balance：仕事と生活の調和）

　やりがいや充実感を感じながら仕事上の責任を果たし，家庭生活などにおいても人生の各段階に応じて様々な生き方を選択できるなど，多様かつ柔軟な働き方を目指す考え方です。

(5) 企業活動や社会生活における IT 利活用の動向

　コンピュータが年々高性能になり，ネットワークの高速化やスマートフォンなどの携帯端末の普及に伴って，企業や社会のあらゆるところでITの利活用が広がりました。最近ではAIが進化した象徴ともいえるOpenAI社のChatGPT (Chat Generative Pre-trained Transformer) を代表とする生成AI（文章や音声・画像などの様々なコンテンツを生成するAI）の活用方法について議論が交わされています。

　将来のIT利活用の姿が見えにくい状況の中で，企業活動や社会生活におけるIT利活用は着実に進んでいます。

第4次産業革命▶
インダストリー 4.0 ▶
①第4次産業革命（インダストリー 4.0）

　医療や社会インフラ，交通システムなどの生活における様々な領域で，インターネットやAIを活用して，サービスの自動化と質の向上を図る技術革新のことです。データ解析した結果の活用技術や，シェアリングエコノミー，AIやロボットの活用，フィンテックなどの事例があります。なお，第1次産業革命は18世紀末以降の水力や蒸気機関による工場の機械化，第2次産業革命は20世紀初頭の電力を用いた大量生産，第3次産業革命は1970年代初頭からの電子工学やITを用いたオートメーション化の進展を指しています。

Society 5.0 ▶
② Society 5.0

　我が国が目指すべき未来社会の姿として提唱された取組みのことで，「サイバー空間（仮想空間）とフィジカル空間（現実空間）を高度に融合させたシステムにより，経済発展と社会的課題の解決を両立する，人間中心の社会（Society）」（内閣府）とされています。

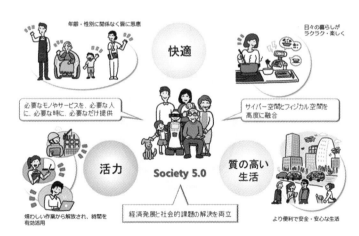

出典：内閣府ホームページ（https://www8.cao.go.jp/cstp/society5_0/）

図　Society 5.0 が目指すこと

データ駆動型
社会▶
③データ駆動型社会

　非常に多くのコンピュータや通信機器，センサーなどがネットワークでつながり（IoT），莫大なデータ（ビッグデータ）が時々刻々と蓄えられています。これらのデータをAIも含むITを活用して分析し，社会に日々役立てている姿を実現している社会がデータ駆動型社会といえます。

デジタルトランス
フォーメーション▶
DX▶
④デジタルトランスフォーメーション（DX：Digital Transformation）

　デジタル技術を用いて企業のビジネスを変革し，価値提供の方法を大きく変化させることです。

　経済産業省が企業向けに公表したDX推進に関する資料では，「企業がビジネス環境の激しい変化に対応し，データとデジタル技術を活用して，顧客や社会のニーズを基に，製品やサービス，ビジネスモデルを変革するとともに，業務そのものや，組織，プロセス，企業文化・風土を変革し，競争上の優位性を確立すること」としています。

2 仕事と組織

（1）組織はなぜ必要か

　企業の仕事は1人で行うことはできません。企業は，仕事を効率的
組織▶
に行うために，業務を組織で分担させています。この組織は，社長など経営者が中心となって決めていくことになります。

株主総会▶
　会社の最終的な意思決定は株主総会で行うことになりますが，通常は，株主総会で選出された取締役会で意思決定されます。社長は，会社の仕事を行う最高責任者ですが，実際の仕事を社長自身が行うわけではありません。仕事が最も効率良く行われるように，役割分担を行い，遂行していくための組織（部門）を作り，責任者を決めます。そして，組織を任された責任者は，その役割を最も効率良く行えるように，さらにその組織の中を細かい役割に対応させた組織に分けていきます。

　組織構成の考え方はいくつかあり，次の図の組織は役割を徐々に細か
階層型組織▶
くしていった，従来からある階層型組織と呼ばれるものです。基本的に上位職の指示によって下部組織が働きます。

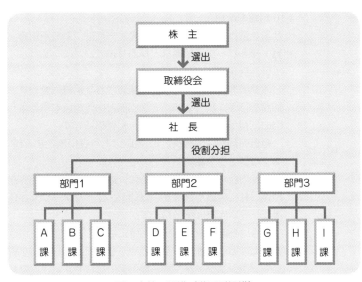

図　会社の組織（階層型組織）

(2) ライン部門とスタッフ部門

　　組織を構成する各部門は，大きくライン部門とスタッフ部門に分ける
ライン部門▶ ことができます。**ライン部門**は，購買，生産，販売という企業の基幹業
スタッフ部門▶ 務に直接かかわる部門で，**スタッフ部門**は，ライン部門を支援する総務，
経理，情報システムなどの部門が該当します。ラインアンドスタッフ組
織ということがあります。

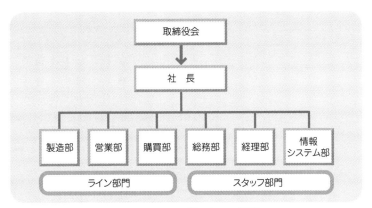

図　ラインアンドスタッフ組織

（3）組織の形態

　仕事を遂行するための組織の考え方には，職能別組織，プロジェクト組織，マトリックス組織などがあります。

職能別組織▶　**①職能別組織**

　職務の機能（職能）ごとに組織された組織形態です。例えば，販売活動を行う人たちを集めて販売部という組織を作るように職能別に専門的に担う組織単位を基にした組織構造です。

　組織の統制は階層構造で，権限はトップに集中する傾向があります。

プロジェクト
組織▶　**②プロジェクト組織**

　特定の目的を達成するために，期間を決めて社内外から人を集めて組織された組織形態です。プロジェクトマネージャが任命され，目的達成が完了すれば解散します。

　利点は権限・責任体制が明確になることです。欠点は要員配置が非効率になる可能性があることや，今まで所属していた組織から離れるためプロジェクトメンバーが不安になりやすいことです。

マトリックス
組織▶　**③マトリックス組織**

　人材を通常の職能別組織に所属させたまま，特定のプロジェクトメンバーの一員としての役割ももたせ，プロジェクトリーダーの指揮系統のもとで作業を行わせる組織形態です。

　職能別組織とプロジェクト組織の両方の利点を併せもつ面もありますが，職能部門の管理者とプロジェクトリーダーの2人の上司の指示が食い違うと，業務が混乱する欠点があります。

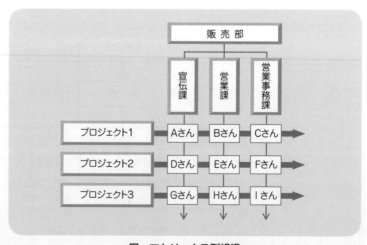

図　マトリックス型組織

(4) トップの職務分担

　日本の企業でも，トップの職務分担に応じて，次のような呼称を用いることが多くなっています。

CEO ▶ 　・CEO（Chief Executive Officer：最高経営責任者）
　　日本の企業では，通常，社長に当たる職務です。

CIO ▶ 　・CIO（Chief Information Officer：最高情報責任者）
　　日本の企業では，情報システム担当取締役に当たります。情報戦略立案などを行います。

CFO ▶ 　・CFO（Chief Financial Officer）
　　日本の企業では，経理担当取締役に当たります。

3 業務分析とデータの利活用

(1) 仕事を改善する必要性

　仕事を進めていくと，業務上の問題や改善すべき点が出てきます。商品の品質にかかわる問題や，顧客からのクレームなどには，迅速に対応する必要があります。また，厳しい競争の中で企業が生き残るためには，常に商品やサービスを改良し，また，仕事の効率を改善して，コストダウンを図っていかなければなりません。

　仕事を改善していくためには，どこに問題があるのかを発見し，改善すべき点を明確にする必要があります。この問題発見と解決する技法には，いろいろな方法があります。

情報収集▶ ### (2) 情報収集の技法

　問題点を明らかにするためには，業務内容や調整対象に関する情報やデータを収集して分析する必要があります。情報やデータを収集する技法には，次のようなものがあります。

インタビュー▶
面談▶ 　①インタビュー（面談）

　現場の担当者や責任者と対面して，問題に関する事項について，直接聞き取りを行うことです。具体的で詳細な情報を得ることができますが，調査に時間がかかるのが難点です。インタビューの仕方としては次のような方法があります。

構造化
インタビュー▶ 　・構造化インタビュー

　あらかじめ決めた質問を基に対話をして，聞き取り調査を行います。

半構造化
インタビュー▶ 　・半構造化インタビュー

　あらかじめ決めた質問を基に実施しますが，回答に応じてさらに細かい内容の聞き取りを行います。

非構造化
インタビュー▶
・非構造化インタビュー
　　質問する内容は特に決めずに聞き取りを行い，意識していない考え方や意見を引き出します。

アンケート
調査▶
②アンケート調査
　　調査する項目を設定したアンケート用紙を作成して，回答者の意見を収集し，傾向を把握します。

フィールド
ワーク▶
③フィールドワーク
　　調査内容に関係する場所を実際に訪れて調査対象を直接観察し，関係者へのインタビューやアンケート調査を行い，現地での資料の収集を行うなどする調査技法です。

(3) データの種類

　　データを分析するには，データそのものの特徴を理解しておく必要があります。

①量的データと質的データ

量的データ▶
・量的データ
　　在庫量や金額・長さなど，数値の大小に意味があるデータです。

質的データ▶
・質的データ
　　血液型や性別・満足度など，記号や番号を付けて内容を区別したデータです。

②構造化データと非構造化データ

構造化データ▶
・構造化データ
　　データを構成する内容（属性）が事前に決まっているデータです。

非構造化
データ▶
・非構造化データ
　　日常発生する音声や画像データ，SNSの意見など，事前に定義できないデータです。データ量や種類が多い，発生頻度が高いといった特徴があります。

時系列データ▶
③時系列データ
　　時間による変化を示したデータです。

クロス
セクションデータ▶
④クロスセクションデータ（横断面データ）
　　ある時点における，場所やグループ別に記録した複数の項目を集めたデータです。

メタデータ▶
⑤メタデータ（metadata）
　　データ自体の特徴などを表すデータです。例えば，書籍の管理において，書籍の内容をデータとすると，書籍のタイトルや著者や出版社などの情報がメタデータになります。

(4) データの前処理

データを利活用するに当たって，利用できない異常値や不完全なデータを取り除いたりする前処理を行います。このほか，次のような前処理を行うことがあります。

データの
名寄せ▶ ①**データの名寄せ**

同じ顧客，同じ会社，同じグループなどのデータをまとめることです。例えば，一人1回しか応募できないプレゼントの抽選では，名前や住所のデータを応募データとして名寄せします。

アノテーション▶ ②**アノテーション（annotation）**

データに対してメタデータを注釈として付けることです。AIの機械学習では，データに属性を示すタグ付けを行いますが，これもアノテーションといえます。

(5) データ分析と統計情報の活用

データが大量にあり，一つ一つ分析できないときは，その中から一部のデータを抽出し，そのデータを分析することによって，データ全体の特徴を把握します。

母集団▶ ①**母集団**

標本▶ 標本（サンプル）を抽出する対象となる全体のデータのことです。

②**データ抽出の方法**

標本抽出▶ ・**標本抽出（サンプリング）**

母集団から一部の標本を取り出して分析することによって，母集団全体の状況を推定する統計技法のことです。全体を調べることは全数調査といわれます。

単純
無作為抽出▶ ・**単純無作為抽出（ランダムサンプリング）**

母集団のすべての要素を同じ確率で抽出する方法です。

層別抽出▶ ・**層別抽出**

母集団を複数の層（グループ）に分け，各層から必要な数の標本を抽出する方法です。

多段抽出▶ ・**多段抽出**

母集団を複数の段階に分けて標本を抽出する方法です。

（例）国→市町村→地点→世帯の抽出

仮説検定▶ **③仮説検定**

設定した仮説が正しいかどうかを統計的に検証することです。思い

バイアス▶ 込みやデータに偏り（**バイアス**）がないかなどに注意します。

有意水準▶ 　**・有意水準**

設定した仮説が間違っていると判断する基準となる確率のことです。例えば，ある仮説の有意水準が5％だとすると，この仮説が間違っている確率が5％あるが，95％は信用できると考えてよいことを示します。

第1種の誤り▶ 　**・第1種の誤り**

本来は合格品だったのに，不良品としてしまうことです。生産者が損をするので，生産者危険（あわて者の誤り）といいます。

第2種の誤り▶ 　**・第2種の誤り**

本来は不良品だったのに，合格品としてしまうことです。消費者が損をするので，消費者危険（ぼんやり者の誤り）といいます。

ABテスト▶ **④ABテスト**

Aパターン，Bパターンの異なる内容を提示して，効果を比較するテストのことです。Webサイトや広告の効果を調べるときに利用されます。三つ以上の内容を提示する場合もあります。

（6）ビッグデータ分析

従来のデータベースでは記録や保管，解析が難しい膨大な量のデータ

ビッグデータ▶ を**ビッグデータ**（big data）といいます。この大量のデータをコンピュー

データ
マイニング▶ タを使って統計的な分析を行い，将来予測に使える傾向やパターンを見つけ出すことを**データマイニング**（data mining）といいます。

BI▶ **①BI（Business Intelligence）**

業務システムなどで蓄積されたデータを統合・分析・加工し，業績の評価や経営戦略の策定などに活用する手法や技術のことです。

データ
ウェアハウス▶ **②データウェアハウス（data warehouse）**

大量のデータを保管する倉庫の意味で，データ分析や意思決定などに利用することを目的としたデータベースです。

テキスト
マイニング▶ **③テキストマイニング（text mining）**

文字データを対象としてデータマイニングすることです。キーワードの出現頻度や関係性などを分析し，流行や傾向などを把握することができます。

オープン
データ▶ **④オープンデータ（open data）**

利用可能な形式で公開されたデータで，誰でもルールの範囲内で自由に複製・加工や頒布などができるデータのことです。

パーソナル
データ▶ ⑤**パーソナルデータ**（personal data）

　広い意味での個人に関するデータのことです。駅前の人の動きなど，特定の個人を識別できないようにしたデータを指します。

データ
サイエンス▶ ⑥**データサイエンス**

　データに関する研究を行う学問領域のことで，情報科学や統計学を活用して，ビッグデータから意味のある法則や関連性を導き出します。

データ
サイエンティスト▶ ⑦**データサイエンティスト**

　主にビッグデータを統計的に分析し，必要な加工をして，必要な情報，傾向，関連性を導き出すことを行う専門家のことです。分析によって課題の解決や新たな価値を生み出すアイディアの抽出を行います。

(7) 問題解決の手法

　収集したデータは，整理・分析することによって，そのデータのもつ意味や，真の問題を把握することができます。問題を整理・分析し，解決するための方法として，次のようなものがあります。

ブレーン
ストーミング▶ ①**ブレーンストーミング**（brainstorming）

　複数人による自由討議を行うことによって，自由な発想やアイディア出す方法です。次のようなルールのもとで進めます。

ルール	解説
批判禁止	他人のアイディアや意見を批判しない。
質より量	短時間にできるだけ多くのアイディアや意見を出すようにする。
自由奔放	奔放な意見を歓迎する。奇抜なものでも，どんどんアイディアを出すようにする。
結合・便乗歓迎	他人のアイディアに便乗して，さらに発展したアイディアを出していく。

表　ブレーンストーミングのルール

ブレーン
ライティング▶ ②**ブレーンライティング**（brainwriting）

　発言せずにアイディアをどんどん書き出していく手法です。アイディアを書いた回覧板を回しながら，他の人のアイディアに関連させて新たなアイディアを書き出していくので，多くのアイディアを引き出すことができます。

他の人の意見を聞いて考えているうちに，新しい意見やアイディアが出てくることがあるよね

親和図法▶

③親和図法

　問題点を明らかにするため，あるテーマについてブレーンストーミングで意見を多く引き出し，小さな紙のカードに1行の見出しを表示して，これらを整理・統合していって全体をまとめる手法です。

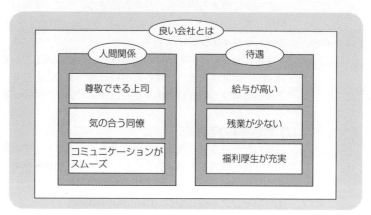

図　親和図法

（8）問題解決のための意思決定

　データを分析した結果を基に，どのような決断や行動をするかは責任者の意思決定に基づくことになります。意思決定を効率的に行うために科学的な裏付けのある手法が使われます。

デシジョン
ツリー▶

①デシジョンツリー

　意思決定を行う場合の判断材料として，取り得る複数の選択肢それぞれの発生確率と期待値を求め，枝分かれした木に似せたツリー形式で表現した図です。

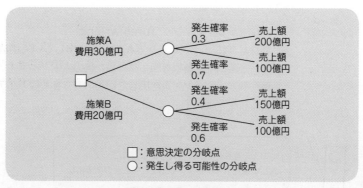

図　デシジョンツリー

シミュレーション▶ ②シミュレーション（simulation：模擬実験）

　現実の世界で実験が行えないとき，コンピュータ上で実際に近い状態を作り出して，模擬的にテストを行い評価することです。

モデル化▶ ③モデル化（確定モデル，確率モデル）

　実際の現象や実物を単純化して，似せたもの（モデル）を作ることです。モデル化によって，条件を変化させてシミュレーションでき，分析した結果を活用することができるようになります。

　　・確定モデル

　　　不規則な現象を含まず，計算式などで結果を表せるモデルです。

　　・確率モデル

　　　クジ引きやサイコロを振って出る目のような不規則な現象を含んだモデルです。

在庫管理▶ ④在庫管理

　在庫管理にかかる費用を最小にする適正在庫量と発注量を求めます。

　　・定量発注方式

　　　在庫がある量（発注点）になったら，一定量を発注する方式で，販売個数が多く，仕入に時間がかからない商品や材料の発注に適しています。

　　・定期発注方式

　　　発注間隔を決めて一定にし，需要予測から発注量を決定する方式です。販売個数が少なく，仕入に時間がかかる商品や材料の発注に適しています。

与信管理▶ ⑤与信管理

　売上代金の回収でリスクが発生しないように，相手先企業の財務内容，安定性，成長性を管理することです。

4　業務分析のための代表的な手法

　収集した情報やデータを分析する手法には，様々なものがあります。

　QC（Quality Control）とは，統計的な手法を利用して問題発生原因などを整理・分析するための手法で，製造業における品質改善の手法として利用されてきました。

QC 七つ道具▶ 　QC を使った改善活動で使用されてきた具体的な手法が **QC 七つ道具**で，品質改善に限らず，業務分析や問題を整理・分析する手法として，広く使用されています。

特性要因図▶ **(1) 特性要因図**

　特性（結果）と，それに影響をおよぼすと思われる要因の関係を整理して，魚の骨のような形に体系的にまとめたもので，結果に対してどのような原因が関連しているかを明確にするために使います。魚の骨のような図になるため，フィッシュボーンチャートともいいます。

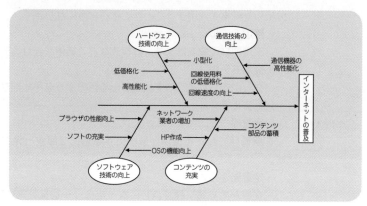

図　特性要因図

　（a）特性を書き，特性に向かって大きな矢印（背骨）を引く。
　（b）特性に大きな影響を与える要因の中でも大きなものを挙げ，背骨に向かって矢印（大骨）を引く。
　（c）大骨に対して考えられる要因を書き込み（中骨，小骨），要因を整理する。

パレート図▶ **(2) パレート図**

　横軸に項目を，縦軸に件数や売上高の値を取り，値の大きいものから順に並べて棒グラフで，その累積率を折れ線グラフで表したものです。

ABC分析▶　パレート図の応用として，**ABC分析**があります。これは値の大きいものから順番に並べ，累積比率80%までの項目をA，累積比率90%までの項目をB，その他をCというようにグループ分けして管理します。例えば，不良の発生原因についてABC分析を行い，Aグループのものを重点的に解決すれば，80%の不良を解決できるわけです。

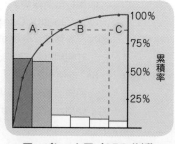

図　パレート図（ABC分析）

ヒストグラム▶ **(3) ヒストグラム**

　データの範囲をいくつかに細分化し，データの分布状態を棒グラフで表したものです。ヒストグラムを作成することで，データの分布状況，中心値，ばらつき具合がひと目でわかります。

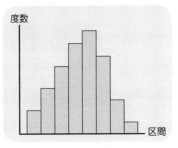

図　ヒストグラム

散布図▶ **(4) 散布図**

　相互に関係があると思われる二つの特性値をグラフの横軸と縦軸にとり，該当する点を記入したものです。二つの特性値の間に相関関係があるかどうかを判断できます。相関関係とは，2組のデータの関連性のことで，片方の値が変化したときに，それに伴って，もう片方の値も変化する傾向があれば相関関係があります。

正の相関関係▶ 　散布図で点が右肩上がりに分布する場合は，「**正の相関関係**」があり，片方の値が増加すればもう片方の値も増加する傾向をもちます。逆に，

負の相関関係▶ 右肩下がりに分布する場合は，「**負の相関関係**」があり，片方の値が増加するともう片方の値は減少する傾向をもちます。

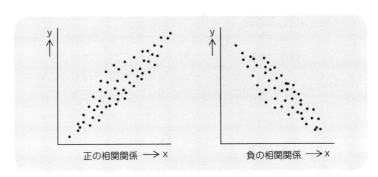

図　散布図

チェックシート▶ **(5) チェックシート**

　項目の確認を目的として作成された表のことです。大きく分けて記録用と点検用があります。記録用チェックシートは，データをいくつかの項目別に分類して，チェックできるようにした表です。点検用チェックシートは，確認しておきたい事項を書き並べた表のことです。目的やチェックの対象の項目によって様々なものがあり，特に決まったフォーマット（様式）はありません。

年代	男性	女性
20 歳未満	＋＋＋＋　＋＋＋＋　‖	＋＋＋＋
20 歳代	＋＋＋＋　＋＋＋＋　＋＋＋＋　＋＋＋＋　＋＋＋＋	＋＋＋＋　＋＋＋＋　＋＋＋＋　＋＋＋＋　‖
30 歳代	＋＋＋＋　＋＋＋＋	＋＋＋＋　＋＋＋＋　‖‖
40 歳以上	＋＋＋＋	‖‖

表　チェックシート（来店者調査）

層別▶ **(6) 層別**

　得られたデータや調査結果などを，それらに共通の条件や項目でグループ分けすることです。層別に分けることで，漠然としているデータの特徴をはっきりさせることができます。通常はデータを層別で分けた後，パレート図やヒストグラムを利用して分析します。

管理図▶ **(7) 管理図**

　異常の発生を確認するための図で，データの取るべき値を中心として，特性の変動の大きさを折れ線グラフで表します。取るべき値を中心線とし，許容できる上限を上方管理限界線，下限を下方管理限界線として明示し，異常値を発見できるようにしたものです。

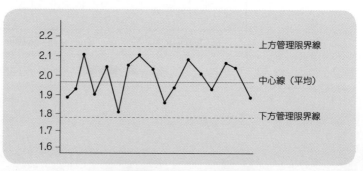

図　管理図（ステンレス棒測定値）

5 企業会計と財務

　　　企業は「ゴーイング・コンサーン」という言葉でいわれるように，将来にわたって，無期限に事業を継続し，廃業や財産整理などをしないことを前提とする必要があります。継続的に事業活動を行うことを前提に，通常，1年に1回，利益を計算して，株主などの関係者に示す必要があります。これを**決算**といいます。そして企業は，毎期の経営の結果を**財務諸表**として整理します。財務諸表の目的は次のとおりです。

決算▶
財務諸表▶

①経営者への情報提供　　②株主への情報提供
③債権者への情報提供　　④国・地方公共団体への情報提供（税金の申告）
⑤従業員・労働市場への情報提供

貸借対照表▶
損益計算書▶
キャッシュ
フロー計算書▶

　　　財務諸表には，**貸借対照表**，**損益計算書**，**キャッシュフロー計算書**などがありますが，それぞれの作成目的は次のとおりです。

①貸借対照表　→　財政状態（財産：ストック）を明らかにする。
②損益計算書　→　経営成績（利益：フロー）を明らかにする。
③キャッシュフロー計算書　→　手持ち現金（キャッシュ）が増えたか減ったかを明らかにする。

貸借対照表▶

(1) 貸借対照表

資産▶

　　　企業の資産の状況を示した表です。左側の部分（借方）と右側の部分（貸方）に分かれています。借方は企業の保有している**資産**の状況を表しています。これに対して，貸方はその資産を調達するための資金をどのように調達したかを表しています。

流動資産 （1年以内に現金化される資産 ・正常営業循環過程にあるものを含む）	流動負債 （1年以内に支払い期限の到来する負債 ・正常営業循環過程にあるものを含む）
固定資産 （1年を越えて活用されることで現金化される資産）	固定負債 （1年を越えて支払期限の到来する負債）
	自己資本 （返済を要しない資本調達）

表　貸借対照表

　　　上の表のように，企業の保有している資産は，1年以内に現金化できる流動資産と，建物などの長い期間をかけて現金化する固定資産に分類して表示することになっています。これに対して，資金の調達方法は大きく自己資本による調達（**純資産**）と借入（**負債**）による調達に分類でき，借入による調達は1年以内に返済しないといけない流動負債と，1年以上の長期にわたって返済する固定負債に分類されます。

純資産▶
負債▶

流動比率▶　①流動比率

企業の短期の支払い能力を示すもので，

流動比率＝流動資産÷流動負債×100（％）

で計算します。この値は200％以上であることが健全経営ということでは望ましい状態で，100％以下になると要注意となります。

固定比率▶　②固定比率

自己資本（純資産）に対する固定資産の比率で，

固定比率＝固定資産÷自己資本×100（％）

で計算します。自己資本でいかに固定資産を調達しているかを示す値で，少ない方が有利ですが，一般に100％以下にするのは困難です。

投資利益率▶　③投資利益率（ROI：Return On Investment）

"ROI" と呼ばれる収益性を表す指標で，

投資利益率＝経常利益÷総資本×100（％）

で計算します。その投資でどれだけの利益があったのかを示し，投下した総資本がどのくらいの効率で利益を生み出しているかわかります。

損益計算書▶　**(2) 損益計算書**

企業の損益状況を示した表で，最初に売上高を表示し，そこから売上
売上総利益▶　原価を引いた**売上総利益**（第一の利益，**粗利益**ともいう），そこから販
粗利益▶　売費及び一般管理費を引いた**営業利益**（第二の利益），さらにそこから
営業利益▶
経常利益▶　利子などの営業外損益を加減した**経常利益**（第三の利益）を表示します。

科目	計算方法	収益の種類
売上高		
期首商品棚卸高		
当期商品仕入高		
期末商品棚卸高		
売上原価		
売上総利益	＝売上高－売上原価	第一の利益
販売費及び一般管理費		
営業利益	＝売上総利益－販売費及び一般管理費	第二の利益
営業外収益（収益，費用）		
営業外費用		
経常利益	＝営業利益＋営業外収益－営業外費用	第三の利益

表　損益計算書

ここで，売上原価は，次のように計算されます。

売上原価＝期首商品棚卸高＋当期商品仕入高－期末商品棚卸高

損益分岐点▶ **(3) 損益分岐点**

企業の利益は，売上高から費用を引いて求められます。

利益＝売上高－費用

費用には売上高に比例して増加する変動費と売上高に関係なく一定である固定費に分類できます。これを使用して，利益を計算します。

利益＝売上高－（変動費＋固定費）

変動費という項目は，売上高に比例するので，変動費率という項目を使用し変動費の式を表すと，次のようになります。

変動費＝売上高×変動費率

これらを使用して，利益を表すと次のようになります。

利益＝売上高－（売上高×変動費率＋固定費）

＝売上高×（1－変動費率）－固定費

損益分岐点は，利益が0になる売上高，つまり売上高と費用が等しくなる点です（売上高＝固定費＋変動費）。

計算式で表すと次のようになりますが，今は覚える必要ありません。大事なことは利益が0になる売上高，つまり，損益分岐点は利益も損失も出ない，（儲けも損もない）トントンの状態の部分だということです。

0＝売上高×（1－変動費率）－固定費

$$（損益分岐点）売上高＝\frac{固定費}{1－変動費率}＝\frac{固定費}{1－\dfrac{変動費}{売上高}}$$

この関係を，図で表すと次のようになります。売上が小さいときは，売上高よりも費用（固定費と変動費の合計）が多く，利益がマイナスになりますが，損益分岐点のところで，売上と費用が等しくなり，そこを超えると売上高が費用を上回り利益が出るようになります。

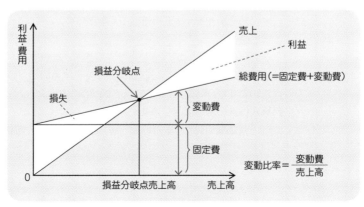

図　損益分岐点

ぼくがケーキを作って，お店に販売してもらうとしよう
売れても売れなくても，お店には，5,000円を支払う約束になっているよ
ケーキ1個の値段は250円。材料，光熱費などで1個作るのに50円かかる
いくつ売れたらいいんだろう？

t個作る費用は，お店に払う固定費＋変動費だから，

　　5,000 ＋ 50 × t（円）になるわね

t個売れたとき売上は 250 × t（円）で，売上と費用が等しいときは，

　　250 × t（円）＝ 5,000 ＋ 50 × t（円）　となって，

　　250 × t － 50 × t（円）＝ 5,000（円）から，200 × t（円）＝ 5,000（円）

　　5,000 を 200 で割って，t ＝ 25

ケーキが25個売れればトントン，つまり損も儲けもない状態よ

まさに，ここが損益分岐点ってことになるのね

（4）減価償却費の計算

　　建物や機械などの固定資産は複数年にわたって使用されるものなので，費用をすべてその年度で処理してしまうことは，利益を正しく計算する上で適切とはいえません。そこで，その建物や機械を使用する年数

減価償却費▶ （これを耐用年数といいます）に分割して計上します。これが**減価償却費**です。

　　代表的な減価償却費の計算方法として，定額法と定率法があります。

定額法▶ 　**①定額法**

　　耐用年数の期間中に資産の価値が一定額ずつ減少するものと考えて計算する方法です。各年度の償却額は，次のとおりです。

　　　　減価償却費＝（取得価額）÷耐用年数

定率法▶ 　**②定率法**

　　その年の価額に一定の率を掛けて償却額を計算する方法です。定率法は期首の帳簿価額に応じて償却額が変化するので，始めは償却額が大きいですが，年数が経つにつれて償却額がだんだん小さくなります。計算式は次のようになります。

　　　　減価償却費＝（取得原価－減価償却累計額）×償却率

(5) 棚卸しの評価方法

棚卸し▶

棚卸しとは，実際に存在する商品などの在庫を調べることですが，この際にその金額を評価しなければなりません。仕入をしたときの金額が変化した場合には残っている商品をいくらで仕入れたものと考えるかで，その評価金額が変わってきます。評価方法の①〜④について，次の表を使って考えてみます。

	仕入単価	仕入個数	払出個数	在庫個数	移動平均単価	移動平均在庫金額
1日	100円	50		50	100	5,000円
5日			30	20	100	2,000円
10日	120円	60		80	115	9,200円
20日			40	40	115	4,600円
30日	110円	10		50	114	5,700円

表　ある商品の1か月の動きと棚卸評価の例

先入先出法▶

①先入先出法

先に仕入れたものから先に払い出したと考える方法です。

残っている在庫は，110円が10個と120円が40個になるので，在庫金額は合計した5,900円になります。

後入先出法▶

②後入先出法

後から仕入れたものから払い出したと考える方法です。

残っている在庫は，100円が20個と120円が20個，110円が10個になるので，在庫金額は5,500円になります。

移動平均法▶

③移動平均法

仕入があるごとに，平均の仕入額を計算し直す方法です。

10日時点の移動平均単価：$(100 \times 20 + 120 \times 60) \div 80 = 115$円

30日時点の移動平均単価：$(115 \times 40 + 110 \times 10) \div 50 = 114$円

30日時点での在庫金額：$114 \times 50 = 5,700$円

総平均法▶

④総平均法

仕入れたものの価格合計を仕入れたものの数量合計で割って単価を求める方法です。

$(100 \times 50 + 120 \times 60 + 110 \times 10) \div 120 = 110.8\cdots$円

1.2

法務

　人は法律の中で生きています。法律に違反してから,「えっ,そんな法律あったの？」では済まされません。知らなかったと言っても,法律は皆さんを許してくれません。

　個人はもちろんのこと,社会的責任を果たすべき企業には,知的財産権,労務,セキュリティ,契約について遵守することが,常に求められます。法律を正しく理解して,企業活動を進めていきます。

1　企業経営とコンプライアンス

コンプライアンス▶

　コンプライアンス（compliance）という言葉を耳にしませんか。「法令遵守」を意味し,「コンプライアンス経営」というと,法律や企業倫理を遵守した経営という意味になります。

　最近は,企業の法律遵守や倫理重視の姿勢が強く求められてきており,法律を犯した企業は消費者からの強い反発によって存続が危うくなる例も多く出ています。企業としても経営者や従業員による不祥事の発生を抑制する策を講じる必要があります。

　情報システムの開発や運用においてはもちろん,利活用する上でも,知的財産,労務面,セキュリティ面,契約面で,多くの法律がかかわるようになってきており,情報システムに携わる人たちすべてが,法律について正しい知識をもち,開発や運用,利活用していく必要があります。

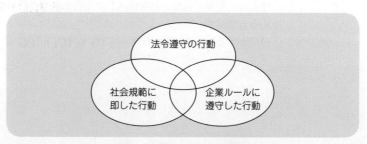

図　コンプライアンスの範囲

コーポレート▶
ガバナンス▶　　最近では，**コーポレートガバナンス**（corporate governance）という言葉も使われるようになってきました。ガバナンスは「統治」という意味で，議会・政府・裁判所の相互のチェック・アンド・バランス（抑制と均衡）を意味しています。コーポレートガバナンスとは企業内部の組織・権限，取締役会の運営，企業の意思決定の仕組みを指す言葉です。狭義で使われる場合は，取締役会および外部監査人による経営者の監視と監督を指します。

　　コンプライアンスが遵守されているという前提で，コーポレートガバナンスという仕組み作りが実施されます。

2 知的財産に関する法律

　　知的財産とは，小説，楽曲，絵画といった「著作物」，独創的な「発明」や「考案」，優れた「デザイン」，商品やサービスの目印となる「商標」など，人間の知的活動の成果のことです。これらの知的財産は，一定期間，創作者の権利が認められ，それぞれ法律によって保護されています。
知的財産権▶　　知的財産権の分類とそれを保護対象とする法律は，次のとおりです。

知的財産権 （知的所有権）	（工業的保護）	産業財産権（工業所有権） （特許権,実用新案権,意匠権,商標権）	特許法，実用新案法，意匠法，商標法
		商号	商法
		不正競争要因 （商品表示・形態，営業秘密）	不正競争防止法
	（文化的保護）	著作者の権利 （著作財産権，著作者人格権）	著作権法
		著作隣接の権利 （著作隣接権）	著作権法

表　知的財産権の分類

　　ここでは，著作権，産業財産権（工業所有権），ビジネスモデル特許，不正競争防止法について，概略を説明します。

著作権▶　**(1) 著作権**
　　著作権は，小説や絵画，楽曲などの著作物を，その権利者が独占的・
著作権法▶ 排他的に支配して利益を受ける権利であり，**著作権法**によって保護されています。この権利の発生については，我が国では申請や登録の手続を要しない無方式主義を採用しています。
　　著作物とは，「思想又は感情を創作的に表現したものであって，文芸，学術，美術又は音楽の範囲に属するもの」としています。

①著作権の種類

著作権の種類を整理すると次のようになります。

- **著作財産権**……複製権，上演権，演奏権，展示権，上映権，二次的著作物の利用に関する原著作者の権利など
- **著作者人格権**……公表権，氏名表示権，同一性保持権など

②保護対象

著作権法で保護対象となるのは，著作物，実演，レコード，放送，有線放送です。プログラムも著作権法による保護の対象となりますが，保護対象となるのはプログラムの表現そのものであり，アルゴリズムやノウハウなどは保護の対象となりません。

ソフトウェアの著作権に関しては，次の点がポイントになります。

○保護対象となるもの
- プログラムの表現そのもの

○保護の対象にならないもの
- プログラム言語……プログラムを表現する手段としての文字その他の記号およびその体系
- 規約……特定のプログラムにおけるプログラム言語の用法に関する特別の約束
- アルゴリズム

○データベースは，情報の選択や体系的な構成に創造性があるものだけ保護される。

○法人の従業員が職務上作成したプログラムの著作権は，原則として法人に帰属する。

○バックアップ用の複製（自己利用に必要なソフトウェアの複製）は認められる。

---

③保護期間

著作権の保護期間は，個人の場合では死後 70 年，法人の場合では公表後 70 年です。

映画の著作物については，公表後（創作後 70 年間公表されなかったときには，創作後）70 年間が保護期間です。

④ Web サイト上の情報

インターネットの Web サイトの内容は著作物として扱われます。したがって，許可なく他の著作者の著作物を勝手に Web 上で使うことは，著作権法違反になります。また，他の Web サイトの内容は，自由に使ってもよいという断りのない限り，勝手にコピーして自分のサイトに使うことも著作権法違反になります。

⑤生成 AI のデータ利用について

AI が学習に利用するデータや AI が生成したデータに対しては，著作権者の利益を害していないか注意する必要があります。

(2) 産業財産権（工業所有権）

産業財産権を保護する法律には，特許法，実用新案法，意匠法，商標法があります。

特許法▶ ①**特許法**

発明の保護および利用によって，発明を奨励し，産業の発達に寄与することを目的とする法律です。

発明とは，自然法則を利用した技術的思想の創作のうち，高度のものを指します。発明は，特許庁に特許出願し，特許査定され，特許料を納付して，特許登録原簿に特許権の設定の登録がなされて，特許権が発生します。これによって，発明したものを独占的に生産したり，使用，譲渡，貸渡，展示したりできます。

特許権の存続期間は，特許出願の日から20年です。

なお，著作権と特許権には，次のような違いがあります。

	著作権	特許権
法の主旨	文化の発展	産業の発展
保護対象	創造性ある表現	アイディア
発生	創作時	特許庁に出願，審査を通過し登録されたとき
権利の侵害	「知らなかった」で済む。	「知らなかった」で済まされない。

表 著作権と特許権の違い

実用新案法▶ ②**実用新案法**

産業上，利用できるアイディア（物品の形状，構造または組合せに関するものに限る）に対する権利であり，実用新案法は産業の発達に寄与することを目的とする法律です。

アイディア（考案）とは，自然法則を利用した技術的思想の創作のことです。考案は，実用新案登録を特許庁に出願（同時に登録料を納付）して，実用新案権の設定が登録されます。

実用新案権の存続期間は，実用新案登録出願の日から10年です。

意匠法▶ ③**意匠法**

意匠の保護および利用を図ることによって，意匠の創作を奨励し，もって産業の発達に寄与することを目的とする法律です。

意匠とは，デザインのことで，物品，物品の部分，物品の組合せの形状，模様もしくは色彩，またはこれらの結合であって，視覚を通じて美感を起こさせるものです。意匠は，意匠登録を特許庁に出願し，登録査定が行われた後，登録料を納めることで意匠権の設定が登録され，意匠権が発生します。

意匠権の存続期間は，意匠権の設定の登録日から20年です。

商標法▶

④商標法

商標を保護することによって，商標の使用をする者の業務上の信用の維持を図り，もって産業の発達に寄与し，あわせて需要者の利益を保護することを目的とする法律です。

トレードマーク▶

商標（**トレードマーク**）とは，事業者が自己の取り扱う商品やサービスを他者の商品やサービスと区別するために，その商品やサービスについて使うマーク，目印のようなものです。それは，文字，図形，記号，立体的形状，あるいはこれらの結合，これらの色彩との結合で，目に見えるものです。商品に表示されている「登録商標」は，商標登録を受けている商標のことです。商標は，その商標の登録を特許庁に出願し，登録査定が行われた後，登録料を納めることで商標権の設定が登録され，商標権が発生します。

商標権の存続期間は，登録日から10年で，何回も更新できます。

Iくん復習よ！「意匠権，実用新案権，商標権，著作権，特許権」の中で仲間はずれはどれかしら？

著作権だね。これだけ「産業財産権」には含まれないよ！

（3）ビジネスモデル特許

コンピュータシステムを利用した新たなビジネスモデルを考案し，これを実現したとき，このビジネスモデルは特許法に基づく特許権の対象として認められる場合があります。この特許権のことを，ビジネスモデル特許といいます。

ビジネスモデル特許の対象として認められるものには，次の条件を満たす必要があります。

・発明である（従来にはなかった新たなビジネスモデル）

・新規性がある（そのビジネスモデルが公に知られていない）

・進歩性がある（従来の技術の転用ではない）

不正競争
防止法▶

(4) 不正競争防止法

　他人の商品などの表示と誤認させるような行為，他人の商品を模倣する行為，営業秘密を不正に取得する行為などを，不正競争行為といいます。これを防止することに関する法律が不正競争防止法です。商品などの表示（氏名，商号，商標，ドメイン名など）や形態，および営業秘密や限定提供データを保護の対象としています。

営業秘密▶
トレード
シークレット▶

　営業秘密は，**トレードシークレット**ともいい，「秘密として管理されている（秘密管理性）生産方法や販売方法その他有用な（有用性）技術上あるいは営業上の情報で，公然と知られていないもの（非公知性）」と定義されています。

限定提供
データ▶

　限定提供データは，特定の相手に繰返し提供している営業秘密に関する情報で，電子データとしてまとまっているものを指します。

1

3 労働に関する法律

　労働に関する法律には，労働基準法，職業安定法，労働者基準法，労働者派遣法，男女雇用機会均等法，育児休業法などがあります。

　IT関連分野では，開発プロジェクトなどに参加するため，技術者を他の企業に派遣することが多く行われています。ここでは，派遣労働者を保護する労働者派遣法を中心に説明します。

労働者派遣法▶

(1) 労働者派遣法（労働者派遣事業法）（正式名称「労働者派遣事業の適正な運営の確保及び派遣労働者の保護等に関する法律」）

　派遣労働者の就業に関する条件の整備等を図り，派遣労働者の雇用安定と福祉増進に寄与することを目的とする法律です。

　次のような条件，禁止事項があります。

・労働者を派遣するには，厚生労働省の認可が必要です。

・二重派遣は禁止されています。

・労働者は，派遣先ではなく派遣元（派遣会社）と雇用契約を結びます。

・労働者への指揮命令権は，派遣先の管理者にあります。

・労働者が派遣先で開発した成果物の著作権は，原則として派遣先に帰属します。

システム開発は，多くの人がいろいろな契約形態で
参加することがあるので，労働に関する法律は大切だよ

(2) 労働形態

労働派遣と比べられる労働形態に，請負，出向などがあります。それぞれの違いは，図で表すとわかりやすいでしょう。

労働者派遣▶　**①労働者派遣**

派遣事業者自らが雇用する労働者を，派遣契約を交わした派遣先事業者の指揮・命令，管理の下で派遣先の事業者のための労働に従事させることです。労働者は派遣元の事業者とは雇用関係にありますが，派遣先の事業者との雇用関係はありません。

請負▶　**②請負**

注文主の注文に従って，請負事業者が自らの裁量と責任の下に自己の雇用する労働者を使用して労働の結果としての仕事の完成を目的するもの（民法）です。請負では，注文主と労働者の間に指揮・命令関係も雇用関係もありません。

請負契約では，仕事の完成について財政上，法律上のすべての責任を負うことになります。

出向▶　**③出向**

出向元の事業者と何らかの関係を保ちながら，出向先の事業者との間において，新たな雇用関係に基づき相当期間継続に勤務する形態をいいます。出向には，在籍型と移籍型があります。

委任▶　**④委任**

法律行為の実施を他の人に委託することです。法律行為以外の実施を委託することは準委任といわれます。委任は請負と異なり，仕事の完成責任はありませんが，過失責任はあります。

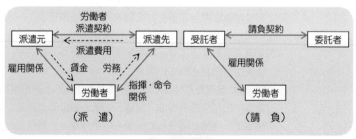

図　労働形態

　ソフトウェア開発を外部の企業に委託する場合の契約形態としては，請負契約，準委任契約，派遣契約の三つの形態があります。

請負契約▶　　**請負契約**とは，「仕事を完成させることを約束」をする契約です。報酬は目的物の引渡しと同時に行われることになります。仕事を完成させることに責任がありますので，引き渡した製品やサービスに瑕疵（欠陥）があったときは，注文者は請負人に対し，相当の期限を定めて瑕疵の補

瑕疵担保責任▶　修を請求することができます（**瑕疵担保責任**）。

準委任契約▶　　**準委任契約**は，所定の業務を相手方に委託し，相手方がその目的の範囲内で，ある程度の自由裁量の権限をもち独立して業務を行うことを承諾して報酬を得る形態を指します。令和2年の民法改正で，業務の実施量に応じて報酬を得られる形態と，成果の引渡しによって報酬を得られる形態に分かれました。

派遣契約▶　　これに対して，**派遣契約**は，派遣先の指揮命令に従って作業をする形態です。派遣契約では，完成責任や欠陥不良の責任はありません。

	請負契約	準委任契約	派遣契約
仕事の完成責任	あり	通常なし	なし
指揮命令	依頼者にはない	依頼者にはない	派遣先が行う
欠陥不良の責任	契約不適合責任（瑕疵担保責任）が通常1年ある	契約不適合責任（瑕疵担保責任）は原則としてない	契約不適合責任（瑕疵担保責任）はない

表　請負契約，準委任契約，派遣契約の違い

(3) 守秘義務契約

　職務上知りえた企業情報や技術情報などは，労働形態にかかわらず外部に知らせないことを約束する守秘義務契約を結びます。この契約は

NDA▶　**NDA**（Non-Disclosure Agreement）と呼ばれ，秘密保持契約ともいいます。

4　セキュリティ関連法規

(1) サイバーセキュリティ基本法

　世界的規模で発生しているサイバー攻撃などの脅威を背景として，サイバーセキュリティを確保するために2014年に国会成立した法律です。国や地方公共団体の責務や施策の基本となる事項や，サイバーセキュリティ戦略本部を設置することなどを定めています。

　サイバーセキュリティの対象とする情報は，電子的方式によって，記録，発信，伝送，受信される情報に限ると規定されています。

不正アクセス
禁止法▶

(2) 不正アクセス禁止法（正式名称「不正アクセス行為の禁止等に関する法律」）

他人のユーザー ID やパスワードを無断で使用し，企業や政府などのコンピュータに"ネットワークを通じて"不正にアクセスすることを禁じた法律です。ネットワーク経由でない不正アクセスは，この法律では対象にしていません（他の法律で罰せられます）。

不正アクセス
行為▶

①不正アクセス行為

不正アクセス行為とは，次のような行為です。

・ユーザー ID やパスワードを無断で使用し，本来の使用者になりすまして，不正にコンピュータを使用する行為
・セキュリティホール（セキュリティ上の弱点・脆弱性）を利用した侵入行為

②不正アクセス行為を助長する行為

①で示した不正アクセス行為そのものでなく，不正アクセス行為を助長する行為も罰則の対象としています。例えば，他人のユーザー ID やパスワードなどを第三者に教えることが該当します。

③アクセス管理者（コンピュータの動作を管理する者）の義務

アクセス管理者は，担当システムが不正アクセスされないように，常に適切な管理措置を講じる必要があることを定めています。

刑法▶

(3) 刑法

刑法のうち，コンピュータ犯罪にかかわる法律をコンピュータ犯罪防止法といい，ウイルス作成罪などを規定しています。

ウイルス
作成罪▶
不正指令
電磁的記録に
関する罪▶

ウイルス作成罪（不正指令電磁的記録に関する罪）は，悪用を目的とするコンピュータウイルスの作成，提供，所持などに適用される罪です。

コンピュータにかかわる違法行為としては，次のような行為があります。

違法行為	違法行為の例
電磁的記録不正作出及び供用	・会社の経理システムに不正な情報を入力して，事務処理を誤らせる。
支払用カード等電磁的記録不正作出及び供用罪	・偽造したキャッシュカードやクレジットカードを使用して現金を不正に引き出す。 ・ネットバンキングシステムに偽りの情報を与えて，不正な振込や送金をさせる。
電子計算機損壊等業務妨害	・コンピュータを物理的に破壊する。 ・Web サイトのコンテンツを改ざんする。
電子計算機使用詐欺	・ネット銀行システムに架空の送金情報を入力して，財産上の利益を不正に得る。
電磁的記録毀棄	・電子媒体を不正に廃棄する。 ・システム上のデータを不正に削除する。

表　コンピュータにかかわる違法行為

(4) 個人情報保護法（個人情報の保護に関する法律）

個人情報
保護法▶

　個人情報の適切な取扱いに関する基本理念を定め，国および地方公共団体の責務を規定し，さらに民間の個人情報取扱事業者の義務などを定めた法律です。個人情報取扱事業者とは，個人情報を保有するすべての事業者です。個人情報を1件でも保有していれば，個人情報保護法の適用対象となります。

　個人情報保護法は，次の六つの原則から成り立っています。

義務の名称	解説
利用方法の制限	利用目的を特定し，その範囲内で使用することを本人に公表すること
適正取得	利用目的を明示して，取得すること
正確性確保	常に正確な内容に保つこと
安全確保	流出，盗難，紛失などを防止すること
透明性確保	本人からの求めによって開示，訂正などができ，目的以外の利用は本人からの申し出によって停止できることなど
第三者提供の制限	本人の同意を得ないで個人データを第三者に提供してはいけないことなど

表　個人情報保護法の原則

個人情報▶

①個人情報

　個人情報とは，「生存する個人に関する情報であって，当該情報に含まれる氏名，生年月日その他の記述等により特定の個人を識別することができるもの」に加えて「指紋認識データや顔認識データ，パス

個人識別符号▶

ポート番号，免許証番号のような特定の個人を識別できる**個人識別符号**を含む情報」と定義しています。

匿名加工情報▶

②匿名加工情報

　個人情報の第三者提供を制限する例外として，ビッグデータ分析といったパーソナルデータの利活用のために，個人を識別できないように匿名化した匿名加工情報があり，本人の同意なしで第三者に提供することができます。ただし，匿名加工情報を他の情報と照合して，本人を識別する行為は禁止されています。

仮名加工情報▶

③仮名加工情報

　他の情報と照合しない限り特定の個人を識別できないように加工した個人に関する情報のことで，個人情報の一部を削除したり，記号などで置き換えたりしたものです。

要配慮
個人情報▶

④要配慮個人情報

　個人情報保護法における要配慮個人情報とは，「本人の人種，信条，社会的身分，病歴，犯罪の経歴，犯罪により害を被った事実その他本人に対する不当な差別，偏見その他の不利益が生じないようにその取扱いに特に配慮を要するものとして政令で定める記述等が含まれる個人情報」と定義されてます。

⑤AIのデータについて

　AIが学習するデータや生成したデータは，個人情報保護，プライバシー，秘密保持などに注意して利用する必要があります。

マイナンバー法▶

(5) マイナンバー法（行政手続きにおける特定の個人を識別する番号の利用等に関する法律）

　マイナンバー制度を施行するための法律です。マイナンバー（個人番号）を，個人を特定する情報と定義し，その上で，前述した個人情報に

特定個人情報▶ マイナンバーを加えたものを**特定個人情報**と定義しています。また，パートやアルバイトを含むすべての従業員がマイナンバーをもつため，それらの情報も特定個人情報と定義されます。

プロバイダ責任
制限法▶

(6) プロバイダ責任制限法（特定電気通信役務提供者の損害賠償責任の制限及び発信者情報の開示に関する法律）

　Webサイトの掲示板にプライバシーや著作権を侵害する書込みがあった場合などの事例に対し，プロバイダや掲示板の運営者の責任範囲を定めた法律です。

特定
電子メール法▶

(7) 特定電子メール法

　迷惑メールを防止するために，不特定多数の相手に広告メールを送信する場合の義務などを定めた法律で，オプトイン規制が適用されています。また，受信者がメールの配信を希望しないという意思表明をした場合，それ以降の配信を停止する義務が発生します。

オプトイン▶

①オプトイン

　あらかじめ同意した者に対してだけメール送信が認められることです。特定電子メール法の施行によって，オプトインがないと広告宣伝メールの送信が不可となりました。

オプトアウト▶

②オプトアウト

　事前の同意を得ずにメールを配信し，受信者から配信停止依頼や受信拒否があったときに配信停止することです。

サイバー
セキュリティ経営
ガイドライン▶

(8) サイバーセキュリティ経営ガイドライン

　経営者のリーダーシップの下で，サイバーセキュリティ対策を推進するためのガイドラインです。サイバー攻撃から企業を守る観点で，経営者が認識する必要のある「3原則」と，経営者が情報セキュリティ対策を実施する上での最高情報セキュリティ責任者（CISO：Chief Information Security Officer）に指示すべき，「重要10項目」などがまとめられています。

5　その他の法律，ガイドライン・情報倫理

ライセンス
契約▶

(1) ソフトウェアライセンス

　PC（パソコン）のソフトウェアなどは，通常，**ライセンス契約**に基づいてそのソフトウェアを使用する権利を得ます。

　ライセンス契約は，ソフトウェア・プロダクトの使用許諾に関する契約のことで，通常，ソフトウェアを購入することは，この使用許諾権を入手することと等しいことになります。市販のソフトウェアパッケージの包装を解いたときに使用許諾契約が成立する形態を，シュリンクラッ

シュリンク
ラップ契約▶

プ方式（**シュリンクラップ契約**）といいます。また，Webページ内に使用許諾契約内容を提示し，「承諾してダウンロード」などのように，同意したユーザーによるクリックで使用許諾契約が成立する形態を，ク

クリック
ラップ契約▶

リックラップ方式（**クリックラップ契約**）といいます。ライセンス契約には，使用許諾の範囲などによって，次のようなものがあります。

ライセンスの種類	解説
マシン固定ライセンス	契約した特定のコンピュータだけで使用できるもの
ユーザー固定ライセンス	契約した特定のユーザーだけ利用できるもの
サイトライセンス	特定の場所内（事業所等）で一定数コピーして使えるもの
ボリュームライセンス	企業などソフトウェアの大量購入者向けに，マスターを提供して，インストールの許諾数をあらかじめ取り決めるもの
サーバライセンス	ネットワークのサーバにインストールされたソフトウェアを，クライアントが読み込んで使用できるもの
コーポレートライセンス	会社全体で，一定数の範囲内で自由に使用できるもの

ボリューム
ライセンス▶

表　ライセンス契約の種類

アクティ
ベーション▶
①アクティベーション（activation）

　ある機能をアクティブ（有効）にするという意味で，ソフトウェア
を購入してインストールした後に，「正規の手続で取得したソフトウェ
アである」ことを示すために行われる認証処理です。不正コピーをし
て入手したソフトウェアのインストールや契約台数以上のPCにイン
ストールすることなどを防止するために導入されています。

サブスク
リプション▶
②サブスクリプション（subscription）

　ソフトウェアは，買取り方式での利用が主流でしたが，有料の情報
提供サービスと同じように，一定期間の利用権を購入し利用する方式
が広がっており，サブスクリプション方式といいます。

　サブスクリプション方式の利点としては，契約期間中のソフトウェ
アのバージョンアップ費用がかからないことや，使い始めにかかる費
用を購入する場合に比べて抑えられること，などがあります。

（2）下請法（下請代金支払遅延防止法）

　下請事業者を保護するための法律です。親事業者に対して，下請事業
者の成果物を受領した日から60日以内に代金を支払うことや，作業内
容を書面で交付することなどを義務付けています。また，成果物の受領
を拒むことや，代金を減額すること，親事業者の指定する物を強制して
購入させることなどを禁止しています。

資金決済法▶
（3）資金決済法

　情報通信技術の発達や利用者ニーズの多様化によって，プリペイド
カードや電子マネーといった様々な決済方法が導入されています。これ
らの資金決済システムの変化に対応するため，2010年4月に施行さ
れた，資金決済に関する法律が資金決済法です（その後，何回か改正）。

（4）金融商品取引法

　有価証券の発行および金融商品等の取引等を公正にし，有価証券の流
通を円滑にするほか，金融商品等の公正な価格形成等を図ることを目的
とした法律です。

（5）リサイクル法（正式名称「資源の有効な利用の促進に関する法律」）

　業務用PCだけでなく，家庭用PCの回収と再資源化を義務付けた法
律です。PCメーカーに義務が課されたことから，PCリサイクル法と
も呼ばれています。

(6) 製造物責任法（PL 法）

　消費者を保護するための法律です。消費者が製品の欠陥によって生命・身体・財産に危害や損害を被った場合，製造業者などが損害賠償責任を負うことを定めています。製造業者に過失がなくても，製品の欠陥で被害が発生した場合は責任を問われます。なお，製造業者は，実際に製造を行った業者だけでなく，加工・輸入した業者も含まれます。

特定商取引法▶ **(7) 特定商取引法**

　訪問販売，通信販売，電話勧誘販売など，事業者と消費者との間で問題が起きやすい取引について，消費者の利益を守ることを目的とした法律です。

(8) 独占禁止法

　市場における独占的，寡占的な立場の企業や団体が，不公正な取引をすることを禁じる法律です。アメリカでは，GAFA（Google，Amazon，Facebook，Apple）など巨大 IT 企業を含めた大企業への規制強化が検討されています。

6 標準化関連

　世界中の国々で利用される IT のシステムやネットワークは，共通して使えるようにいろいろな取決めを行い標準化される必要があります。標準化を行う場合には，各国の団体の意見や要望を取り入れ，調整してまとめる団体の役割が重要になってきます。ここでは，代表的な標準化団体と標準化規格について理解しましょう。

(1) 標準化団体
①国際的な標準化団体

ISO ▶ 　　・ISO (International Organization for Standardization：国際標準化機構)

　各国の代表的標準化機関から構成される国際標準化機関で，電気および電子技術分野を除く全産業分野（鉱工業，農業，医薬品など）に関する国際規格の作成を行っています。

IEC ▶ 　　・IEC (International Electrotechnical Commission：国際電気標準会議)

　各国の代表的標準化機関から構成される国際標準化機関で，電気および電子技術分野に関する国際規格の作成を行っています。

ITU ▶　　　・ITU（International Telecommunication Union：
　　　　　　国際電気通信連合）
　　　　　　　無線通信と電気通信分野における，各国間の標準化と規制を確立
　　　　　　することを目的とした団体です。ITU-T（国際電気通信連合電気通
　　　　　　信標準化部門）は，通信分野の標準策定を行う部門です。

IEEE ▶　　　・IEEE（Institute of Electrical and Electronics Engineers：
　　　　　　電気電子学会；アイトリプルイー）
　　　　　　　米国に本部がある世界最大の電気・電子関係の技術者組織です。

②各国（地域）の標準化団体

ANSI ▶　　　・ANSI（American National Standards Institute：米国規格協会）
　　　　　　　米国の代表的な標準化団体で，設立は1918年です。

　　　　　　・ECMA（European Computer Manufacturer Association：
　　　　　　ヨーロッパ電子計算機工業会；エクマ）
　　　　　　　ヨーロッパにおける情報通信技術に関する標準を策定する団体で
　　　　　　す。1994年，国際的な立場を反映して，Ecma International
　　　　　　の名称に変更されました。

③日本の標準化団体

　　　　　　・JSA（Japanese Standards Association：日本規格協会）
　　　　　　　日本の標準化団体で，標準化と規格統一に関する普及や啓発など
　　　　　　の活動を行っています。

JISC ▶　　　・JISC（Japanese Industrial Standards Committee：
日本産業標準　　日本産業標準調査会）
調査会 ▶　　　　経済産業省に設置されている産業標準に関する審議会です。

JIS ▶　　　JIS（Japanese Industrial Standards：日本産業規格）の制定・
日本産業規格 ▶　改正などに関する審議や，産業標準，JISマーク表示制度，試験所
　　　　　　登録制度など産業標準化の促進に関する答申や，ISOやIECなど
　　　　　　国際規格開発への参加活動を行っています。

④特定分野に関する標準化団体

　　　　　　・IETF（Internet Engineering Task Force）
　　　　　　　インターネットの各種技術の標準化を進めている任意団体です。
　　　　　　ここで策定された技術仕様はRFCとして公表されます。

　　　　　　・ICANN（Internet Corporation for Assigned Names and
　　　　　　Numbers；アイキャン）
　　　　　　　ドメイン名，IPアドレスなどのインターネット基盤資源を，世
　　　　　　界規模で管理・調整するために設立された非営利団体です。

W3C ▶　　　・W3C（World Wide Web Consortium）
　　　　　　　WWWで利用される技術の標準化を進めている団体です。

⑤デファクトスタンダード

　JIS や ISO などの公的機関が定めた標準ではなく，メーカーなど
が定めた基準が一般に受け入れられて，事実上の標準となったものの
ことです。特定メーカーの製品の市場シェアが非常に大きい場合，他
のメーカーも戦略上この製品の規格に追従して使用が広がり，事実上
の標準規格となります。

デファクト
スタンダード▶

デファクトスタンダードとなることは，市場を独占した状態であり，
競争を有利に進めることが可能になるね

⑥フォーラム標準

　特定の分野に関心のある企業などが複数集まって結成した組織が，
規格として作ったもののことです。

フォーラム
標準▶

(2) 身近な標準化規格の例

①品質マネジメントシステム，開発プロセス，取引プロセスの標準化

　ISO 9000（JIS Q 9000）シリーズは，製品（工業製品，サー
ビスを含む）の供給者が品質保証のために行うべきことを規定した品
質マネジメントシステムの国際規格で，3 種類の規格で構成されてい
ます。

ISO 9000
シリーズ▶

品質マネジ
メントシステム▶

　・ISO 9000（JIS Q 9000）……基本および用語
　・ISO 9001（JIS Q 9001）……要求事項
　・ISO 9004（JIS Q 9004）……パフォーマンス改善の指針

②環境およびセキュリティ評価の標準化

　環境マネジメントシステムは，組織のマネジメントシステムの一部
として，環境方針を策定して実施し，環境側面を管理するために用い
られます。ISO 14000（JIS Q 14000）シリーズは，環境マネジ
メントシステムを中心として，環境パフォーマンス評価，環境ラベル，
ライフサイクルインパクトアセスメント，環境適合設計，監査のため
の指針などから構成されています。

環境マネジ
メントシステム▶

ISO 14000
シリーズ▶

③ISO 26000（社会的責任に関する手引）

　企業や組織の社会的責任に関する手引を内容とする国際標準規格で
す。規格の中では，組織の健全な生態系，社会的平等，組織統治の確
保の必要性のほか，組織の規模に関係なく環境問題に取り組み，予防
的アプローチを行うことを求めています。

ISO 26000▶

④ ISO/IEC 27000（JIS Q 27000）シリーズ

情報セキュリティマネジメントシステムに関する国際規格です。

・ISO/IEC 27001（JIS Q 27001）「情報技術－セキュリティ技術－情報セキュリティマネジメントシステム－要求事項」

ISMS 適合性評価基準における認証基準を示した規格です。

・ISO/IEC 27002（JIS Q 27002）「情報技術－セキュリティ技術－情報セキュリティマネジメントの実践のための規範」

情報セキュリティマネジメントを企業が実践するための規範を示した国際規格です。

JIS Q 38500 ▶　⑤ JIS Q 38500（IT ガバナンス）

組織の IT ガバナンスで信頼を獲得できることをステークホルダに保証するための指針をまとめた規格です。組織内で効果的，効率的および受入れ可能な IT の利用に関する原則について規定しています。

IT における標準化としては，8.1 ④で勉強する QR コードがあるよ
僕たちが見慣れたあのコードも標準化の一つなんだね

標準化に出てくる規格番号を覚えるのは大変だけど，
大切なのは，どのような内容が標準化されているかということよ
品質，環境，セキュリティなどについては，
国際的にも国内でも標準化された知識があるということね

確認問題

[1.1 企業活動]

問1-1
(R1秋-IP 問12)

企業の経営理念を策定する意義として，最も適切なものはどれか。

ア　企業の経営戦略を実現するための行動計画を具体的に示すことができる。
イ　企業の経営目標を実現するためのシナリオを明確にすることができる。
ウ　企業の存在理由や価値観を明確にすることができる。
エ　企業の到達したい将来像を示すことができる。

問1-2
(R4春-IP 問4)

ITの活用によって，個人の学習履歴を蓄積，解析し，学習者一人一人の学習進行度や理解度に応じて最適なコンテンツを提供することによって，学習の効率と効果を高める仕組みとして，最も適切なものはどれか。

ア　アダプティブラーニング　　　　　イ　タレントマネジメント
ウ　ディープラーニング　　　　　　　エ　ナレッジマネジメント

問1-3
(R5春-IP 問11)

IoTやAIといったITを活用し，戦略的にビジネスモデルの刷新や新たな付加価値を生み出していくことなどを示す言葉として，最も適切なものはどれか。

ア　デジタルサイネージ　　　　　　　イ　デジタルディバイド
ウ　デジタルトランスフォーメーション　エ　デジタルネイティブ

問1-4

経営戦略に基づいて策定される情報システム戦略の責任者として，最も適切なものはどれか。

ア　CIO
イ　基幹システムの利用部門の部門長
ウ　システム開発プロジェクトマネージャ
エ　システム企画担当者

問1-5

コールセンタの顧客サービスレベルを改善するために，顧客から寄せられたコールセンタ対応に関する苦情を分類集計する。苦情の多い順に，件数を棒グラフ，累積百分率を折れ線グラフで表し，対応の優先度を判断するのに適した図はどれか。

ア　PERT図　　　イ　管理図　　　ウ　特性要因図　　　エ　パレート図

問1-6

営業利益を求める計算式はどれか。

ア　（売上総利益）－（販売費及び一般管理費）
イ　（売上高）－（売上原価）
ウ　（経常利益）＋（特別利益）－（特別損失）
エ　（税引前当期純利益）－（法人税，住民税及び事業税）

問1-7

ある商品を表の条件で販売したとき，損益分岐点売上高は何円か。

販売価格	300円／個
変動費	100円／個
固定費	100,000円

ア　150,000　　　イ　200,000　　　ウ　250,000　　　エ　300,000

[1.2 法務]

問 1-8
(R3春-IP 問7)

著作権法によって保護の対象と成り得るものだけを，全て挙げたものはどれか。

a インターネットに公開されたフリーソフトウェア
b データベースの操作マニュアル
c プログラム言語
d プログラムのアルゴリズム

ア a, b　　　　イ a, d　　　　ウ b, c　　　　エ c, d

問 1-9
(R1秋-IP 問25)

経営戦略上，IT の利活用が不可欠な企業の経営者を対象として，サイバー攻撃から企業を守る観点で経営者が認識すべき原則や取り組むべき項目を記載したものはどれか。

ア IT 基本法
イ IT サービス継続ガイドライン
ウ サイバーセキュリティ基本法
エ サイバーセキュリティ経営ガイドライン

問 1-10
(R3春-IP 問2)

国際標準化機関に関する記述のうち，適切なものはどれか。

ア ICANN は，工業や科学技術分野の国際標準化機関である。
イ IEC は，電子商取引分野の国際標準化機関である。
ウ IEEE は，会計分野の国際標準化機関である。
エ ITU は，電気通信分野の国際標準化機関である。

確認問題　解答・解説

問1-1　ウ　　　　　　　　　　　　　　　企業の経営理念を策定する意義 (R1秋-IP 問12)

　組織がもつ価値観や信念，組織の存在及び活動目的のことを経営理念又は企業理念といいます。経営理念を策定し，公開することによって，顧客，社会に対して企業イメージを向上させることができます。したがって，（ウ）が最も適切です。

ア：経営戦略を実現するための具体的な行動計画の策定は，経営計画を指します。

イ：企業の経営目標を明確にするために策定するものは，経営戦略です。

エ：企業の将来像を示すことができるのは，企業ビジョンです。

問1-2　ア　　　　　　　　　学習者一人一人の学習の効率と効果を高める仕組み (R4春-IP 問4)

　IT の活用によって，個人の学習履歴を蓄積，解析し，学習者一人一人の学習進行度や理解度に応じて，最適なコンテンツを提供することで，効率的かつ効果的な学びを実現させる仕組みを“アダプティブラーニング”といいます。教育現場で IT の活用が加速している中，今後は AI の活用などが進むことで，さらにアダプティブラーニングが教育現場で活用されていくことが期待されています。したがって，（ア）が最も適切です。

イ：タレントマネジメントとは，従業員の能力や経験値などの人材情報を一元管理し，経営戦略に沿った人材配置や人材育成を可能とする仕組みです。

ウ：ディープラーニングは，人間の脳神経回路を模倣して，認識などの知能を実現する方法です。ディープラーニングは，ニューラルネットワークをベースにしており，ノードと呼ばれるニューロンを模したつながりの層を増やして多段（深い：ディープ）にすることで，分析の精度を向上させています。

エ：ナレッジマネジメントとは，企業内に散在している知識を共有化し，全体の問題解決力を高める経営手法です。

問1-3　ウ　　　　　　　　ビジネスモデルの刷新や付加価値を生み出すことを示す言葉（R5春-IP 問11）

　IoT や AI といった IT を活用し，戦略的にビジネスモデルの刷新や新たな付加価値を生み出していくことを示す言葉は，（ウ）のデジタルトランスフォーメーション（DX：Digital Transformation）です。

ア：デジタルサイネージ（digital signage）は，大型のディスプレイやプロジェクターなどを利用して表示する広告や電子看板のことです。

イ：デジタルディバイド（digital divide）は，情報化社会において，コンピュータやインターネットを利用できる個人の環境や能力が原因で情報量に差が生じ，収入や就業の機会などに格差が生じることを表す言葉です。

エ：デジタルネイティブ（digital native）は，子どもの頃からインターネットやデジタル機器があって，日頃から使っていた世代の人たちを指す言葉です。

問1-4　ア　　　　　　　　　　　　　　情報システム戦略の責任者（R5春-IP 問7）

　経営戦略に基づいて策定される情報システム戦略の責任者は CIO（Chief Information Officer：最高情報責任者）なので，（ア）が最も適切です。CIO は情報化戦略の立案だけではなく，CEO（Chief Executive Officer：最高経営責任者）などに対して，適切な助言・報告を行います。

イ：基幹システムの利用部門の部門長は，情報システム戦略に基づいてシステム全体の最適化を検討し運用する部署の責任者ですが，システム戦略の責任者ではありません。

ウ：システム開発プロジェクトマネージャは，プロジェクト計画やコスト，進捗，品質，メンバーの取りまとめなどを行う，プロジェクトの責任者です。

エ：システム企画担当者は，情報システム戦略に基づいてシステム化構想や基本方針を立案し，システムの開発順序やコスト・効果などを明らかにする作業を行う人です。

問1-5　エ　　　　　　　　苦情対応の優先度を判断するのに適した図 (R4春-IP 問31)

　管理項目ごとの課題件数を棒グラフとして，課題件数の多い順に並べると同時に累積百分率を折れ線グラフで示し，対応の優先度を判断するのに適した図はパレート図です。パレート図としては，次のようなグラフができ上がります。

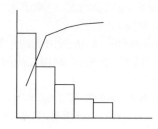

　パレート図は，重点的に対応すべき事項を検討する際に役立ちます。したがって，（エ）が正解です。

ア：PERT（Program Evaluation and Review Technique）図は，作業の日程計画で用いられる図であり，プロジェクトをなるべく早く完了させるためには，どの作業をいつ開始し，いつまでに完了させなければならないか，作業日数に余裕がないところ（クリティカルパスという）はどこかなどを把握することができます。

イ：管理図は，時系列データのばらつきを折れ線グラフで表した図です。管理限界線を利用して，上方管理限界と下方管理限界の間に値があれば問題なし，それを外れた場合は問題発生と，客観的に判断を下すために用います。

ウ：特性要因図は，原因と結果の関連を魚の骨のような形態でまとめた図です。フィッシュボーン図（魚の骨）とも呼ばれ，結果に対して，どのような原因が関連しているかを明確にするために用います。

問1-6　ア　　　　　　　　　　営業利益を求める計算式 (R2-IP 問34)

　企業の一会計期間の収益と費用の状態を表す財務諸表である損益計算書には様々な利益が掲載されています。会計用語について売上高を基に整理すると，次のようになります。

　　　　売上総利益（粗利益）＝売上高－売上原価
　　　　営業利益　　　　　　＝売上総利益－販売費及び一般管理費
　　　　経常利益　　　　　　＝営業利益＋営業外収益－営業外費用
　　　　税引き前当期純利益　＝経常利益＋特別利益－特別損失
　　　　当期純利益費用　　　＝税引き前当期純利益－法人税等

　営業利益は，売上高から売上原価及び売上原価以外の販売費及び一般管理費（販管費と略される）を差し引いた本業の儲けを意味します。したがって，（ア）が正解です。

問1-7　ア　損益分岐点売上高の計算 (H30秋-IP 問27)

　損益分岐点売上高とは，売上高と費用が等しく利益が0になる点（損益分岐点）における売上高のことです。損益分岐点売上高は，次の計算式で求められます。

$$損益分岐点売上高 = \frac{固定費}{1 - 変動費率}$$

　この式における「変動費率」とは，売上（販売価格）に占める変動費の割合なので，問題の条件においては，

$$変動費率 = 100 \div 300 = \frac{1}{3}$$　となります。

　したがって，損益分岐点売上高 $= \dfrac{100{,}000}{1 - \dfrac{1}{3}} = 150{,}000$（円）

となります。したがって，（ア）が正解です。

　公式を覚えていない場合は，損益分岐点売上高における販売個数をsとすると，売上高＝固定費＋変動費となるので，

　$300 \times s = 100{,}000 + 100 \times s$

　$300 \times s - 100 \times s = 100{,}000$

　$200 \times s = 100{,}000$

　$s = 500$

となります。これより，損益分岐点売上高 $= 300 \times 50 = 150{,}000$（円）と求めることもできます。

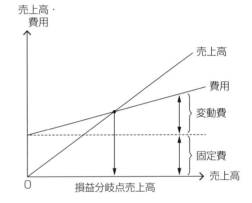

問1-8　ア　著作権法によって保護の対象と成り得るもの (R3春-IP 問7)

　著作権法第10条第3項において，「著作物に対するこの法律による保護は，その著作物を作成するために用いるプログラム言語，規約及び解法に及ばない」とあり，プログラム言語，規約（インタフェース，プロトコル），解法（アルゴリズム）は，保護の対象外です。このため，cの「プログラム言語」とdの「プログラムのアルゴリズム」は著作権保護の対象外となり，aの「インターネットに公開されたフリーソフトウェア」と，bの「データベースの操作マニュアル」が保護の対象と成り得ます。したがって，（ア）が正解です。

　参考までに，特許権に関していえば，cの「プログラム言語」は，特許の対象になりませんが，dの「プログラムのアルゴリズム」は，新規性・進歩性が認められる発明であれば，ソフトウェア特許の対象と成り得ます。

問1-9 エ サイバー攻撃から企業を守るため経営者が認識すべき原則や項目を記載したもの (R1秋-IP 問25)

　サイバーセキュリティ経営ガイドラインは，経営者のリーダーシップの下で，サイバーセキュリティ対策を推進するためのガイドラインです。経済産業省とIPAが2015年に公表し，2023年に改訂版（Ver 3.0）が出ています。ガイドラインでは，サイバー攻撃から企業を守る観点で，経営者が認識する必要のある「3原則」，及び経営者が情報セキュリティ対策を実施する上での責任者となる担当幹部（CISO等）に指示すべき「重要10項目」などをまとめています。したがって，（エ）が正解です。

ア：IT基本法（高度情報通信ネットワーク社会形成基本法）は，日本の全ての人が安心してITを享受できるように，国が理念，方針を定めた法律です。

イ：ITサービス継続ガイドラインは，ITサービス継続戦略や継続計画の立案，体制の実装及び運用・維持など，ITサービス継続マネジメントシステムの構築のガイダンスです。

ウ：サイバーセキュリティ基本法は，日本におけるサイバーセキュリティに関する施策の基本となる事項を定めたものです。

問1-10 エ　　　　　　　　　　　　　　　国際標準化機関に関する記述 (R3春-IP 問2)

　ITU（International Telecommuication Union：国際電気通信連合）は，電気通信分野における利用の国際協力の促進や，技術協力の促進を目的とした国際標準化機関です。したがって，（エ）が適切です。ITUの役割としては，通信技術の標準化，無線周波数範囲の管理，途上国への技術協力が挙げられます。

ア：ICANN（Internet Corporation for Assigned Names and Numbers；アイキャン）は，IPアドレスの割当て方針の決定，DNSルートサーバの運用監視，DNS管理に関する調整などを世界規模で行う組織です。

イ：IEC（International Electrotechnical Commission）は，国際電気標準会議です。規格の表記で使用されているISO/IECとは，ISOとIECが共同で策定している国際規格です。

ウ：IEEE（Institute of Electrical and Electronics Engineers：電気電子学会；アイトリプルイー）は，米国に本部を置く世界規模の電気工学・電子工学の学会，標準化組織のことであり，学術研究，電気通信関連の仕様を標準化しています。

第2部

経営戦略

どの企業も経営戦略を立てて経営を進めていきます。立てた戦略に合わせて，情報システムを新たに開発したり，市販製品を選んだりします。このため，経営戦略の手法や考え方をよく理解し，経営目標を達成できるような情報システムが求められます。

2.1

経営戦略マネジメント

プロ野球を例に,経営戦略を考えてみましょう。球団は様々な工夫をしてチケットや広告の増収を目指します。球場を改築し,観客を動員し,ファンのニーズに合わせたグッズも開発します。優勝するために実績のある監督,コーチ,選手を入団させるための戦略も必要です。様々な戦略の中でも,チームの勝利は最重要なことで,その日の勝利のために選手を育成し,どこで起用するか,監督の采配も重要な戦略です。

1 経営戦略の基礎

経営戦略▶ **(1) 経営戦略とは**

企業として成功するための活動方針,企業方針です。世の中には多くの企業が存在し,「競争」をしているということから「戦略」という言葉が使われるのです。戦略とは,競争におけるその場の対応技術(戦術)ではなく,長期的な視点でいかに戦い抜くかという「作戦計画」です。経営においても,様々な状況をいかに勝ち抜き,生き残るかが重要になっており,経営戦略の良し悪しが企業の成否を決定してしまうといっても過言ではありません。

企業は何らかの目的をもって設立されます。その目的が,その企業の経営目標です。また,経営者はその企業を経営するに当たり,独自の経営理念をもっています。経営戦略とは,この経営目標と経営理念をベースとして,企業がそれを実現させ,かつ長期的に存続・発展させるためにもつべき経営上の考え方,作戦です。

ビジネス目標を達成するための What(目標,方向付け)が戦略で,How to(手段,方法)が戦術ということだね

(2) 経営戦略のレベル

経営戦略は，必要に応じて全社戦略，事業戦略，機能別戦略などにブレークダウンされます。

①全社戦略

組織全体の統合的戦略です。製品ポートフォリオ戦略（扱う製品・サービスの市場でのポジショニングを把握し，投資・撤退などを決める戦略），成長戦略（企業が成長するためにどの領域を目指し，何を実行していくべきかを明確にしていく戦略）などがあります。

②事業戦略

各事業レベルの戦略です。各種の事業別の競争戦略などがあります。

③機能別戦略

生産，販売，人事，財務，研究開発などの機能別（職能別）の戦略です。部門運営の基本となる戦略です。

(3) 経営戦略の要素

経営理念▶

①経営理念（アイデンティティ）

企業の存在目的と組織の価値基盤を示すものです。

②総合ビジョン（未来像）

将来を見据えた企業の進むべき方向を示すものです。

事業領域▶

③事業領域（ドメイン）

理念とビジョンに基づき企業活動を行う事業の領域を定めたものです。

コアコンピ
タンス▶

④コアコンピタンス（得意技）

他社にない企業の中核となる力です。企業のもつ技術力や営業チャネル（営業や販売の経路のこと）などのほか，組織学習力などの社内潜在力も評価して，得意な部分を認識することです。

リスク
マネジメント▶

⑤リスクマネジメント

経営を進めていく上でのリスク（危険）の識別とその評価，そして対応までも含めます。

⑥評価指標

経営戦略目標の達成状況を評価するための指標です。

⑦フィードバックプロセス

経営戦略が随時チェックされ，実行段階の状況に応じて修正されるような学習プロセスのことです。

（4）経営戦略の策定

　企業の置かれている外部環境の変化には，その企業にとって歓迎できる状況（機会）もあれば，敬遠したい状況（脅威）もあるでしょう。経営戦略を策定するには，これらの状況に対して，企業内部の資源や組織の能力を効果的に当てはめることが必要になります。

機会▶
脅威▶

　全社戦略，事業戦略，機能別戦略のどのレベルの戦略にも共通して，戦略の策定は，次の手順で行うとよいとされています。

①企業（事業，機能）の経営理念，経営目標の設定

　企業が社会に対してどうありたいか，どうあるべきか（経営理念）を明確にし，その下で組織の具体的な行動指針として，競争優位を実現する目標を設定します。

②環境・資源分析

　企業の環境には，外部環境（政治・経済環境や市場動向など）と内部環境（生産力や財務力など）があります。これらの環境要素と企業がもつ資源や能力を把握して分析します。分析方法として，この後で説明する SWOT 分析やベンチマーキングの手法が用いられ，これらの分析によって，企業が優位に立てる事業領域を明確にします。

③戦略の策定と評価・選択

　具体的な案をいくつか策定して評価し，最適な戦略を選択します。

④戦略の実行

　選択した戦略を実行するために，経営資源を戦略単位に予算配分します。

（5）　競争戦略（ポジショニング戦略）

　競争戦略において，経営資源を基にマーケットにおける自社の位置付けを4種類に分け，それぞれにふさわしい経営戦略目標を定義したものです。

リーダー▶
①リーダー企業（主導者）

　シェアそのものの拡大が利益の拡大に直結するため，マーケットシェアの拡大を目指します。

チャレンジャー▶
②チャレンジャー企業（挑戦者）

　トップシェアを占めていないため，リーダーを目指します。

フォロワー▶
③フォロワー企業（追随者）

　業界のリーダー企業に追随し，リーダーが開拓した市場の動向に合わせて製品を提供し，一定の利益確保を目指します。

ニッチャー▶
④ニッチャー企業（隙間開拓者）

　特定分野（ニッチ）の製品・サービスに経営資源を集中することで，収益を高め，独自の地位の獲得を目指します。

　企業がもつ経営資源の量（資金，拠点数，社員数など），経営資源の質（技術力，ブランドなど）で，これら4種類の自社の位置付けを分類すると次のようになります。

		経営資源の量	
		大	小
経営資源の質	高	リーダー	ニッチャー
	低	チャレンジャー	フォロワー

表　ポジショニング戦略

(6) 企業の合併，買収，提携など

　最近は経営戦略の一環として，企業の合併，買収，分割など，他企業と資本関係をもつことが多くなり，これを **M&A**（Mergers（合併）and Acquisitions（買収））といいます。

M&A ▶

　合併は，複数の企業が合併契約を締結し，法定の手続を経た上で合体して一つになることです。合併に当たって，どちらかの会社が存続会社になり，もう一方の会社は吸収されることが多いです。

合併 ▶

　買収は，買収者が現在の株主から株式を買い取って新たに株主となり，その会社の「所有」者として経営をコントロールすることです。特定の株式会社の経営権を得ることを目的として，買付け価格（株式の買取り価格）や株数，買付け期間などを公表して，株式市場以外の不特定多数の株主から株式を買い集める制度のことを **TOB**（Take Over Bid：公開買付け）といいます。

買収 ▶

TOB ▶

　一方，**MBO**（Management Buy Out：経営陣による自社買収）は，経営者が自社の株式の大半を買い取ることで経営権を取得することです。株式を非上場化することによって敵対的買収に備えたり，経営自由度を高めたり，経営者として独立するために行われます。

MBO ▶

日本において，一定量以上の証券取引を行う場合は，公開買付けを行うことが義務付けられているんだよ

アライアンス▶　　　このような合併や買収以外に，企業間の関係を強化するための提携のことを**アライアンス**といいます。資本関係をもたずに契約でアライアンスを組むことを業務提携といい，このほか，ライセンス契約を結び技術

OEM▶　を利用する技術提携，**OEM**（Original Equipment Manufacturer：相手先ブランド製造）を結び生産する生産提携，販売契約を結び販売する販売提携などがあります。OEMは提携依頼した企業から見れば，生産ラインをもたずに生産するためコスト削減できるメリットがあり，生産を行う企業から見れば，提携先への供給分を含め大量生産することでコストを抑えて利益を増やせるメリットがあります。

　　　なお，商品や製品の企画，設計，製造，販売などの工程を一括して行

垂直統合▶　うことを**垂直統合**といい，競争力を高めるため，企業の合併や買収の際に考慮されます。

ESG投資▶　## (7) ESG投資

　　　企業の投資活動において，投資先を選定する際に注目する内容がESGで，Environment（環境），Social（社会），Governance（ガバナンス）のことを指します。企業が長期的に成長していくために重要な項目で，長期的な資金運用を行う投資機関の評価視点として採用されています。

(8) 販売網の充実

　　　自動車や家電製品，化粧品のように，メーカーが資本力を基に，独自に系列化された流通経路，販売網（販路）をもつことがあります。1社

販売チャネル▶　で複数の販路をもつ場合は，それぞれの販路を販売系列，もしくは**販売チャネル**といいます。

　　　このうち，卸売業に相当する業者は，販売代理店（ディーラー）と呼

チェーンストア▶　ばれています。小売業に相当する業者には，特約販売店や**チェーンストア**があります。チェーンストアには資本関係で結ばれているレギュラーチェーンのほかに，ボランタリーチェーンやフランチャイズチェーンがあります。

ボランタリー
チェーン▶　・**ボランタリーチェーン**……自己資金で，共同仕入などを行ってメリットを共有する目的で，自発的に結び付いたチェーン組織

フランチャイズ
チェーン▶　・**フランチャイズチェーン**……チェーン本部との契約によって結ばれ，本部の指導と統制を受けるチェーン組織

初のフランチャイズは米国生まれのケンタッキー・フライド・チキンなんだよ
日本では大手コンビニやハンバーガーショップの多くがフランチャイズ型だね

2 経営戦略目標・経営戦略立案の手法

経営戦略の目標立案のためのいくつかの手法を紹介します。

(1) KGI (Key Goal Indicator：重要目標達成指標) と KPI (Key Performance Indicator：重要業績評価指標)

KGI ▶
KPI ▶

企業は，経営戦略に基づいて事業を進めるために，基本的な経営目標やビジネス戦略を決定し，これを具体的な業務プロセスに反映させます。こうした戦略や戦術の成果を示す定量的な指標を KGI といいます。KGI は，経営目標の達成度合いを判断できるようにするものです。

CSF ▶

KGI を達成するため，いくつかの細かい目標を設定して行動することになりますが，その内容を CSF (Critical Success Factors：重要成功要因) といいます。CSF を分析することで，事業が成功するための主要な要因を明らかにすることができます。

そして，CSF に対応して設定された業績評価指標を KPI といいます。KPI は，ゴールである KGI に対応した中間目標や細かく分割した目標値になるので，定量的に評価できる指標にします。

(2) 3 C分析

3C分析 ▶

経営戦略を立てるための事業環境の分析に用いる技法で，C を頭文字にもつ，顧客 (Customer)，競合相手 (Competitor)，自社 (Company) の三つの観点から分析します。

(3) SWOT分析

SWOT分析 ▶

経営環境を外部環境と内部環境から分析する方法です。自社の強み (Strengths)，弱み (Weaknesses)，機会 (Opportunities)，脅威 (Threats) の頭文字を取った略語で，この四つの要素を経営の外部環境と内部環境から分析して自社の強みを維持し，弱みを克服する手法です。次のようなマトリックスを使います。

	好影響	悪影響
内部	強み (Strengths)	弱み (Weaknesses)
外部	機会 (Opportunities)	脅威 (Threats)

図　SWOT 分析

ベンチ
マーキング▶

(4) ベンチマーキング

　経営戦略を立案するに当たって，自社の製品や業務システムなどを，他の優れた企業の手法と比較して分析し，自社の問題点を明らかにして，それによって改革を進めようとする方法です。単なる調査ではなく，継続的な測定方法を確立し，他社での最もよい実現状態（ベストプラクティス）を自社にスピーディに採り入れるべきとされています。

PPM▶

(5) PPM（Product Portfolio Managemen：プロダクトポートフォリオマネジメント）

　市場の成長性と占有率に基づいて，資源の必要性と貢献度を分析する手法です。市場の成長率の高低と市場占有率の高低によるマトリックス上を「花形」，「金のなる木」，「問題児」，「負け犬」に分け，製品を位置付けして分析するものです。

花形▶
金のなる木▶
問題児▶
負け犬▶

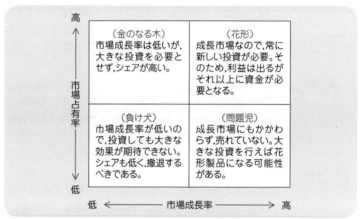

図　プロダクトポートフォリオマネジメント

VRIO分析▶

(6) VRIO分析

　企業の経営資源を，経済的価値（Value），希少性（Rarity），摸倣困難性（Imitability），組織（Organization）の四つの視点で評価することによって，市場での競争優位性を分析する手法です。

BSC ▶ **(7) BSC（Balanced Score Card：バランススコアカード）**

バランススコア
カード▶　企業活動を「財務」,「顧客」,「業務プロセス」,「学習と成長」という四つの視点でとらえて基本的な戦略目標を定め, 企業のビジョンや戦略を実現するための手法です。

　評価項目の例として,「財務」はキャッシュフロー・株価・配当金,「顧客」は顧客満足度やシェア,「業務プロセス」は業務の進め方に対する品質や付加価値,「学習と成長」は人材育成や将来性, などがあります。

3 経営管理システム

経営管理システムの代表的なものを紹介します。

バリューチェーン
マネジメント▶ **(1) バリューチェーンマネジメント（value chain management）**

　企業活動を個別の価値活動に分解し, 各活動の付加価値について分析する管理手法です。商品やサービスが消費者へ到達するまでの生産・提供過程の各段階において, 価値とコストが連鎖的に蓄積されていくという価値連鎖（バリューチェーン）の考え方に基づいて企業の業務環境の分析を行い, 経営戦略に役立てます。

TQM ▶ **(2) TQM（Total Quality Management：総合的品質管理）と**
TQC ▶ **　　 TQC（Total Quality Control：全社的品質管理）**

　品質管理の様々な手法を全社的に展開し, 製品の品質向上を目指す品質管理手法です。TQM で使用される方針管理とは, 企業の目標達成のために, 継続的な改善を進めていく活動を指しています。

ERP ▶ **(3) ERP（Enterprise Resource Planning：企業資源計画）**

　企業経営で行ってきた従来の手法を改め, 企業全体としてもつべき情報や人材などの経営資源を有効に活用するため, これらを統合管理し効率化を実現するための手法です。ERP を実現する具体的な手段としては, 人事管理や在庫管理, 財務管理や販売管理などの基幹業務を統合的に処理し, そこで生じる情報を一元的に管理するソフトウェアとして ERP パッケージを活用することが一般的となっています。

シックスシグマ▶ **(4) シックスシグマ**

　統計分析手法などを活用して, 製品の製造やサービスの提供における業務プロセスの問題点や欠陥を取り除き, 品質を高めて顧客満足度を高めることを目的とした経営改革手法です。品質の管理限界に標準偏差（σ；シグマ）の 6 倍（6σ）を用いることから呼ばれています。

(5) ナレッジマネジメント（knowledge management）

　企業活動の中で得られる様々な情報を社内で共有し，効率的に業務を行うための手法です。これを実現するため，情報共有システムなどを導入して，社内に散在する文書や業務知識，ノウハウなどを一元管理し，個人に頼らず業務を進めることができ，問題解決力を高めることを目指します。

(6) 顧客満足と CRM

　顧客に関する情報を集めて，それを商品計画や販売促進に役立てることを顧客管理といいます。販売競争では顧客に関する情報をどれだけ多くもっているかがカギとなります。顧客には，すでに取引のある顕在的な顧客といえる得意先のほかに，取引が期待できる潜在的な顧客といえる見込客があります。これらの顧客情報を顧客データベースにもち，販売促進や，信用チェックなどの販売活動支援に使います。

　また，顧客をいかに満足させるか，顧客満足（CS：Customer Satisfaction）を意識することが重要で，顧客満足度を意識した経営を CS 経営といいます。CS 経営では，企業と顧客との接点の情報を広く蓄積し，これを基にして顧客との良好な関係を構築し維持していくことが基本で，CRM（Customer Relationship Management：顧客関係管理）といいます。例えば，顧客との対応情報を一元化して，顧客からの問合せの応答時間を短縮するなど，顧客満足度を上げ，顧客との良好な関係を構築，維持していく手法です。

(7) SCM（Supply Chain Management：供給連鎖管理）

　製品が計画されてから消費者に届くまで，設計，製造（資材調達も含みます），在庫，出荷，流通などの経路には多くの機能があり，多くの企業が関係しています。これをサプライチェーン（供給連鎖）といいます。この間の製品に関する情報を共有することで，全体として適切な流れになるように改善を進めるシステムをサプライチェーンマネジメントといいます。サプライチェーン全体で納期や流通コストの短縮を目指し，情報システムを利用して，モノの流れを総合的に管理します。

4　マーケティング

マーケティング▶

　マーケティングの定義はいろいろありますが，米国マーケティング協会は，「マーケティングとは，顧客，依頼人，パートナー，社会全体にとって価値のある提供物を創造・伝達・流通・交換するための活動，一連の制度，過程」と定義しています。現代の社会では，貨幣を伴わない交換というのはあまり行われないので，一般には，商品や製品を販売するための一連の活動を指して，マーケティングといいます。

(1) マーケティング分析

RFM分析▶

　① RFM分析

　Recency（最終購買日），Frequency（購買頻度），Monetary（累計購買金額）の三つの指標で顧客をグループ化し，各グループの特徴を分析する手法です。グループの特徴をとらえることによって，効率的なマーケティングが可能になり，顧客を分析することで，優良顧客を知ることができます。

　　RFM 分析の結果，F（購買頻度）が低い顧客には，再来店を促す案内や特典を送ったり，F は高いけど R（最終購買日）が古い顧客には，競合他社に流れていないかを調査したりするなど，顧客の特性に応じた対応が必要になるのね

②アンゾフの成長マトリクス

　経営学者のイゴール・アンゾフが提唱した事業の拡大の検討に有効なフレームワークであり，次の図のように縦軸に「市場」，横軸に「製品」をとり，4 象限に分類し事業の拡大（成長）の方向性の検討に利用します。

		製品	
		新規	既存
市場	新規	多角化	市場開拓
	既存	製品開発	市場浸透

図　アンゾフの成長マトリクス

マーケティング
ミックス▶
(2) マーケティングミックス

　個々の企業にとって，マーケティングの目的は，市場需要を開拓することです。この目的を達成するための切り口として広く一般的に使われているのがマーケティングミックスです。

4P ▶
・4P……販売側の視点に基づくもの
　　　どんな製品を（Product）
　　　いくらで売るか（Price）
　　　どこで売るか（Place）
　　　どのように宣伝するか（Promotion）

4C ▶
・4C……顧客側の視点に基づくもの
　　　どんな価値があるか（Customer Value）
　　　いくらなら払うか（Customer Cost）
　　　流通の利便性（Convenience）
　　　情報をどう受け取るか（Communication）

　販売側の視点に基づく4Pと顧客側の視点に基づく4Cは，次のように対応しています。

要素	4C（顧客側の視点）	4P（販売側の視点）
製品	Customer Value （購買者にとっての価値）	Product （製品の品質・魅力）
価格	Customer Cost （購買者の負担する費用）	Price （製品価格）
流通 （チャネル）	Convenience （購入方法の簡便さ）	Place （販売方法）
プロモーション	Communication （情報伝達）	Promotion （広告宣伝）

表　マーケティングミックスにおける4C・4Pの対応

プロダクト
ライフサイクル▶

(3) プロダクトライフサイクル（Product Life Cycle：PLC）

製品が市場に受け入れられる状況を，導入期，成長期，成熟期，衰退期の四つの段階でとらえる考え方です。

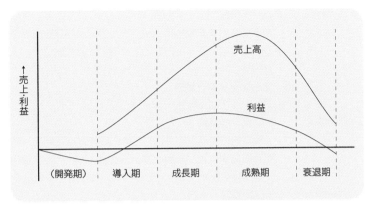

図　プロダクトライフサイクルの例

①導入期

需要は部分的で新規需要開拓がポイントとなります。大きな開発投資を回収するために価格は，一般に高くなります。

②成長期

市場が製品の価値を認識し始める段階です。売上は伸びますが，投資も必要となります。価格を低下させることは可能ですが，競争も激しくなります。

③成熟期

この期に入ると需要が最大となり，いくつか特徴のあるものに分化していきます。競争は激化し，価格は一層低下します。

④衰退期

需要が減って多くの企業が撤退する段階です。需要が縮小するので，代替市場への進出なども考慮されます。

(4) マイケル・ポーターの競争戦略

経営学者のマイケル・ポーターは，『競争戦略』の中で，競争優位を獲得するための基本的な戦略として，次の三つの戦略を挙げています。

コストリーダー
シップ戦略▶

①コストリーダーシップ戦略

コスト低減を目指し，より安い価格を競争の源泉として市場開拓を図る戦略です。

差別化戦略▶

②差別化戦略

　市場の動向に合わせ，顧客にとって価値のある特有な性質をもつ製品やサービスを武器にして，競争相手との違いを強調して市場開拓を図る戦略です。

ニッチ戦略▶

③ニッチ戦略

　大きく進出する競争相手が，まだいない特有の市場領域で，企業競争の隙間を狙って一定のシェアを獲得する戦略です。

(5) マーケティング戦略

①プッシュ・プル戦略

プッシュ戦略▶

・プッシュ戦略

　積極的に製品を売り込むための販売促進活動で，新製品の拡大展開時期によく用いられます。販売員が詳しく製品説明を行ったり，サンプルを配布するなどの直接的な働きかけを行ったりします。

プル戦略▶

・プル戦略

　消費者が自ら特定の製品を望むように仕向けるマーケティング方法で，マスコミを利用した大々的な広告・宣伝などによって消費者の購買意欲を高め，指名買いをするように誘導します。

ブランド戦略▶

②ブランド戦略・ブランド拡大戦略

　ブランドの知名度を武器とした戦略です。企業が新製品を展開する際に，成功している既存のブランド名を別の商品区分の新製品にも適用して，ブランドの範囲を拡大します。すでに存在するブランドを新分野に広げるため，ブランドエクステンションとも呼ばれています。

コモディティ化▶

③コモディティ化

　それぞれに特徴のあった競合製品のブランド力や機能，品質の差がなくなり，個性が失われて差別化ができない状況を指します。製品が一般化することで，消費者は価格や入手のしやすさなどだけが製品の選択基準としてしまいます。

カニバリ
ゼーション▶

④カニバリゼーション（cannibalization）

　言葉は「共食い」という意味で，同じ企業の類似した複数の商品やサービスがお互いに顧客を取り合ってしまうことを表します。良くないことのように思えますが，商品が少し似ていても全体として幅広い顧客の希望に沿う商品を揃えることによって，他社に顧客を奪われず自社商品の中で購入してもらう戦略として使われる場合もあります。

(6) マーケティング手法

①マーケティング形態

マス
マーケティング▶

・**マスマーケティング**

　大量生産，大量販売を行うために，すべての消費者を対象に行う画一的なマーケティング活動です。

ダイレクト
マーケティング▶

・**ダイレクトマーケティング（直販）**

　売り手側が流通を介さずに広告などによって消費者に直接，販売するマーケティングです。

> 訪問販売，通信販売，テレビショッピング，インターネットショッピングなどはダイレクトマーケティングといえるわね

セグメント
マーケティング▶

・**セグメントマーケティング**

　市場をニーズなどに応じてセグメント化（分類）し，セグメント化されたそれぞれの市場に対応したマーケティング分析を行います。

ソーシャル
マーケティング▶

・**ソーシャルマーケティング**

　企業の利益追求だけを目的とするのではなく，社会貢献を意識したマーケティング活動です。

インバウンド
マーケティング▶

・**インバウンドマーケティング**

　見込み客に対して企業が情報発信し，見込み客側から問合せをしてもらう手法です。

クロスメディア
マーケティング▶

・**クロスメディアマーケティング**

　テレビ，新聞，雑誌などの複数のメディアを活用した広告戦略です。

オピニオン
リーダー▶

②オピニオンリーダー

　業界や地域，組織集団などにおいて，役職や権限がないにもかかわらず，集団としての意識や判断，行動などに大きな影響力をもつ人物を指します。マーケティングの成功のためには，オピニオンリーダーに対する適切なアプローチが欠かせないものとされています。

オムニチャネル▶

③オムニチャネル

　店舗販売や通販サイトなど複数の接点（チャネル）から商品の注文や購入ができるようにすることです。オムニ（omni-）は，"すべての"という意味です。

（7）価格設定手法

コストプラス法▶

　商品やサービスを販売するに当たって，価格をどのように決めるか，販売成績を左右する重要事項です。最も基本的な考え方は，**コストプラス法**で，原価（コスト）に最初から利益を加えて価格を決めるものです。価格設定の考え方には，他に次のようなものがあります。

スキミング
プライシング▶

①スキミングプライシング

　投資したコストを早い段階で回収することを目的として，価格を高めに設定する手法です。類似製品を他社が容易に開発できない製品や，競合他社が存在しない製品などに適用されます。

ベネトレーション
プライシング▶

②ベネトレーションプライシング

　新製品を市場に浸透させるために低い価格を設定し，新製品の認知度を高めて，先行してシェアの獲得を目指す手法です。

ダイナミック
プライシング▶

③ダイナミックプライシング

　変動価格制のことで，消費者の需要と供給状況に合わせて価格を変動させる手法です。

2.2 技術戦略マネジメント

　自社独自の優れた製品，サービスをもっているということは強みです。これを余すことなく生かしていくことが技術戦略です。このためには，もう一度，自社の技術の優位性を再確認する必要があるかもしれません。

　産学官連携は，ときどきニュースにもなっているように大学や高校などが行う研究を企業が支える仕組みです。技術戦略の一つの形ですが，この時点で競争が始まっているんですね。

1 技術開発戦略とは

技術開発戦略▶　**技術開発戦略**とは，他者との競争を考慮して自社のポジションを明確にし，継続的に競争力を高めることができるように，製品そのものの技術（製品技術）と，その製品を効率良く生産していくための技術（製法技術）の開発に関する優先順位を定めることです。

　このように技術を戦略的にマネジメントしていく経営手法を MOT▶　MOT（Management Of Technology）といい，一般に技術経営と訳されます。最近は，このような手法や考え方を学ぶためのプログラムも開発され，これらの教育プログラムのことを指して MOT と呼ぶ場合も多くなっています。

　この技術開発戦略に基づいて組織体としての技術開発の取組み強化と開発活動の効率化を目的として策定されるのが，実現が期待されている技術
ロードマップ▶　技術を時間軸とともに示した**技術ロードマップ**です。

(1) 技術開発戦略の目的

企業が発展していくためには，技術開発に対する投資とともにイノベーションを促進して，技術開発と市場のニーズとを結びつけ，事業を成功へ導くことがとても重要です。技術開発戦略の考え方として，次のような用語を理解しておきましょう。

イノベーション▶
①イノベーション（innovation）

イノベーションとは革新，刷新などの意味で，「企業の躍進に繋がった」，「競合他社との差別化を図れた」などの，根源的な変革のことを意味します。変革をどう起こすかによって，次の三つのように，それぞれ別の名称で呼ばれることもあります。

プロセス
イノベーション▶
・プロセスイノベーション

製品を企画，製造，販売サービスを提供する業務の過程（プロセス）を根本的に刷新することでコスト，品質，生産性を飛躍的に改善することです。

プロダクト
イノベーション▶
・プロダクトイノベーション

画期的な製品やサービスを新たに創造することで差別化を実現することです。

オープン
イノベーション▶
・オープンイノベーション

産学官連携など異業種，異分野が持つ技術やアイディア，サービス，スキル，研究データ，知識などを組み合わせて，革新的なビジネスモデル，研究成果，製品開発，サービス開発，組織改革，行政改革，地域活性化などにつなげることです。

また，既存技術の向上によってシェアを確保することに注力した企業が，革新的な技術を用いた製品に市場のシェアを奪われてしまう現象をイノベーションのジレンマといいます。

イノベーション
のジレンマ▶

ハッカソン▶
②ハッカソン（hackathon）

ハック（hack）とマラソン（marathon）を合わせた混成語で，ソフトウェア開発者が，一定期間集中的にプログラム開発やサービスの考案などを共同して行い，成果を競い合うイベントのことです。

また，大手企業が広く外部から参加者を集めて自社の製品やサービスに役立つアイディアを競わせたり，ベンチャーキャピタル（投資会社）による出資対象の選定に利用されたりしています。

ハッカー（hacker）というと，ネットワークからの不正侵入者など悪い人をイメージしてしまうけど，本来は，コンピュータや電子技術などの深い知識をもち，新たな課題の解決などに積極的に取り組む人達のことを指すんだね！

(2) 技術開発の経済的価値

キャズム▶ ①キャズム（chasm）

　　キャズムとは深い溝という意味です。ハイテク製品や技術が市場に浸透する際に，それを阻む深い溝が生じるとするマーケティング理論を指します。

　　製品を購入する顧客に関して，ハイテク製品や技術を早く取り入れる層と，製品や技術を遅く取り入れようとする層では価値観が大きく違い，このような各層の価値観の違いによって，販売や普及の結果が変化するという理論です。その変化のタイミングを"溝"といっています。

②魔の川，死の谷，ダーウィンの海

　　研究開発型の事業は，「研究→製品開発→事業化→市場形成」という段階を辿ります。次の段階に進むためには，様々な障壁（関門）があります。

魔の川▶ 　・魔の川

　　製品化の目処が立たず，研究に費やしたコストがムダになるなど，製品開発に立ちはだかる障壁です。

死の谷▶ 　・死の谷（valley of death：デスバレー）

　　時間をかけて行ってきた研究開発が，資金調達の問題から実用化に至らないなど，事業化に立ちはだかる障壁です。最近では，資金調達の問題以外の様々なリソース（人や材料）の不足や，法律・制度などの外的な要因なども含めて，研究開発の結果が事業化・製品化に生かせない状態や，その原因全般を指すようになりました。

ダーウィンの海▶ 　・ダーウィンの海

　　研究開発の結果を生かした事業化・製品化が成功して新製品が開発されても，既存の商品や他の企業を相手にした競争が待ち受けている状態など，市場形成に立ちはだかる障壁です。

図　魔の川，死の谷，ダーウィンの海

(3) 技術開発戦略関連する様々な手法

ビジネスモデル
キャンバス▶ ①ビジネスモデルキャンバス（Business Model Canvas）

　　ビジネスモデルを構築する際には，誰に対して，どのような価値を提供するのかを明確にすることが必要です。

　　ビジネスモデルキャンバスは，システム化構想の段階で，ビジネスモデルを整理・分析するときに有効な手法（フレームワーク）の一つです。企業がどのように，価値を創造し，顧客に届け，収益を生み出しているかを，九つのブロック（顧客セグメント，価値提案，チャネル，顧客との関係，収益の流れ，リソース，主要活動，パートナー，コスト構造）を用いて1枚のキャンバスに図示し分析します。

リーンスタートアップ▶ ②リーンスタートアップ（lean startup）

　　「無駄がない」という意味の"リーン"と，「起業」を意味する"スタートアップ"を組み合わせた用語で，コストをかけずに最低限の製品，サービスや機能をもった試作品を短期間で作り，顧客に提供して反応を観察します。そして，その観察結果を分析して，製品やサービスが市場に受け入れられるかどうかを判断し，試作品やサービスに改善を施したり，機能などを追加したりして再び顧客に提供します。

　　このサイクルを繰り返すことで，成功につながらない（非本質的な）要素に対する時間・資金・あるいは情熱などを省くことができ，起業や新規事業の成功率が飛躍的に高まるといわれています。

APIエコノミー▶ ③APIエコノミー（API経済圏）

　　システム間を連携させるAPI（Application Programing Interface）を通じて，既存のサービスやデータをつなぎ，新たなビジネスや価値を生み出す仕組みです。

　　APIが提供されていれば，IT企業などの担当者は，その部分を独自に開発する必要がなくなるため，プログラム開発を効率よく進めることができます。

　　APIエコノミーでは，公開されているAPIによって，異なるビジネスやサービスをつなぎ，それらをベースにした新たなビジネスやサービスが提供されます。この身近な例としては，店舗や企業などの所在地を地図上に示す際によく利用される，"Google Maps API"が挙げられます。

2　技術開発戦略の立案手順

（1）技術開発戦略の策定手順

次の三つに大きく分けて，技術開発戦略を策定します。

①技術の抽出

　　自社が保有している技術について，利益に関連すると思われるものを洗い出し，今後事業化していくべき技術について，競争相手のもつ技術や他業界の技術，研究途中の技術の中から検討します。

②技術動向の予測と選定

技術を成熟したものと考えず，常に変化するものととらえます。その際，社会情勢の変化やマーケティングも意識する必要があります。その上で，どの変化が自社にとって有利になるかを検討して，必要な技術を選び出します。選定した技術に対して，さらに，コスト，差別化，業界構造に対する影響度を調査・予測します。

③評価と優先順位付け

②で調査・予測した結果を評価して，優先順位を決定します。

（2）技術開発戦略の立案の考え方

デザイン思考▶ ①**デザイン思考**

デザインを考えるときのデザイナーの考え方をビジネスにも適用し，新製品や新サービスの創出に役立てる考え方です。利用者が気付かないようなニーズを見つけ出し，製品やサービスを変革させることを目的とします。スタンフォード大学のハッソ・プラットナー教授が掲げる「デザイン思考の5段階」，共感（Empathise）－問題定義（Define）－アイディア出し（Ideate）－試作（Prototype）－試行（Test）が基本的な考え方になっています。

ペルソナ法▶ ②**ペルソナ法**

商品やサービスを提供するに当たって，想定する架空のユーザー像のことをペルソナ（persona）といい，提供内容を検討するときの基準として，ペルソナの視点や思考方法を基にする手法がペルソナ法です。

バックキャスティング▶ ③**バックキャスティング（backcasting）**

未来のある時点における目標を設定し，その目標を達成するために，その時点からさかのぼって現在すべきことを考える発想法です。

VC▶ ④ **VC（Venture Capital：ベンチャーキャピタル）**

ベンチャーキャピタル▶ 将来性のあるベンチャー企業（新興企業）に出資を行う投資会社のことで，その企業が将来，株式を公開（上場）したときに売却益を得ることを目指します。なお，新規事業の立上げや新技術・アイディアなどの取得を目的として，企業自身が投資する場合をCVC（Corporate VC：コーポレートベンチャーキャピタル）といいます。

産学官連携▶ ⑤**産学官連携**

大学や公的研究機関などの研究成果である技術を，共同研究や共同開発といった形で民間企業が実用化していこうという連携の試みのことです。

2.3 ビジネスインダストリ

インダストリ（industry）は産業，工業の意味ですが，ビジネスインダストリといわれても，ちょっと意味がわかりにくいですね。

POSシステム，カンバン方式，電子商取引，ICカード，SNS，組込みシステムなど。「企業活動の中で情報システムがこんなに使われているんだ」っていうことを実感してみてください。

1 ビジネスシステム

(1) 販売・流通・サービス

経済活動は，基本的には生産者と消費者から成り立っています。生産者が作り，消費者が使うという図式です。生産者の商品を消費者のニーズ（必要性）に結び付ける手段として商業が発生しました。

商業は販売業，流通業，サービス業としてとらえることができます。有形の商品を扱う場合が販売で，無形の商品を扱う場合がサービスです。また，商品の移動に重点を置くと流通となります。そして，情報技術(IT)の進展に伴い，商業の形態にも大きく変わってきています。

(2) 物流・金流・商流

物流▶
金流▶
商流▶

販売流通の情報システムは，**物流**，**金流**，**商流**の三つに分けて考えると理解しやすいでしょう。物流とは「物」，つまり商品や原材料の流れであり，金流とは企業活動に伴う「金」の流れです。また，受注や発注など，取引に関する「情報」の流れを商流といいます。

これらの流れには時差が発生するので注意が必要です。「情報」は通信によって瞬時に移動しますが，「物」は移動のための時間がかかり，代金としての「金」は掛売りであれば後からの入金になります。販売管理システムの中の物流・金流・商流を見てみると，次の図のようになります。

取引の基本的な流れ（フロー）は，発注，仕入，受注，出荷，売上，請求，代金回収ですが，この中に物流，金流，商流があります。

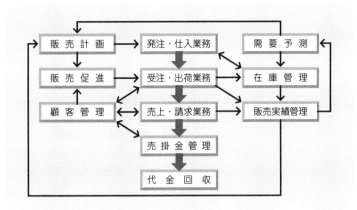

図　販売管理システム

(3) 流通経路

流通経路▶　　生産者から消費者に至る商品の流れる経路を**流通経路**といいます。次の図は流通経路を示したものです。

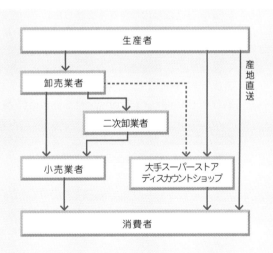

図　流通経路

　　販売業は卸売業と小売業に大きく分けられます。卸売業とは仕入れた商品を他の販売業者に販売する業者であり，小売業とは仕入れた商品を最終消費者に販売する業者です。卸売業は何段階にもわたって存在する場合があり，その場合は一次卸業者，二次卸業者などといいます。

　一方，大規模なスーパーマーケットチェーンや大型ディスカウントショップなどでは，卸売業者を介さず，独自に産地やメーカーと契約して商品を作らせ，販売する場合があります。また，生産者が，直接消費者に販売するような産地直送，産地直売といった流通形態もあります。

(4) ビジネス分野の代表的なシステム

　ビジネス分野の代表的なシステムとしては，次のものがあります。

POS ▶

① POS（Point Of Sale：販売時点情報管理）システム

　小売業向けの情報システムです。POS端末（POSレジ）で商品に付いているバーコードを読み取ることで，購入金額を計算し，販売に関する情報（時間，年齢層など）をネットワークを経由してセンターに送信するシステムです。最近では，購入者自身で操作を行う**セルフレジ**も増えてきています。

セルフレジ ▶

GPS ▶

② GPS（Global Positioning System：全地球測位システム）

　GPS端末と衛星を連動させ，人や物の位置を特定する仕組みです。この機能を組み込んだGPS応用システムは，物流システムの場合，輸送車両の位置を特定し管理するために使われています。

GIS ▶

③ GIS（Geographic Information System：地理情報システム）

　GPSなどからの情報を手掛かりにして，位置情報に関するデータを総合的に管理・加工して，視覚的に表示し分析できるシステムです。

ETC ▶

④ ETC（Electronic Toll Collection：自動料金収受）システム

　専用のETC車載器によって，有料道路の通行料金精算を行うシステムです。料金精算には主にクレジットカードを利用します。

ITS ▶

⑤ ITS（Intelligent Transport Systems：高度道路交通システム）

　人・道路・自動車間で情報をやり取りし，交通事故や渋滞・環境対策などの課題を解決するシステムです。先端技術を使って事故や渋滞の解消，省エネや環境との共存を図ります。

トレーサビリ
ティシステム ▶

⑥ トレーサビリティシステム

　トレーサビリティとは，経過をたどれるということです。商品がある地点を通過するごとに，日時や場所などの管理情報を書き込んでおけば，その商品がどういう経路を通ってどこにあるのかを瞬時に確認できます。

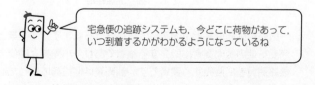

宅急便の追跡システムも，今どこに荷物があって，いつ到着するかがわかるようになっているね

スマート
グリッド▶

⑦スマートグリッド

　スマートメーター（太陽光発電などによる発電量や家庭内の消費電力をリアルタイムに把握し電力会社に送信できる仕組み）などを利用して，停電防止や送電調整を行うことで電力の安定供給を実現する電力網のことです。

　スマートメーターの利用で，太陽光発電や風力発電など発電量が不安定で分散された電力消費を制御し，有効活用できるようになります。

デジタル
ツイン▶

⑧デジタルツイン

　現実の世界で起こっていることを，仮想世界（サイバー空間）で再現する技術や仕組みのことです。例えば，IoT機器のセンサー情報で収集したデータを仮想世界でリアルタイムに表示するシステムなどがあります。

サイバーフィジ
カルシステム▶

⑨サイバーフィジカルシステム（Cyber Physical System：CPS）

　実世界（フィジカル空間）にあるデータを集め，サイバー空間で分析して知識にします。その知識から作り出した情報・価値によって，産業の活性化や社会問題の解決を図るシステムです。

2

(5) 行政分野の代表的なシステム

住民基本台帳
ネットワーク
システム▶

　行政分野の代表的なシステムとしては，次のものがあります。

①住民基本台帳ネットワークシステム（住基ネット）

　氏名，生年月日，性別，住所などが記載された住民票の情報を基本台帳としてまとめ，ネットワーク経由で全国から本人確認できるようにしたシステムで，住民サービスの向上と事務処理の合理化を目的としています。

マイナ
ポータル▶

②マイナポータル

　子育てや介護，就労証明書の発行，法人設立などの行政手続ができるポータルサイトのことで，そのサイトだけでいろいろな手続ができます（ワンストップ）。マイナポータルにログインして，納税システム（e-Tax）やねんきんネットなどの外部サイトを利用することもできます。

Jアラート▶

③Jアラート（全国瞬時警報システム）

　緊急地震速報・津波警報・弾道ミサイル情報などを，緊急速報メールや防災行政無線などで瞬時に伝達するシステムです。

AI ▶ **(6) AI（Artificial Intelligence：人工知能）**

　提唱者のジョン・マッカーシーは，「知的な機械，特に，知的なコンピュータプログラムを作る科学と技術」としていて，人間の判断・識別・予測・作文などの知的活動をコンピュータによって実現するものです。

ニューラル
ネットワーク ▶ **①ニューラルネットワーク**

ニューロン ▶ 　**ニューロン**（neuron）と呼ばれる脳の神経細胞をモデル化したもので，情報を入力する入力層と，結果を出力する出力層の間をエッジ（信号線）でつないだものです。多くの層で構成する場合は，入力層，出力層の間に，隠れ層とも呼ばれる中間層を設けます。

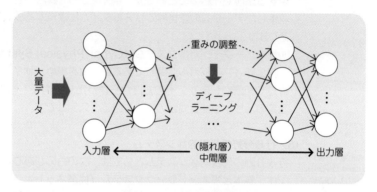

図　ニューラルネットワーク

　AI は，各エッジが伝える信号に対する重みを調整し，適切な出力（結果）が得られるようにすることで知識を得ていきます。例えば，物体を識別する場合に，形，大きさ，色，質感などの入力情報に対して，正しく識別ができるようにそれぞれの重み付けを調整することが学習で，正しく識別できるようになった状態が知識です。実際には，これほど単純ではありませんが，学習と知識とはこのようなイメージです。

機械学習 ▶ **②機械学習**

　IoT（Internet of Things）の利用や SNS の情報などから数値，テキスト，画像，音声など多量のデータ（ビッグデータ）を用いることで，AI 自体が人間のように学習し，特定のパターン，ルールや知識を見つけ出すことです。

教師あり学習 ▶ 　**・教師あり学習**

　　入力と正しい出力（正解）を組み合わせた多数のデータを使って，未知の入力に対して正しい出力が得られるようにコンピュータに学習させる方法です。「正しい出力」を教師ととらえた言葉です。売上予測，株価予測，故障予測などの活用事例があります。

教師なし学習▶

・教師なし学習

　正解データを提示せずに，入力データ同士の類似度や相互関係などからなるデータの構造や特徴を分析し，グループ化（クラスタリング）します。顧客の特徴による分類（顧客セグメンテーション），自動運転の画像認識などの活用事例があります。

ディープ
ラーニング▶

・ディープラーニング（deep learning：深層学習）

　AI自身が学習して知識を獲得していく機械学習の一つです。多層のニューラルネットワークと，ビッグデータのような大量のデータの活用を前提としています。

③ AIを利活用する上での留意事項

　AIはまだ万能ではありません。AIを利活用に関しては，留意すべきこと，脅威，負の事例などの理解が必要です。

ヒューマン
インザループ▶
HITL▶

・ヒューマンインザループ（HITL：Human In The Loop）

　AIの学習データに誤りや偏りがあると，出力データも誤りや偏りのある情報になる出力リスクがあり，そのリスクを抑える方法として，判断や制御に人間が関与することをいいます。

・アルゴリズムのバイアス

　適切でないデータを基にした機械学習のアルゴリズムのことです。AIが不適切な判断結果を出してしまうことにつながります。

トロッコ問題▶

・トロッコ問題

　AIによる自動運転で「人の命を救うために，他の人の命を犠牲にしてよいのか」という倫理的な問題のことです。もともと，「暴走しているトロッコの先の線路が二方向に分岐していて，一方には5人いて，もう一方が1人だけのとき，トロッコをどちらの方向に分岐させるか」という問題からきています。

④ AIを利活用するための原則と指針

　AIを社会の中でよりよい形で利用・活用するため，使い方に関する基本的な原則を理解しておく必要があります。最近急速に普及した文章・音声・画像を作り出す生成AIの利活用問題は，これからも議論が続くでしょう。

・人間中心のAI社会原則（統合イノベーション戦略推進会議決定）

　AIをより良い形で社会実装し共有するための基本原則で，基本理念として次の三つを尊重していくことが提唱されています。

・人間の尊厳が尊重される社会
・多様な背景を持つ人々が多様な幸せを追求できる社会
・持続性ある社会

実現すべき AI 社会原則としては，「人間中心の原則，教育・リテラシーの原則，プライバシー確保の原則，セキュリティ確保の原則，公正競争確保の原則，公平性・説明責任及び透明性の原則，イノベーションの原則」があります。

AI 利活用
ガイドライン▶

・AI 利活用ガイドライン

「人間中心の AI 社会原則」を踏まえて，AI の開発・利用の原則を定めた解説書で，AI ネットワーク社会推進会議によって策定されました。AI を利活用する際の留意事項を「AI 利活用原則」としてまとめ，その実現のための具体的な方法が解説されています。

2　エンジニアリングシステム

（1）生産システム

生産システムは，生産技術と生産管理に分けて考えることができます。生産技術には計測と制御，自動化技術が含まれ，生産管理には生産計画，資材管理，品質管理，原価計算が含まれます。

生産▶

①生産とは

消費者のニーズに合った製品を研究開発して，それを製造することです。そのためには，人（Man），機械（Machine），資金（Money），

生産の5M▶

技術（Method），資材（Material）が必要で，これを生産の5M といいます。なお，研究開発は R&D（Research and Development）

研究開発▶
R&D▶

ともいいます。

② BTO（Build To Order）

注文を受けてから製品の組立てを行って出荷する，受注生産のことです。顧客のニーズに対応したカスタマイズを実現できます。

JIT▶

③ JIT（Just In Time：ジャストインタイム）

ジャストインタイム▶

製品の製造工程における中間在庫（仕掛在庫）をできるだけ減らすために，生産ラインにおいて後の工程が自分の生産量に合わせて必要な部品を前の工程に発注して調達する生産方式です。注文を受けた前の工程は引き渡した量だけを生産・補充し，従来のように見込みだけで部品の在庫をもつことによる不良在庫の増加を防止できます。トヨ

かんばん方式▶

タ自動車が開発したかんばん方式が有名です。

ファブレス▶

④ファブレス

工場をもたない製造会社のことであり，自社では工場や生産設備を保有せずに製品の企画・設計，マーケティング活動だけを行い，他の製造メーカーに生産を委託するビジネスモデルです。また，より経営のスリム化を図るため，設計やマーケティング活動なども他社に委託する場合もあります。ファブレスは，英語の fab（fabrication facility，製造施設）と less を組み合わせた造語です。

(2) 様々なエンジニアリングシステム

　一般に，生産工程における作業は，受注や需要予測に基づく材料の手配，生産計画とその実施，在庫管理と注文の引当て，出荷といった要素によって構成されています。これらの作業に情報システムを使って予定と実績を分析し，問題点を見つけ，解決策を検討し，実施します。現在は，自動化装置の進歩，情報処理能力の向上，ネットワークの普及による即時性の向上などによって，大量生産の利点と個別対応の利点とを併せもつような総合オンライン生産管理の概念が生まれています。

FA ▶
ファクトリー
オートメーション ▶

① FA（Factory Automation：ファクトリーオートメーション）
　主に加工のプロセスを自動化することを表しています。

② CAD/CAM/CAE

CAD ▶

・CAD（Computer Aided Design）
　コンピュータを使って，機械や部品の設計・製図の定型的作業を支援するシステムです。

CAM ▶

・CAM（Computer Aided Manufacturing）
　コンピュータを使って，製造業務を支援するシステムです。CAD システムから受け取った設計情報や，関連データベースから得た情報を基に工程設計を行い，装置への指示プログラムや作業指示表などを出力します。

CAE ▶

・CAE（Computer Aided Engineering）
　設計工程の初期段階で，設計や設計の解析評価を支援するシステムです。例えば，CAD で製図したものが，適切な形であるかを解析することもあります。

　以上を一連の流れで行う製造工程をまとめて，CAD/CAM/CAE と表しています。

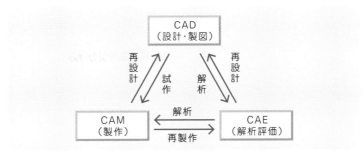

図　CAD/CAM/CAE の流れ

MRP▶ ③ MRP（Material Requirements Planning：資材所要量計画）

在庫状況から需要を予測し、中間製品（他の製品の部品として使われる製品）の製造に必要な時間、各部品の必要量、製造開始までにかかる調達時間などを求め、最適な調達計画を立てるシステムです。必要なものを、必要な時期に、必要な量だけ納入する生産形態を目標にしています。

PDM▶ ④ PDM（Products Data Management）

製品に関するデータ（設計から製造、出荷にまで限らず、顧客における使用状態まで含めた情報）を、大きなデータベースとして管理するものです。製品のライフサイクル全体の情報を一元管理することで業務を改善します。

3 e ビジネス

EC▶ **(1) EC（Electronic Commerce：電子商取引）**

コンピュータネットワーク上で電子的に決済情報を交換して行う商取引です。インターネットの普及によって一般消費者を対象とした電子商取引が急速に拡大しています。そこで、取引するもの同士の関係から、次のように分類して呼ぶことがあります。

用語	解説
B to B	企業間の取引
B to C	企業対消費者の取引。C は Consumer（顧客）の意味
C to C	消費者同士の取引
G to B	政府・自治体対企業間の取引。G は Government の意味
G to C	政府・自治体対個人間の取引。C は Citizen（市民）の意味
G to G	政府および行政機関内の取引
O to O	インターネット販売と実店舗販売を組み合わせた取引（Online to Offline）のこと

O to O▶

（注）"to" を "2" として、B2C や O2O のように表記することもあります。

表　電子商取引の分類

(2) 電子商取引の種類

EDI ▶
① EDI（Electronic Data Interchange：電子データ交換）

電子データ
交換 ▶
　企業間でコンピュータネットワークを介して，電子的に受発注，輸送，決済などのビジネス文書をやり取りすることです。このようなやり取りを成立させるには，通信のための共通の取決め（**プロトコル**）が必要となります。

プロトコル ▶

EFT ▶
② EFT（Electronic Fund Transfer：電子資金移動）

電子資金移動 ▶
　手形や小切手など紙の証書を使わずに，ネットワーク経由の電子データのやり取りによって，送金や決済に必要な資金移動を行うことです。犯罪で得たお金を出所や所有者がわからないようにして，捜査機関による発見や検挙を逃れる行為を**マネーロンダリング**といいますが，金融庁でテロ資金供与対策と合わせて，実行させない対策をしています。

マネー
ロンダリング ▶

キャッシュ
レス決済 ▶
③**キャッシュレス決済**

　現金を使わずに，スマートフォンのキャリア決済や，QR コード・バーコード読取りなどの方法で決済することです。

フィンテック ▶
④**フィンテック（FinTech）**

FinTech ▶
　主に銀行や信販会社が担ってきた各種サービスに IT が融合した技術のことです。例えば，コンビニエンスストア業界による銀行業への進出があります。その他，ポイントカードやマイレージなど，企業ごとに発行されていた擬似的な貨幣を，企業間で相互融通させる仕組みとして電子マネーがあります。決済に関しては，スマートフォンを用いてオンラインで行うサービスなどが普及しています。

クラウド
ファンディング ▶
⑤**クラウドファンディング（ソーシャルファンディング）**

　不特定多数の人がインターネットを経由して，出資（財源の提供）を行うことです。

(3) 電子商取引の利用

① IC カード（IC card）

磁気カードと同じ形状のカードの中に、マイクロコンピュータや半導体メモリを内蔵したもので、最近では、記憶機能に加えて処理

図　IC カード

機能をもつものなどが開発されています。会社の社員証や入館証のほか、キャッシュカード、クレジットカードにも利用されています。

IC カードには、次のような特長があります。

・磁気カードに比べ記憶容量が非常に大きい（文字データで数千～数万）。
・マイクロコンピュータを内蔵した IC カードでは、不正な読出し・書込み・改ざんを防止できる。
・暗号化などでセキュリティ管理することによって不正使用を防止できる。

非接触 IC カード ▶

②非接触 IC カード

薄型のアンテナと IC チップを内蔵したカードで、記録された情報の読出しと書込みは電磁波を出す機器に近付けることによって行います。定期や電子マネー用のカードとして使われています。また、個人認証機能を付けて、社員証や入退室管理用としても使われています。

鉄道などの改札を通るとき、Suica、PASMO、ICOCA などを利用しているね
瞬時にデータを読み取って、データが書き換わっているんだよ

RFID ▶

③ RFID（Radio Frequency IDentification）

非接触 IC カードのように、電磁波を利用した無線通信で情報の読込み／書込みをする技術の総称です。情報は 1 ミリにも満たない非常に小さい IC チップに記録されていて、IC タグと呼ばれます。

店頭で販売する商品に IC タグを付け、生産者情報や流通経路情報など、情報が書き込める利点を生かした利用方法が注目されています。

暗号資産 ▶

④暗号資産

貨幣や紙幣などの実体がない電子的な通貨のことで、以前は仮想通貨といってました。公的な金融機関でない民間事業者が発行したもので、不特定多数の間でデータが管理・使用されます。一般的な通貨と同様に支払いで使用でき、電子的に記録や移転もできます。

（4）電子商取引の留意点

①アカウントアグリゲーション

利用者の ID 情報を集約するサービスのことで，ID がアカウント，集約がアグリゲーションです。複数のインターネットバンキングの取引情報を取得したい場合に一元管理するサービスです。

eKYC ▶

② eKYC（electronic Know Your Customer；イーケーワイシー）

KYC は「顧客を知る」という意味で，金融機関の口座開設の際に行う本人確認のことを指します。eKYC は，これをオンライン上で行うことで，多方向からの顔写真の撮影や，運転免許証やマイナンバーカードの顔写真との照合などを行います。

③ AML・CFT ソリューション

金融庁が行っているマネーロンダリング・テロ資金供与対策（Anti-Money Laundering・Countering the Financing of Terrorism）のことです。

（5）インターネット広告

インターネットでは，情報が無料で閲覧できる代わりに，そこに広告を掲載して収益を得るのが一般的になってきています。インターネット広告には，次のような種類があります。

アフィリエイト▶

①アフィリエイト

Web サイトやメールマガジンなどが企業サイトへリンクを張り，閲覧者がそのリンクを経由して当該企業のサイトで会員登録をしたり商品を購入したりすると，リンク元サイトの主催者に報酬が支払われるという広告手法です。

リスティング
広告▶

②リスティング広告（キーワード連動広告）

特定のキーワードで検索を行ったときに，そのキーワードと関連する広告のタイトルが表示される仕組みのことです。

また，広告を目的とした Web サイトは，多くの人に見てもらう必要があります。そのためには，関連するキーワードで検索したときに検索エンジンで上位に表示されることが最も有効な対策になります。このように，特定のキーワードが入力されたときに，検索エンジンで上位に表示されるような対策をとることを SEO対策（Search Engine Optimization）といいます。具体的には，該当するキーワードをページの中（ヘッダーなど）にできる限り取り入れる，関連するページからのリンクを増やすなどの方法がとられます。

SEO対策▶

③レコメンデーション

インターネットショッピングにおいて，個人がアクセスしたWebページの閲覧履歴や商品の購入履歴を分析し，関心のありそうな情報を表示して別商品の購入を促すマーケティング手法です。

バナー広告▶　**④バナー広告**

Webサイトに広告用画像（バナー画像）を貼り付けておき，それを閲覧者がクリックすることによって広告主のWebサイトへリンクさせる，インターネット広告の一種です。

バナー広告は，商業用Webサイトでは有償として設置されることが一般的であり，閲覧者がクリックした回数によって，広告主が一定金額を広告の掲示先のWebサイト開設者へ支払うクリック保証型や，閲覧者が広告主のWebサイトで商品などを購入した場合だけに課金される成果報酬型など，複数の課金スタイルがあります。

オプトイン
メール広告▶　**⑤オプトインメール広告**

オプトは英語で「選択する」という意味で，あらかじめ広告メールを受信することに「承諾」を選択した人にだけ送るメール広告のことです。反対に，受信者の同意なしに一方的に送りつける広告メールのことを，オプトアウト（opt out）メール広告といいます。

ロングテール▶　**(6) ロングテール（long tail）**

インターネットを利用した商品販売における販売動向を表すキーワードの一つです。陳列スペースが必要ないインターネット販売では，販売機会の少ない商品でも数多く取り揃えることができます。販売機会の少ない商品を，数多く販売することで，結果的に売上額の総額が大きくなる場合があります。

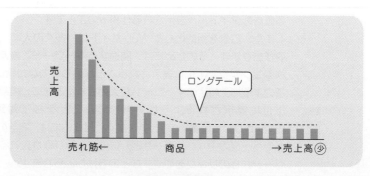

図　ロングテール

4 ネットワークの有効活用

インターネットなどが高速かつ廉価で利用できるようになったことで，ビジネスの流れが変わり，新しいコミュニケーションの仕組みも発展してきています。次のような利用方法にも注目しておきましょう。

SOHO ▶ **(1) SOHO（Small Office Home Office；ソーホー）**

会社と自宅や郊外の小さな事務所をネットワークで結んで仕事場にしたもの，あるいは，ネットワークを活用して自宅や小さな事務所で事業を起こすことです。通勤のために生じる時間的，経済的なムダが省けるという利点がありますが，業務管理やコミュニケーションで問題が生じないようにする必要があります。

(2) インターネット上でのコミュニケーション手段

インターネットを利用することによって，非常に広範囲の人たちと様々なコミュニケーションをすることが可能になりました。

①チャット

リアルタイムに文字ベースの会話を行うシステムです。実際の会話のように短い文章をリアルタイムにやり取りします。

②ブログ

個人や数人のグループで運営され，日々更新される日記的な Web サイトです。通常の Web ページよりも簡単に更新，追加ができる点が特徴です。

③ SNS（Social Networking Service）

人と人とのつながりを促進・サポートする，コミュニティ型の Web サイトです。イベントなどへは，誰でも自由に参加できるのではなく，既存の参加者から招待されると参加できるシステムを採用しているものが多いです。

図　SNS の画面

5 IoT システム・組込みシステム

(1) IoT システム

IoT ▶ 　IoT（Internet of Things）は，通信機器や産業機器，自動車など様々な「モノ」がインターネットに接続し，モノ同士が相互に情報をやり取りして，データ処理や新しいサービスを実現する技術です。

　IoT は，様々なデータを正確に測定するセンサー技術，小さい電力で遠隔地のデータを収集可能にする無線通信やインターネット技術のほか，組込みシステムの進展によって，可能になった仕組みといえます。広範囲に設置した機器をネットワーク経由で制御し，データを収集・処理して活用できるようになったことが特長です。

① IoT を利用したシステム

　IoT は金融・農業・医療・物流・エネルギーなどの分野で活用が進んでいます。代表的な例を挙げます。

自動運転 ▶ 　・**自動運転**

　車やドローンなどを，人手を介さず，コンピュータ自ら制御して運転することです。車の自動運転ではいくつかのレベルに分けて，制御できる目標を決めています。

スマート農業 ▶ 　・**スマート農業**

　IoT，ロボットや AI 技術などを活用して行う農業のことで，水田の水管理，生育状況の把握，作業の自動記録などを行います。

　・**販売データ分析システム**

　センサー付きの商品陳列棚でデータを収集し，売れ筋商品をリアルタイムで把握します。

　・**医療や健康関連データの蓄積・活用**

　現在の生体情報や生活習慣データ，診断結果などを共有し，健康維持のために活用します。

② IoT 機器（IoT デバイス）

　利用される機器としてはセンサーとアクチュエーターが代表的ですが，最近では次のような機器を利用して応用範囲が広がっています。

ドローン ▶ 　・**ドローン（drone）**

　無人で遠隔操作や自動制御できる航空機の総称で，自律飛行機能をもつことが特徴です。人が行けない場所での情報収集に活躍しており，今後は荷物配達の自動化への応用が期待されています。

コネクテッド
カー ▶ 　・**コネクテッドカー（connected car）**

　自動車にインターネット通信の機能をもたせたもので，日常生活の中の情報端末として活用する意味をもちます。

ARグラス▶　　・**ARグラス**

　　現実のカメラ映像に怪獣を重ねて表示したり，作業をしながら
PC を見ずに必要な情報を確認したりするなど，拡張現実（AR：
Augmented Reality）を実現するためのグラス（ゴーグル）です。

MRグラス▶　　・**MRグラス**

　　現実世界を見ながら，仮想的なデジタル情報に操作を加えること
ができるグラスのことです。MR は Mixed Reality（複合現実）
のことです。

　　・**スマートグラス**

　　スマートフォンなどに接続する情報表示機能付きのメガネやサン
グラスのことです。

③ **IoT の課題**

　　データの活用範囲が広がり便利になる IoT は，今後も進展が期待
されていますが，収集したデータのセキュリティや法律上の問題，デー
タ活用のための協力関係の構築など，課題が残っています。

組込み
システム▶　**(2)　組込みシステムとは**

　　産業機器や家電製品などに内蔵した（組み込んだ）コンピュータによっ
て，特定の機能を実現するシステムのことで，エンベデッドシステム
（embedded system）ともいいます。

　　例えば，自動車ではエンジン制御や衝突防止・自動運転装置などに非
常に多くのコンピュータが使われ，高級乗用車では数千万行の命令をも
つソフトウェアが組み込まれ，大規模な業務のソフトウェア量に匹敵す
るとされています。

　　組込みシステムの適用分野の例を挙げます。

適用分野	利用例
家庭	家電製品，スマートスピーカー，セキュリティ機器
屋外	自動販売機，信号機，防犯カメラ
オフィス	コピー機，セキュリティ機器
通信	スマートフォン，ルータ，無線システム
工場	工業用ロボット，FA 機器，自動倉庫
交通	自動車，通行量測定，列車運行監視
医療	X 線 CT，MRI 装置，手術支援ロボット
教育・娯楽	電子黒板，ゲーム機，電子ブック

表　組込みシステムの分野

（3）組込みシステムの特徴

組込みシステムのソフトウェアは，PC や大型コンピュータではなく，各種機器に搭載された CPU 上で動くため，次の特徴をもっています。

①厳しいリソース制約

メモリ容量に制約がある場合が多く，プログラムの大きさに制約が加えられる場合が多いです。

②高い信頼性

量産品が多く，プログラムに問題があると大規模なリコールが発生する可能性があるため，高度な品質が求められます。

③リアルタイム制御

定められた時間の中で制御・処理が完了するように要求され，そのため，リアルタイム OS といわれる制御に特化したオペレーティングシステムが使われます。ただし，すべてのデータを即時に処理するわけではありません。

MtoM ▶ ### （4）MtoM，M2M（Machine to Machine）

ネットワークを通じて機械同士が直接情報をやり取りして，様々な処理や制御を行うことです。エレベータの監視制御や電気・ガスのメーター検針，自販機の在庫管理などで応用されています。

第2部 確認問題

[2.1 経営戦略マネジメント]

問2-1

(H30春-IP 問17)

ある業界への新規参入を検討している企業が SWOT 分析を行った。分析結果のうち，機会に該当するものはどれか。

ア　既存事業での成功体験　　　　　イ　業界の規制緩和
ウ　自社の商品開発力　　　　　　　エ　全国をカバーする自社の小売店舗網

問2-2

(H30秋-IP 問2)

マーケティング戦略の策定において，自社製品と競合他社製品を比較する際に，差別化するポイントを明確にすることを表す用語として，適切なものはどれか。

ア　インストアプロモーション　　　イ　ターゲティング
ウ　ポジショニング　　　　　　　　エ　リベート

問2-3

(R4春-IP 問26)

自社が保有していない技術やノウハウを，他社から短期間で補完するための手段として，適切なものはどれか。

ア　BPR　　　　　　　　　　　　　イ　アライアンス
ウ　インキュベーション　　　　　　エ　ベンチマーキング

問2-4

(R5春-IP 問8)

　A社の営業部門では，成約件数を増やすことを目的として，営業担当者が企画を顧客に提案する活動を始めた。この営業活動の達成度を測るための指標としてKGI（Key Goal Indicator）とKPI（Key Performance Indicator）を定めたい。本活動におけるKGIとKPIの組合せとして，最も適切なものはどれか。

	KGI	KPI
ア	成約件数	売上高
イ	成約件数	提案件数
ウ	提案件数	売上高
エ	提案件数	成約件数

問2-5

(R3春-IP 問23)

　プロダクトポートフォリオマネジメントは，企業の経営資源を最適配分するために使用する手法であり，製品やサービスの市場成長率と市場におけるシェアから，その戦略的な位置付けを四つの領域に分類する。市場シェアは低いが急成長市場にあり，将来の成長のために多くの資金投入が必要となる領域はどれか。

　　ア　金のなる木　　　　　　　　　　イ　花形
　　ウ　負け犬　　　　　　　　　　　　エ　問題児

問2-6

(R2-IP 問15)

SCMの説明として，適切なものはどれか。

　　ア　営業，マーケティング，アフターサービスなど，部門間で情報や業務の流れを統合し，顧客満足度と自社利益を最大化する。
　　イ　調達，生産，流通を経て消費者に至るまでの一連の業務を，取引先を含めて全体最適の視点から見直し，納期短縮や在庫削減を図る。
　　ウ　顧客ニーズに適合した製品及びサービスを提供することを目的として，業務全体を最適な形に革新・再設計する。
　　エ　調達，生産，販売，財務・会計，人事などの基幹業務を一元的に管理し，経営資源の最適化と経営の効率化を図る。

問 2 - 7　　　　　　　　　　　　　　　　　　　　　　　　　(H27春-IP 問17)

企業の商品戦略上留意すべき事象である"コモディティ化"の事例はどれか。

ア　新商品を投入したところ，他社商品が追随して機能の差別化が失われ，最終的
　　に低価格化競争に陥ってしまった。

イ　新商品を投入したところ，類似した機能をもつ既存の自社商品の売上が新商品
　　に奪われてしまった。

ウ　新商品を投入したものの，広告宣伝の効果が薄く，知名度が上がらずに売上が
　　伸びなかった。

エ　新商品を投入したものの，当初から頻繁に安売りしたことによって，目指して
　　いた高級ブランドのイメージが損なわれてしまった。

問 2 - 8　　　　　　　　　　　　　　　　　　　　　　　　　(R4春-IP 問2)

年齢，性別，家族構成などによって顧客を分類し，それぞれのグループの購買行動
を分析することによって，集中すべき顧客層を絞り込むマーケティング戦略として，
最も適切なものはどれか。

ア　サービスマーケティング　　　　　　イ　セグメントマーケティング
ウ　ソーシャルマーケティング　　　　　エ　マスマーケティング

[2.2　技術戦略マネジメント]

問 2 - 9　　　　　　　　　　　　　　　　　　　　　　　　　(R2-IP 問35)

ある企業が，フィンテックを活用した新サービスを実現するためのプログラムを開
発しようとしている。そこで，デザイナ，プログラマなどを集めてチームを編成し，
数日を掛けて集中的にプログラム開発作業に取り組み，その成果を競い合うイベント
を企画した。このようなイベントを表す用語として，最も適切なものはどれか。

ア　ウォークスルー　　　　　　　　　　イ　ゲーミフィケーション
ウ　ハッカソン　　　　　　　　　　　　エ　ブレーンストーミング

問2-10
(R1秋-IP 問30)

デザイン思考の例として，最も適切なものはどれか。

ア　Webページのレイアウトなどを定義したスタイルシートを使用し，ホームページをデザインする。

イ　アプローチの中心は常に製品やサービスの利用者であり，利用者の本質的なニーズに基づき，製品やサービスをデザインする。

ウ　業務の迅速化や効率化を図ることを目的に，業務プロセスを抜本的に再デザインする。

エ　データと手続を備えたオブジェクトの集まりとして捉え，情報システム全体をデザインする。

【2.3　ビジネスインダストリ】

問2-11
(H29秋-IP 問22)

クラウドファンディングの事例として，最も適切なものはどれか。

ア　インターネット上の仮想的な記憶領域を利用できるサービスを提供した。

イ　インターネットなどを通じて，不特定多数の人から広く寄付を集めた。

ウ　曇りや雨が多かったことが原因で発生した損失に対して金銭面での補償を行った。

エ　大量の情報の中から目的に合致した情報を精度高く見つける手法を開発した。

問2-12
(R5春-IP 問34)

記述a～cのうち，"人間中心のAI社会原則"において，AIが社会に受け入れられ，適正に利用されるために，社会が留意すべき事項として記されているものだけを全て挙げたものはどれか。

a　AIの利用に当たっては，人が利用方法を判断し決定するのではなく，AIが自律的に判断し決定できるように，AIそのものを高度化しなくてはならない。

b　AIの利用は，憲法及び国際的な規範の保障する基本的人権を侵すものであってはならない。

c　AIを早期に普及させるために，まず高度な情報リテラシーを保有する者に向けたシステムを実現し，その後，情報弱者もAIの恩恵を享受できるシステムを実現するよう，段階的に発展させていかなくてはならない。

ア　a, b　　　　　イ　a, b, c　　　　ウ　b　　　　　エ　b, c

問2-13
(R3春-IP 問13)

FinTech の事例として，最も適切なものはどれか。

ア　銀行において，災害や大規模障害が発生した場合に勘定系システムが停止することがないように，障害発生時には即時にバックアップシステムに切り替える。

イ　クレジットカード会社において，消費者がクレジットカードの暗証番号を規定回数連続で間違えて入力した場合に，クレジットカードを利用できなくなるようにする。

ウ　証券会社において，顧客がPCの画面上で株式売買を行うときに，顧客に合った投資信託を提案したり自動で資産運用を行ったりする，ロボアドバイザのサービスを提供する。

エ　損害保険会社において，事故の内容や回数に基づいた等級を設定しておき，インターネット自動車保険の契約者ごとに，1年間の事故履歴に応じて等級を上下させるとともに，保険料を変更する。

問2-14
(R3春-IP 問6)

インターネットに接続できる機能が搭載されており，車載センサで計測した情報をサーバへ送信し，そのサーバから運転に関する情報のフィードバックを受けて運転の支援などに活用することができる自動車を表す用語として，最も適切なものはどれか。

ア　カーシェアリング　　　　イ　カーナビゲーションシステム
ウ　コネクテッドカー　　　　エ　電気自動車

問2-15
(R5春-IP 問19)

住宅地に設置してある飲料の自動販売機に組み込まれた通信機器と，遠隔で自動販売機を監視しているコンピュータが，ネットワークを介してデータを送受信することによって在庫管理を実現するような仕組みがある。このように，機械同士がネットワークを介して互いに情報をやり取りすることによって，自律的に高度な制御や動作を行う仕組みはどれか。

ア　MOT　　　　イ　MRP　　　　ウ　M2M　　　　エ　O2O

確認問題　解答・解説

問2-1　イ
SWOT分析の機会に該当するもの (H30春-IP 問17)

SWOT分析は，企業の内部環境（強み：Strengths，弱み：Weaknesses）と外部環境（機会：Opportunities，脅威：Threats）の四つの要素に注目して企業を取り巻く環境を分析し，企業活動の今後の方向性を導き出すための手法です。

	好影響	悪影響
内部	強み (Strengths)	弱み (Weaknesses)
外部	機会 (Opportunities)	脅威 (Threats)

（イ）の"業界の規制緩和"は外部環境の要素で，規制緩和によって参入障壁が下がり，ビジネスチャンスも拡大することが期待できるので「機会」に該当するといえます。

その他，（ア）の"既存事業での成功体験"，（ウ）の"自社の商品開発力"，（エ）の"全国をカバーする自社の小売店舗網"は内部環境の要素ですが，新たな業界で生かせるものであれば「強み」に該当し，新規参入を予定している他企業よりも劣っているのであれば「弱み」に該当することになります。

問2-2　ウ
差別化するポイントを明確にすることを表す用語 (H30秋-IP 問2)

マーケティング戦略の策定において，自社製品と競合他社製品を比較する際に，差別化するポイントを明確にすることをポジショニングといいます。したがって，（ウ）が適切です。

商品の特性や消費者がもつイメージについて競合商品と比較・分析することで，市場内での自社商品と競合商品の位置付けや強み・弱みを把握することが可能となります。

ア：インストアプロモーション（instore promotion）は，店内における販売促進活動のことです。店内でのサンプル配布やセールや店内広告などがあります。

イ：ターゲティング（targeting）は，サービスや製品を市場に提供する際に，どの顧客層を標的（ターゲット）にするのかを絞り込むことをいいます。年齢・性別・地域・趣味・所得などの情報を基に市場を幾つかのセグメントに分割し，企業のコンセプトに合うセグメントだけにアプローチするために必要です。

エ：リベート（rebate）は，販売促進を目的として，取引金額や取引の量に応じて取引先に支払金額の一部を割り戻す仕組みです。

問2-3 イ　自社にない技術やノウハウを他社から短期間で補完する手段 (R4春-IP 問26)

　アライアンスは，企業同士の提携の意味で用いられます。「A社がB社とアライアンスを組む」などと使われ，ある企業と提携し共同で事業を行っていくことを指します。例えば，ソフトウェア開発会社が販売会社と"アライアンス"を組み，開発会社は開発に専念，販売会社は代理店としてソフトの販売に注力する，などです。また，自社が保有していない技術やノウハウを，他社から短期間で補完するための手段として利用されることもあります。したがって，（イ）が適切です。

ア：BPR（ビジネスプロセス・リエンジニアリング）とは，企業などで既存の業務の構造を抜本的に見直し，業務の流れを最適化する観点から再構築することです。

ウ：インキュベーションとは，事業の創出や創業を支援するサービス・活動のことです。新たなビジネスを始めようとしている人や起業に対し，不足する資源（資金，オフィス，ソフトなど）を提供し，その成長を促進する支援を行います。

エ：ベンチマーキングとは，企業などが自らの製品や事業，組織，プロセスなどを他社の優れた事例を指標として比較・分析し，改善すべき点を見いだす手法です。

問2-4 イ　営業活動の達成度を測る指標のKGIとKPI (R5春-IP 問8)

　企業は経営目標を定めて具体的な活動をします。経営の中で最終的に達成を目指す定量的な目標値がKGI（重要目標達成指標）で，この経営目標としてのKGIを達成するための指標がKPI（重要業績評価指標）です。

　この問題の営業活動の目的は「成約件数を増やすこと」なので，KGIは成約件数となります。また，制約件数を増やすために行う活動の一つとして「企画を顧客に提案する活動」を行うことから，KPIは提案件数になります。したがって，（イ）が最も適切です。

問2-5 エ プロダクトポートフォリオマネジメントの領域 (R3春-IP 問23)

PPM（Products Portfolio Management：プロダクトポートフォリオマネジメント）とは，自社の事業や製品がそれぞれの市場でどのようなポジションに位置付けられるかを正確に把握することで，経営資源の配分を最適化する経営分析手法の一つです。縦軸と横軸に，市場占有率と市場成長率を取るマトリックスを作成し，自社の各事業や各製品が四つのグループのどこに位置付くかを分析します。

	（金のなる木） 市場成長率は低いが，大きな投資を必要とせず，シェアが高い。	（花形） 成長市場なので，常に新しい投資が必要。そのため，利益は出るがそれ以上に資金が必要となる。
	（負け犬） 市場成長率が低いので，投資しても大きな効果が期待できない。シェアも低く，撤退するべきである。	（問題児） 成長市場にもかかわらず，売れていない。大きな投資を行えば花形製品になる可能性がある。

市場占有率：高 ← → 低　市場成長率：低 ← → 高

「問題児」に位置する製品は，市場成長率が高く（急成長市場），市場占有率（市場シェア）が低い分野で，競争に打ち勝ち市場占有率を上げられれば「花形」に移行できるが，競争に負ければ撤退しなければなりません。「金のなる木」からの資金を投入して，他企業に対して優位性を確立していく必要があります。したがって，（エ）が正解です。

ア：「金のなる木」に位置する製品は，市場占有率が高く，市場成長率が低いです。今後の成長は期待できませんが，安定的に収益が見込める上に新規の投資が必要ないために，キャッシュフローの面では多くの余剰を生み出します。

イ：「花形」に位置する製品は，市場占有率，市場成長率ともに高いので，企業にとって今後も主力ですが，競争が激しいため新規の投資として多くの資金が必要です。利益は出ていますが，キャッシュフローの面で見ると必ずしもプラスになる製品とはいえません。

ウ：「負け犬」に位置する製品は，市場占有率，市場成長率ともに低く，将来も期待できない分野であるので，撤退も視野に入れて事業の再編成を考えるべきです。

問2-6 イ SCMの説明 (R2-IP 問15)

材料調達から流通を経て消費者に至るまでの一連の業務を総合的に管理し，全体の最適化を目指す手法は，SCM（Supply Chain Management：供給連鎖管理）です。取引先や部門間における調達から販売までの全過程を通じて情報の共有を実現し，業務プロセスの全体最適化を目指すことによってコスト低減や納期短縮を図り，収益力の増加を実現することを目的としています。したがって，（イ）が適切です。

ア：CRM（Customer Relationship Management：顧客関係管理）の説明です。CRM
では，顧客の購買パターンやクレームの履歴，趣味や嗜好などの総合的な顧客情報を集積
したデータベースを全社で共有し，きめ細かなサービスを提供することで顧客満足度を向
上させて自社利益の増加を実現しようとするマネジメント手法です。

ウ：BPR（Business Process Reengineering）の説明です。BPRとは，製品，サービス，
業務のコスト効率を高めるため，既存の組織形態や業務の処理内容などを総合的にチェッ
ク・分析し，業務全体を最適な形に革新・再設計することです。

エ：ERP（Enterprise Resource Planning：企業資源計画）の説明です。ERPとは，調
達，生産，販売，財務，会計，人事などで保有する情報や人材などの経営資源を有効に活
用するため，これらを一元的に管理して効率化を実現する手法のことです。

問2-7　ア　　　　　　　　　　　　　　　　　　コモディティ化の事例 (H27春-IP 問17)
"コモディティ化"（commoditization）とは，高付加価値な製品が普及品化することです。
類似製品のない，低価格かつ性能や操作性が高い新製品を開発販売すると競争優位性が高い
です。ところが，各社が同じような製品を販売し始めると，当初は特別だった製品も日用品（コ
モディティ：commodity）のような一般的な商品になることを指します。したがって，（ア）
が正解です。

問2-8　イ　　　　　　　　　　　集中すべき顧客層を絞り込むマーケティング戦略 (R4春-IP 問2)
市場のニーズなどに応じてセグメント化（年齢，性別，家族構成などによって顧客を分類）
し，セグメント化されたそれぞれの市場に対応した分析を行うことは，セグメントマーケティ
ングと呼ばれます。したがって，（イ）が最も適切です。セグメントマーケティングは，集中
すべき顧客層を取り込むマーケティング戦略としては最も有効です。

ア：サービスマーケティングとは，五つのサービスの特性（無形性，品質の変動性，需要の
　変動性，不可分性，消滅性）に応じたマーケティング活動であり，サービストライアング
　ル（サービス提供企業，サービス提供者，顧客）間でマーケティング活動が行われています。

ウ：ソーシャルマーケティングとは，企業の利益追求だけを目的とするのではなく，社会貢
　献を意識したマーケティング活動です。

エ：マスマーケティングとは，大量生産，大量販売を行うために，全ての消費者を対象に行
　う画一的なマーケティング活動です。

問2-9　ウ　　　　　　　　　　　集中的に作業に取り組み，成果を競い合うイベント (R2-IP 問35)
ハッカソン（hackathon）は，ハック（hack）とマラソン（marathon）を組み合わせ
た造語です。コンピュータに精通した者（ハック）がマラソンをするように短期に集中して
共同作業を行い，成果を競い合うイベントのことです。したがって，（ウ）が最も適切です。

ア：ウォークスルーは，ソフトウェア開発におけるエラーの検出を目的とした，設計担当者が自発的に行うレビュー技法です。

イ：ゲーミフィケーション（gamification）は，ゲームで用いられる様々な要素をゲーム以外の分野に取り入れて，利用者の興味を引こうとする仕組みです。ポイントやバッジを購買や実績評価などに導入することで，顧客や従業員の目標を達成できるように動機付けることを目的としています。

エ：ブレーンストーミングは，代表的なアイディア創出法であり，少人数の参加者が特定のテーマに関して，自由奔放・便乗歓迎・質より量・批判厳禁の次の四つのルールを守って自由な討論を行い，様々なアイディアを引き出す手法です。

問2-10　イ　　　　　　　　　　　　　　　　　　　　　デザイン思考の例 (R1秋-IP 問30)

デザイン思考（design thinking）は，システムを実際に利用するユーザがどのようなものを求めているかを理解し，ユーザのニーズにあったシステムを考えることです。利用者の本質的なニーズに基づいた製品やサービスをデザインすることは，デザイン思考です。したがって，（イ）が最も適切です。

ア：CSS（Cascading Style Sheets）を用いた統一性のある Web ページの作成についての説明です。

ウ：BPR（Business Process Reengineering）についての説明です。品質，サービス，業務の処理能力やコスト効率を高めるため，既存の組織形態や業務の処理内容などを総合的にチェック・分析し，抜本的に設計し直す活動のことです。

エ：オブジェクト指向によるシステムデザインの説明です。

問2-11　イ　　　　　　　　　　　　　　　　　　　クラウドファンディング (H29秋-IP 問22)

クラウドファンディング（crowdfunding）は，群衆（crowd）と資金調達（funding）を組み合わせた言葉であり，目的のためにインターネットを利用して不特定多数の人々から出資を募ることをいいます。ソーシャルファンディングと呼ばれる場合もあります。

クラウドファンディングには出資者にリターンのない寄付型，出資者が金銭的なリターンを得る金融型，金銭以外の権利などのリターンを得る購入型などがあります。「インターネットなどを通じて，不特定多数の人から広く寄付を集めた」というのは，寄付型のクラウドファンディングの事例といえるので，（イ）が正解です。

ア：オンラインストレージ（online storage）の事例です。

ウ：天候デリバティブ（weather derivative）の事例です。

エ：データマイニング（data mining）の事例です。

問2-12　ウ　　　　　　　　　"人間中心のAI社会原則"で社会が留意すべき事項 (R5春-IP 問34)

「人間中心の AI 社会原則」では，次の三つの価値を尊重し追求していくことが提唱されています。

① 人間の尊厳が尊重される社会
② 多様な背景を持つ人々が多様な幸せを追求できる社会
③ 持続性ある社会

これらの内容を基に a ～ c の記述を見ていきます。

a：「人が利用方法を判断し決定するのではなく，AI が自律的に判断し決定できるように」の記述が，①や原則名の「人間中心」に反しています。
b：「基本的人権を侵すものであってはならない」は，①の人間の尊厳を尊重している記述です。
c：「その後，情報弱者も AI の恩恵を享受できるシステムを実現する」の記述が，②の多様性に反しています。

したがって，AI が社会に受け入れられ，適正に利用されるために，社会が留意すべき事項として記されているものは「b」だけといえるので，（ウ）が正解です。

問2-13　ウ　　　　　　　　　　　　　　　　FinTechの事例 (R3春-IP 問13)

FinTech とは，金融（Finance）と技術（Technology）をかけ合わせた造語であり，金融業において IT を活用して，これまでにない革新的なサービスを提供する取組のことです。具体的なサービス提供事例としては，次のようなものが挙げられます。

・AI を使って，融資申込者の過去の決済サービスの利用状況や，ネットショッピングの利用履歴，ソーシャルメディアなどのデータを解析し，短時間で融資の可否を判断します。
・お金を借りたい人と貸したい人を，インターネットを介して仲介する金融貸付型のクラウドファンディングサービスを提供します。

選択肢の中で，AI や IT を活用した FinTech の事例に該当するのは，投資信託の提案や自動で資産運用するロボアドバイザといえるので，（ウ）が最も適切です。

ア：障害発生時には即時にバックアップシステムに切り替えるというのは，フェールオーバ機能の説明です。
イ：暗証番号やパスワードを規定回数連続で間違えた場合に，サービスやシステムの利用をできなくするというのは，ロックアウト機能の説明です。
エ：事故履歴に応じて保険料の割引，割増を適用するというのは，自動車保険のノンフリート等級制度の説明です。

問2-14　ウ　　　　　　　　　情報のフィードバックを運転の支援に活用できる自動車 (R3春-IP 問6)

　コネクテッドカーについては，総務省『平成 27 年版情報通信白書』に「コネクテッドカーとは，ICT 端末としての機能を有する自動車のことであり，車両の状態や周囲の道路状況などの様々なデータをセンサーにより取得し，ネットワークを介して集積・分析することで，新たな価値を生み出すことが期待されている」と説明されています。ネットワークを介して集積・分析したデータを運転の支援などに活用するほか，緊急通報システムとしての利用，ドライバーの運転中の行動特性から保険料を設定するテレマティクス保険の提供，盗難車両追跡システムなどのサービスが実現可能となります。したがって，（ウ）が最も適切です。

ア：カーシェアリングとは，個人で自動車を所有するのではなく，複数の利用者で自動車を共同利用する形態です。購入費や維持費を複数の利用者で分担することによる経済的な効果や，自動車の保有台数を抑えることによる省エネ，環境対策といった効果も見込めます。

イ：カーナビゲーションシステムとは，GPS システムを利用し，自車位置測位機能，目的地探索機能，経路探索機能，経路案内機能などを有するシステムのことです。

エ：電気自動車とは，電気モータを動力源として走行する自動車のことです。走行時に二酸化炭素を排出しないことから，地球温暖化対策として普及が進んでいます。

問2-15　ウ　　　　　　　　機械が自律的に高度な制御や動作を行う仕組み (R5春-IP 問19)

　機械同士がネットワークを介して互いに情報をやり取りすることによって，自律的に高度な制御や動作を行う仕組みは M2M（Machine to Machine：MtoM）なので，（ウ）が正解です。

ア：MOT（Management of Technology：技術経営）は，技術開発に投資してイノベーションを促進し，事業を持続的に発展させていく経営の考え方のことです。

イ：MRP（Material Requirements Planning：資材所要量計画）は，在庫状況を基に需要を予測し，中間製品や構成部品の必要量，発注時期などを計算する手法です。

エ：O2O（Online to Offline：OtoO）は，インターネット上で先に販売促進キャンペーンなどを展開した上で，顧客を実世界の店舗に誘導して購買を促す手法です。

第３部

システム戦略

経営戦略で立てた目標を達成させるための効果的なシステムを検討してシステム戦略を立て，具体的に，いつまでに何をどのような方法でシステム化するか計画を立てます。そして，システムで実現する内容を細かく要件として定め，実際に開発してもらう企業を決めて，いよいよ開発へと進みます。

3.1

システム戦略

　システム戦略はITや情報システムを有効に活用して、経営戦略で立てた目標を達成させるための大事な考え方です。新しいシステムにするために、業務の進め方そのものを変えることもあり、そのための手法についても学習していきます。
　新しい技術を利用してシステム化することによって、新しいビジネスや価値の創出につながることもあり、夢を実現させるための戦略ともいえます。

1 情報システム戦略

（1）情報システム戦略とは

情報システム
戦略▶

　情報システム戦略は、経営戦略に合わせて検討され、情報システムは立てた戦略に従って構築されます。情報システム戦略は、情報技術（IT）を活用した情報の取得、加工、利活用という面から、経営戦略の一部を具体化した中長期的な戦略といえます。

①情報戦略

　経営には情報の活用が欠かせません。経営戦略の一つとして、データ、コンピュータ、ネットワークといった情報資源を、ITを使って効果的に活用できるようにする計画です。

SoR▶

　・SoR（System of Record）
　顧客管理や受注管理など、情報やデータの記録を中心に考えた戦略です。企業組織の中だけで利用する従来型の情報システムの開発を指しています。

SoE▶

　・SoE（System of Engagement）
　WebシステムやIoTシステムなど、社外の人や情報、機器などとつながることを中心に考えた戦略です。

②情報システム戦略の重要性

　情報システム戦略は、他の戦略活動で使われる情報システムの基本的な指針であり、情報システムという企業活動の基盤を生み出す源なのです。ITを積極的に活用した新たなビジネスも日々生まれており、

情報技術をいかに活用するか，どの技術を利用すればよいかが，企業の経営に大きく影響するため，情報システム戦略はとても重要です。

情報システム戦略は，企業のすべての業務を対象にしています。通常，業務ごとに順次システム化を進めていくことになりますが，その際，それぞれが勝手に構築されると，企業全体としてうまくいかなくなることが考えられます。データ一つとっても，他の業務に関連するものであれば，整合性を取る必要があるからです。そのため，各情報システムは情報システム戦略に従って構築され，運用できるようにしていかなければならず，情報システム戦略の責任者にはCIO（最高情報責任者）が任命されます。

現在の経営には，情報の活用が欠かせない
つまり，コンピュータやネットワークを使用した情報資源を，ITを使って効果的に活用できるようにすることを大きな意味で情報戦略と呼んでいるのね

そして，企業の情報戦略は，
経営戦略と考え方や目標が一致している必要があるんだね

エンター
プライズ
サーチ▶

③エンタープライズサーチ（enterprise search）

企業内に集まる膨大な社内資料を検索し，資産として活用するための社内検索システムです。

この検索システムによって社内情報が一元管理され，多種多様な情報をネットワークやアプリケーションにかかわらず検索でき，目的の情報を得ることが可能となります。

EA▶
エンタープライズ
アーキテクチャ▶

(2) EA（Enterprise Architecture：エンタープライズアーキテクチャ）

企業の情報システムや業務の進め方の現状を把握して整理し，目標とすべき姿を設定して，統一した考え方で組織全体を最適化するための手法です。全社的な情報化計画に関する考え方として，経済産業省がまとめました。

もともと中央官庁や地方自治体における情報化の指針として検討されたものですが，民間企業でも採用されている考え方で，次の手順で情報システム戦略を策定し，これを繰り返すことで，最終目標からぶれることなく，理想に近付けることができるというものです。

① 現在の情報システム，あるいは業務の状況（As-Is）を調べ，問題点があるかどうか分析する。

② 最終的にこうなるとよいという理想のシステム像（To-Be）を経営戦略に従って描く。

③ ②は最終的な理想ですが，それに向かって近付くための，現実的な目標となるシステム像を描く。

エンタープライズアーキテクチャは，業務と情報システムをそれぞれ四つ（ビジネスアーキテクチャ，データアーキテクチャ，アプリケーションアーキテクチャ，テクノロジアーキテクチャ）に分類して定義し，**現状（As-Is）とあるべき姿（理想，To-Be）**を明らかにします。

現状▶
As-Is▶
あるべき姿▶
To-Be▶

EA の各分類の役割を次のように四つの段階で考えて，「理想の家づくり」に例えてみます。

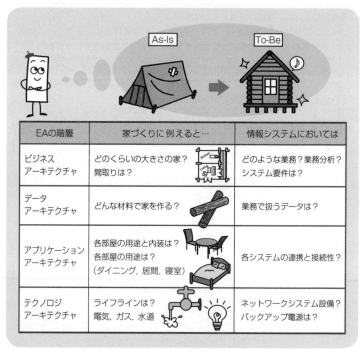

EAの階層	家づくりに例えると…	情報システムにおいては
ビジネスアーキテクチャ	どのくらいの大きさの家？ 間取りは？	どのような業務？業務分析？システム要件は？
データアーキテクチャ	どんな材料で家を作る？	業務で扱うデータは？
アプリケーションアーキテクチャ	各部屋の用途と内装は？ 各部屋の用途は？ （ダイニング，居間，寝室）	各システムの連携と接続性？
テクノロジアーキテクチャ	ライフラインは？ 電気，ガス，水道	ネットワークシステム設備？バックアップ電源は？

図　EA（エンタープライズアーキテクチャ）

2　業務プロセスと業務プロセスのモデリング

情報システム戦略を立案するためには，現状の業務の流れや内容などの業務プロセスがどうなっているか，また，その中でどのような情報が使われているかを明確にする必要があります。

(1) 業務の現状分析

与えられた課題や問題を解決するために，業務内容の現状を調査します。調査に当たっては，できるだけ結果を定量的にとらえることが重要となります。

- **定量的情報**……伝票の枚数，売上高など数値化された情報
- **定性的情報**……「忙しい」，「クレームが多い」など感覚的な情報

業務改善▶ **(2) 業務改善**

一般的な進め方として，次のような流れで業務改善を行っていきます。

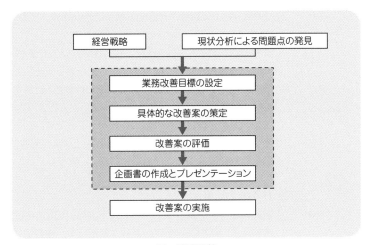

図　業務改善

(3) 業務プロセスのモデリング

このような業務プロセスを分析するに当たって，仕事の流れや内容を視覚的に見やすく把握できるようにするため，決まった形式で表現する

モデリング
手法▶ **モデリング手法**がよく使われます。

代表的な表記方法として，データの把握の技法（E-R 図）や処理の流れを把握する技法（DFD），UML などがありますが，これらの手法については，4.1 ② で説明しています。

BPMN ▶ ・BPMN（Business Process Modeling Notation）

ビジネスプロセスをわかりやすく表現するための標準記法のことです。単純な基本要素で業務の流れを示すことによって，利用者側，開発者側の双方でビジネスプロセスが理解しやすくなります。

3 業務プロセスのモデル化手法と IT の有効活用

(1) 業務プロセスのモデル化

BPR ▶ **① BPR（Business Process Re-engineering：ビジネスプロセスリエンジニアリング）**

「ビジネスプロセス（業務の流れ）を根本的に考え直し，抜本的に設計し直す」という業務改善のことです。業務のプロセスを再設計し，情報技術を十分に活用して，企業の体質や構造を抜本的に変革します。つまり，BPR は企業の組織構造を合理的で無駄のない状態へ再構築することです。

BPM ▶ **② BPM（Business Process Management：ビジネスプロセスマネジメント）**

業務改善を継続して実施していく活動のことで，業務プロセスを「分析－改善－導入－運用」のサイクルで繰り返し実施していきます。

BPO ▶ **③ BPO（Business Process Outsourcing：ビジネスプロセスアウトソーシング）**

企業の業務処理自体を外部に委託することです。コールセンター業務やシステム管理業務などの委託のほか，人事・経理・販売などの間接業務を外部委託することも増えてきています。

(2) IT の有効活用

SFA ▶ **①営業支援システム（SFA：Sales Force Automation）**

営業支援の業務ソフトウェアで，業務日報，顧客情報管理，案件管理，スケジュール管理などを部門内で一元管理して，営業活動を支援し，業務効率を向上させ，売上，利益の増加や顧客満足度を向上させようとするものです。

RPA ▶ **② RPA（Robotic Process Automation）**

人間が PC を操作して手作業で行っている定型業務をソフトウェアによって自動化することに着目して提唱された考え方です。繰り返し行う作業を自動化することによって，業務の省力化や正確化といった効果を期待できます。人工知能（AI）や他のソフトウェアと連携したり，機械学習をしたりして，予測や判断をするものもあります。働き方改革の手法として普及してきた技術です。

図 RPA

シェアリング
エコノミー▶

③シェアリングエコノミー（sharing economy）

　使用していない個人資産を遊休資産といいますが，この遊休資産の貸出しを仲介するサービスをシェアリングエコノミーといいます。遊休資産には，スキルのような無形のものも含まれます。貸主は，遊休資産を貸し出すことで収入を得られ，借主はそうした資産を所有することなく利用できるメリットがあります。空き部屋を活用する民泊もその一つです。

クラウド
ソーシング▶

④クラウドソーシング（crowdsourcing）

　外部の優れた適任者に業務を委託することで，自社で遂行するよりも短期間で高品質の成果が出ることを期待し，不足する人材やスキルを社外から集める考え方です。社外から資金を調達するクラウドファンディングの類似語です。

テレワーク▶

⑤テレワーク（テレワーキング）

　テレワークとは，「tele＝離れた場所」，「work＝働く」という意味をつなげた造語で，ICT（情報通信技術）を活用した，場所や時間に制約のない柔軟な働き方を指す言葉です。在宅勤務だけではなく，サテライトオフィスでの勤務や移動中の勤務もテレワークとなります。テレワークでは，オフィスで働くときと同様の活動が可能になるように，社内SNSやビジネスチャットなど様々なツールが活用されています。

図　テレワーク

BYOD▶

⑥BYOD（Bring Your Own Device）

　文字どおりの意味では「私物のデバイスをもってくる」ですが，従業員が個人で所有する情報機器を業務で使うことを指しています。従業員の私物である情報機器を職場や自宅で業務に使用すると，企業が決めたセキュリティ対策上問題が起こるケースが想定されるので注意が必要です。

(3) コミュニケーションのためのシステム利用

SNS ▶   **① SNS（Social Networking System）**

インターネット上で交流するためのコミュニティ型の Web サイトのことです。代表的な SNS として，LINE，Instagram，TikTok，Twitter，Facebook，YouTube などがあります。

ライフログ▶   **②ライフログ（lifelog）**

日々の生活や行動・体験をデジタルデータとして記録することです。健康管理では歩数・睡眠時間・起床時間・血圧・心拍数などのほかに，食事や学習内容・時間，日記など，様々な情報を記録します。

PDS ▶   **③ PDS（Personal Data Store）**

自らの意思で個人情報を提供できるようにするため，本人がデータを蓄積し管理する仕組みのことです。本人が把握している個人情報だけでなく，知らないうちに利用されている個人情報も含めて，本人が管理できるようにします。

4 ソリューションビジネス

ソリューションとは問題を解決することですが，ソリューションビジネスでは，顧客の問題点に対する解決策を提案し，情報システムを利用して解決への支援を行います。なお，問題の解決に当たっては，真の問題点を導き出すため，顧客と信頼関係を作ることが大切になります。情

ソリューション▶ 報システムを利用した**ソリューション**では，システムを自社開発したり，適切なパッケージソフトウェアを導入したり，専門会社のサービスを利用したりします。

(1) ソリューションの形態

アウトソーシング▶ 企業内の業務の一部，またはすべてを社外の外部業者に情報システムを委託し，運用管理してもらうことを**アウトソーシング**といいます。外部委託する内容に応じて，次のような形態があります。

ASP ▶   **① ASP（Application Service Provider）**

ネットワークを通じて，目的に合ったソフトウェア（アプリケーション）を提供してもらうサービス事業者のことです。ユーザーはブラウザを使って，ASP のサーバにインストールされたアプリケーションソフトウェアを主に定額制の課金方式で利用します。ASP を利用することによって，ユーザー側でのインストールやメンテナンス作業などが不要になり，初期コストや運用管理コストの削減効果が期待できます。

ホスティング
サービス▶

②ホスティングサービス

　利用者にサーバを貸し出すサービスです。ユーザーがソフトウェア
や Web ページのデータなどを格納して利用します。業者のサーバを
利用する点は ASP と同じですが，ソフトウェアは自社で購入するこ
とになります。

ハウジング
サービス▶

③ハウジングサービス

　自社でハードウェアとソフトウェアを購入して，サービス事業者に
預け，サーバの設置場所と電源を提供してもらうサービスです。ハー
ドウェアの選定や組合せは自由です。

PoC▶

(2) PoC (Proof of Concept：概念実証)

　今までにない手法や新しい技術，またはそれらの今までにない組合せ
など，解決策として打ち出されている内容が実際に実行可能かどうかの
実現性を検証することです。効果（効用），技術的実現性，具体性の観
点から検証します。

SOA▶

(3) SOA (Service Oriented Architecture)

　システムをユーザーに提供するサービスの集まりとして構築する考え
方のことです。企業で運用するための大きなシステムの開発に際して，
ネットワーク上に公開されている「サービス」を呼び出して連携させま
す。ここでいうサービスは，それぞれ異なる業務処理を行うソフトウェ
アのことと考えてください。

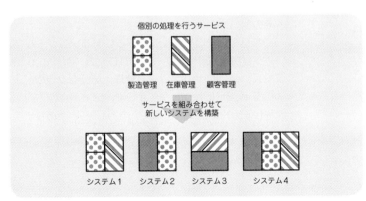

図　SOA

（4）クラウドコンピューティング

クラウド
コンピュー
ティング▶

インターネット上のハードウェア，ソフトウェア，データといったコンピュータ資源を，ネットワークを通じて利用できる仕組みやサービスのことです。単にクラウドということも増えています。システムの拡張にも柔軟に対応でき，低いコストで可用性の高いサービスを受けられるという特長があります。提供されるサービスの構成要素として代表的なものは，次のとおりです。

SaaS▶

① SaaS（Software as a Service；サース）

ネットワークを通じて顧客にアプリケーションソフトの機能を，必要に応じて提供する仕組みのことです。ブラウザを使って，ソフトウェアがインストールされていない顧客のコンピュータから，必要なときに必要なソフトウェアだけ利用できます。

・初期コストやメンテナンス費用が節約できる。

・導入が迅速であり，運用管理をベンダーに一任できる。

・柔軟な利用が可能で，急なユーザー数の増減に対応できる。

PaaS▶

② PaaS（Platform as a Service；パース）

アプリケーションを稼働させるために必要なハードウェアや OS などの基盤（プラットフォーム）を，ネットワーク上のサービスとして提供する仕組みです。

IaaS▶

③ IaaS（Infrastructure as a Service；アイアース，イアース）

システムの稼働・運用管理に必要なサーバ，CPU，記憶装置（ストレージ），回線，その他機材などの設備一式（基盤，インフラストラクチャ）を，ネットワーク上のサービスとして提供する仕組みです。

④その他

これらのほかにも，クラウド上にあるデスクトップ環境をネットワーク経由で利用するサービスの DaaS（Desktop as a Service；ダース）や，ID やパスワード管理，認証をクラウド上で行うサービスの IDaaS（IDentity as a Service；アイダース）などがあり，総称して，XaaS（ザース）といわれることがあります。

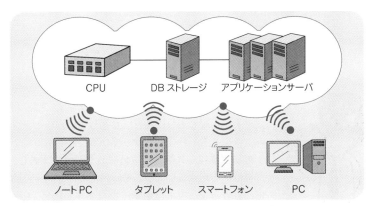

図　クラウドコンピューティングの例

5　システム活用促進・評価

　　情報システム戦略には，従業員が情報リテラシーを習得し，業務での
データ活用につなげるための教育計画や啓蒙活動も含まれます。

デジタル
トランスフォー
メーション▶
DX▶

①デジタルトランスフォーメーション（DX：Digital Transformation）

　1.1 ①で説明した DX と呼ばれる変化は，ビジネスや社会の在り
方に大きな影響をおよぼしています。例えば，自動車の自動運転や，
VR（Virtual Reality）による手術のシミュレーション，建築中マン
ションの完成映像再現による現実感の体験，RPA（Robotic
Process Automation）による定型作業の自動化などが事例として
挙げられます。

ITリテラシー▶
情報リテラシー▶

② ITリテラシー，情報リテラシー（literacy：知識，利用能力）

　データやツールを活用して事業活動や業務を遂行するために，コン
ピュータや IT（情報技術）を活用できる能力のことです。

デジタル
ディバイド▶

③デジタルディバイド（digital divide：情報格差）

　ディバイド（divide）は，「分け隔てる」という意味をもつ単語です。
デジタルディバイドは，情報化社会の進展に伴って，IT を使いこな
せる層と，使いこなせない層との間に，取り扱える情報量に差が生じ，
それによって収入や就業の機会などに格差が生じる現象を指します。
国家や地域間の格差をいうこともあります。

ゲーミ
フィケーション▶

④ゲーミフィケーション（gamification）

　ゲームで用いられる様々な要素をゲーム以外の分野に取り入れて，
利用者の興味を引こうとする仕組みです。ポイントやバッジを購買や
実績の評価などに導入することで，顧客や従業員の目標達成を動機付
けることを目的とします。

3.2

システム企画

情報システム開発を企画・計画する場合には，利用者も受注者も，手順どおりに綿密に立案していかなくてはなりません。なにしろ，社運がかかっていることもあるんですから。

最初に情報システムに求められる要件を定義し，「こういう機能を実現するシステムを年内に」，「これらの機能だと●億円かかって，完成は来年になります」など，RFI，RFP と呼ばれる書類でやり取りしながら，計画をつめていきます。

1　システム化計画立案の手順

情報システムを開発するには，利用者（開発依頼者）と受注者（開発者側，ベンダー）双方で，どの仕事を，いつまでに，いくらの費用をかけて行うのか，また，システムが完成した後の運用や保守をどのようにするかといったことを，決める必要があります。

このようなことを決めていくには，利用者と受注者が，同じ考え方・言葉を使って，行き違いや誤解がないように進めていくことが重要です。

（1）システム企画と要件定義のプロセス

システム企画では，次のような作業（プロセス）を行いながら，利用者の要求を具体的なシステムの要件にまとめます。この作業を**要件定義**といい，この定義された要件を基に，システム開発は進められます。

要件定義▶

①**システム企画プロセス**
- **システム化構想の立案**……現在の業務分析，技術動向調査，対象業務の明確化，利用者要求明確化など
- **システム化計画の立案**……対象業務の内容と課題確認，業務モデルの作成，全体開発スケジュールの作成，推進体制の策定など

②**要件定義プロセス**
要件定義を行う要件定義プロセスでは，利害関係者要件の定義と確認として，業務要件の定義，機能要件および非機能用件の定義，要件の合意と承認などを行います。

システム化
計画▶

(2) システム化計画

システム企画プロセスで立案するシステム化計画では，業務改善の対象業務をさらに細かく分析して，システムの適用範囲と開発の優先順位を決め，概算コスト・費用対効果・システム導入に伴うリスクなどを分析して，システム化の全体像を明らかにします。

①費用対効果

システム化にかかる総コストに対して，どれくらいの効果が期待できるかを費用対効果として調べます。

立派な情報システムを完成させたものの，企業活動に必要な資金が底をついてしまったのでは，せっかく作った情報システムを活用することはできません。また反対に，その情報システムを活用して利益を得られないのであれば，戦略そのものが間違っていたということになります。

②リスク分析

社会情勢が変化したり，システム開発が計画どおりに進まなかったり，予想以上にコストがかかったりするなど，システム開発の遂行を妨げる要素はたくさんあります。こうした要素をリスクとして洗い出し，実際に発生する確率と損失の大きさを検討します。

2 要件定義

要件定義▶

要件定義は，経営戦略やシステム戦略，利用者の要求やニーズなど，システム化計画で明らかになった内容に基づいて，システムに求める機能と要件を定義する作業です。

利用者の要求やニーズは，はじめから細かく決められているわけではなく，「できたらいいな」というものもあるので，開発者側で実現するためのコストや期間を提示し，利用者も業務上の重要度や費用対効果などを考慮して，最終的に要件として定義します。

情報システムができ上がってからクレームとならないように，定義した内容について関係者の承認を得ることが重要です。

システム開発において，利用者（開発依頼者，発注者）の要求を実現するためのシステムの要件には，機能要件と非機能要件があります。

機能要件▶
非機能要件▶

機能要件は，業務要件を実現するために必要なシステムの機能のことで，**非機能要件**は，要求される機能をシステムが提供する際に，同時に実現すべき使いやすさとして，可用性，性能，拡張性，運用性，保守性，移行性，セキュリティ，システム環境などに関する要件のことです。

3 調達計画・実施

（1）調達の流れ

調達▶

　調達は，必要なものを得ることを意味します。情報システムの開発は自社で行う場合もありますが，自社だけでは人員やスキルが不足する場合は，作業の全部，または一部を外部の企業に委託します。ここでは，外部に作業を委託することを調達といいます。調達の流れと必要な書類について理解しておきましょう。

①情報提供依頼

情報提供
依頼書▶

RFI▶

　要件を実現できる手段や技術動向に関する情報を集めるために，候補となる開発者（ベンダー）にシステム化の目的や業務概要を示して，情報提供を依頼します。依頼する場合は，**情報提供依頼書**（RFI：Request For Information）を作成し，開発者側に配布します。

②提案依頼

提案依頼書▶

RFP▶

　開発者側に対して，導入システムの概要や提案依頼事項，調達条件などを示し，提案書の提出を依頼します。**提案依頼書**（RFP：Request For Proposal）を作成し，開発者側に配布します。

	記載項目	内容
1	システム要件	要件定義で作成したシステム要件をまとめたもの
2	適用範囲	今回委託する作業の範囲
3	入札に対する指示事項	入札の手続など，入札に関する指示事項
4	システム，ソフトウェア製品またはサービスの一覧	委託するシステム，ソフトウェア製品やサービスの内容の一覧
5	用語および条件	RFPで使用している用語の定義と調達の条件
6	外部委託契約に関する管理	契約の手続や条件など契約に盛り込む内容や管理方法
7	技術的制約事項	稼働環境など技術的な制約条件

表　RFPの記載項目

RFIによって，まずは最新技術やベンダーの実績などの情報を集めてから，RFPで具体的なシステム提案を募るんだね

③選定基準の作成

　開発者側はそれぞれの特長を生かした提案をしてくることが予想できます。どこに調達するかを決定するには，経営戦略に基づいて選定基準が必要です。

④提案内容の比較評価および調達先の決定

　開発者側から送られてきた提案書と見積書を，選定基準に基づいて評価し，調達先を決定します。

提案書▶　　・提案書

　開発者側が RFP を基に検討したシステム構成や開発手法を記述した文書です。

見積書▶　　・見積書

　開発者側が提案した内容について見積もった文書です。システムの開発，運用，保守などにかかる費用がすべて書かれており，とても重要です。

⑤契約締結

　委託内容について，開発者側と契約を取り交わします。

グリーン調達▶ **(2) グリーン調達**

　国や地方公共団体，企業などが，製品やサービスの調達に際して，環境負荷が小さい製品やサービスを優先して選ぶ取組みです。なお，生産者の観点ではグリーン調達といいますが，消費者の観点ではグリーン購入といいます。

(3) AI・データの利用に関する契約ガイドライン

　データの利活用や AI 技術開発に関する契約を作成する際の手引として，経済産業省が定めたガイドラインです。データの利用などに関する契約，AI 技術を利用するソフトウェアの開発・利用に関する契約の課題や，契約条項の例と考慮要素などが整理されています。

第3部　確認問題

【3.1　システム戦略】

問3-1
(R2-IP 問23)

経営戦略と情報システム戦略の関係性の説明として，最も適切なものはどれか。

- ア　経営戦略と情報システム戦略は，それぞれが相互に独立したものとして策定される。
- イ　経営戦略の内容を踏まえて情報システム戦略が策定される。
- ウ　情報システム戦略の内容を踏まえて経営戦略が策定される。
- エ　情報システム戦略は IT 部門の戦略であり，経営戦略は経営企画部門の戦略である。

問3-2
(R4春-IP 問7)

業務と情報システムを最適にすることを目的に，例えばビジネス，データ，アプリケーション及び技術の四つの階層において，まず現状を把握し，目標とする理想像を設定する。次に現状と理想とのかい離を明確にし，目標とする理想像に向けた改善活動を移行計画として定義する。このような最適化の手法として，最も適切なものはどれか。

- ア　BI（Business Intelligence）
- イ　EA（Enterprise Architecture）
- ウ　MOT（Management of Technology）
- エ　SOA（Service Oriented Architecture）

問 3 - 3
(H31春-IP 問19)

RPA（Robotic Process Automation）に関する記述として，最も適切なものはどれか。

ア　ホワイトカラーの定型的な事務作業を，ソフトウェアで実現されたロボットに代替させることによって，自動化や効率化を図る。

イ　システムの利用者が，主体的にシステム管理や運用を行うことによって，利用者の IT リテラシの向上や，システムベンダへの依存の軽減などを実現する。

ウ　組立てや搬送などにハードウェアのロボットを用いることによって，工場の生産活動の自動化を実現する。

エ　企業の一部の業務を外部の組織に委託することによって，自社のリソースを重要な領域に集中したり，コストの最適化や業務の高効率化などを実現したりする。

問 3 - 4
(R4春-IP 問35)

あるコールセンタでは，AI を活用した業務改革の検討を進めて，導入するシステムを絞り込んだ。しかし，想定している効果が得られるかなど不明点が多いので，試行して実現性の検証を行うことにした。このような検証を何というか。

ア　IoT 　　　　　イ　PoC 　　　　　ウ　SoE 　　　　　エ　SoR

問 3 - 5
(H27春-IP 問20)

クラウドコンピューティング環境では，インターネット上にあるアプリケーションやサーバなどの情報資源を，物理的な存在場所を意識することなく利用することが可能である。次のサービスのうち，このクラウドコンピューティング環境で提供されるサービスとして，最も適切なものはどれか。

ア　SaaS 　　　　　　　　　　　　イ　エスクロー
ウ　システムインテグレーション 　　　エ　ハウジング

問 3 - 6
（R5春-IP 問17）

IT の進展や関連するサービスの拡大によって，様々なデータやツールを自社のビジネスや日常の業務に利用することが可能となっている。このようなデータやツールを課題解決などのために適切に活用できる能力を示す用語として，最も適切なものはどれか。

ア　アクセシビリティ　　　　　　　イ　コアコンピタンス
ウ　情報リテラシー　　　　　　　　エ　デジタルディバイド

問 3 - 7
（R3春-IP 問27）

BYOD の事例として，適切なものはどれか。

ア　大手通信事業者から回線の卸売を受け，自社ブランドの通信サービスを開始した。
イ　ゴーグルを通してあたかも現実のような映像を見せることで，ゲーム世界の臨場感を高めた。
ウ　私物のスマートフォンから会社のサーバにアクセスして，電子メールやスケジューラを利用することができるようにした。
エ　図書館の本に IC タグを付け，簡単に蔵書の管理ができるようにした。

[3.2 システム企画]

問 3-8
(H28春-IP 問1)

連結会計システムの開発に当たり，機能要件と非機能要件を次の表のように分類した。a に入る要件として，適切なものはどれか。

機能要件	非機能要件
・国際会計基準に則った会計処理が実施できること ・決算処理結果は，経理部長が確認を行うこと ・決算処理の過程を，全て記録に残すこと	・最も処理時間を要するバッチ処理でも，8 時間以内に終了すること ・ a ・保存するデータは全て暗号化すること

ア　故障などによる年間停止時間が，合計で 10 時間以内であること
イ　誤入力した伝票は，訂正用伝票で訂正すること
ウ　法定帳票以外に，役員会用資料作成のためのデータを自動抽出できること
エ　連結対象とする会社は毎年変更できること

問 3-9
(R1秋-IP 問16)

システム導入を検討している企業や官公庁などが RFI を実施する目的として，最も適切なものはどれか。

ア　ベンダ企業からシステムの詳細な見積金額を入手し，契約金額を確定する。
イ　ベンダ企業から情報収集を行い，システムの技術的な課題や実現性を把握する。
ウ　ベンダ企業との認識のずれをなくし，取引を適正化する。
エ　ベンダ企業に提案書の提出を求め，発注先を決定する。

問 3-10
(H29春-IP 問18)

システム開発において作成される RFP に記載される情報に関する記述として，最も適切なものはどれか。

ア　IT ベンダが発注側企業に，開発期間の見積りを示す。
イ　IT ベンダが発注側企業に，調達条件を示す。
ウ　発注側企業が IT ベンダに，導入システムの概要を示す。
エ　発注側企業が IT ベンダに，開発体制を示す。

第3部 **確認問題　解答・解説**

問3-1　イ　経営戦略と情報システム戦略の関係性の説明（R2-IP 問23）

　情報システム戦略は，企業の経営戦略を具体化した中・長期的な戦略でもあり，経営戦略の一部となっています。情報システム戦略は，情報技術の活用，ビジネス動向の把握という点において最も重要な戦略であり，企業の経営に大きく影響します。そのため，事業を進めるための基本的な経営目標や情報システム戦略は，経営戦略に基づいて策定されます。したがって，経営戦略の内容を踏まえて情報システム戦略を策定していく必要があります。よって，（イ）が最も適切です。

ア：情報システム戦略は，経営戦略の一部とされるもので，経営戦略に基づいて策定されるべきであり，独立して策定すべきではありません。

ウ：経営戦略の内容を踏まえて情報システム戦略は策定されます。

エ：情報システム戦略も経営戦略も単独の部門の戦略ではなく，企業全体の重要な戦略です。

問3-2　イ　業務と情報システムの最適化の手法（R4春-IP 問7）

　企業や政府などの組織において，ビジネスモデルとそれを実現する業務や情報システムを統一的な構造で捉えてデザインすることで，全体的な最適化を図る手法のことを EA（Enterprise Architecture：エンタープライズアーキテクチャ）といいます。

　EA では，分析する全体像を，ビジネスアーキテクチャ，データアーキテクチャ，アプリケーションアーキテクチャ，テクノロジ（技術）アーキテクチャという四つの体系ごとにモデル化し，そのモデルによって，組織全体を最適化の観点で見直します。したがって，（イ）が最も適切です。

ア：BI（Business Intelligence）とは，業務システムなどで蓄積されたデータを統合・分析・加工し，企業の意思決定に活用する手法や技術のことです。

ウ：MOT（Management of Technology）とは，産業分野において新しい切り口や新しい利用方法など画期的な新機軸（イノベーション）を生み出すことを目的に，積極的に新技術を活用し技術開発に投資する経営手法のことです。

エ：SOA（Service Oriented Architecture：サービス指向アーキテクチャ）は，システムのソフトウェアの一部を共通のサービスとして部品化し，それらのサービスを必要に応じて組み合わせることで，新たなシステムを構築する設計手法です。

問3-3 ア RPA(Robotic Process Automation) (H31春-IP 問19)

RPA（Robotic Process Automation）は，人間がPCを操作して手作業で行っている定型業務を，ソフトウェアによって自動化することに着目して提唱された考え方です。したがって，（ア）が最も適切です。繰り返し行う作業を自動化することによって，業務の省力化や正確化といった効果を期待できます。

イ：EUC（End User Computing：エンドユーザコンピューティング）の説明です。EUCでは，システムの利用者（エンドユーザ）が，自らシステムの管理，運用をすることで，利用者自身のITリテラシ向上につながります。

ウ：産業用ロボットなどを用いた，FA（Factory Automation：ファクトリーオートメーション）による生産活動の自動化の説明です。

エ：BPO（Business Process Outsourcing：ビジネスプロセスアウトソーシング）の説明です。

問3-4 イ 試行による実現性の検証 (R4春-IP 問35)

新しい概念や理論・アイディアの実証を目的として，開発の前段階で行う検証を，PoC（Proof of Concept：概念実証）といいます。したがって，（イ）が正解です。新しい考え方に基づくシステムは，全体の仕様決定が難しいため，このPoCを繰り返しながら，実現性や効果を調べていくのがよいとされています。

ア：IoT（Internet of Things：モノのインターネット）は，様々な機器やセンサなどの"モノ"がインターネットに接続された形態を指します。

ウ：SoE（Systems of Engagement）のengagement（エンゲージメント）には，"約束"という意味がありますが，SoEでは"関わり"や"絆（きずな）"という意味で，利用者とのつながりや満足度を重視するシステムのことを指します。

エ：SoR（Systems of Record）は，記録のためのシステムという意味で，利用者の満足度よりも業務効率や正確な処理を重視するシステムを指します。

問3-5 ア クラウドコンピューティング環境で提供されるサービス (H27春-IP 問20)

インターネット上にあるサーバや多様なアプリケーションを物理的な存在場所を意識することなく利用できる環境を，クラウドコンピューティング環境といいます。ネットワークシステムを図で表すときに，インターネットを雲（クラウド：cloud）の形に描くことが多いことから，このように呼ばれています。

SaaS（Software as a Service：サービス型ソフトウェア）は，インターネット環境などを利用して，利用者が必要なときに必要なサービス（ソフトウェア）を呼び出して使う利用形態のことです。SaaS はクラウドコンピューティング環境で提供される代表的なサービスの一つです。したがって，（ア）が最も適切です。

イ：エスクロー（escrow：第三者預託）は，商品の売買を行う場合に，商品の受渡しと支払いを売主と買主が直接行わず，第三者を介して行う仕組みのことです。インターネット販売などで安全な取引を行うために用いられます。

ウ：システムインテグレーションは，情報システムの構築に関するシステム企画や開発，運用に必要な業務を一括して請け負うサービスのことです。

エ：ハウジングは，サービスプロバイダなどが Web サーバなどを設置する場所を提供するサービスです。利用者は，ネットワークやインターネットセキュリティが整備された環境に自社のサーバを設置することができます。

問3-6 ウ データやツールを課題解決に適切に活用できる能力を示す用語 (R5春-IP 問17)

情報リテラシー（IT リテラシー）は，コンピュータやネットワークを活用する上で必要となる基本的な知識や能力のことです。データやツールを課題解決などのために適切に活用できる能力ともいえるので，（ウ）が最も適切です。

ア：アクセシビリティ（accessibility）は，高齢者や障害者などハンディをもつ人も含め全ての人が，製品やサービスを支障なく利用できるかどうかの度合いを指す言葉です。

イ：コアコンピタンス（core competence）は，他社がまねできない技術やノウハウなど，企業がもつ強みのことです。

エ：デジタルディバイド（digital divide）は，情報リテラシーの有無や IT の利用環境の相違などによって生じる，社会的または経済的な格差のことです。

問3-7　ウ　

　BYOD（Bring Your Own Device）は，直訳すると，"私物のデバイスを持って来る"という意味であり，従業員が個人で所有する情報機器を職場に持ち込んで業務に使用することを指しています。したがって，（ウ）が適切です。

　従業員が私的に情報機器を職場に持ち込んで業務に使用すると，企業が制定したセキュリティポリシに沿ったウイルスチェックやファイアウォール設定といった面で，セキュリティ設定に不備があるケースも想定されるため，注意する必要があります。

ア：仮想移動体通信事業者（MVNO：Mobile Virtual Network Operator）の事例です。MVNOとは，移動体通信網サービスを提供する事業者のうち，実際の通信設備をもたず，他の通信事業者の設備を借用している事業者を指します。

イ：VR（Virtual Reality：バーチャルリアリティ）の事例です。VRは，コンピュータを用いた3D映像などを用いて，仮想的な世界を表現する手法です。

エ：RFID（Radio Frequency IDentification）の事例です。RFIDは，無線通信を使って，ICタグ（RFタグ）を組み込んだモノを識別する技術です。非接触型の交通系ICカードや社員証などのIDカードとして用いられ，無線通信のため，タグと読取り装置を近づけるだけで自動的にタグ情報を読み取ることができます。

問3-8　ア　

　システム開発において，業務要件を実現するために必要な"機能"に関する要件を機能要件といいます。機能に関する要件以外の全ての要件を非機能要件といい，システムの信頼性や効率性など"品質"に関する要件は非機能要件に当たります。

　故障などによる年間停止時間が合計で10時間以内であるという要件は，品質に関する要件なので，（ア）が適切です。

イ～エ：機能要件に当たります。

問3-9　イ　　　　　　　　　　　　　　システム導入の検討でRFIを実施する目的 (R1秋-IP 問16)

　RFI（Request For Information：情報提供依頼書）は，情報システムの導入の検討段階において，ユーザ側が新技術や新規格，最新のマネジメント分野の動向などに関する情報を得る目的で，システムベンダに対して出される文書です。この情報によって，技術的な課題などを把握することができるので，（イ）が最も適切です。

ア：RFQ（Request For Quotation：見積依頼書）の説明です。RFQ とは，調達先や委託先の候補となる業者に対して，価格などの見積りの作成を依頼する文書です。

ウ：共通フレームの説明で，ソフトウェアの企画，開発，運用，保守，廃棄に至るまでのライフサイクルを通じて必要な作業や役割を規定した共通の枠組みです。

エ：RFP（Request For Proposal：提案依頼書）の説明です。RFP は発注元が調達先に，提案書の作成依頼をする文書です。導入を希望する情報システムの目的や概要，システム要件，必要とする機能やサービスレベルなどの仕様や調達条件などが記載されています。

問3-10　ウ　　　　　　　　　　　　　　　　RFPに記載される情報 (H29春-IP 問18)

　RFP（Request For Proposal：提案依頼書）とは，情報システムなどの導入を検討する場合に，システム開発の発注側企業が委託先の候補となる IT ベンダに提案書の作成を依頼する文書のことです。システム開発において作成される RFP には，発注側企業が希望するシステムの概要や目的，システム要件，必要とする機能や性能，調達条件などを記載し，それに対応する提案書の提出を委託先候補の IT ベンダに依頼します。したがって，（ウ）が最も適切です。

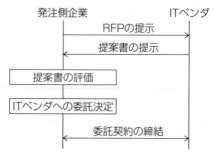

第4部

開発技術

どんなシステムを作るか決まったら，正確に早く手戻りなく開発を進めていきます。そのための開発の進め方や作業の内容，レビューやテストなどによるチェック方法などの基本的な開発方法を学んでいきます。開発目的を強く意識して効率良く進めるアジャイル開発の意義や具体的な進め方も理解してください。

4.1

システム開発技術

　様々な問題を解決したり，夢を実現したりするためにシステムを開発します。開発にかかわる人やお金，時間は大切ですから，一つ一つの工程を確認しながら，効率の悪さやムダ・手戻りのないように慎重に進めていきます。そのための設計技法や様々なテスト手法を，しっかり理解してください。長い間に培われた考え方や進め方を基本として理解し，関係者のみんなが満足するシステムを完成させましょう。

　システムは問題を解決したり，夢を実現してくれるものですが，その中にはハードウェアやソフトウェア，人の手作業などが含まれています。そのシステムの開発は，いくつかのプロセス（作業）を経て進められます。各プロセスには，さらにいくつかの細かい作業が含まれています。

▶システム開発
ライフサイクル
　システム開発で行うプロセスの流れを**システム開発ライフサイクル**（ソフトウェア開発ライフサイクル）といい，次の図のように，要件定義⇒設計⇒プログラミング⇒テストという流れで進みます。その後，導入・受入れ段階を経て，実際に運用が始まり，必要な保守を行います。業務の変更や社会情勢の変化などで機能の追加や変更が必要になると，運用から再び要件定義へ戻り，新しいシステム開発に移っていきます。

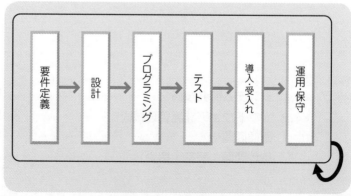

図　一般的なシステム開発ライフサイクル

1 システム開発の手順

　一般的な情報システムの開発は，解決すべき問題が発生することで始まり，システム要件定義⇒システム設計⇒機器制作・ソフトウェア開発⇒プログラミング⇒テスト⇒システム導入・受入れのプロセスを経て，実際のシステム運用と保守に入ります。

　ソフトウェアを単独で開発する場合も，ソフトウェア要件定義⇒ソフトウェア設計⇒ソフトウェア詳細設計⇒プログラミング⇒テスト⇒ソフトウェア導入・受入れの工程を経て，実際のソフトウェアの運用と保守に入ります。

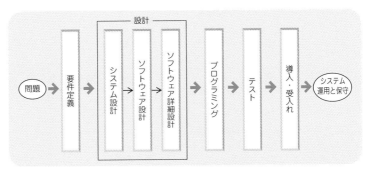

図　情報システム開発の手順

(1) 問題とは

　現実と理想の差を問題としてとらえることができます。例えば，企業などで，従業員からの「他部門と情報共有できるようにしてほしい」，顧客からの「納期が遅い，もっと早くならないか」，社長からの「営業情報をタイムリーにもらえないか」などです。これらの問題を解決するための手段として，ITを活用したシステムを開発します。

(2) 要件定義

要件定義▶

　システムやソフトウェアに要求される機能，性能，内容を明確にするプロセスです。現状の企業内，企業環境における問題点や課題を洗い出し，それを解決するためにどのような機能を情報システムにもたせるかを検討して，利用者の**要求**を**要件**として具体的に定義します。要求は，顧客

要求▶
要件▶

側が考えている「こういうものがほしい／こういうことを実現したい」という漠然としたことも含む条件です。要件定義は，顧客の要求を，システムで実現するための具体的な機能として詳細に落とし込む作業といえます。

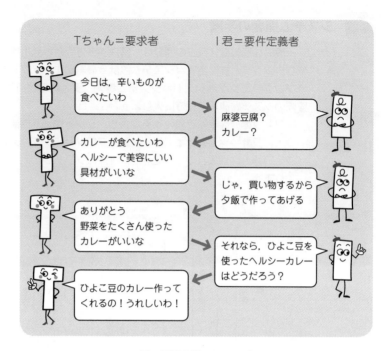

図　要件定義のイメージ

(3) 設計

システムやソフトウェアに要求される機能，性能などを明確化する作業です。設計は**デザイン**（design）ともいわれます。システム設計の中にソフトウェア設計も含まれると考えてよいのですが，それぞれ処理すべき内容を洗い出す機能設計を行ってから，一つ一つの機能について詳細設計を行います。

〔デザイン▶〕

システム設計やソフトウェア設計で決まった内容は，関係者で要件を満たしているかレビューし，必要な修正をします。

〔システム設計▶〕

①システム設計

要件定義を基に，情報システムの機能を決定します。

ソフトウェア，ハードウェア，人による活動を機能分割して，業務処理フロー作成や画面設計などを行います。ハードウェアの詳細な機能や人手で行う作業の詳細まで決める場合は，システム詳細設計といいます。

〔ソフトウェア
設計▶〕

②ソフトウェア設計

システム設計で検討したソフトウェアで行うすべての処理について，必要な機能を洗い出し，プログラム単位に分割します。

ソフトウェア
詳細設計▶

③ソフトウェア詳細設計

　ソフトウェア設計を基に，一つのプログラムとして定義された内容

モジュール▶

を機能ごとにさらに細かくして，実際の開発単位である**モジュール**に
分割します（モジュール分割）。モジュールは，プログラムを機能ご
とに分割したもので，プログラムを構成する部品です。

プログラム
設計▶

　ソフトウェア詳細設計は，一つ一つのプログラムについて検討する
ので**プログラム設計**ともいいます。

プログラ
ミング▶

(4) プログラミング

モジュール
設計▶

　ソフトウェア詳細設計で分割したモジュールごとに，アルゴリズムを
考える**モジュール設計**を行い，プログラム言語を用いてアルゴリズムを

コーディング▶
コンパイル▶

記述する**コーディング**をして，プログラムを機械語に変換する**コンパイ
ル**を行います。そして，作成した個々のプログラムに誤り（バグ）がな

バグ▶
単体テスト▶

いかを確認する試験（**単体テスト**）を行います。

テスト▶

(5) テスト

　エラーを見つけることを目的として，プログラムを実行する過程です。
機能が多いプログラムは個々の機能ごとにプログラムを作成するため，
一つにまとめて正しく動作するかを確認する統合テストを行います。

(6) 導入・受入れ

　完成したシステムやソフトウェアを実際に使う環境に配置したり，使

導入▶

えるように設定したりすることを**導入**といい，これまで利用していたシ
ステムからの移行方法や，使うデータの移動など，業務への影響を検討
し，必要な体制や環境を作ります。

　そして，開発に当たって交わした契約内容や定義した要件どおりにシ
ステムやソフトウェアが完成していることを，開発の依頼者と開発者が

受入れ▶

相互に確認する**受入れ**を行います。実際に利用する環境で正常にシステ
ムが稼働することを確認し，問題がなければ受入れを承認します。受入
れの承認を経て，システムは納入され，利用者への導入教育（訓練）や
利用者用のマニュアル作成が行われます。

(7) 運用・保守

　受入れが終了した新しい情報システムは，利用者によって使われるこ

運用▶

とになります。つまり，システムが**運用**状態になるわけです。

　しかし，運用状態になったら終わりではありません。システムの不具

保守▶

合の修正や新しい機能の追加などの**保守**（メンテナンス）作業を行いな
がら，システムを常に最良の状態に保つシステム運用管理を行います。

2　要件定義

要件定義▶

システム開発（ソフトウェア開発も同じです）をするに当たって，何を作る必要があるかを調べて，具体化する作業が**要件定義**です。利用者の要求を，開発する情報システムに取り入れるために，ハードウェア，ソフトウェアなど，システム全般にわたる要件を明確に定義し，結果を要件定義書にまとめます。

(1)　機能要件と非機能要件

要件には，機能要件と非機能要件があります。業務を実現するために必要な機能要件だけでなく，使いやすいシステムにするための非機能要件も重要です。

機能要件▶
- **機能要件**……処理手順やデータ項目など業務機能に関連する要件

非機能要件▶
- **非機能要件**……性能，信頼性，セキュリティなど，機能要件以外の要件

(2)　品質特性

非機能要件に含まれるシステムやソフトウェアの品質を表す特性のことで，次のような項目があります。

機能性▶
- **機能性**……指定された条件で使用して必要な機能が提供されること

効率性▶
- **効率性**……利用する資源や時間に対して適切な性能が得られること

使用性▶
- **使用性**……利用者にとって使いやすく，魅力的であること

信頼性▶
- **信頼性**……故障せずに利用したいときに使えること

保守性▶
- **保守性**……要求に対応して修正しやすいように作られていること

移植性▶
- **移植性**……他の環境でも利用しやすいように作られていること

(3)　モデリング手法

モデリング▶

システムの開発には，多くの人（ステークホルダ）がかかわりをもつので，開発するシステムに対する正しい共通理解が必要になります。そのために，図などを使ってシステムの機能や扱うデータなどをわかりやすく表現することを**モデリング**といいます。システム開発で利用されるモデリング手法には，目的に応じていくつもの種類があります。

モデリングとは，美術用語で模型を作ること
そこから転じて，ビジネスを見極めて単純化し，
それをわかりやすく表現したものをモデリングと呼んでいるのね

(4) E-R図（Entity Relationship Diagram；イーアール図）

業務に関連する物，人，データなどを，見た目にわかりやすく表記した図で，データとデータの関連を構造的に表します。

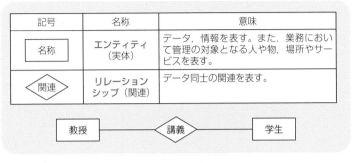

エンティティ▶

リレーション
シップ▶

図　E-R図

リレーションシップを表す記号は，ひし形ではなく，直線や矢印で表す表記法もあります。

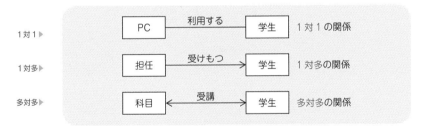

1対1▶

1対多▶

多対多▶

図　矢印で表される関連

図の1番目は，「1台のPCは1人の学生にしか利用されない」ことを表していて，PCと学生の関係は1対1です。

2番目は，「1人の担任は複数の学生を受けもつ」ことを表していますが，学生から見て「1人の学生は1人の担任しかいない」ので，学生側だけ複数あることを表す矢印になっています。担任と学生の関係は1対多です。

3番目は，「1科目は複数の学生に受講される」ことと，「1人の学生は複数の科目を受講する」ことを表しています。学生と科目の両方が複数あるのでそれぞれに矢印が付いていて，関係は多対多です。

担任と学生の関連のように，「1人の担任が何人の学生と関連をもつか」を表現するものが多重度で，関連するデータ数のことといえます。

(5) DFDと流れ図

システムを構築するには，処理されるデータの流れと処理の流れを把握する必要があります。データや処理の流れを把握する図として，DFDと流れ図が使われます。

DFD ▶
データ
フロー図 ▶

① DFD（Data Flow Diagram：データフロー図）

プロセスとプロセスの間のデータの流れを表す図です。

データがどのように受渡しされるか，四つの記号で表現します。

データストア ▶

データフロー ▶

プロセス ▶

データの源泉 ▶
データの吸収 ▶

記号	名称	意味
名称	データストア	ファイル，データベースなどの表，データの蓄積や保管を表す。
名称 →	データフロー	データの流れ（移動）を表す。
（名称）	プロセス	データの処理を表す。 入力データを出力データに変換する。
名称	データの源泉 データの吸収	システム外のデータの入力元・発生源（源泉），出力先（吸収）を表す。

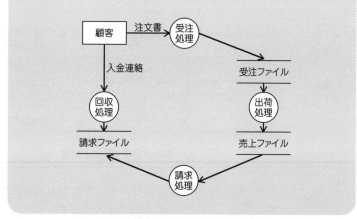

図　DFD（データフロー図）の例

②流れ図（フローチャート：flow chart）

流れ図▶
フロー
チャート▶

　プログラムの設計やシステムの開発などで，処理の流れを表すために，開始と終了，処理，条件による繰返しや分岐などを，記号を用いて表した図です（7.2 ②参照）。

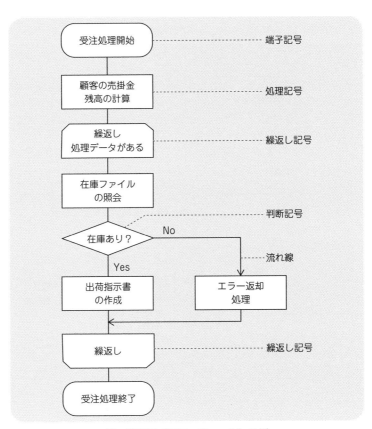

図　流れ図（フローチャート）の例

UML ▶　**(6) UML（Unified Modeling Language）**

　オブジェクト指向による開発で利用されるモデリング言語で，オブジェクト指向技術の団体 OMG（Object Management Group）が標準化し，事実上の標準となっています。

　UML には，クラス図，ユースケース図，シーケンス図など，多くの図があり，一般のモデリング業務（分析や設計）にも利用されています。

図の名前	説明
クラス図	クラスとクラス間の関係を表現したもの
ユースケース図	システムの振る舞い（機能）を表現するもの。このユースケース図からオブジェクトを抽出し，クラス図で表現する。シナリオは，ユースケースの流れを文章表現したもの
シーケンス図	オブジェクト間の関係について，時間を基準として時系列に表現したもの
コミュニケーション図	オブジェクト間のメッセージやデータの流れを表現したもの
ステートマシン図（状態遷移図）	オブジェクトの状態の移り変わりを表現したもの
アクティビティ図	個々の業務処理（アクティビティ）を構成する動作（アクション）の実行順序や条件などを示したもの
コンポーネント図	ソフトウェアのモジュール構成を表現したもの
配置図	ハードウェアにソフトウェアをどのように配置するか表現したもの

クラス図▶
ユースケース図▶
シーケンス図▶

表　UML で用いられる主な図

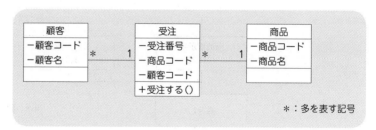

図　クラス図の例

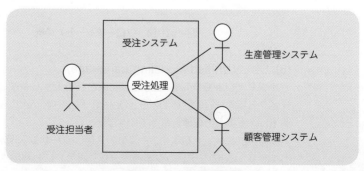

図　ユースケース図の例

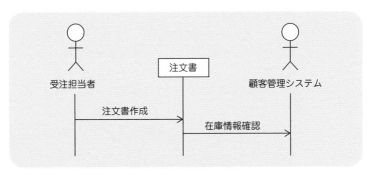

図　シーケンス図の例

3 システム設計（外部設計）

システム設計▶　　要件定義の次の段階は**システム設計**です。システム設計は，要件定義で作成した要件定義書を基にして，情報システムの機能を決定します。また，機能を実現するために，人間が行う仕事とコンピュータが行う仕事を明確にします。システム設計での作業とドキュメントが次の図です。

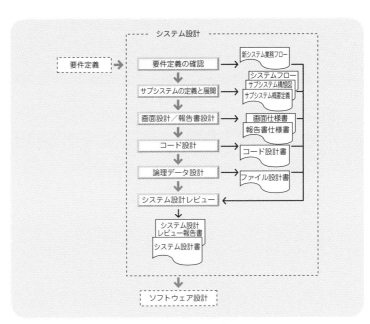

図　システム設計

145

（1）要件定義の確認

　システム化計画段階で検討し，作成した要件定義書は，システム設計を行う前提で情報システムに対する要件を明確にしたものです。要件を確認後，新システムの業務**フロー**を作成し，さらにどのような処理をするのか，次の図のようにまとめます。

業務フロー▶

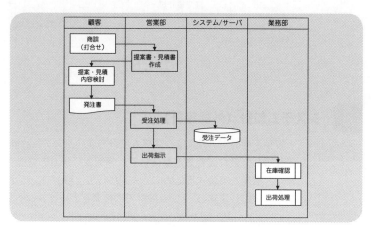

図　業務フロー図の例

（2）サブシステムの定義と展開

　作成した業務フローを基に，システム開発の効率，業務上の切分けなどを考慮して，いくつかのサブシステムに分割します。

（3）画面設計・帳票設計

　画面設計と帳票設計では，利用者とコンピュータのインタフェースを中心に設計します。これらは，システム利用者が，直接，接する重要な部分で，新システムの評価を決めてしまう可能性があるため，利用者の立場を意識して慎重に設計します。

画面設計▶ ①画面設計

業務フローを基にして，どのような画面が必要になるか検討します。

画面仕様書▶ また，それぞれの画面に対してデータ項目と画面イメージなどを画面
仕様書にまとめます。その際，利用者の熟練度なども考慮し，操作法
（対話の方法など）も検討する必要があります。

帳票設計▶ ②帳票（出力）設計

使用目的に応じて，出力タイミング，配付先（最終利用者はどこに
いる誰か），発生量，出力内容，出力媒体（帳票か記録媒体かなど）な
どを検討します。重要なことは，「いつ，誰に，何を出力するか」です。

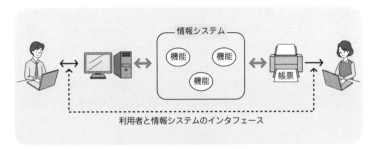

図　画面・帳票設計

コード設計▶ **(4) コード設計**

コードは日常生活の中で頻繁に使われています。銀行の口座番号，学
生番号や社員番号などが代表的で，マイナンバーも該当します。

①コードの役割

・個々のデータの区別をするために使用する

同姓同名など，区別がつかない場合，コード化が必要になります。

・データを体系化して管理しやすいようにする

データの値の並びを見ただけで意味がわかると便利で管理しやす
くなります。

・データの標準化・単純化に利用する

長い名前など，無用な入力間違いを引き起こしかねないものも，
システム全体で標準化したコードを使用すれば便利です。

②コード設計作業

コード設計は，コード化対象となるデータを決めることから始まり
ます。その後で，付番方式を決定します。コード設計の結果はコード
設計書にまとめます。

③コードの種類と特徴

順番コード▶
(a) 順番コード

　一定の順序に並べられた項目に対して，一連の番号を割り振る方法です。このコードは項目の数が少ない場合に適していますが，途中追加ができないなど，融通がきかない欠点があります。

桁別分類
コード▶
(b) 桁別分類コード

　データ項目を，大分類，中分類，小分類などに区別し，その分類ごとに，コードの各桁に対応させて一連番号を付ける方法です。コードの各桁にそれぞれ意味をもたせますが，ある分類が 10 個を超える場合には，桁数を増やすなどの工夫が必要となります。

区分コード▶
(c) 区分コード

　あるデータ項目の中をいくつかの組に分け，各組の順を追って番号を割り振る方法です。このコードは，少ない桁数で多くの内容を表せますが，追加などに備えて十分な検討が必要です。

表意コード▶
ニモニック
コード▶
(d) 表意コード（ニモニックコード：mnemonic code)

　コード化するデータ項目の名称や略称をコードの中に組み込み，コード化したデータから意味を連想しやすくする方法です。人間が理解しやすいコードですが，桁数が多くなる欠点があります。

```
都道府県コード　日本産業規格コード（JIS X 0401）
01 北海道  13 東京都  25 滋賀県  37 香川県
02 青森県  14 神奈川県 26 京都府  38 愛媛県
03 岩手県  15 新潟県  27 大阪府  39 高知県
04 宮城県  16 富山県  28 兵庫県  40 福岡県
05 秋田県  17 石川県  29 奈良県  41 佐賀県
06 山形県  18 福井県  30 和歌山県 42 長崎県
07 福島県  19 山梨県  31 鳥取県  43 熊本県
08 茨城県  20 長野県  32 島根県  44 大分県
09 栃木県  21 岐阜県  33 岡山県  45 宮崎県
10 群馬県  22 静岡県  34 広島県  46 鹿児島県
11 埼玉県  23 愛知県  35 山口県  47 沖縄県
12 千葉県  24 三重県  36 徳島県
```
図　順番コードの例

```
勘定科目コード
1000 資産勘定
1100 流動資産        1000  大分類コード
1110 現　　金
1111 当座預金        1100  中分類コード
1112 普通預金
1113 当座□普通預金   1110  小分類コード
1114 保険□普通預金
1115 定期積金        1111  細分類コード
1116 定期預金
1117 そ の 他
1120 受取手形
1121 手持手形
1122 担保手形
1123 不渡手形
```
図　桁別分類コードの例

```
101 千代田区  201 八王子市  301 削　　除
102 中央区    202 立川市    302 削　　除
103 港　区    203 武蔵野市  303 瑞穂町
104 新宿区    204 三鷹市    304 削　　除
105 文京区    205 青梅市    305 日の出町
              ↓             ↓
(注) 区：101～199の連番号
     市：201～299の連番号
     町村：301～799の連番号
```
図　区分コードの例

```
TV-LC-32   32インチ液晶テレビ
TV-LC-40   50インチ液晶テレビ
TV-LC-55   55インチ液晶テレビ
TV-EL-55   55インチ有機ELテレビ
TV-EL-60   60インチ有機ELテレビ

TV：テレビ　LC：液晶　EL：有機EL
数字：画面サイズ（インチ）
```
図　表意コードの例

論理データ
設計▶
ファイル・
データベース
概要設計▶

(5) 論理データ設計（ファイル・データベース概要設計）

　どのようなデータをどのようにシステム内に蓄えるかを明確にします。

　サブシステム定義で明確にされたインタフェース情報，画面設計・報告書設計で検討された入力・出力データ，さらにコード設計の結果などを踏まえて検討します。設計結果はファイル仕様書にまとめます。

　論理データ統計では，将来のシステム拡張を考慮して設計する必要があります。

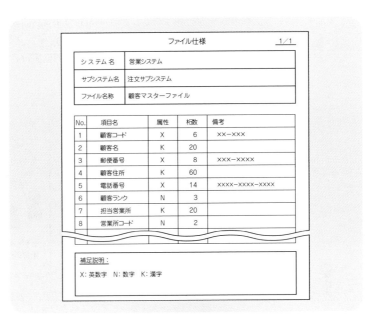

	ファイル仕様			1／1

システム名	営業システム
サブシステム名	注文サブシステム
ファイル名称	顧客マスターファイル

No.	項目名	属性	桁数	備考
1	顧客コード	X	6	××－×××
2	顧客名	K	20	
3	郵便番号	X	8	×××－××××
4	顧客住所	K	60	
5	電話番号	X	14	××××－××××－××××
6	顧客ランク	N	3	
7	担当営業所	K	20	
8	営業所コード	N	2	

補足説明：
X: 英数字　N: 数字　K: 漢字

図　ファイル仕様書の例

（6）システム設計レビュー

システム設計の最後は，今まで行ってきた設計作業の総まとめとして，
レビュー▶ 作成したドキュメントを**レビュー**（検査，批評）します。レビューの結
果がよければシステム設計書をまとめ，レビュー結果を付け，次の工程
につなぎます。問題点があれば，なくなるまでシステム設計を続けるこ
とになります。

ウォーク
スルー▶ レビューは各工程の終了段階で行われ，その検討会のことを**ウォーク**
スルーといいます。ウォークスルーは設計上のエラーを早期に発見する
ことを目的として行います。

インスペク
ション▶ **インスペクション**と呼ばれるレビューもあります。ウォークスルーは
相互に対等な参加者が検証し合うレビューですが，インスペクションは，
モデレーターと呼ばれる責任者に従って，組織的に実行されます。

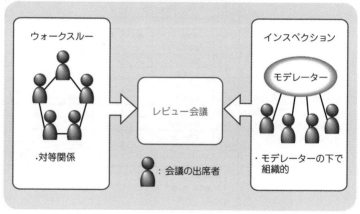

図　ウォークスルーとインスペクション

4 ソフトウェア設計（内部設計）

ソフトウェア
設計▶

　システム設計の次は**ソフトウェア設計**です。ソフトウェア設計では，システム設計を基にソフトウェアを作成する上で必要となるすべての処理（プログラム）の機能と，その流れを明確にします。さらに，使用するすべての帳票，画面，ファイルなどの詳細を設計します。次の図にソフトウェア設計の作業と作成するドキュメントを示します。

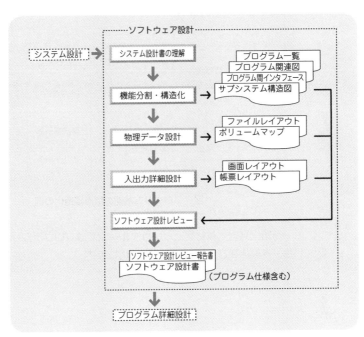

図　ソフトウェア設計

(1) システム設計書の理解

　ソフトウェア設計は，システム設計の内容を基に行うので，システム設計書をよく理解しておく必要があります。

機能分割▶
階層構造化▶

(2) 機能分割・階層構造化

　システム設計書の内容を踏まえて，プログラムを作成する立場から処理に必要なプログラムの機能を検討し，整理していくことです。次のような手順で行います。
①プログラム機能の洗出し（データフローの明確化）
②機能のグループ化
③プログラム機能の分割・階層構造化
④プログラム機能の決定

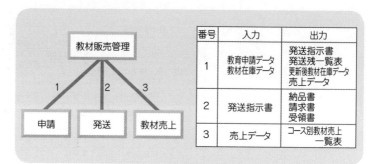

図　プログラム機能の階層構造化の例

番号	入力	出力
1	教育申請データ 教材在庫データ	発送指示書 発送残一覧表 更新後教材在庫データ 売上データ
2	発送指示書	納品書 請求書 受領書
3	売上データ	コース別教材売上 一覧表

　申請，発送，教材売上というグループではプログラムが大きすぎる場合，各機能をさらに分割し，詳細化します。

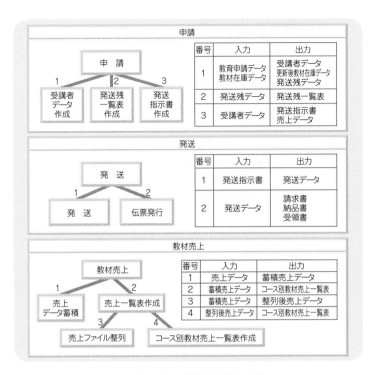

図　プログラム機能の詳細化の例

(3) 物理データ設計（ファイル設計）

　システム設計で行った論理データ設計を基に，コンピュータで処理できる形式に詳細化する物理データ設計を行います。

①データの特性分析によって，データ量，変更・発生頻度などのデータの性質を明確にします。

②処理形態，処理速度，ファイルの構造，オペレーティングシステムの機能などを踏まえてファイルの構造を決定します。

③データの特性によって，磁気ディスク，磁気テープなどファイルを格納する媒体を決定します。

④レコード内のデータ項目の属性（文字，数字など），大きさ（桁数），レコードレイアウトを決定します。

(4) 入出力詳細設計

システム設計で行った画面設計・報告書設計を基にして，より詳細な仕様を確定します。

帳票設計▶ ①帳票設計

用紙の大きさ，文字の大きさと配置，および編集，罫線の太さなどを検討します。また，原始伝票（データ入力用の伝票）も設計します。

画面設計▶ ②画面設計

入力・出力に使用する画面イメージを設計します。各項目のフィールド属性（入力可能・入力不可，色，輝度，反転など），対話の形態（間違い操作の場合のメッセージ，メニュー画面など）などを設計します。

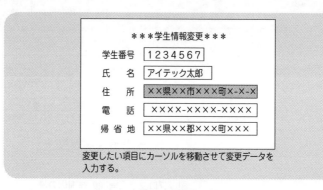

図　画面設計の例

③データの入力チェック

情報システムでは，GIGO（Garbage In Garbage Out：ガラクタを入れたらガラクタが出てくる）という言葉があります。システムに入力されたデータは正しい形式になっている必要があり，データの入力チェック方法を決めておくことは，システムの信頼性からも重要なことです。

データが間違っていたら，結果が出ても何も意味がないのね

メッセージ
設計▶ ④メッセージ設計

画面などに出力するメッセージを設計します。例えば，エラーメッセージなどです。メッセージは操作性を高める重要な要素になります。

(5) ソフトウェア設計レビュー

ソフトウェア設計の最後は,作成したドキュメントをレビュー(批評)します。レビューの結果がよければソフトウェア設計書をまとめ,レビュー報告を付け,次の工程であるプログラム設計工程につなぎます。問題点がなくなるまで設計内容の修正を行います。

5 ソフトウェア詳細設計(プログラム設計)

ソフトウェア詳細設計▶
プログラム設計▶
モジュール▶

ソフトウェア詳細設計(プログラム設計)では,ソフトウェア設計で明確にしたプログラムの内容を,モジュールに分割します。**モジュール**は,プログラムを機能ごとに分割したものでプログラムを構成する部品です。また,モジュール間のインタフェースも設計します。

(1) プログラム構造化設計

プログラム構造化設計▶

ソフトウェア設計によって,一つのプログラムとして定義された内容を,実際に開発する単位であるモジュールに分割します。再利用しやすいプログラムの部品化が重要なので,共通的に使える部品としてのモジュールを意識して設計する必要があります。**プログラム構造化設計**では,次の三つの作業を行います。
①プログラムを機能や処理内容によって,いくつかの部分(モジュール)に分割する。

階層構造化▶
②分割したモジュールを階層構造化する。
③モジュール間のインタフェースを明確にする。

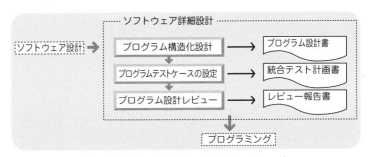

図 ソフトウェア詳細設計(プログラム設計)

ここまでくればプログラムを実際に作成するプログラミングの作業に移れます。ここまでの作業は,大きな内容をだんだん細かくする設計を進めてきたので,段階的詳細化とも呼ばれています。

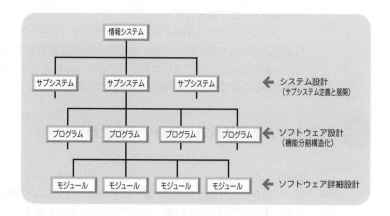

図　システムの段階的詳細化

（2）プログラムテストケースの設定

　分割したモジュールを統合して，正しく機能を実行できることを確認する統合テストの計画を検討します。統合テストの事前準備作業です。

6　プログラミング

プログラ
ミング▶

　プログラミングは，ソフトウェア詳細設計で分割したモジュールごとに，内部のアルゴリズムを設計し，プログラム言語で記述（コーディング）する作業です。開発者自身が行うプログラムの単体テストを行う作業もこのプロセスに含まれます。次の図にプログラミング工程の作業と作成するドキュメントを示します。

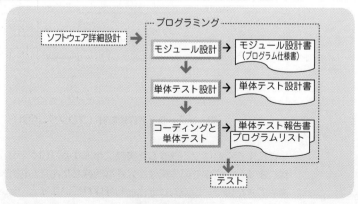

図　プログラミング

モジュール
設計▶

(1) モジュール設計

　ソフトウェア詳細設計で分割されたモジュールの内部のアルゴリズム

モジュール
設計書▶

を設計する作業です。設計結果は**モジュール設計書**にまとめます。

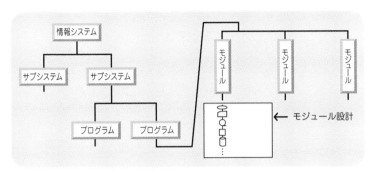

図　モジュール設計

(2) 単体テスト設計

単体テスト▶

　単体テストでは，モジュール設計どおりにプログラムが正しく動作することを確認します。単体テスト設計では，テストケースの設計，テストデータの作成やテスト実施計画などを作成します。

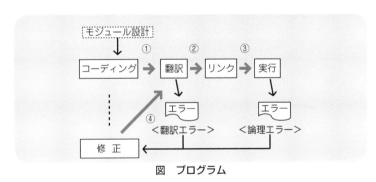

図　プログラム

(3) コーディングと単体テスト

コーディング▶

　プログラム言語を使用してプログラムの**コーディング**を行います。コーディングは他の人も読みやすいように，コーディングルールに従っ

コードレビュー▶

て記述し，他の人にチェックしてもらいます（**コードレビュー**）。

デバッグ▶

　次に単体テスト計画に従ってモジュールのテストを行い，**デバッグ**し

バグ▶

ます。デバッグとはプログラム中の不具合（**バグ**）を取り除くことです。作業結果はソースコード（ソースプログラム）のリストと単体テスト報告書になります。

（4）テストケースの設計

プログラムのテストでは，エラーを見つけるためにプログラムを実行しますが，作業を行う担当者や時間は限られているので，なるべく少ない人と時間で多くのエラーを見つけ出せるようなテストを行う必要があります。そのためにテストの内容を設計（**テストケース設計**）します。

テストケース
設計▶

テストケースの設計では，テストの方法としてホワイトボックステストとブラックボックステストの二つの方法を理解しておきます。

一般に，単体テストのテストケースを設計するときにはホワイトボックステストが行われ，[7]（1）で扱う統合テストなど，単体テスト以外のテストにはブラックボックステストが適用されます。

ホワイト
ボックステスト▶

①ホワイトボックステスト

プログラムの内部構造を示すモジュール設計書やプログラム自体のアルゴリズムに着目してテストを行います。すべての命令を実行するようなテストデータを作成してテストを行います。この基準は命令網羅と呼ばれ，この基準を満足するようにテストケースを設計するということが，ホワイトボックステストの大前提といえます。

命令網羅のほかに，分岐網羅（判定条件網羅），条件網羅などの基準がありますが，それぞれプログラム中の分岐命令（IF文など）に着目したものです。

ブラック
ボックステスト▶

②ブラックボックステスト

入力したデータに対して，何が出力されるかに着目したテストで，プログラムの機能を確認します。用いられるテスト技法としては，同値分割と限界値分析の二つが代表的なものです。ここではそれぞれの技法の考え方を簡単に紹介しましょう。

同値分割▶ ・同値分割

　仕様書の入力条件に注目して，入力データを結果が異なるグループに分割し，それぞれのグループから代表値を選んでテストケースを設計する方法です。同じ結果が出る入力値のグループなのだから，そのうちの一つが確認すれば，残りの値も同じ結果になるはず，ということを前提にした考え方です。

　次の図のように，入力の有効範囲が「10 ≦入力データ≦ 18」のとき，この条件に合致するデータを有効同値クラス，条件に合致しないデータを無効同値クラスといいます。

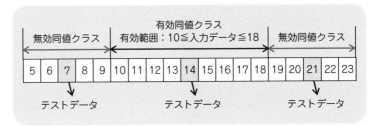

図　同値分割

限界値分析▶ ・限界値分析

　同値分割の考え方をさらに進めたもので，各グループの境界となる値（限界値）で結果を判断する考え方です。

　設計書でデータの有効範囲が「10 ≦入力データ≦ 18」とあっても，うっかり，10 ＜入力データ＜ 18 とコーディングしてしまうことがあります。このような誤りには，限界値分析が有効です。有効同値クラスと無効同値クラスの境界値でテストするので，境界値分析ともいいます。

図　限界値分析

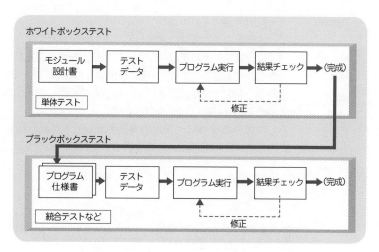

図　ホワイトボックステストとブラックボックステスト

ホワイトボックステストは，箱の中身（プログラムの内容）を考慮して，テストデータを準備してテストするんだね
だから開発者が行う単体テストで使われるんだ

逆にブラックボックステストは，プログラム自体を，中身がわからないブラックボックスとみなして，入力と出力だけを見てテストするのね
利用者でもテストできる方法といえるね

7 テスト

　システム開発の最終工程はテストです。この工程では，統合テスト，システム検証テスト，運用テストといった観点の異なるテストを積み重ねていくことによって，開発したシステムの不具合（仕様の誤認識，性能要件の未達成など）を修正し，定義された要件を満たしていることを確認していきます。このテスト作業を次の図に示します。

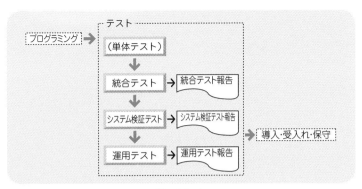

図　テスト

統合テスト▶

（1）統合テスト

　別々に開発されたモジュール（プログラム）を実際に組み合わせ，統合（結合）して行うテストです。モジュール同士のインタフェースの整合性を確認し，モジュールを統合してプログラム単体としての機能の不具合を見つけることを目的としています。

　増加テストは，統合するモジュールを増やすことによって，テストが完了した範囲を広げていきます。増加テストには，上位のモジュールから統合していく**トップダウンテスト**，下位のモジュールから統合していく**ボトムアップテスト**，また，上下から統合していくサンドイッチテストがあります。未完成のモジュールがある場合，トップダウンテストでは，スタブと呼ばれる仮の下位モジュールを使い，ボトムアップテストでは，ドライバと呼ばれる仮の上位モジュールを使います。増加テストでは，スタブやドライバを使うことによって，すべてのモジュール開発が完了していなくても，テストを始められるという利点があります。

トップダウン
テスト▶
ボトムアップ
テスト▶

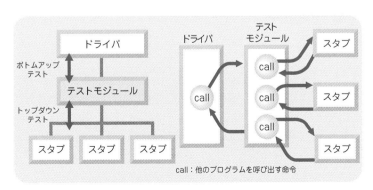

図　ボトムアップテストとトップダウンテスト

(2) システム検証テスト

システム要件定義書で定義したシステム要件どおりに実現されているかを確認するテストで，機能要件を確認するテストのほか，性能テスト，負荷テストなどを行います。

性能テスト▶　　①性能テスト

実行する処理内容に対して，求められている時間内で処理が終わるかどうかを調べたり，一定時間内で処理できるデータ件数が要件を満たしたりしているかを調べるテストです。

負荷テスト▶　　②負荷テスト

大量のデータをシステムに入力した場合の動作を確認するテストです。通常想定されるよりも多いデータ量で実施します。

(3) 運用テスト

本番運用と同じシステム環境やデータを使って行うテストです。新システムが業務に有効に活用できるかどうか，また，新システムの運用性に問題がないかといった観点でテストを行います。このため，システムの利用者や運用部門がテストの主体となります。

回帰テスト▶
レグレッション
テスト▶

(4) 回帰テスト（リグレッションテスト）

バグを取り除いたり，システムの機能を変更する場合に，プログラムを修正しますが，プログラムのある部分の修正によって，これまで正しく動作していた処理に悪影響を与えてしまうことがあります。このため，運用中のプログラムを修正したときには，修正した部分のテストに加えて，それ以外の部分についても影響がないことを確認するテストが必要で，これを回帰テストといいます。

8 レビュー

システム開発の作業は複数人で作業を分担し，並行して進めていくのが普通です。この場合，担当した人だけで作業を進めていくと，思い込みやミスなどで，間違った結果や成果物を出してしまうことがあります。これを防ぐために，各工程の終了時には担当者と関係者が集まって，内

レビュー▶　容のチェックを行うためのレビューを行います。また，関係者として利用者も参加して，成果物が要求に合っていることを確認するためのレ

共同レビュー▶　ビューを共同レビューといいます。

9 導入・受入れ・保守

(1) 導入・受入れ

開発依頼したシステムやソフトウェアが完成したら，実際に利用する環境に導入しますが，導入に当たって，新しいシステムやソフトウェアなどへの移行方法やデータの移動方法などを検討しておく必要があります。

また，システム開発を外部に依頼した場合，依頼した側の利用者が中心となって，実際の運用と同じ条件でソフトウェアを使用し，要求事項を満たしていることを確認するテストを**受入れテスト**といいます。このテストで問題がなければ，ソフトウェアの納入を受け入れ，続いて，利用者への教育訓練や利用者マニュアルの作成などを行います。

受入れテスト▶

(2) 保守

保守▶

システム，ソフトウェアが納入された後，業務で実際に利用して運用していきます。システムの利用は長期におよぶので，その間の業務の変更や法律・社会環境の変化に対応するために，プログラムの修正や変更などを行います。こうした作業を保守といいます。

(3) リバースエンジニアリング

リバース
エンジニア
リング▶

保守作業は，設計書などのドキュメントを基に行いますが，保守に必要なドキュメントが揃っていないなどの不備がある場合，動作中のプログラムの内容を基に設計書などを作成することがあります。このような作業は，通常の開発作業の逆をたどるので，**リバースエンジニアリング**といいます。

お客様の要求どおりの最適なシステムは，できあがったら完了ではないんだね

そうね。「作っておわり」ではなく，作った後に，システム稼働という本当の始まりがやってくるのよ

4.2 ソフトウェア開発管理技術

ソフトウェアの開発手法の代表的なモデルを理解しておきましょう。

旧来型のウォーターフォールモデルも依然として大規模なシステム開発などでは使われている一方，アジャイル開発手法である XP やスクラムも多くの開発現場で使われています。その他のプロトタイピングモデルやスパイラルモデルも重要な概念です。ここでは開発モデルの概念と，それぞれの開発手法で使われる用語を学んでいきましょう。

1　ソフトウェア開発モデル

情報システムの伝統的な開発モデルには，システム開発ライフサイクルの各工程を順番に行うウォーターフォールモデルがあります。このモデルは，基幹システムのような大規模なシステムを，長い時間をかけて多くの人数で開発するためのもので，計画どおりに作業が進められることを重視しています。その後，変更に対する柔軟性がないというウォーターフォールモデルの欠点を補うために，プロトタイプモデルやスパイラルモデルが提案されました。さらに，情報システムの使われ方が変化して，小規模な開発を短期間で行うことが多くなると，少人数のチームによる効率的な作業を目指した RAD が出現し，現在は，RAD の影響を受けたアジャイルによるソフトウェア開発が多くなっています。

ウォーター
フォールモデル▶ **(1) ウォーターフォールモデル（waterfall model）**

システム開発ライフサイクルの各工程を後戻りすることなく，順番に行う方式で，上流工程の完了が確定してから下流工程へ移ります。滝の流れのように一方向の流れであることから，この名前が付いています。

プロト
タイピング
モデル▶ **(2) プロトタイピングモデル（prototyping model）**

ウォーターフォールモデルのように各工程を順番に行うのではなく，
プロトタイプ▶ 先に試作品（**プロトタイプ**）として部分的にプログラムを作成し，ユーザーの確認後，詳細な設計を行う手法です。

　早い段階で，実際に動くプログラムを確認できるので，開発者とユーザーとの認識のずれや仕様のあいまいさを排除できる利点があります。しかし，何度もプロトタイピングを繰り返していると開発の効率が落ちるので，期限や，繰返しの回数を決めるなどの工夫が必要になります。

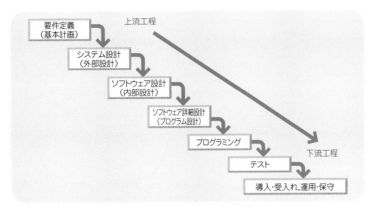

図　ウォーターフォールモデル

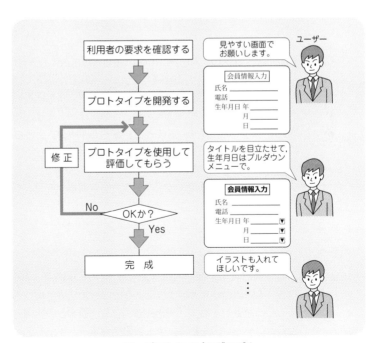

図　プロトタイピングモデル

スパイラル
モデル▶

(3) スパイラルモデル（spiral model）

ウォーターフォールモデルとプロトタイピングモデルの両方の利点を併せもつ手法です。あるシステムが，開発の初期段階で独立性の高いサブシステムに分けられる場合に，サブシステム単位に設計，プログラミング，テストを行い，順次サブシステムごとに繰り返していく手法です。

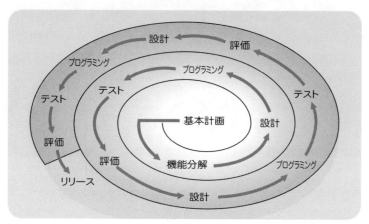

図　スパイラルモデル

RAD▶

(4) RAD（Rapid Application Development；ラド）

Rapid は，「速い」，「敏速な」という意味で，「早く，安く，高品質」を目標とした開発モデルです。業務や開発ツールなどを熟知したスキルの高い少人数の開発者が，利用者とともにチームを組んで，要求分析や開発を進めていきます。このとき，タイムボックスと呼ばれる短い期間の開発を繰り返していくことが特徴で，予定の作業が完成しなくても，締切を遵守してタイムボックスを終了させ，見直しをして次のタイムボックスに入ります。情報システムを取り巻く環境が変化したため，あまり普及はしませんでしたが，少人数，利用者とのチーム，短期間の開発を繰り返すなど，基本的な考え方は，アジャイルに引き継がれています。

(5) アジャイル開発

アジャイル▶

アジャイル（agile）とは「俊敏な」という意味で，「ドキュメントよりも，実際に動作するプログラムを」，「計画に従うよりも，変化に対応することを重視する」，「契約交渉よりも，顧客との協調を重視する」などのスローガンのもとに，少人数の開発チームが，**イテレーション**と呼

イテレーション▶

ばれる短い開発期間を繰り返すことで，変化に柔軟に対応しながら効率的に開発を進めていきます。

アジャイルと呼ばれる開発手法には，いくつかの種類があるので，代表的手法を紹介します。

① XP（エクストリームプログラミング） ◀ XP

開発手法に重点を置いた開発手法です。次のような具体的なプラクティス（具体的な作業形態）が提唱されています。 ◀ エクストリーム プログラミング

- **ペアプログラミング**……2人ペア（1人はチェックやアドバイス）でプログラミングを行います。 ◀ ペア プログラミング
- **テスト駆動開発**……最初に仕様を基にしたテストケースを設計し，そのテストをクリアするようなプログラムを作成します。 ◀ テスト 駆動開発
- **リファクタリング**……完成した機能を変えずに，処理効率や保守性を考慮してプログラムを修正（洗練）します。 ◀ リファクタ リング

②スクラム ◀ スクラム

仕様変更や仕様追加に柔軟に対応するための開発手法です。また，チームの組織づくりや進捗管理方法に重点を置いている開発手法ともいえます。そのために，反復的で漸進的（順を追って少しずつ進める）な流れを特徴としています。スクラムでは，一つの開発期間をおおよそ2週間から1か月程度に細かく区切り，それぞれを**スプリント**といいます。 ◀ スプリント

図 スプリントごとの作業内容の例

スパイラルモデルとは違い，一つのスプリントでいくつかの機能をリリースしていきます。スクラムでは具体的な作業の一つ一つを**プロダクトバックログアイテム**（または，**チケット**）といいます。これには実施しなくてもよいもの，実施すべきだが後でよいもの，どこかのスプリントで実施が予定されているのもの，あるいはすでに完了したものが含まれます。このうち，どこかのスプリントで実施が予定されているプロダクトバックログアイテム（具体的な作業）の集まりを**スプリントバックログ**といいます。 ◀ プロダクト バックログ アイテム／チケット／スプリント バックログ

スクラムを実施する上では，次のような役割を担う人を決めます。

プロダクト
オーナー▶

・**プロダクトオーナー**

　開発対象物の仕様や納期，フェーズ分けなどに対する責任者です。

スクラム
マスター▶

・**スクラムマスター**

　スプリントバックログを選定し，プロダクトオーナーの同意を得るほか，開発メンバーの課題管理や進捗管理を行います。

開発
メンバー▶

・**開発メンバー**

　実際の開発作業を担当します。

　スクラムマスターと開発メンバーがスプリントを進める際に，進捗確認や課題共有の場として毎日行う短いミーティングを**デイリースクラム**といいます。また，一つのスプリントが終わった際に成果を確認することを**スプリントレビュー**といい，スプリント自体の進め方について振り返るためのミーティングを**スプリントレトロスペクティブ**といいます。

デイリー
スクラム▶
スプリント
レビュー▶
スプリント
レトロ
スペクティブ▶

XPとスクラムは，違う手法というわけではなく，
具体的な開発作業の進め方に関する手法と，
それをチームとしてどう進めていくかという手法なのね

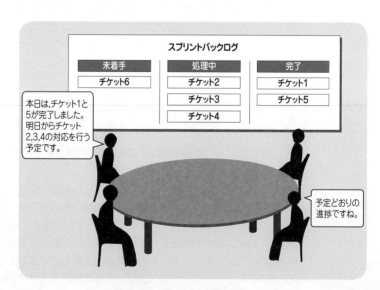

図　デイリースクラム

2 ソフトウェア開発手法

　大規模なシステム開発の作業では，長期間で多人数となり，費用が増大します。そこで，いかに効率良くソフトウェア開発の作業を進めるかが重要な問題です。代表的なソフトウェア開発手法として，次のものがあります。

(1) 構造化手法

　業務や機能は複数の処理で構成されているという考えに基づき，これらを最小単位まで分割することで内容や関連などの構造を明らかにする手法です。最小単位は，通常，一つのことしか含まないため，システム開発の生産性を上げ，ソフトウェアの品質向上，さらに保守作業の軽減をさせることを目的としています。

　構造化手法には，企画段階で使う構造化分析と，設計段階で使う構造化設計があります。

構造化分析▶　①**構造化分析（段階的詳細化（トップダウンアプローチ））**

　　機能の洗出しと詳細化を目的に，機能分割をしながら分析をすることです。開発するシステムをいくつかの部分に分け，さらにそれぞれの部分を，分割していきます。これを何回か繰り返すと分割不能になり，機能の仕様は階層化し，徐々に詳細な仕様が確定します。

　　構造化分析では，機能間のデータの流れに注目して，それを DFD（4.1 ② (5) 参照）に整理しながら分析を進めます。「機能と機能をつなぐものは，機能間で受渡しされるデータである」という考え方です。また，機能は「入力データに対して何らかの加工（変換）を施して，出力データを作り出すもの」という考え方でもあります。

構造化設計▶　②**構造化設計（複合設計，機能設計）**

　　機能をトップダウンアプローチで分割していくと，最小単位はモジュールになります。このモジュールに一つの機能しかもたせず，他のモジュールとの関係を最小にするのが望ましいとされています。結果として品質が向上し，保守が容易になります。

(2) プロセス中心アプローチ（POA：Process Oriented Approach）

　業務の機能や処理など，プロセスを中心とした分析・設計手法です。構造化分析の考え方に基づいています。また，この考え方に基づいた図が DFD です。

データ中心
アプローチ▶

(3) データ中心アプローチ（DOA：Data Oriented Approach）

　システムで扱うデータを中心とした分析・設計手法です。機能は，業務が変わったり，作業する順番が変わったりするなどの利用者事情が多々あります。これに対し，データ構造はあまり変わりません。例えば，名前が住所に変わることはなく，商品個数の入力が数字から漢数字に変わることもありません。電話番号のように桁数が足りなくなって追加することや，項目自体を追加することはありますが，頻繁に起こることではありません。

　そこで，データ構造を分析し，それぞれのデータに対して，このデータを使う処理には何があるかを，機能として設計する考え方です。この考え方に基づいた図が E-R 図（4.1 ② （4）参照）です。

オブジェクト
指向▶

(4) オブジェクト指向

オブジェクト▶

　データとそのデータに対する操作を一つの**オブジェクト**としてとらえ，オブジェクトごとに分析・設計する手法です。

　オブジェクトは，実世界に存在するもののことで，情報システムでは，売上管理を例に挙げると，得意先，営業担当者，商品，注文，倉庫，在

メソッド▶

庫表などが相当します。また，このオブジェクトには**メソッド**と呼ばれる操作が備わっており，得意先ならば「注文する」，営業担当者であれば「納品日を決める」，在庫表であれば「在庫を減らす」，倉庫であれば「出荷する」，などがあります。

　データとメソッドをこのようにオブジェクトとしてまとめることを，

カプセル化▶

カプセル化といいます。Java や C++，C# などのオブジェクト指向言語の基礎となっています。

　　カプセル化によって，内部のデータを直接参照したり
　　更新したりすることはできなくなるんだね

　　逆にいえば，データの内部構造を知らなくてもメソッドを通してデータに
　　アクセスできるので，プログラミングがしやすくなるといえるわね

　オブジェクト指向では，あるオブジェクトの機能をもつ別のオブジェ

派生▶

クトを**派生**させることができます。これによって元のオブジェクトのも

継承▶

つ機能を**継承**させることができます。

　例えば,「自動車」というオブジェクトを派生させて「乗用車」や「トラック」,「救急車」といったオブジェクトを作り,「走る」や「止まる」,「曲がる」といった自動車としての共通のメソッドは「自動車」というオブジェクトだけにもたせ,継承によって派生させたオブジェクトでも利用できるようにします。これによって,「救急車」というオブジェクトだけで必要な,例えば「赤色灯を回す」といったメソッドなどだけを「救急車」というオブジェクトの機能として追加開発すればよくなります。

3　DevOps（デブオプス）

DevOps ▶

　通常は別の組織が行うことの多い情報システムの Development（開発）と,Operations（運用）の作業を協力（場合によっては一体化）して行うことで,情報システムの開発と運用を安全で効率的に行うという考え方や仕組みを,両者の略称を組み合わせて DevOps といいます。
　Web サービスなどでは,新機能の提供や機能のレベルアップなど,短い期間で利用者にリリース（提供）されることが多くなっています。そして,このようなリリースを問題なく行うためには,プログラムの修正だけでなく,リリース作業やその後の運用作業の正確性や効率性も重要です。こうしたことから,DevOps という考え方や仕組みが注目されるようになりました。組織の協力だけでなく,プログラム管理やリリース作業,運用作業などのツールを導入して,正確で効率的な作業が行えるような工夫もされています。

4　共通フレーム（SLCP-JCF：Software Life Cycle Process-Japan Common Frame）

共通フレーム ▶

　ソフトウェアライフサイクルプロセスの国際規格である ISO/IEC 12207 に準拠した規格です。日本独自の修正を加えており,共通フレームと呼ばれています。
　共通フレームの目的は,「共通の物差し」を使うことによって,ソフトウェア開発に関する作業内容や取引を明確にすることです。共通フレームを使うことによって,利用者側と開発者側,また,取得者（発注者）側と供給者側との間で,システムの開発や保守の各工程の作業項目に関する認識のずれや用語の違いをなくすことができます。

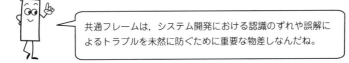

共通フレームは,システム開発における認識のずれや誤解によるトラブルを未然に防ぐために重要な物差しなんだね。

第4部　確認問題

[4.1　システム開発技術]

問4-1
(R2-IP 問44)

次の作業はシステム開発プロセスのどの段階で実施されるか。

実務に精通している利用者に参画してもらい，開発するシステムの具体的な利用方法について分析を行う。

　　ア　システム要件定義　　　　　　　イ　システム設計
　　ウ　テスト　　　　　　　　　　　　エ　プログラミング

問4-2
(R4春-IP 問45)

ブラックボックステストに関する記述として，適切なものはどれか。

　　ア　プログラムの全ての分岐についてテストする。
　　イ　プログラムの全ての命令についてテストする。
　　ウ　プログラムの内部構造に基づいてテストする。
　　エ　プログラムの入力と出力に着目してテストする。

問4-3
(H28春-IP 問43改)

システム開発のテストを，単体テスト，統合テスト，システム検証テスト，運用テストの順に行う場合，統合テストの内容として，適切なものはどれか。

　　ア　個々のプログラムに誤りがないことを検証する。
　　イ　性能要件を満たしていることを開発者が検証する。
　　ウ　プログラム間のインタフェースに誤りがないことを検証する。
　　エ　利用者が実際に運用することで，業務の運用が要件どおり実施できることを検証する。

問4-4
(H28春-IP 問42改)

システム開発のプロセスには，ソフトウェア要件定義，ソフトウェア設計，ソフトウェア統合テスト，ソフトウェア導入，ソフトウェア受入れなどがある。システム開発の関係者を開発者側と利用者側に分けたとき，ソフトウェア受入れで実施する作業はどれか。

ア　開発が完了したソフトウェアを，開発者側が本番環境に配置する。
イ　開発者側が利用者側にヒアリングを行って，ソフトウェアに要求される機能，性能を明確にする。
ウ　ソフトウェアが要件を満たしていて，利用できる水準であることを，利用者側が確認する。
エ　ソフトウェア要件定義書が利用者側のニーズを満たしていることを確認するために，開発者側がレビューを行う。

問4-5
(R3春-IP 問70)

条件①～④を全て満たすとき，出版社と著者と本の関係を示すE-R図はどれか。ここで，E-R図の表記法は次のとおりとする。

〔表記法〕

aとbが，1対多の関係であることを表す。

〔条件〕
　①　出版社は，複数の著者と契約している。
　②　著者は，一つの出版社とだけ契約している。
　③　著者は，複数の本を書いている。
　④　1冊の本は，1人の著者が書いている。

【4.2　ソフトウェア開発管理技術】

問4-6
(R3春-IP 問41)

　クラスや継承という概念を利用して，ソフトウェアを部品化したり再利用することで，ソフトウェア開発の生産性向上を図る手法として，適切なものはどれか。

　　ア　オブジェクト指向　　　　　　　　イ　構造化
　　ウ　プロセス中心アプローチ　　　　　エ　プロトタイピング

問4-7
(R1秋-IP 問49)

　アジャイル開発の特徴として，適切なものはどれか。

　　ア　各工程間の情報はドキュメントによって引き継がれるので，開発全体の進捗が把握しやすい。
　　イ　各工程でプロトタイピングを実施するので，潜在している問題や要求を見つけ出すことができる。
　　ウ　段階的に開発を進めるので，最後の工程で不具合が発生すると，遡って修正が発生し，手戻り作業が多くなる。
　　エ　ドキュメントの作成よりもソフトウェアの作成を優先し，変化する顧客の要望を素早く取り入れることができる。

問4-8
(R4春-IP 問38)

　XP（エクストリームプログラミング）の説明として，最も適切なものはどれか。

　　ア　テストプログラムを先に作成し，そのテストに合格するようにコードを記述する開発手法のことである。
　　イ　一つのプログラムを2人のプログラマが，1台のコンピュータに向かって共同で開発する方法のことである。
　　ウ　プログラムの振る舞いを変えずに，プログラムの内部構造を改善することである。
　　エ　要求の変化に対応した高品質のソフトウェアを短いサイクルでリリースする，アジャイル開発のアプローチの一つである。

問4-9

アジャイル開発の方法論であるスクラムに関する記述として，適切なものはどれか。

ア　ソフトウェア開発組織及びプロジェクトのプロセスを改善するために，その組織の成熟度レベルを段階的に定義したものである。

イ　ソフトウェア開発とその取引において，取得者と供給者が，作業内容の共通の物差しとするために定義したものである。

ウ　複雑で変化の激しい問題に対応するためのシステム開発のフレームワークであり，反復的かつ漸進的な手法として定義したものである。

エ　プロジェクトマネジメントの知識を体系化したものであり，複数の知識エリアから定義されているものである。

問4-10

システムの開発側と運用側がお互いに連携し合い，運用や本番移行を自動化する仕組みなどを積極的に取り入れ，新機能をリリースしてサービスの改善を行う取組を表す用語として，最も適切なものはどれか。

ア　DevOps　　　　　　　　　　　イ　RAD
ウ　オブジェクト指向開発　　　　　エ　テスト駆動開発

第4部　確認問題　解答・解説

問4-1　ア　　　　　　　　　作業が実施されるシステム開発プロセスの段階（R2-IP 問44）

　実務に精通している利用者とともに，開発するシステムの具体的な利用方法を検討するというのは，開発プロセスのシステム要件定義の段階で実施します。

　システム要件定義では，システム及びソフトウェアに要求される機能，性能及び内容を明確にするために，現状の企業内，企業環境における問題点や課題を洗い出し，それを解決するためにどのような情報システムが必要なのかを整理します。利用者の 要求を要件として定義していきます。したがって，（ア）が正解です。

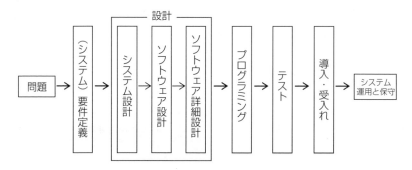

　イ：システム設計は，システム要件定義を基に，情報システムの機能を決定します。

　ウ：テストは，システム開発の最終工程であり，結合テスト，システムテスト，運用テストなどといったテストを積み重ねて，開発したシステム（プログラム）中に潜む不具合（バグ）を取り除きます。

　エ：プログラミングは，システム設計に沿い，プログラム言語でコーディングします。

問4-2　エ　　　　　　　　　　　　　ブラックボックステスト（R4春-IP 問45）

　ブラックボックステストは，名前のとおり，プログラムの中身をブラックボックスとして考えるテスト手法です。プログラムを，入力を与えられたらそれを処理して出力するもの，として入力と出力に着目します。そして，入力するデータと，処理結果として出力されるデータをあらかじめ予測して，テストします。したがって，（エ）が適切です。

　ア～ウ：ホワイトボックステストに関する記述です。名前のとおり，プログラムの内部構造に基づいて行うテスト手法です。プログラムに記述されている命令や条件分岐を全て実行するようにテストデータを作成して，テストします。

問4-3　ウ　

　システム開発で最初に行うテストは，作成したプログラムについて行う単体テストで，個々のプログラムが設計書どおりに作成され誤りがないことを検証します（ア）。

　次に，複数のプログラムが機能を分担して処理する場合は，単体テストが終わった後，これらプログラムをまとめた統合テスト（結合テスト）でプログラムとプログラムの間で，正しくデータの受渡し（インタフェース）ができることを検証します（ウ）。

　統合テストの後に実施するシステム検証テストでは，性能要件を満たしていることを検証します（イ）。

　システム検証テストの後は，実際に利用者の環境で稼働させる運用テストを行います。運用テストでは，利用者が実際にシステムを使用して，業務が要件どおり実施できることを検証します（エ）。

　以上から，統合テストの内容として，（ウ）が適切です。

問4-4　ウ　

　ソフトウェア受入れは，システム開発の最後の位置し，利用者が，開発が完了したソフトウェアが業務で利用できる水準であるかどうかを確認するプロセスです。利用者は，ソフトウェアに要求した機能や性能が満たされていること，操作方法などを確認し，問題がなければこれを受け入れます。問題があった場合は，受入れをせず，開発者側に問題部分の作り直しを要求します。したがって，（ウ）が正解です。

ア：ソフトウェア導入で実施する作業です。

イ：ソフトウェア要件定義で実施する作業です。

エ：ソフトウェア要件定義で実施する作業です。ソフトウェア要件定義書のレビューは利用者側が行います。利用者の提示したニーズ（機能や性能）を満たしているかどうかは，利用者にしか判断できません。

問4-5　ア　　　　　　　　　　　　　　　出版社と著者と本の関係を示すE-R図（R3春-IP 問70）

　E-R図の表記法は，問題文にあるとおり，aとbが1対多の関係にある場合に次の図のように表現します。

　これを前提にして，〔条件〕①から④に沿ってE-R図を書いていきます。

　まず，「①　出版社は，複数の著者と契約している」とあります。①で着目すべきは，一人の著者は複数の出版社と契約しているかどうかです。つまり，出版社と著者は1対多なのか，多対多なのかという点です。これは，「②　著者は，一つの出版社とだけ契約している」とあるので，出版社と著者は1対多であると分かります。これによって，次の部分が確定します。

　次に，「③　著者は，複数の本を書いている」とあり，続いて「④　1冊の本は，1人の著者が書いている」とあります。つまり，1冊の本を複数人で書くという共著については考えなくて良いことになっています。これによって，次の部分が確定します。

　最終的には，上記のE-R図を組み合わせた（ア）が正解です。

問4-6　ア　　　　　　部品化や再利用でソフトウェア開発の生産性向上を図る手法（R3春-IP 問41）

　オブジェクト指向は，データとそのデータに対する操作をオブジェクトとして捉え，分析・設計する手法です。クラスは，オブジェクトのひな形で，クラスにデータを設定してオブジェクトを生成します。また，継承は，クラスがもつデータとデータに対する操作を引き継いで別のクラスを作成することです。継承して作成したクラスでは，継承した操作の一部を変更したり，新たに別の操作を追加したりすることできます。そのため，継承を利用すると，プログラムの全てではなく，変更・追加する部分を作成すればよく，ソフトウェア開発の生産性向上を図ることができます。したがって，（ア）が適切です。

イ：構造化は，機能の洗出しと詳細化を目的に，機能をより細かな機能に分割することです。

ウ：プロセス中心アプローチは，作業の手順など業務プロセスに着目して分析・設計する手法です。

エ：プロトタイピングは，プロトタイプ（試作品）を作成してユーザに見てもらい，確認しながら詳細な設計を行う手法です。

問4-7　エ　　　　　　　　　　　　　　　　　　アジャイル開発の特徴（R1秋-IP 問49）

　アジャイル開発は，軽量で柔軟性の高いソフトウェア開発を目指した手法です。アジャイルとは，"俊敏，すばやい"といった意味であり，ビジネス目標の変化に柔軟に対応するために短いプロセスを反復して開発を進めていきます。最初は最低限の機能だけを完成し，顧客部門や開発チームとレビューを行いながら，要求の変更や追加に柔軟かつ素早く対応します。このサイクルを繰り返すことで完成度を高めていくことができます。したがって，（エ）が適切です。

ア，ウ：ウォータフォールモデルのシステム開発の特徴です。

イ：プロトタイピングモデルのシステム開発の特徴です。

問4-8　エ　　　　　　　　　　　　XP（エクストリームプログラミング）の説明（R4春-IP 問38）

　XP（エクストリームプログラミング）とは，迅速で柔軟性の高いソフトウェア開発手法で，アジャイル開発手法の一つです。事前に仕様や設計を明確に定めてそのとおりにプログラムを記述することを重視するウォータフォールモデルと異なり，プログラミングを始めた後でも変更や修正，仕様の明確化などが行われることを前提として，小規模な設計，実装，テストを短いサイクルで何度も繰り返して段階的にソフトウェアの完成度を高めていきます。したがって，（エ）が最も適切です。

ア：テスト駆動開発（Test-Driven Development：TDD）に関する記述です。

イ：ペアプログラミングに関する記述です。

ウ：リファクタリングに関する記述です。

問4-9　ウ　　　　　　　アジャイル開発の方法論であるスクラムに関する記述（R1秋-IP 問40）

　アジャイル開発では，ビジネス目標の変化に柔軟に対応するために短いプロセスを反復して組み立てていきます。スクラムでは，システム開発の作業を各自の分担ではなく，チームの作業として捉え，日々行うべき作業を確認し，完了させることを検討します。作業をブレイクダウンして各自に割り当て，定期的に進捗を確認する従来型のシステム開発と比べて，反復的で漸進的（少しずつ進める）な手法です。したがって，（ウ）が適切です。

ア：その組織の成熟度レベルを段階的に定義したものは，CMMI（Capability Maturity Model Integration：能力成熟度モデル統合）です。

イ：ソフトウェア開発とその取引における共通の物差しとして定義されたものは，共通フレームです。

エ：プロジェクトマネジメントの知識を体系化したものは，PMBOK®（Project Management Body Of Knowledge：ピンボック）です。

問4-10　ア　　　　　　　　開発側と運用側が連携し合いサービスの改善を行う取組 (R4春-IP 問42)

　システムの開発側（Development）と運用側（Operations）は独立して作業を行うことが多いですが，開発の段階からお互いが協力して作業を行うことによって，システムの導入や変更，運用の開始を迅速に行うための取組を DevOps（デブオプス）といいます。したがって，（ア）が最も適切です。DevOps では，バージョン管理や本番移行に関する自動化ツールなども積極的に取り入れます。

イ：RAD（Rapid Application Development；ラド）は，プロトタイプなどを用いて，従来のウォータフォール型の開発よりも短い期間でプログラムを完成させる手法です。ユーザも含めた少人数の開発チームで作業を進めます。

ウ：オブジェクト指向開発は，データとそれに対する操作を一つのオブジェクトと捉え，オブジェクトごとに設計を行い，開発を進める手法です。

エ：テスト駆動開発は，プログラム開発の前にテストケースを設計し，そのテストケースが正常に終了することを目標にして開発する手法です。

第5部

プロジェクトマネジメント

プロジェクトとは，ある目的のために行われる期間が定められた一連の活動です。例えば，新しい製品・サービスの開発や，新機能追加などもプロジェクトといえます。どうしたら，資源，予算，納期，リスクを適切に管理して，ステークホルダ（利害関係者）の合意を取りながらプロジェクトを成功させることができるのか。プロジェクトを円滑に進めるために求められるプロジェクトマネジメントの考え方や手法について学習しましょう。

5.1 プロジェクトマネジメント

　プロジェクトを円滑に進めて成功させるためには，様々なマネジメントが必要です。

　ここでは，プロジェクトマネジメントの意義，目的，考え方，そのために必要な具体的な手法も，しっかり理解しておきましょう。実際に何らかのプロジェクトに携わることになった場合に求められる事柄がこの章には出てきます。

1 プロジェクトとは

(1) プロジェクトの定義

プロジェクト▶
タスク▶

　プロジェクトは，「独自の製品やサービスを創造するために実施される有期的な業務」と定義されています。相互に関連する**タスク**から構成され，多くの組織が参画して実施される，「一定の期間行われる活動」です。また，ここでいうタスクとは「一つの組織，グループ，個人が実行する短期的な活動」であり，作業を意味します。

　PMI (米国プロジェクトマネジメント協会) では，プロジェクトを「独自の成果物，またはサービスを創出するための期限のある活動」と定義しています。

(2) プロジェクトの特徴

　一般にプロジェクトと呼ばれる活動には，次のような特徴があります。

①明確に定義された目標が定められている。

②必ず開始時点と終了時点がある (有期性)。

③永続的でない一時的な組織が担当する一度限りという性格をもつ仕事，または業務である。

プロジェクト
マネージャ▶
メンバー▶

④担当組織は，1人のリーダー (**プロジェクトマネージャ**) と複数のメンバーで構成される。

⑤目的を達成するための予算が与えられる。

⑥全体はいくつかの工程から成り立っており，全体として大きなライフサイクルを形成する（要件定義からシステム運用・保守までといった流れが一般的である）。

⑦ライフサイクルの各段階で必要資源（設備，人員など）が変化する。

⑧予期できない事態が発生することがある。

⑨後工程に行けば行くほど変更・修正の困難度が増す。

明確な予算や期限がないものはプロジェクトとは呼べないんだね

もちろん，はじめからすべての計画をがちがちに組むのは困難だわ。将来の作業はおおまかに計画しつつ，時期が近付いた作業は詳細な計画にしていくことを「段階的詳細化」というのよ

2 プロジェクトマネジメントとは

　　プロジェクトマネジメントは，プロジェクトを目的どおりに達成するために必要となるいろいろな工夫や努力を実行していく活動です。

　　プロジェクトの計画としては，必要な仕事の項目の定義，仕事の項目ごとの質と量の定義，必要資源の定義などを含みます。

　　プロジェクトの実行管理としては，進捗管理，予算と実行結果の対比，問題の分析，調整措置などを含みます。これらの活動の結果，プロジェクトマネジメント活動が成功するということは，次の条件を達成することです。

①期限内に

②予算金額内で

③期待レベルの技術成果の下に

④割当て資源を有効活用して

⑤顧客(利害関係者)が満足して受け入れられる状態で，完了するという結果をもたらすこと

3 プロジェクトマネジメントの五つのプロセス群

　プロジェクトマネジメントに関する標準規格として，JIS Q 21500:2018（プロジェクトマネジメントの手引）があります。JIS Q 21500:2018 ではプロジェクトの実施に重要で，かつ，影響をおよぼすプロジェクトマネジメントの概念およびプロセスに関する包括的な手引を提供しています。

　プロジェクトマネジメントでは，計画（Plan），実行（Do），チェック（Check），是正（Act）という管理サイクルが示されています。このサイクルを **PDCA** サイクルといいます。プロジェクトマネジメントでは，このサイクルを継続的に回すことが必要になります。このような結果をもたらす一連の活動をプロセスといいます。プロジェクトには次の図に示すように，五つのプロセス群があります。

PDCA ▶

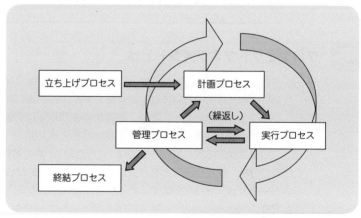

図　プロジェクトマネジメントの五つのプロセス群

　プロジェクトマネジメントの五つのプロセス群について概要を説明します。

(1) 立ち上げプロセス群

プロジェクト
憲章▶

　プロジェクトの開始に必要となる情報を定義し，**プロジェクト憲章**が作成されます。プロジェクト憲章は，プロジェクトの立ち上げ時に作成される公式文書です。プロジェクトの発足を公式に認可するもので，プロジェクトのニーズを文書化し，プロジェクトの成功基準や要約スケジュール，予算なども含み，プロジェクトすべての計画のベースとなります。

(2) 計画プロセス群

　プロジェクトがビジネス上の目的を完遂するために作業可能な計画を立案し，それを維持していきます。プロジェクトマネジメントでは，プ

アクティビティ▶

ロジェクトで必要な作業のことを**アクティビティ**といいます。

(3) 実行プロセス群

　（2）で立てた計画に沿ってプロジェクトを実行します。

(4) 管理プロセス群

　進捗を監視，測定し，必要であれば是正措置をとり，プロジェクト目標が達成されているかを確認します。

(5) 終結プロセス群

　成果物を納めて，プロジェクトを終了します。

5

4　プロジェクトマネジメント 10 の知識エリア

　一般に，製品やサービスの提供に際しては，Q（Quality：品質），C（Cost：コスト），T（Time：納期）が重要といわれています。プロジェクトにおいても，この三つの要素は必ず管理しなければなりません。

　また，プロジェクトマネジメントにおいて重要なのが，プロジェクトの範囲（**スコープ**）の管理です。範囲が膨らむと，プロジェクト全体に大きな影響を与えてしまいます。さらに，プロジェクトを行うのは人間なので，人的資源やコミュニケーションの管理が必要になります。プロジェクトの一部を外注する場合には，調達の管理も必要になります。これらも含めて，プロジェクトマネジメントでは，10 の知識エリアについて，五つのプロセス群による PDCA のサイクルを回す必要があります。この 10 の知識エリアは次の図のようになります。

スコープ▶

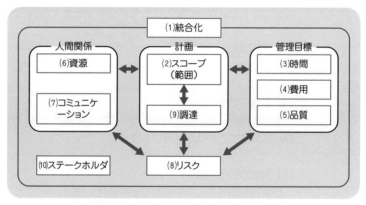

図　プロジェクトマネジメント 10 の知識エリア

　スコープを明らかにすることは，
「何をどこまでやるか」を明らかにすることなんだね

　次に，これらの各領域について簡単に説明します。

プロジェクト
統合
マネジメント▶

(1) プロジェクト統合マネジメント

　プロジェクトを遂行するための多くの要素を全体にわたってまとめるプロセスで，相反する様々な要求事項を適切に調整し統合するというマネジメントです。

プロジェクト
スコープ
マネジメント▶

(2) プロジェクトスコープマネジメント

　プロジェクトの最終的な目標を達成するために必要なあらゆる作業の範囲と内容を定義し，確実にその作業が実施されることを保証する一連のマネジメントです。具体的には次のような段階に区分されます。

WBS▶

　ここでは，**WBS**（Work Breakdown Structure）と呼ばれる図が使用されることが多く，必要な作業をトップダウンで分析し，階層構造で表現します。

```
マルチメディアコンテンツ制作プロジェクト

 2. 設計
   2.1  目次細目決定 ( 仮 )
   2.2  デザイン方針決定
   2.3  デザイン説明打合せ
       2.3.1  デザインプロトタイプ作成
           2.3.1.1  デザインプロトタイプ3パターン作成
           2.3.1.2  プロトタイプ選定条件例作成
           2.3.1.3  プロトタイプグループ内レビュー
       2.3.2  デザインレビュー
       2.3.3  デザイン修正
   2.4  ユーザー仕様目次調整作業
   2.5  詳細設計
```

図　WBS の階層化の例（抜粋）

プロジェクト
タイム
マネジメント▶

(3) プロジェクトタイムマネジメント

　プロジェクトを期限内に完結させるためのマネジメントであり，時間，スケジュールを管理することです。実際のスケジュール管理では，作業の順序関係を表すガントチャートやアローダイアグラムが使われます。

ガントチャート▶

①ガントチャート（Gantt chart）

　縦軸を作業項目，横軸を期間として，作業項目ごとに作業の開始・終了時点を含む実施予定期間と実績を横線で表していきます。WBSをガントチャートにすると，次のようになります。

ID	WBS番号	タスク名	リソース名
7	2	2. 設計	
8	2.1	2.1目次細目決定(仮)	C
9	2.2	2.2デザイン方針決定	D
10	2.3	2.3デザイン説明打合せ	
11	2.3.1	2.3.1デザインプロトタイプ作成	
12	2.3.1.1	2.3.1.1デザインプロトタイプ3パターン作成	D
13	2.3.1.2	2.3.1.2プロトタイプ選定条件例作成	D
14	2.3.1.3	2.3.1.3プロトタイプグループ内レビュー	D
15	2.3.2	2.3.2デザインレビュー	E
16	2.3.3	2.3.3デザイン修正	D
17	2.4	2.4ユーザー仕様目次調整作業	U
18	2.5	2.5詳細設計	C,D

図　ガントチャートの例（抜粋）

アロー
ダイアグラム▶
PERT図▶

②アローダイアグラム（PERT図）

　日程計画の問題はアローダイアグラムの問題として出題されることが多く，図からすべての作業が終わるまでの時間計算やクリティカルパスを求めます。システム開発における作業管理の問題としても出題されるので，図の記号の意味と用語を理解しておきましょう。

　アローダイアグラムでは，作業を矢線で表し，作業のつながりの部分を結合点といいます。次の図では，作業Eは作業Aと作業Bが終了しないと開始できず，作業Hは作業Dと作業Fが終了しないと開始できません。また，実作業はありませんが，作業の前後関係を表すために入れるものをダミー作業といい，点線で記入します（作業C）。

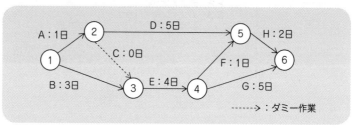

図　アローダイアグラム（1）

（各結合点に関する時刻）

　・最早結合点時刻

　　その結合点から始まる作業を最も早く始められる時間です。

　・最遅結合点時刻

　　その結合点から始まる作業を遅くとも開始しないと，後続作業に影響し，決められた時間以内に作業が終了できなくなる時間です。

（各作業に関する時刻）

　・最早開始時刻

　　その作業を最も早く始められる時間です。

　・最遅開始時刻

　　後続作業に影響せずに，最も遅く作業を始められる時間です。

クリティカル
パス▶

　・余裕時間＝最遅開始時刻－最早開始時刻

　・クリティカルパス

　　余裕のない作業経路のことで，プロジェクト全体の遅れに直接関係する作業を把握することができます。次の図では，作業時間が最も長いB→E→Gがクリティカルパスとなります。

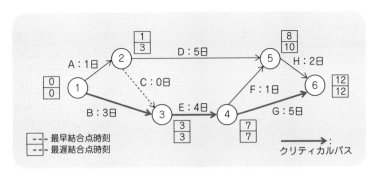

図　アローダイアグラム（2）

プロジェクト
コスト
マネジメント▶ **(4) プロジェクトコストマネジメント**

　プロジェクトを承認された予算の範囲内で完了させるためのマネジメントです。具体的には次のような段階に区分されます（詳しくは⑤で説明します）。

見積り▶ ・コスト見積り
・予算設定
　全体コスト計画をまとめ，全体コスト見積りを個々の作業項目に割り当て，支出計画を作成する段階です。
・コストコントロール
　進捗を管理し，計画と実績の差異を見つけ出し，必要な変更などの処置を行う段階です。

⑤

プロジェクト
品質
マネジメント▶

(5) プロジェクト品質マネジメント

　「品質が悪い」,「要求以上の品質を実現したが，納期に間に合わなかった」といったトラブルが起きないよう，作業プロセスの品質を管理していくことを品質管理といいます。情報システムの場合も，市場で販売されている商品のように，品質の良し悪しを判定するのはユーザーです。そのため，実際にそのシステムを使用するユーザーに焦点を当てて，品質を判定し，改善を行います。品質特性といわれる指標では，次の特性が定義されています。

- **機能性**……機能が過不足なく，充足していること
- **信頼性**……ダウンせずに利用できること
- **使用性**……利用者にわかりやすく，使いやすいこと
- **効率性**……資源を無駄なく使い，性能が良いこと
- **保守性**……変更や修正がしやすいこと
- **移植性**……他の環境へ移植しやすいこと

プロジェクト
資源
マネジメント▶

(6) プロジェクト資源マネジメント

　プロジェクトに関係する組織の要員が能力を効果的に発揮できる環境を提供するマネジメントです。プロジェクトに参加する要員の役割と責任に必要なスキルを決定し，参加時期を明確にします。具体的には次の段階に区分されます。

- ・人的資源マネジメント計画
- ・プロジェクトチームの編成
- ・プロジェクトチームの育成
- ・プロジェクトチームのマネジメント

プロジェクト
コミュニケー
ション
マネジメント▶

(7) プロジェクトコミュニケーションマネジメント

　プロジェクトのあらゆる段階で必要な各種の情報の伝達，収集，相互交流などを円滑に的確に実行するためのマネジメントです。主に次のような項目を決めたり，必要に応じて変更したりすることを指します。

- ・日々の連絡方法や具体的な連絡場所（チャットやメールなど）
- ・定例会の開催頻度や参加者，開催方法（会議室や Web 会議など）
- ・報告書の書式や報告書提出頻度

(8) プロジェクトリスクマネジメント

リスクとは，時間やコスト，品質などプロジェクトの目標に影響を与えるリスクのことです。リスクマネジメントは，このプロジェクトのリスクの特定と検証，対策の計画と実施などに関するマネジメントです。具体的には次の五つの段階に区分されます。

①リスクマネジメントの計画

プロジェクトのリスクマネジメント活動を定義し必要な資源配分を行う段階です。

②リスクの特定

潜在的なリスクの項目を推定する段階です。

③定性的リスク分析

リスク項目の発生可能性や影響度の大小を定性的に評価分析する段階です。

④定量的リスク分析

特定リスクのほか，プロジェクト全体のリスクに関して定量的に発生確率や影響を見積もる段階です。

⑤リスク対応計画

対応すべき潜在的なリスクに対して，実際に採用する対応策の内容を計画する段階です。

リスク対応は，次のように大別できます。事故の発生に備えて，対応マニュアルを作成したり，有事を想定した訓練，リスクマネジメントについての教育などもリスク対応に含まれます。

リスク回避	発生原因そのものを回避する。極論だが，プロジェクト自体の凍結などがこれに当たる。
リスク軽減（低減）	損失を受ける資産を分散させ，影響度を減らす。
リスク受容（保有）	リスク要因の発生確率や，発生時の影響度を考慮した結果，リスクの発生要因事態に対する対策を行わずとも良いと判断する。リスクが顕在化した際の対応体制や費用をあらかじめ社内で確保しておくといったケースがこれに当たる。
リスク転嫁（移転）	保険などによって第三者にリスクを転嫁する。

表　リスク対応

(9) プロジェクト調達マネジメント

プロジェクトの遂行に当たって必要となる外部からの製品やサービスの調達に関するマネジメントです。

プロジェクト
ステークホルダ
マネジメント▶

(10) プロジェクトステークホルダマネジメント

ステークホルダとは，利害関係者とも訳され，私たちの仕事によって，影響を与え合うすべての人を指します。

取引先　　　　　　　　　株主　　　　　　　　　地域社会

お客様　　　　　　　　　会社　　　　　　　　　同僚・上司

図　ステークホルダ

プロジェクトステークホルダマネジメントは，プロジェクトの遂行に当たって，企業を取り巻く内外のステークホルダ（利害関係者）との良好な関係を築くためのマネジメントです。具体的には次のような段階に区分されます。

・ステークホルダ特定

すべてのステークホルダを洗い出し，役割，知識レベル，期待や影響度などの関連情報を整理する段階です。

・ステークホルダマネジメント計画

整理されたステークホルダ情報を基に，主要ステークホルダの関与度，影響などをプロジェクトマネジメント計画書の構成要素として作成する段階です。

・ステークホルダエンゲージメントマネジメント

ステークホルダの関与を強化し，ステークホルダの期待を満足させるためのマネジメントを実施する段階です。

・ステークホルダエンゲージメントコントロール

5 プロジェクト（システム開発）の見積り手法

費用▶
コスト▶

見積り▶

プロジェクトの目標達成には，どのくらいの**費用（コスト）**がかかるのかを見積もる必要があります。大規模なシステム開発における見積り業務は開発者側で行う作業ですが，プロジェクトの発注側（システム開発の依頼側）も**見積り**に関して基本的な知識を理解しておくことが望ましいでしょう。代表的な見積り手法としては，次のような手法があります。

（1）ステップ数による見積り

ステップ▶

過去の類似システムの開発実績などから開発ステップ数を見積もり，何**ステップ**（何行）のプログラムになるかを見積もり，合計します。その合計値を，1人のプログラマが1か月に何ステップコーディングできるかというステップ生産性で割って，全体の工数を見積もります。従来は，最も使用されていた見積り手法です。

ファンクション
ポイント法▶

（2）ファンクションポイント法

システム開発の規模を，そのシステムで開発される機能の内容によって見積もる方法です。ファンクションポイント法での機能とは，次の五つです。
・外部入力
・外部出力
・外部照会
・内部論理ファイル
・外部インタフェースファイル

それぞれの機能の数を合計し，各機能の複雑さを掛け合わせてシステム開発の規模を見積もります。従来の見積り手法と違い，プログラムのステップ数を使わないため，GUI（Graphical User Interface）中心のシステムや各種の開発ツールを使用したシステムでも正確な見積りが可能になります。

確認問題

【5.1　プロジェクトマネジメント】

問5-1
(R1秋-IP 問41)

プロジェクトマネジメントの進め方に関する説明として，適切なものはどれか。

ア　企画，要件定義，システム開発，保守の順番で，開発を行う。

イ　戦略，設計，移行，運用，改善のライフサイクルで，IT サービスを維持する。

ウ　目標を達成するための計画を作成し，実行中は品質，進捗，コストなどをコントロールし，目標の達成に導く。

エ　予備調査，本調査，評価，結論の順番で，リスクの識別，コントロールが適切に実施されているかの確認を行う。

問5-2
(R3春-IP 問39)

プロジェクトマネジメントのプロセスには，プロジェクトコストマネジメント，プロジェクトコミュニケーションマネジメント，プロジェクト資源マネジメント，プロジェクトスケジュールマネジメントなどがある。システム開発プロジェクトにおいて，テストを実施するメンバを追加するときのプロジェクトコストマネジメントの活動として，最も適切なものはどれか。

ア　新規に参加するメンバに対して情報が効率的に伝達されるように，メーリングリストなどを更新する。

イ　新規に参加するメンバに対する，テストツールのトレーニングをベンダに依頼する。

ウ　新規に参加するメンバに担当させる作業を追加して，スケジュールを変更する。

エ　新規に参加するメンバの人件費を見積もり，その計画を変更する。

問5-3 (H31春-IP 問42)

プロジェクト管理におけるプロジェクトスコープの説明として，適切なものはどれか。

ア　プロジェクトチームの役割や責任
イ　プロジェクトで実施すべき作業
ウ　プロジェクトで実施する各作業の開始予定日と終了予定日
エ　プロジェクトで実施するために必要な費用

問5-4 (H31春-IP 問45)

受託しているシステム開発プロジェクトの期間が半分を経過した時点で，委託元から開発中のシステムへの機能追加の依頼があった。プロジェクトマネージャの行動として，最も適切なものはどれか。

ア　依頼を受け入れ，予算や要員を確保する。
イ　期間の半分を経過した時点での変更は一般的に受け入れられないことを理由に，依頼を断る。
ウ　コストやスケジュールなどへの影響を勘案し，変更管理の手順に従う。
エ　プロジェクトスコープだけに影響するので，速やかにスコープのベースラインを更新する。

問5-5　　　　　　　　　　　　　　　　　　　　　　　　　　　（R4春-IP 問43）

　図のアローダイアグラムにおいて，作業Bが2日遅れて完了した。そこで，予定どおりの期間で全ての作業を完了させるために，作業Dに要員を追加することにした。作業Dに当初20名が割り当てられているとき，作業Dに追加する要員は最少で何名必要か。ここで，要員の作業効率は一律である。

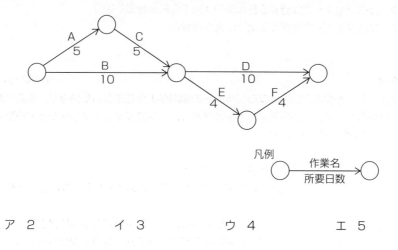

　　ア　2　　　　　　　イ　3　　　　　　　ウ　4　　　　　　　エ　5

問5-6　　　　　　　　　　　　　　　　　　　　　　　　　　（H30春-IP 問48）

　プロジェクトマネジメントにおける WBS の作成に関する記述のうち，適切なものはどれか。

　　ア　最下位の作業は1人が必ず1日で行える作業まで分解して定義する。
　　イ　最小単位の作業を一つずつ積み上げて上位の作業を定義する。
　　ウ　成果物を作成するのに必要な作業を分解して定義する。
　　エ　一つのプロジェクトでは全て同じ階層の深さに定義する。

問 5 - 7 （H31春-IP 問37）

プロジェクトにおけるリスクマネジメントに関する記述として，最も適切なものはどれか。

ア プロジェクトは期限が決まっているので，プロジェクト開始時点において全てのリスクを特定しなければならない。

イ リスクが発生するとプロジェクトに問題が生じるので，リスクは全て回避するようにリスク対応策を計画する。

ウ リスク対応策の計画などのために，発生する確率と発生したときの影響度に基づいて，リスクに優先順位を付ける。

エ リスクの対応に掛かる費用を抑えるために，リスク対応策はリスクが発生したときに都度計画する。

第5部　確認問題　解答・解説

問5-1　ウ　　　　　　　　　　　　　　　プロジェクトマネジメントの進め方に関する説明 (R1秋-IP 問41)

　プロジェクトマネジメントの進め方について，選択肢の適切さを確認していくと次のようになります。

ア：企画→要件定義→システム開発→保守の順番で行うのは，情報システム開発の進め方の順番です。

イ：戦略→設計→移行→運用→改善のライフサイクルは，IT サービスマネジメントのライフサイクルの順番です。

ウ：プロジェクト開始時は，プロジェクト目標を明確にし，目標を達成するためのプロジェクト計画を作成します。プロジェクトの進行中は，品質，進捗具合，コストなどが計画どおりに進められているかを管理しながら，プロジェクト目標を達成へと近付けていきます。したがって，この内容はプロジェクトマネジメントの進め方として適切です。

エ：予備調査→本調査→評価→結論の順番で，リスクを識別し，コントロールの適切性を確認するのは，システム監査で実施する内容です。

問5-2　エ　　　　　　　　　　　　　　　　プロジェクトコストマネジメントの活動 (R3春-IP 問39)

　プロジェクトコストマネジメントは，プロジェクトの目標達成に掛かる人件費を見積もり，進捗に合わせてプロジェクト計画を変更する活動です。したがって，（エ）が最も適切です。

ア：プロジェクト内の情報が効率的に伝達されるような活動は，プロジェクトコミュニケーションマネジメントで実施する活動です。

イ：プロジェクトメンバにテストツールのトレーニングを行う活動は，プロジェクト資源マネジメントの活動です。

ウ：プロジェクトの作業追加などを行ってスケジュールを変更する活動は，プロジェクトスケジュールマネジメントの活動です。

問5-3　イ　　　　　　　　　　　　　プロジェクト管理におけるプロジェクトスコープ (H31春-IP 問42)

　プロジェクトスコープは，成果物として提供されるサービスや成果物を完成させるために必要な作業全般を含む，プロジェクトの作業範囲の総称です。スコープの定義が曖昧だったり，過不足があったりすると，実施すべき作業も曖昧になり，必要な作業が漏れていたり，不要な作業をして予算を無駄に使ったりしてしまいます。そのため，プロジェクト管理においては，スコープを定義し，必要な全ての作業が過不足なく確実に実行されるように管理します。したがって，（イ）が適切です。

問5-4　ウ　　　　　　　　　　　　　プロジェクトマネージャとしての適切な行動 (H31春-IP 問45)

　開発中のシステムへの機能追加の依頼があった場合は，追加機能要件に伴うコストやシステム開発スケジュールを考慮し，変更管理の手順に従い，プロジェクトマネージャは行動するべきです。変更管理プロセスでは，機能追加の可否を含め，機能追加要件内容，優先順位など変更要求が評価されます。したがって，（ウ）が最も適切です。

ア：システムへの機能追加内容に係る要件や工数などを確認せず，依頼を受け入れるべきではなく，変更管理手順に従い判断すべきことです。

イ：システムへの機能追加は，プロジェクト期間の理由だけで判断することはできません。

エ：システムへの機能追加は，プロジェクトスコープだけでなく，プロジェクトコストやプロジェクト資源，システム品質にも影響が出てくる可能性があるため，スコープベースラインだけの更新では不十分です。

問5-5　エ　　　　　　　　　　予定どおりに全作業を完了させるための追加要員数の計算 (R4春-IP 問43)

　アローダイアグラムは，作業の日数と順番，及び並行して行える作業とその合流を表しています。

　次の図のとおり，作業Bが遅れる前のクリティカルパスは，A→C→D又は　B→Dとなり，最短所要日数は20日となります。

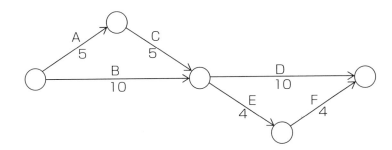

　作業Bが2日遅れて完了したことによって，遅れる前の最短所要日数を20日で終えるためには，作業Dは8日で終えなければなりません。

　10日で完了すべき作業Dを8日で完了させるためには，次の式より，1.25倍の人数が必要になることが分かります。

　　　$8 \times a = 10$

　　　　　$a = 1.25$

　作業Dに当初割り当てられていた要員は20名のため，その要員数を1.25倍した20名×1.25＝25名が必要となります。

　よって，作業Dに追加する最少要員数は，25名－20名＝5名となり，（エ）が正解です。

問5-6　ウ　　　　　　　　　　　　　　　　　　WBSの作成 (H30春-IP 問48)

WBS（Work Breakdown Structure）は，システム開発の成果物を作成するために行う作業を分解し，階層構造で記述したものです。作業を階層構造に分解することを，「WBSを作成する」といいます。何階層に分解するなどの決まりはありませんが，分解することで作業をより具体的な内容として定義することができます。作業内容が具体的に定義されていれば，プロジェクトメンバは，間違えることなく作業することができます。したがって，（ウ）が正解です。

ア：最下位には，具体的な作業内容が定義されます。

イ：上位の作業を分解して，最小単位の作業を定義します。

エ：階層の深さは分解する作業によって異なります。

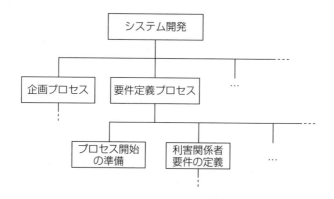

問5-7　ウ　　　　　　プロジェクトにおけるリスクマネジメント (H31春-IP 問37)

プロジェクトにおけるリスクとしては，納期までにシステムが完成しないことや，完成したシステムに問題があることなどが挙げられます。このようなリスクが発生すると，ユーザの業務の支障を来すので，場合によっては損害賠償を求められることもあります。そのため，リスクマネジメントとして，回避，転嫁（移転），軽減（低減），受容（保有）などの対策をとります。リスクマネジメントでは，発生する確率と発生したときの影響度に基づいて，リスクに優先順位を付けてリスク対応策の計画を行います。したがって，（ウ）が最も適切です。

ア：プロジェクト進行中に発見されるリスクもあるので，プロジェクト開始時点において全てのリスクを特定することはできません。

イ：リスクが発生した場合には，各リスクに対して，リスク軽減，リスク回避，リスク転嫁，リスク受容などのリスク対応のうち，いずれかを選択するので，全てのリスクを回避するわけではありません。

エ：リスク対応策はプロジェクト発足時に計画し，プロジェクト進行に従って，その都度見直しを行います。

第6部

サービスマネジメント

サービスと聞くと，無料でくれるおまけを思い出す人もいるかもしれません。ここで学習するサービスは，相手が納得する価値を提供する手段と考えてください。ITサービスも，お客様と約束したことを実行して期待どおりの結果を出します。また，第三者による客観的な見方で調べてもらうシステム監査について内容を理解してください。

6.1

サービスマネジメント

適切な IT サービスを受けたり，提供したりするには，受ける方，提供する方ともに，「何をしてくれるのか」，「何をしなくてはならないのか」，そのためには「どうすればいいのか」，「どのような基準で実施されるべきなのか」というサービスマネジメントの目的と考え方を理解しなくてはなりません。

サービスレベル，システムの運用，サービスデスクなど，基本的な考え方や業務の内容について理解してください。

1　サービスマネジメントの基礎知識

サービス▶　　ユーザー（利用者）に価値のある "もの" や "こと"，"情報" を提供する手段のことを**サービス**といいます。さらに，IT を活用して利用価値のある情報を提供したり，利用できる IT の環境を維持したりすることを特に IT サービスということがあります。

サービス
マネジメント▶　　また，**サービスマネジメント**とは，顧客の希望する条件に基づいて決めたサービス内容（サービスレベル）を満たすにように，サービスの計画・設計・移行・改善といった価値を提供する活動を，継続して実施していくことです。IT サービスに関連する場合は，IT サービスマネジメントという言い方をする場合もあります。

このサービスマネジメントを実施していく上での規範やガイドになるものとして，JIS 規格や ITIL® があります。

JIS Q 20000▶　**(1) JIS Q 20000**

サービスマネジメントを適切に実施していくために必要なことを規定した日本産業規格のことです。国際規格の ISO/IEC 20000 を基にしており，次の二つの規格が JIS として制定されています。

①JIS Q 20000-1:2020 第1部:サービスマネジメントシステム要求事項
サービスを提供する組織が満たすべきサービスマネジメントシステムの要求事項を定めたものです。

② JIS Q 20000-2:2023 サービスマネジメントシステムの適用の手引
①の規格で示された要求事項をすべての組織で適用できるようにするための手引です。

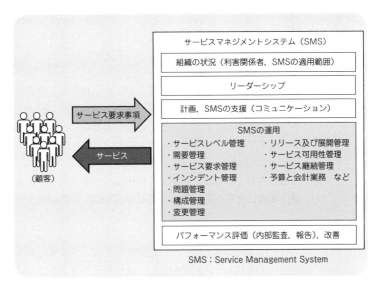

図 サービスマネジメントシステムの概要(JIS Q 20000-1の内容を基に作成)

ITIL® ▶ **(2) ITIL® (Information Technology Infrastructure Library)**
　英国の政府機関がまとめた IT サービス管理，IT サービス運用管理に関するベストプラクティス集（最も良い進め方のためのガイドブック）です。IT サービスマネジメントを実施する上での基本的な考え方や枠組み（フレームワーク）を示しています。最新版は ITIL® 4 で，AXELOS Limited の登録商標となっています。

サービス
レベル ▶
サービス
レベル合意書 ▶
SLA ▶

(3) サービスレベルとサービスレベル合意書（SLA：Service Level Agreement)
　サービスの提供者と顧客がサービスの内容について定量化し，合意した内容をサービスレベルといい，合意内容を文書化したものをサービスレベル合意書といいます。
　サービスを提供する前に，利用可能時間や稼働率（可用性），障害復旧時間，サービスデスクの即答率，セキュリティ侵害検知時間など，サービスの範囲と基準値を明確化にします。

2 サービスマネジメントシステム

サービスマネジメントシステムの概要について学びましょう。

サービス
レベル管理▶
SLM▶

(1) サービスレベル管理 (SLM：Service Level Management)

ITサービスマネジメントは，IT部門の業務をサービスととらえ，体系化することによってIT運用の効率化を図り，サービスの品質を高めることを目的とする活動です。

サービスレベル管理の目的は，提供すべきサービスの種類と品質に関して，顧客と合意したサービスレベル合意書に基づいて，サービスを継続的に提供することです。このときに重要なことは，その時点で技術的に可能なサービス（供給側の都合）ではなく，顧客のニーズに基づいた（顧客側が必要な）サービスを目指すことです。

活動内容としては，定期的に稼働率や性能などサービス目標に対する達成度合いを監視し，問題があれば改善のための準備をします。

需要管理▶

(2) 需要管理

サービスに対するユーザーの需要を調査し，需要に対応できるだけの能力（キャパシティ）を把握し，確保することです。

サービス要求
管理▶

(3) サービス要求管理

顧客からくる情報提供や操作方法の問合せ，助言など，サービスの実施を要求された内容を管理することです。要求されたことを記録して分類し，優先度の高いものから実施して，実施後の対応も記録します。

(4) インシデント管理

インシデント▶

インシデント（incident）は，予定外のサービス中断やサービス品質の低下などのほか，顧客や利用者にまだ影響を与えていない事象も含めて起きたことを示す用語です。インシデントが発生すると，サービス品質の低下につながり，サービスレベルにも影響を与えてしまいます。

インシデント
管理▶

インシデント管理は，インシデントが発生したとき，中断しているサービスを可能な限り早く回復して，正常に利用できるようにする活動で，次のように進められます。

①インシデントの記録と分類 　　②緊急度を考慮した優先度付け
③専門家や外部組織への対応依頼 　　④解決と復旧

エスカ
レーション▶
段階的取扱い▶

ここで，自部門だけでは解決できないインシデントについて，③で行うようなことをエスカレーション（段階的取扱い）といい，サービスマネジメントの活動では，いろいろな場面で実施されます。

問題管理▶ **(5) 問題管理**

　実際に発生したエラーや発生するおそれがあるエラーの根本原因を見つけるため，インシデントの内容や傾向を分析し，再発防止のための対策を考えて実施する活動です。インシデント管理と同じように問題を記録して分類・優先度付けを行い，必要であればエスカレーションします。

> インシデント管理の目的は IT サービスをいかに早く復旧させるか，問題管理の目的はインシデントの根本的な原因究明にあるのね

変更管理▶ **(6) 変更管理**

　サービスに関連するすべての変更に対して，変更内容の評価，変更によるリスク，変更の承認，変更の展開，レビューなどを確実に行い，変更に伴う障害発生などのリスクを低減する活動です。

構成管理▶ **(7) 構成管理**

　サービスを構成するすべての機器やソフトウェアに関するドキュメントなどの情報を正確で最新の状態に維持管理する活動です。

リリース及び
展開管理▶ **(8) リリース及び展開管理**

　リリース（release）は，変更管理によって承認された変更を本番環境で確実に展開する（導入する）ことです。リリース及び展開管理では，影響を調べる活動も含めて行います。この活動の中では，いつどんな変更を行ったかを後で明らかにするためのバージョン管理も行います。

　（4）～（8）のプロセスのつながりは次の図のようになります。

6

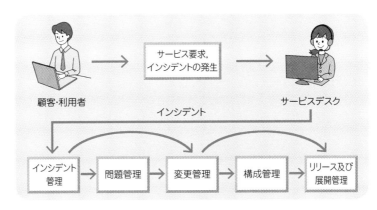

図　サービスマネジメントのプロセス

(9) サービス可用性管理

　利用者がサービスを受けたいときに，サービスを提供できる能力を維持する活動のことです。システムを継続的に利用でき，顧客と合意したサービスの可用性を実現するために，リソース（資源），手法などを管理します。

ITサービスにおける可用性は，利用したいときに，ITサービスが使えるかどうかということなんだね

(10) サービス継続管理

　火災，地震，大規模な停電などの災害やシステム障害に対するリスクを低減し，顧客と合意しているサービス継続の内容を確認する活動のことです。

(11) システムの運用

　ITサービスを安定して利用してもらうためには，サービスを提供するシステムの適切な運用計画や，運用効率を上げていく継続的な改善計画が必要で，Plan（計画），Do（実行），Check（評価），Act（改善）

PDCA▶　を繰返し実行する**PDCA**の進め方で実施されます。

3 サービスデスク（ヘルプデスク）

利用者が安心してサービスを受けられるようにするため，利用者からの問合せに窓口を一つにして，サービス要求管理の活動を行います。

サービスデスク▶

(1) サービスデスク（ヘルプデスク）

利用者からの最初の連絡先となる部門で，サービス提供部門の受付的な役目を果たし，顧客との間で合意したサービスレベルを実現するための支援をします。また，サービスに無関係な質問や簡単に答えられる質問に対応することで，サービス提供部門の作業負荷を減らします。

SPOC▶

① SPOC（Single Point Of Contact：単一の窓口）

利用者からの問合せに対応する窓口を内容によって分散させず，一つの窓口で受け付けられるように管理することです。

FAQ▶

② FAQ（Frequently Asked Questions）

問合せに対して回答する負荷を減らすため，問合せの多い質問の回答をまとめたもののことです。サービスデスクでは FAQ を参考にしたり，自分自身の経験によって問合せに対応しますが，解決できない場合は，専門知識や技術をもったスタッフに問合せ（**エスカレーション**）することによって問題を解決します。

エスカレーション▶

(2) チャットボット（chatbot）

チャットボットとは，"チャット"（会話する）と"ボット"（自動化する）を組み合わせた言葉で，自分で会話を進める仕組みのことです。AI を活用して，利用者との応答を学習し，会話形式で自動的に問合せに応じるシステムを導入している企業が増えてきており，サービスデスクの業務利用のほか，顧客に対する販売サービスのやり取り，日常使う電気製品の設定など，様々な用途で活用が広がっています。

図　チャットボット

4 ファシリティマネジメント

ファシリティ
マネジメント▶

　　ファシリティマネジメントとは，サービスを安定して提供する視点から，建物や設備などの状態，それらの運用・維持を最適化し，管理することです。

(1) システム環境整備

　IT サービスに関連するファシリティマネジメントでは，システム環境を整備する必要があり，コンピュータや通信機器を収容している建物内の設備や動作環境を最善の状態に保つための温度管理や空調管理を行います。また，環境問題への対応やコスト削減のための省エネ対策など，サービスを提供する上で，ファシリティマネジメントは非常に重要な役割をもっています。

①停電対策

無停電
電源装置▶
UPS▶

　　無停電電源装置（**UPS**：Uninterruptible Power Supply）や自家発電装置を設置すると，停電が発生しても一定時間サービスを続行することができ，所定の方法でシステムを安全に停止させることができます。

②落雷対策

　　落雷によって発生する過電圧でコンピュータや通信機器が壊れることがあります。落雷の被害からシステムを守るために，過電圧と過電流を抑制する装置が**サージ防護**デバイス（Surge Protective Device）です。

サージ防護▶

③盗難防止

セキュリティ
ワイヤー▶

　　事務所内のノート PC や情報機器などの盗難防止のため，簡単に持ち運べないように**セキュリティワイヤー**で固定します。

グリーンIT▶

④グリーンIT

　　情報システムの運用において，環境保護や資源の有効利用など，地球環境を守る活動が大切です。環境問題に十分に配慮して，製品の設計・生産を行うことをグリーン IT といいます。具体的には，熱対策や省電力の実現，リサイクル原料による生産などによって，環境への負担をできるだけ小さくし，省エネにも貢献する考え方です。

(2) システムの運用管理

地震や火災，水害などの災害リスクに対して，予防的な対策だけで100%対応することは困難なので，リスクが発生したときの対策を立てておくことも重要です。

コンティンジェンシープラン▶

①**コンティンジェンシープラン（contingency plan）**

リスクが顕在化したときにとる対策です。想定される被害，具体的な対策，緊急時の組織体制，業務代替方針などを盛り込んで検討します。

②**バックアップセンター**

緊急時に備え，重要なシステムに関しては，継続して利用できるようにするため，バックアップセンターを設置します。このバックアップセンターには，次の三つの方式があります。

ホットサイト方式▶

・**ホットサイト方式（hot site）**

現用センターと同じ設備，データの複製を用意し，緊急時にはすぐに処理が切り替えられるような方式です。

ウォームサイト方式▶

・**ウォームサイト方式（warm site）**

設置のコストを下げるために小型設備を導入したり，データの複製ではなくバックアップの保管をしたりする方式です。復旧に少し時間がかかります。

コールドサイト方式▶

・**コールドサイト方式（cold site）**

建物や通信回線など最小限必要なものだけを遠隔地に確保しておき，緊急時にハードウェア，ソフトウェアなどをもち込んで稼働させる方式です。サービスの復旧には最も時間がかかります。

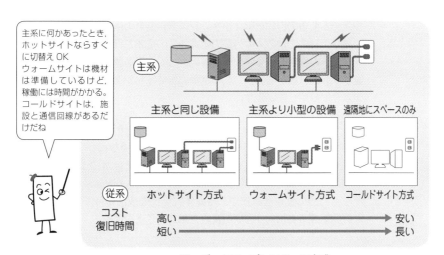

図　バックアップセンターの方式

6.2

システム監査

「システムを開発する，運用する，利用するなど，様々な場面で，取決めや法律，社内ルールなどを正しく守っていますか？」簡単にいうと，これを専門の人にチェックしてもらうのがシステム監査なんです。システムにかかわる人は，システム監査の意義，目的，考え方を理解し，組織内部で監査をしたり，外部の監査を受けたりします。内部統制やITガバナンスについても正しく理解しておきましょう。

1 システム監査とは

(1) システム監査とは

システム監査▶　システム監査は，情報システムを開発したり，利用したりすることによって発生しうるリスクに対し，適切な対策が講じられているか，適切に運用されているかを専門性と客観性を備えた監査人が客観的に評価し，改善のための助言を行うことです。そして，この評価によって，経営方針に基づいて情報システムが利活用されているか，確認することがシステム監査の目的といえます。システム監査の依頼者は経営者が多いですが，社内の他の人や外部の組織からの依頼で行う場合もあります。

システム
監査基準▶　システム監査を行う際の行動規範として，経済産業省が「システム監査基準」を公表しており，この基準の中では，システム監査の目的を次のように説明しています。

ITシステムに係るリスクに適切に対応しているかどうかについて，監査人が検証・評価し，もって保証や助言を行うことを通じて，組織体の経営活動と業務活動の効果的かつ効率的な遂行，さらにはそれらの変革を支援し，組織体の目標達成に寄与すること，及び利害関係者に対する説明責任を果たすことである。

---

(2) システム監査基準とシステム管理基準

　システム監査が，監査の内容や考え方が人によって違わず，効果的・効率的に行われるように基本事項を定めた基準がシステム監査基準とシステム管理基準です。令和5年に両方の基準が改訂されています。

①システム監査基準

　システム監査が効果的かつ効率的に行われるために，システム監査のあるべき体制や実施方法などを示した基準です。IT を取り巻く環境に変化に合わせ改定されています。

　基準の内容は，システム監査実施の前提となる「システム監査の意義と目的」，「監査人の倫理」と，監査の体制や実施のあり方を示した「システム監査の基準」から構成されています。

　・システム監査の意義と目的

　　監査人に求められる倫理及びシステム監査に要求される具体的な基準の内容を示しています。

　・監査人の倫理

　　監査人の立場から，誠実性，客観性，監査人としての能力及び正当な注意，秘密の保持の四つの原則が示されています。

　・システム監査の基準

　　監査の実施で，基準内容に合わせて行うべきことと補足的な説明，実務上の望ましい対応，留意事項が示されています。

システム
管理基準▶
②システム管理基準

　IT システムの利活用において共通して留意すべき事項をまとめたもので，システム監査の判断の尺度として用いる基準として位置付けられています。令和5年の改訂では，経営者が IT ガバナンスや IT マネジメントを行う上で利用しやすいように別の構成で示されています。

　システム管理基準の内容は，次のようになっています。

　・IT ガバナンス編

　　IT ガバナンスの実践と必要な要件

　・IT マネジメント編

　　推進・管理体制，プロジェクト管理，企画／開発／運用／保守／廃棄の各プロセスで行う内容，外部サービス（クラウドサービスなど）・事業継続・人的資源の管理について

6

（3）システム監査人の倫理

システム監査は，客観的な立場で専門知識をもつシステム監査人に

監査人の倫理▶ よって行われますが，**監査人の倫理**に関して四つの原則を守るべきとされています。

①誠実性

常に正直な態度をもち，強い意志をもって適切に行動します。

②客観性

先入観や利益相反（損得の考慮）をなくし，個人や組織などから不当な影響を受けずに判断を行います（精神的独立性）。判断が不当な影響を受ける場合は監査業務を引き受けてはいけません（外観的独立性）。

③監査人としての能力及び正当な注意

必要な知識・技能を習得し維持します。また，誤った監査上の判断がないように，システム監査の基準に従って監査人としての注意を払います。

④秘密の保持

取得した情報の秘密性を尊重し，業務上知り得た秘密を守ります。基本的に監査が終了した後も秘密の保持が求められます。

「経理部の職員が，経理部業務の監査を行う」などは，
精神的にも外観的にも独立性に反するからダメなのね

2　システム監査の流れ

（1）監査計画

実施するシステム監査の目的を有効，かつ効率的に達成するために，

監査計画▶ 監査手続の内容，時期及，範囲などについて，適切な**監査計画**を立案します。なお，監査計画は，事情に応じて適時に修正できるように弾力的な運用をします。

（2）監査の手順

システム監査は，監査計画に基づいて，予備調査，本調査，評価・結論，監査報告の順に実施していきます。

予備調査▶
本調査▶ 　　予備調査は，本調査に先立って監査対象の実態を把握するために行われます。これらを実施する過程で監査手続書，監査調書を作成します。

監査手続書▶ 　**監査手続書**とは，予備調査の結果を踏まえて本調査を実施するための手順・方法などを具体的に記述したものです。

監査調書▶ 　**監査調書**とは，システム監査の全プロセス（計画からフォローアップまで）において監査人が収集した資料類の総称です。

図　システム監査の手順

(3) 監査 証 跡と監査 証 拠

監査証跡▶ 　**監査証跡**とは，「情報システムの処理過程だけでなく，運用環境を事後的に追跡できる仕組み」のことです。可視性がなくても，合理的な時間内に見読可能な様式で提供できれば，監査証跡となります。情報システムの監査は，こうした監査証跡に基づいて行われます。

監査証拠▶ 　**監査証拠**とは，「監査意見を立証するために必要な事実」のことです。したがって，システム監査の実施は，監査証拠を収集する行為であるともいえます。

(4) システム監査報告書

システム監査
報告書▶ 　本調査で明らかになった事実を評価して，結果を指摘事項としてまとめ，**システム監査報告書**として監査の依頼者に提出します。

(5) 改善提案とフォローアップ

改善提案▶
フォローアップ▶ 　システム監査報告書に記載した指摘事項に対して，システム監査人が**改善提案**を行うことがあります。その場合は，適切な改善措置が行われているかどうか，改善計画や実施状況に関して**フォローアップ**（適切な指導）をします。

3　内部統制

コントロール▶
統制▶

（1）コントロール（統制）とは

　コントロールという言葉はよく使われますが，それが何を指すかは，理解しにくいものです。コントロールは日本語では統制と訳され，何かに対して，指導や命令をしたり，ルールを決めたり，制限を加えたりすることを指します。企業内の経営管理で使われる場合には，企業の計画やルールに従って社員を行動させる各種の指導，命令などを指します。

図　コントロールのイメージ

（2）レピュテーションリスク（reputation risk）

　企業にとってマイナスとなる風評被害によって，企業イメージや売上などが悪化し，損害が生じる危険性のことです。情報社会におけるマイナスのレピュテーションはとても深刻なもので，企業経営に大打撃を与えてしまいます。このため，レピュテーションリスクの管理は，企業存続につながる重要な管理です。

(3) 内部統制とは

内部統制▶ 　コントロール（統制）は，企業内部で行われる**内部統制**と，外部の人によって実施される外部統制があります。

　内部統制は，企業が業務を適正に遂行していくために，経営者自身が体制を構築して運用する仕組みです。そのために，業務にはどのような作業があるか業務プロセスを明確にし，作業実施ルールを決め，そのチェック体制を作ります。また，作業実施ルールやチェック体制を基に，組織や個人の業務範囲，内容，権限，責任などの職務分掌を決めます。具体的には，誰が何をどのように行うかという業務内容を記述した業務記述書の作成や，業務の流れをわかりやすく図示した業務フローチャートの作成，業務上のリスクをまとめたリスク一覧表の作成などがあります。

(4) モニタリングの重要性

　モニタリングとは，作業実施ルールに基づいて作業が行われているかどうかを監視することです。（3）で説明した，内部統制の仕組みを構築したら，その仕組みが機能し続けるように組織的な監視と評価が必要になります。モニタリングを大別すると，日常的モニタリング（日常業務における監視活動）と独立的評価（監査委員会や内部監査による定期的チェック）があります。

4　IT ガバナンス

IT ガバナンス▶ 　**IT ガバナンス**は，「企業が競争優位性の構築を目的として，IT 戦略の策定・実行をコントロールし，あるべき方向へと導く組織能力（組織・体制・管理プロセス）」のことです。政治や組織・統治などを意味するガバメントという単語の方が馴染み深いかもしれません。ガバナンスも同様に，統治や管理などの意味があります。

　ここでは，「組織の価値と信頼を向上させるために，IT を利活用するためのあるべき姿を示す IT 戦略と方針を策定し，実現するための活動」と理解してください。

確認問題

[6.1 サービスマネジメント]
問6-1　　　　　　　　　　　　　　　　　　　　　　　　　　　　(R4春-IP 問51)

　IT サービスマネジメントにおける SLA に関する次の記述において，a，b に当てはまる語句の組合せとして，適切なものはどれか。

SLA は，　a　と　b　との間で交わされる合意文書である。　a　が期待するサービスの目標値を定量化して合意した上で SLA に明記し，　b　はこれを測定・評価した上でサービスの品質を改善していく。

	a	b
ア	経営者	システム監査人
イ	顧客	サービスの供給者
ウ	システム開発の発注者	システム開発の受託者
エ	データの分析者	データの提供者

問6-2　　　　　　　　　　　　　　　　　　　　　　　　　　　　(H30春-IP 問38)

　オンラインモールを運営する IT サービス提供者が，ショップのオーナと SLA で合意する内容として，適切なものはどれか。

ア　アプリケーション監視のためのソフトウェア開発の外部委託及びその納期
イ　オンラインサービスの計画停止を休日夜間に行うこと
ウ　オンラインモールの利用者への新しい決済サービスの公表
エ　障害復旧時間を短縮するために PDCA サイクルを通してプロセスを改善すること

問6-3　　　　　　　　　　　　　　　　　　　　　　　　(R4春-IP 問49)

　ITサービスの利用者からの問合せに自動応答で対応するために，チャットボットを導入することにした。このようにチャットボットによる自動化が有効な管理プロセスとして，最も適切なものはどれか。

　ア　インシデント管理　　　　　　　イ　構成管理
　ウ　変更管理　　　　　　　　　　　エ　問題管理

問6-4　　　　　　　　　　　　　　　　　　　　　　　　(R3春-IP 問44)

　ITサービスマネジメントにおいて，サービスデスクが受け付けた難度の高いインシデントを解決するために，サービスデスクの担当者が専門技術をもつ二次サポートに解決を委ねることはどれか。

　ア　FAQ　　　　　　　　　　　　　イ　SLA
　ウ　エスカレーション　　　　　　　エ　ワークアラウンド

問6-5　　　　　　　　　　　　　　　　　　　　　　　　(H31春-IP 問49)

　情報システムの施設や設備を維持・保全するファシリティマネジメントの施策として，適切なものはどれか。

　ア　インターネットサイトへのアクセス制限
　イ　コンピュータウイルスのチェック
　ウ　スクリーンセーバの設定時間の標準化
　エ　電力消費量のモニタリング

[6.2　システム監査]
問6-6　　　　　　　　　　　　　　　　　　　　　　　　(R1秋-IP 問36改)

　システム監査の目的について，最も適切な記述はどれか。

　ア　ITシステム運用段階で，重要データのバックアップをとる。
　イ　ITシステム開発要員のスキルアップを図る。
　ウ　ITシステム企画段階で，ユーザニーズを調査し，システム化要件として文書化する。
　エ　ITシステムに係るリスクに適切に対応しているかどうかを検証・評価し，組織体の目標達成に寄与する。

問6-7
(R5春-IP 問37)

システム監査人の行動規範に関して，次の記述中の a, b に入れる字句の適切な組合せはどれか。

システム監査人は，監査対象となる組織と同一の指揮命令系統に属していないなど，
　a　　上の独立性が確保されている必要がある。また，システム監査人は
　b　　立場で公正な判断を行うという精神的な態度が求められる。

	a	b
ア	外観	客観的な
イ	経営	被監査側の
ウ	契約	経営者側の
エ	取引	良心的な

問6-8
(R3春-IP 問38改)

システム監査の手順に関して，次の記述中の a, b に入れる字句の適切な組合せはどれか。

システム監査は，　a　　に基づき　b　　の手順によって実施しなければならない。

	a	b
ア	システム監査計画	統合テスト，システムテスト，運用テスト
イ	システム監査計画	予備調査，本調査，評価・結論
ウ	法令	統合テスト，システムテスト，運用テスト
エ	法令	予備調査，本調査，評価・結論

問6-9
(R4春-IP 問37)

システムによる内部統制を目的として，幾つかの機能を実装した。次の処理は，どの機能の実現例として適切か。

ログイン画面を表示して利用者 ID とパスワードを入力する。利用者 ID とパスワードの組合せがあらかじめ登録されている内容と一致する場合は業務メニュー画面に遷移する。一致しない場合は遷移せずにエラーメッセージを表示する。

ア　システム障害の検知
イ　システムによるアクセス制御
ウ　利用者に対するアクセス権の付与
エ　利用者のパスワード設定の妥当性の確認

問6-10
(R4春-IP 問40)

IT ガバナンスに関する記述として，最も適切なものはどれか。

ア　IT サービスマネジメントに関して，広く利用されているベストプラクティスを集めたもの
イ　システム及びソフトウェア開発とその取引の適正化に向けて，それらのベースとなる作業項目の一つ一つを定義して標準化したもの
ウ　経営陣が組織の価値を高めるために実践する行動であり，情報システム戦略の策定及び実現に必要な組織能力のこと
エ　プロジェクトの要求事項を満足させるために，知識，スキル，ツール，技法をプロジェクト活動に適用すること

第6部　確認問題　解答・解説

問6-1　イ　　　ITサービスマネジメントにおけるSLAに関する記述（R4春-IP 問51）

SLA（Service Level Agreement：サービスレベル合意書）は，顧客とサービスの供給者との間で合意されたサービス内容に関する協定書です。

二つ目の空欄 a の後に続く文章として「～が期待するサービスの目標値を定量化して合意した上でSLA に明記」とあることから，サービスの目標値を示す側は"顧客"となることが分かります。また，二つ目の空欄 b の後に続く文章として「～はこれを測定・評価した上でサービスの品質を改善していく」とあることから，品質を改善していくのは"サービスの供給者"であることが分かります。したがって，（イ）が適切です。

問6-2　イ　　　SLAで合意する内容（H30春-IP 問38）

SLA（Service Level Agreement：サービスレベル合意書）は，IT サービス提供者（オンラインモールの運営者）と利用者（ショップのオーナ）との間で結ばれる，具体的な数値（サービスレベル）を用いたサービスの内容とその提供範囲に関する合意書です。数値というと稼働率や復旧時間を連想しますが，計画的に行うメンテナンスの日付や，そのためにサービスが使えなくなる時間帯なども該当します。IT サービス提供者からすれば，サービスレベルを低下させずに必要なメンテナンスを行う必要があり，利用者からすれば，営業時間に影響しない時間帯にメンテナンスをしてほしいということになります。したがって，計画停止を休日夜間に行うとしている（イ）が適切です。

ア：システムの企画段階で決める内容です。

ウ：必要に応じて公表すべきことで，SLA で合意する内容ではありません。

エ：IT サービス提供者側で実施する内容です。

問6-3　ア　　　チャットボットによる自動化が有効な管理プロセス（R4春-IP 問49）

インシデント管理は，インシデントに対する初期対応や早期復旧，発生したインシデントの記録などを実施するプロセスです。早期復旧のためには，根本的な不具合解決以外にも回避策の適用などが行われます。

チャットボットは，AI の学習と知識を利用して適切な回答を応答する仕組みで，利用者からの問合せや入力に対して，音声や文字情報で会話を行うソフトウェアです。サービスデスクへの電話問合せなどで利用されており，インシデント対応プロセスの中の問合せへの回答や問合せ内容の入力の自動化などにも用いられます。したがって，（ア）が最も適切です。

イ：構成管理は，システム開発に関する全てのものを目録化し，システムの構成要素として，

バージョンの管理を行うことです。バージョン管理では，どのバージョンが適切であるか
どうかの判断が必要となるため，チャットボットによる自動化だけでは対応できない部分
があります。

ウ：変更管理は，解決策の妥当性を検討し，妥当であれば変更を行うための方法や手順を計
画して変更を行うプロセスです。変更を適用するかどうかの判断が必要となるため，チャッ
トボットによる自動化では対応できません。

エ：問題管理は，インシデントの根本原因の解決や機能変更の要望に対応する活動を行うプ
ロセスであるため，根本原因の解決などはチャットボットによる対応は可能となりません。

問6-4　ウ　　　　　サービスデスクが専門技術をもつ二次サポートに解決を委ねること（R3春-IP 問44）

サービスデスクは，ユーザの問合せや要求，インシデントの連絡などに対応する窓口です。
窓口を一本化しておくことで，ユーザは迷わず問合せをすることができる反面，問合せの内
容は多岐にわたります。そのため，サービスデスクで対応が困難なインシデントについては，
専門知識や技術をもったスタッフ（二次サポート）に問い合わせて解決します。これをエス
カレーションといいます。したがって，（ウ）が正解です。

ア：FAQ（Frequently Asked Questions）は，頻繁に問合せされる質問と回答の一覧で
す。

イ：SLA（Service Level Agreement）は，提供するサービスの範囲と品質を明文化した，
サービス提供者と委託者の間で取り交わす契約書です。

エ：ワークアラウンドは，根本原因に対処する解決策を実施できない場合に取られる応急措
置や暫定策です。

問6-5　エ　　　　　　　　　ファシリティマネジメントの施策（H31春-IP 問49）

ファシリティは，"設備"という意味であり，ファシリティマネジメントは，情報システム
を最良の状態で利用するために，IT 機器などの設備や環境を維持管理することです。

情報システムに関するファシリティとしては，データセンタをはじめとする情報システム
用施設の構造やパーティショニング（区画分け），電源設備，空調設備などを指します。これ
らに故障や不備があった場合，例えば，電源設備が故障したら，サーバを稼働させることが
できず，情報システムを利用することができなくなってしまいます。よって，施策としては
電力消費量のモニタリングなどが必要となります。したがって，（エ）が適切です。

ア〜ウ：情報セキュリティマネジメントの施策です。

問6-6　エ　　　　　　　　　　　　　　　システム監査の目的（R1秋-IP 問36改）

　システム監査基準（令和5年4月改訂版）では，システム監査の目的に関して，「ITシステムに係るリスクに適切に対応しているかどうかを監査人が検証・評価し，保証や助言を通じて組織体の経営や業務活動を効果的・効率的に行い，それらの変革を支援し，組織体の目標達成に寄与する」という主旨のことが記述されています。したがって，（エ）の記述が正解です。

問6-7　ア　　　　　　　　　　　　　　システム監査人の行動規範（R5春-IP 問37）

　システム監査人の行動規範に関して，システム監査基準（令和5年版）では監査人が守るべき倫理として記述されていて，具体的には，監査対象先から独立かつ客観的な立場で実施されているという外観に十分配慮すること（外観的独立性）と，誠実かつ客観的にシステム監査を行わなければいけないこと（精神的独立性）が挙げられています。したがって，空欄aは「外観」，空欄bは「客観的な」が入るので，（ア）が正解です。

問6-8　イ　　　　　　　　　　　　　　　システム監査の手順（R3春-IP 問38改）

　システム監査とは，情報システムを構築したり利用したりすることによって発生するリスクについて，それが発生しないように適切な対策が講じられているか，適切に運用されているかを第三者が客観的に評価することです。

　システム監査は，次の図に示すとおり，システム監査計画に基づき，予備調査，本調査を行い，評価・結論としてシステム監査報告書が提出されます。したがって，空欄a，bに入る組合せとしては，（イ）が適切です。

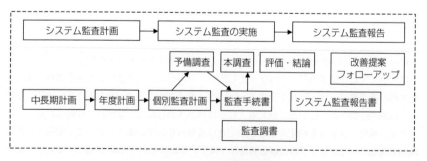

図　システム監査の手順

問6-9　イ　　　　　　　　　　内部統制を目的とした適切な機能の実現例（R4春-IP 問37）

　内部統制は，企業が，自らの業務を適切に運営するために，体制を構築して運用する仕組みです。そのために，組織や個人の業務範囲や内容，権限，責任を明確にします。システムによるアクセス制御は，内部統制で定めた業務を，その業務を行う権限を与えられた人だけが行えるようにすることです。利用者 ID とパスワードが一致するということは，その業務を行う権限を与えられた本人なので，業務を行えるよう，業務メニュー画面に遷移します。したがって，（イ）が適切です。

ア：ログイン画面でエラーメッセージを表示するのは，システム障害の検知ではなく，ログインに失敗したことを知らせるためです。

ウ：アクセス権の付与は，内部統制で定めた業務を行う権限を利用者に付与することです。利用者の職位や業務に基づき設定された権限をもつ利用者 ID が付与されます。

エ：利用者によるパスワード設定の妥当性は，ログイン画面ではなく，パスワード設定画面で確認します。

問6-10　ウ　　　　　　　　　　　　　ITガバナンスに関する記述（R4春-IP 問40）

　IT ガバナンスとは，企業活動の規律を維持する統制や監視の仕組みであるコーポレートガバナンスの一部で，IT への投資・効果・リスクを継続的に最適化するための組織的な仕組みのことです。経済産業省では「経営陣がステークホルダのニーズに基づき，組織の価値を高めるために実践する行動であり，情報システムのあるべき姿を示す情報システム戦略の策定及び実現に必要となる組織能力」と定義しています。したがって，（ウ）が最も適切です。

ア：ITIL® (Information Technology Infrastructure Library) に関する記述です。

イ：システム及びソフトウェア開発に関する取引の適正化を目的として，ソフトウェアライフサイクルに対応して用語や作業内容を規定した共通フレームに関する記述です。

エ：プロジェクトマネジメントに関する記述です。代表的な解説集として，PMBOK® (Project Management Body Of Knowledge：プロジェクトマネジメント知識体系) があります。

6

第7部

基礎理論

コンピュータは電子計算機として誕生しましたが，今ではパソコン（PC），スマートフォン，ゲーム，電気製品，車，お店のレジ，キャッシュレス決済など，ありとあらゆるものに使われています。これは，コンピュータが認識できる電気信号の"ある・なし"が"0と1"に対応できて，計算だけでなく，様々な機械への指示に使うことができるからです。このコンピュータの世界の入口をここでは学習します。コンピュータを操るためのアルゴリズムとプログラムもここで理解してください。

7.1

ITの基礎理論

　Information Technology，略して IT。日本語に訳すと情報技術ですね。でも，IT ってどういうことかって？　まあ，簡単にいうと，「0」と「1」で何でも表現して，「コンピュータを上手に使う技術」のことなのです。

　皆さんは，すでに IT，つまり「0」と「1」の中が，見えないところで活躍している世界で生活しているんですよ。とりあえず，まずは身近なものから考えてみましょう。

1　情報の表現

（1）アナログ表現とデジタル表現

　コンピュータは電気で動くので，電気信号が「ない」と「ある」や，スイッチの「オフ」と「オン」のような二つのパターンしか区別できません。このため，「ない」と「ある」や，「オフ」と「オン」に，「0」と「1」という記号を使って，すべてのコンピュータへの指示やデータを表し処理をしているのです。このように「0」と「1」の組合せで表すことをデジタル表現といいます。昔からあるアナログ表現と，身近なものを使って比較してみましょう。

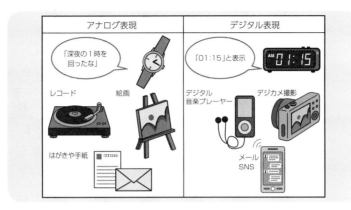

図　アナログ表現とデジタル表現

　文字盤のある腕時計を見て，「深夜の1時を回ったな」と言ったら，人間同士なら理解し合えます。しかし，コンピュータには「ちょっと」とか「だいたい」の意味が通じません。デジタル時計を考えてみればわかるでしょう。「01：15」というように，明確に表示されています。

(2) コンピュータ内のデータ表現

　デジタル表現は「0」と「1」という記号を使うといいましたが，「0」と「1」を使って表現する数は，2進数として数学の世界では前からありました。計算もできるし，いろいろな性質もわかっていた表現方法です。ところが，この2進数の性質がコンピュータで数の計算をさせたり，機会を動かしたりするための仕組みとして，完璧に応用できることがわかり，コンピュータが大進歩を遂げることになったのです。それまで何の役に立つかわからないといわれていた2進数が，いきなりスターになって脚光を浴びることになったのです。

⑦

　コンピュータでは，すべてのデータが，電気信号の「ない」と「ある」に対応させられる「0」と「1」を使って表現されます。「0」と「1」の一つ一つを**ビット**といいます。文字でも画像でも音でも，データを「0」と「1」を組み合わせて表現し，処理をして利用することができます。このようなビットの組合せのことを**ビットパターン**といいます。

ビット▶

ビットパターン▶

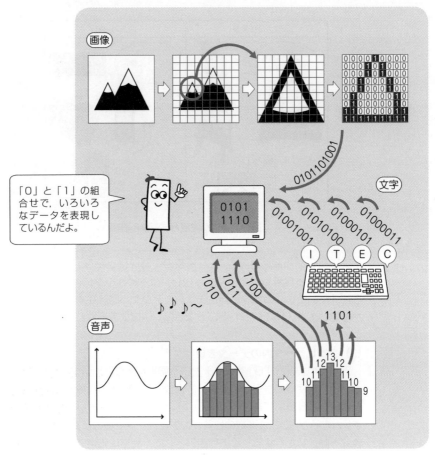

図　コンピュータ内のデータ表現

　コンピュータは「0」と「1」で表されたデータしか理解できないため，データも2進数を使って表現します。まず，2進数の表現方法について理解する前に，私たちになじみの深い 10 進数を使って，数の表現方法を考えてみましょう。

(3) 10 進数

　10 進数の特徴は，次のとおりです。
①0，1，2，3，4，5，6，7，8，9の 10 種類の数字で表します。
②各桁の数が 10 になると一つ桁上がりします。

ここで，256という10進数を考えてみましょう。

$$256 = \underline{10}^2 \times 2 + \underline{10}^1 \times 5 + \underline{10}^0 \times 6$$

　このように，10のべき乗に各桁の数を掛けたものを，すべて足した数と考えることができます。ここで，一番右の"6"が基数10の0乗の個数になることに注意してください。すべての数の0乗は1（数学の定義）なので，$10^0 = 1$となります。

基数▶　　10進数を表現するための基になった数10を**基数**といい，基数を何乗かした10^2，10^1，10^0（10のべき乗）を各桁の**重み**といいます。

重み▶　このように，基数と重みに掛ける各桁の数（2や5や6）を使って数を表現する方法を**基数法**といいます。

基数法▶

(4) 2進数

2進数▶　　では，**2進数**について考えていきます。2進数は，電気信号の「ない」と「ある」に対応する「0」と「1」を使って数値を表現する方法です。この2進数の計算規則をコンピュータの回路で実現することによって，様々な計算が可能になっています。2進数の特徴は，次のとおりです。
①0，1の2種類の数字で表します。
②2になると一つ桁上がりします。基数は2です。

　この考え方で2進数を考えると，0の次が1で，1の次の2がこのまま表現できないので，桁上がりして2桁の10となります。その次が11で，そのまた次は2が使えないので3桁の100となります。この後は，101，110，111，1000，1001，…と増えていきます。
　2進数は，$(1101)_2$のように括弧を付けて右下に基数を書き，10進数と区別させることがあります。この$(1101)_2$を，基数2のべき乗による重みを使って表すと，次のようになります。

$$(1101)_2 = \underline{2}^3 \times 1 + \underline{2}^2 \times 1 + \underline{2}^1 \times 0 + \underline{2}^0 \times 1$$
$$= 8 + 4 + 1 = (13)_{10}$$

　各桁の重みは2^3，2^2，2^1，2^0で，$(1101)_2$は10進数の13になることがわかります。2進数でも一番右の桁が基数の0乗の個数になります。このように，2進数は，各桁の重みに，各桁の数を掛けて足し合わせることで10進数に変換できます。

逆に，10進数を2進数に変換するには，2で割って余りを求めていき，商が0になるまで計算を進め，下から順に余りを並べていきます。

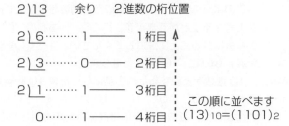

このように，10進数から2進数を求めたり，逆に2進数から10進数を求めたりすることを**基数変換**といいます。

基数変換▶

4個の電球を使って，4桁の2進数を表すことができるね
ここでは，電気が点いていたら1，電気が点いてなかったら0にする決まりでやるよ

（左から，2^3 2^2 2^1 2^0 用の電球）

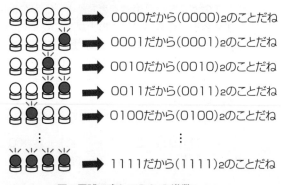

0000だから$(0000)_2$のことだね
0001だから$(0001)_2$のことだね
0010だから$(0010)_2$のことだね
0011だから$(0011)_2$のことだね
0100だから$(0100)_2$のことだね

1111だから$(1111)_2$のことだね

図　電球で表してみた2進数

上の図の一番下の4個の電気がすべて点いた数は，

$$(1111)_2 = 2^3 \times 1 + 2^2 \times 1 + 2^1 \times 1 + 2^0 \times 1$$
$$= 8 + 4 + 2 + 1 = (15)_{10}$$

となることから，4ビットの2進数で0〜15まで表現できることがわかります。

　次に，小数を含む場合の基数変換を考えてみましょう。小数の場合は，小数第1位から順に基数の－1乗，－2乗が重みになります。例えば，$(0.1)_2 = 2^{-1} \times 1 = (0.5)_{10}$ になり，$(0.11)_2 = 2^{-1} \times 1 + 2^{-2} \times 1 = 0.5 + 0.25 = (0.75)_{10}$ になります。

（例1）2進数→10進数

$$(1 \ \ 0. \ \ 1 \ \ 0 \ \ 1\ )_2 = 2^1 \times 1 + 2^0 \times 0 + 2^{-1} \times 1 + 2^{-2} \times 0 + 2^{-3} \times 1$$

$$= 2^1 \times 1 + 2^0 \times 0 + \frac{1}{2^1} \times 1 + \frac{1}{2^2} \times 0 + \frac{1}{2^3} \times 1$$

$2^1 \ \ 2^0 \ 2^{-1} 2^{-2} 2^{-3} \qquad = 2 \qquad + 0 \qquad + 0.5 \qquad + 0 \qquad + 0.125$

$$= (2.625)_{10}$$

　小数を含む10進数を2進数に変換する場合は，整数部と小数部に分け，整数部は2で割る操作で求めます。小数部は2を順番に掛けていき，掛けた結果の整数部を順番に並べていく方法で行います。このとき，掛けた結果の整数部が1になった場合は，整数部を取って2を掛ける操作を続けていきます。

（例2）10進数→2進数

$$(13.75)_{10}$$

$(13)_{10} = (1101)_2 \qquad (0.75)_{10} \ = \quad 0.75 = (0.11)_2$

$$\begin{array}{r} \times \quad\quad 2 \\ \hline \boxed{1}.50 \end{array}$$ ——1桁目　　小数点以下の桁位置

　　　　　　0.5 　　　　　　　　　この順に整数部を
$$\begin{array}{r} \times \quad\quad 2 \\ \hline \boxed{1}.0 \end{array}$$ ——2桁目　　並べます。

　　　　　　0.0

↳ 残りが0になったら終わりです。

したがって，$(13.75)_{10} = (1101.11)_2$ となります。

　　（1101）₂ は，「2進数の1101」ということで，
　　「イチ，イチ，ゼロ，イチ」と読むのよ

　10進数（1101）₁₀＝「センヒャクイチ」とは違うんだね

2進数の加算と減算は，次の規則で行います。

(1)2進数の加算	(2進数)	(10進数)
① 0+0= 0	1001	9
② 1+0= 1	+ 0011	+3
③ 0+1= 1	1110	12
④ 1+1=10 ←上位桁に1をわたす	(1をわたす)	

(2)2進数の減算	(2進数)	(10進数)
① 0-0= 0	1001	9
② 0-1= 1 ←上位桁から1を借りて 10-1として計算する	− 0011	−3
③ 1-0= 1	0110	6
④ 1-1= 0	(1を借りる)	

図　2進数の加算と減算の規則

(5) 16進数

　2進数は0と1だけで表現できるので，コンピュータには適した表現ですが，大きい数になると桁数が増えて読みづらくなります。このため，2進数のデータを人間が見やすいように16進数が考えられました。

16進数▶　**16進数**は次の規則で表される数です。

①0，1，2，3，4，5，6，7，8，9とA，B，C，D，E，Fの16種類の数字と記号で表します。

②16になると一つ桁上がりします。基数は16です。

　10以上の数を1桁で表現する必要があるので，10をA，11をB，12をC，13をD，14をE，15をFの記号を使って表します。この方法だと16を表す記号がないので，桁上がりして$(10)_{16}$となります。この後，$(11)_{16}$，$(12)_{16}$，…，$(1F)_{16}$と増えていき，その次に$(20)_{16}$となります。

　16進数は2進数の4桁分を1桁で表現するので，2進数を下位から4桁ずつ区切り，それぞれを0〜9，A〜Fまでの文字に対応させます（$16 = 2^4$なので，この関係で対応させられます）。

　(例)　$(0101\ 1011\ 1010\ 1111\ 0011\ 1000\ 1110\ 0100)_2$
　　　　　↓　　↓　　↓　　↓　　↓　　↓　　↓　　↓
　　　　　5　　B　　A　　F　　3　　8　　E　　4

　　= $(5BAF38E4)_{16}$ → 32桁の2進数が16進数なら8桁で表現できた。

　このように長い2進数を少ない桁の16進数で表現できるので，2進数で表されるデータの内容を画面表示させたり，用紙に出力させたりするときに使われます。

小数を含む2進数を16進数にするときも同じように行います。2進数を，小数点を基準に4桁ずつ区切り，それぞれを0〜9，A〜Fまでの文字に対応させれば，16進数に変換できます（$16^0=1$）。

$$(例)\quad (1100\ 0111.1010)_2 = (C7A)_{16} = 16^1 \times C + 16^0 \times 7 + 16^{-1} \times A$$

$$\begin{array}{ccccccc} & C & 7 & A & & 12 & & 10 \end{array}$$

$$= 192 + 7 + 0.625 = (199.625)_{10}$$

10進数，2進数，16進数の対応関係をまとめると，次のようになります。

10進数	2進数	16進数
0	0	0
1	1	1
2	10	2
3	11	3
4	100	4
5	101	5
6	110	6
7	111	7
8	1000	8
9	1001	9
10	1010	A
11	1011	B
12	1100	C
13	1101	D
14	1110	E
15	1111	F
16	10000	10
17	10001	11
18	10010	12
19	10011	13
20	10100	14
:	:	:

1桁を10種類の数字で表します（10進数）。1桁を2種類の数字で表します（2進数）。1桁を16個の種類の数字と記号で表します（16進数）。

表　10進数と2進数，16進数の関係

(6) 2進数の表現範囲

4ビットの2進数とは，4桁の2進数のことで，表現できる数の範囲は $(0000)_2$〜 $(1111)_2$ で，10進数では $(0)_{10}$〜 $(15)_{10}$ となります。4ビットの最大が $15 = 2^4 - 1$ となることに注目すると，ビット数が増えたときに表現できる範囲は次のようになります。

2進数	表現できる範囲	別の表現	表現できる数の種類
4ビット	0 〜 15	$0 \sim 2^4 - 1$	2^4
8ビット	0 〜 255	$0 \sim 2^8 - 1$	2^8
16ビット	0 〜 65535	$0 \sim 2^{16} - 1$	2^{16}
32ビット	………………	$0 \sim 2^{32} - 1$	2^{32}
nビット	………………	$0 \sim 2^n - 1$	2^n

表　2進数の表現範囲

4ビットで表現できる数の種類は，$2^4 = 16$ 個だけど，表現できる上限は「15」になるんだね

表現できる範囲は，「0」から始まっていることがポイントね

$(1111)_2$ を $(10000)_2 - 1$，つまり，$2^4 - 1$ と考えれば，$(0)_{10}$〜 $(2^4 - 1)_{10}$ と表せます。同様に，8ビットの2進数で表現できる数の範囲は $(0000\ 0000)_2$〜 $(1111\ 1111)_2$ で，10進数で $(0)_{10}$〜 $(255)_{10}$，つまり，$(0)_{10}$〜 $(2^8 - 1)_{10}$ というように，16，32，…，nビットの場合も同様に考えることができます。

(7) 負の数の表現

コンピュータのデータは，すべて2進数で表現されていますが，負の数も表す必要があります。ここでは，負の数の表現で使われる補数について考えます。補数を用いることで，2進数の性質を利用して，引き算を足し算として扱うことができます。

例えば，10進数の6は，2進数で「0110」と表現しますが，負の数の−6はどのように表現するのでしょうか。マイナスを意味する記号を0と1で表して表現することも考えられますが，今のコンピュータではマイナス記号を使わずに表現する補数の考え方を使います。

①補数

補数とは，基準となる数から，ある数を引いた数のことです。

$$\boxed{基準となる数} - \boxed{ある数} = \boxed{ある数の補数}$$

この基準となる数は，ある数の桁数と表現している基数法ごとに定められる数で，2種類あります。

例えば，5桁の2進数を考えるときは，次の2種類になります。

$(11111)_2$ …………5桁の2進数の最大数
$(100000)_2$ …………5桁の2進数の最大数＋1

基準となる数が2種類あるのは，それに対応する補数が2種類あるためで，2進数の場合には，**1の補数**，**2の補数**があります。
実際に各補数を求めてみましょう。

1の補数▶
2の補数▶

・1の補数

その桁内の最大数からある数を引いたものを，ある数の1の補数といいます。

（例）5桁の2進数で$(10111)_2$の補数を考えているとき，

$(11111)_2 - (10111)_2 = (01000)_2$………1の補数

・2の補数

その桁内の最大数＋1からある数を引いたものを，ある数の2の補数といいます。

（例）5桁の2進数で$(10111)_2$の補数を考えているとき，

$(100000)_2 - (10111)_2 = (01001)_2$………2の補数

実際に補数を計算する場合は，2進数の性質を利用して，次のように簡単に求めることができます。

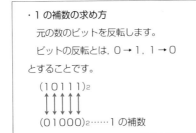

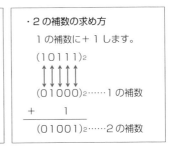

図　補数の求め方

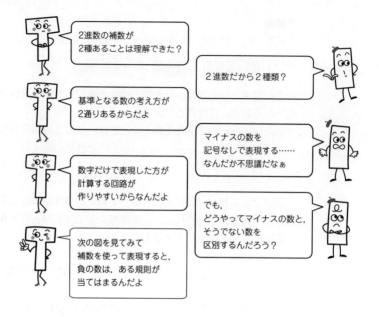

②負の数の例

　現実のコンピュータでは，負の数の表現に2の補数が使われることが多いです。

　例えば，(0101)₂は10進数では＋5を表し，(0101)₂の2の補数(1011)₂が－5を表す数になります。

　4ビットの2進数を考えると，正の数の表現だけなら，(0000)₂から(1111)₂まで，10進数なら0から15までの16種類の数が表現できますが，負の数の表現も含めた場合は，次のように－8から＋7までの16種類の数になります。

　このとき，負の数の2進数を見ると先頭がすべて1になっています。このため，(1000)₂は－8とします。＋8の表現には使いません。

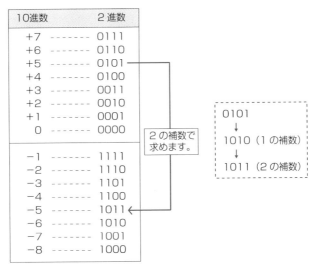

図　負の数の表現

　このように補数の考え方を使って負の数を表現すると，４ビットの２進数では−８〜＋７の数値を表現できます。同じように考えると，８ビットの２進数では $(1000\ 0000)_2$ の −128 〜 $(0111\ 1111)_2$ の ＋127 の数値を表現できます。なお，コンピュータが扱う数は，８ビット，16ビット，32ビット，64ビットのように，8の倍数の長さになっていることが多いです。

(8) 文字データとコード体系

　文字データは，１文字をあらかじめ決めた桁数の２進数で表現します。計算の対象となる数値データとは違い，文字ごとに対応した決まった２進数になります。

バイト▶　　日本で使われる英数字や記号は，１文字を１バイト（8ビット）で表現しますが，この8ビットの0と1の組合せを**文字コード**（code：符号）といいます。

文字コード▶

コード体系▶　　文字をどのように表現するかは，**コード体系**と呼ばれる基準で決まっています。コード体系には一番古くからある ASCII コードのほか，カタカナ・ひらがな・漢字を加えた JIS コード，主要な国の文字を含んだ EUC コードや Unicode などがあります。

ASCIIコード▶
① ASCIIコード（アスキーコード）

　アメリカの ANSI という規格団体が定めたコードです。アルファベット，数字などの表現のため 7 ビットで文字コードを表現します。JIS コードの基になったコード体系です。

JISコード▶
② JISコード（JIS X 0201）

　日本産業規格が定めたコード体系です。ASCIIコードに準じた JIS7 単位符号とカナ文字を加えた JIS8 単位符号があります。通常，JIS8 単位符号を JISコードといいます。

			上位ビット															
		b8	0	0	0	0	0	0	0	0	1	1	1	1	1	1	1	1
		b7	0	0	0	0	1	1	1	1	0	0	0	0	1	1	1	1
		b6	0	0	1	1	0	0	1	1	0	0	1	1	0	0	1	1
下位ビット		b5	0	1	0	1	0	1	0	1	0	1	0	1	0	1	0	1
b4	b3	b2	b1	0	1	2	3	4	5	6	7	8	9	A	B	C	D	E	F
0	0	0	0	NUL	TC7(DLE)	SP	0	@	P	`	p	↑	↑	未定義 —	タ	ミ	↑	↑
0	0	0	1	TC1(SOH)	DC1	!	1	A	Q	a	q			。	ア	チ	ム	
0	0	1	2	TC2(SOH)	DC2	"	2	B	R	b	r			「	イ	ツ	メ	
0	0	1	3	TC3(SOH)	DC3	#	3	C	S	c	s			」	ウ	テ	モ	
0	1	0	4	TC4(SOH)	DC4	$	4	D	T	d	t			、	エ	ト	ヤ	
0	1	0	5	TC5(SOH)	TC8(NAK)	%	5	E	U	e	u			・	オ	ナ	ユ	
0	1	1	6	TC6(SOH)	TC9(SYN)	&	6	F	V	f	v	未定義	未定義	ヲ	カ	ニ	ヨ	未定義	未定義
0	1	1	7	BEL	TC10(ETB)	'	7	G	W	g	w			ア	キ	ヌ	ラ	
1	0	0	8	FE0(BS)	CAN	(	8	H	X	h	x			ィ	ク	ネ	リ	
1	0	0	9	FE1(HT)	EM	)	9	I	Y	i	y			ゥ	ケ	ノ	ル	
1	0	1	A	FE2(LF)	SUB	*	:	J	Z	j	z			ェ	コ	ハ	レ	
1	0	1	B	FE3(VT)	ESC	+	;	K	[	k	{			ォ	サ	ヒ	ロ	
1	1	0	C	FE4(FF)	IS4(FS)	,	<	L	¥	l	|			ャ	シ	フ	ワ	
1	1	0	D	FE5(CR)	IS3(GS)	—	=	M	]	m	}			ュ	ス	ヘ	ン	
1	1	1	E	SO	IS2(RS)	.	>	N	^	n	‾			ョ	セ	ホ	゛	
1	1	1	F	SI	IS1(US)	/	?	O	_	o	DEL	↓	↓	ッ	ソ	マ	゜	↓	↓

図　JIS コード表（JIS8 単位符号）

「I」という文字を JISコード「8 単位符号」表から調べてみましょう
文字コードは，b_8 b_7 b_6 b_5 b_4 b_3 b_2 b_1 の順で表されるわ
b_8〜b_5 の上位ビットが「0100」，b_4〜b_1 の下位ビットが「1001」
合わせて，「01001001」が文字「I」を表すコードになるわね

EUC コード▶

③ EUC コード（Extended UNIX Code）

　UNIX システムで世界各国の文字を統一的に扱うための2バイト以上のコード体系です。漢字コードは2バイトで表現されますが，JIS の補助漢字は制御用文字を含めて3バイトで表現します。

Unicode ▶

④ Unicode

　2バイトで全世界の文字を統一して扱うための文字コードです。2バイトコードによる文字表現は最大でも 65,536 種で，現在の Unicode 規格（UCS-4）では最大4バイトで表現されます。

JIS
漢字コード▶

⑤ JIS漢字コード（JIS X 0208）

　JIS 規格で定めた日本語の漢字コードです。2バイト（16ビット）で一つの漢字コードを表現します。

　漢字は，種類が多いため8ビットではすべての漢字を表現することはできません。そこで，JIS 漢字コードでは，2バイト（16ビット）を使って一つの漢字コードを表します。

　（例）「情報」の JIS 漢字コード

情……$(3E70)_{16}$

報……$(4A73)_{16}$

⑥シフト JIS コード

　JIS 漢字コードを変形したもので，1バイト目が ASCII コードと重ならないようにシフトして（ずらして）割り当てられており，ASCII コードと混在しても区別できるコード体系です。

　このように何種類も文字コードがあるので，同じ文字コードでも利用している文字コードの体系が違えば，違う文字を示すので注意が必要です。例えば，ひらがなの "お" と，漢字の "以" の文字コードは，次のようになっています。

文字コード体系	"お" と "以" の文字コード	
	お	以
EUC コード	A4AA	B0CA
Unicode	304A	4EE5
JIS 漢字コード	242A	304A
シフト JIS コード	82A8	88C8

　このため，JIS 漢字コード 304A の "以" を Unicode で読み込むと，ひらがなの "お" と表示されてしまいます（文字化け）。

（9）半角文字と全角文字

ドット▶　　文字の表示や印字パターンは，点（**ドット**）の集まりで表します。英数字に比べ，漢字は文字が複雑なので多くのドットを必要とします。

半角文字▶　　JIS8単位符号で定義される文字を**半角文字**といい，漢字などは横を
全角文字▶　2倍のドットを使って表すので**全角文字**といいます。

・半角文字：A, 1, ｱ, #, $, …など

・全角文字：Ａ，１，ア，＃，＄，情，あ，…など

（半角文字）　　　　　　　　　（全角文字）

（8×16ドット）　　　　　　　　　（16×16ドット）

図　半角文字と全角文字

数値も文字も同じ2進数で表されるけど，コンピュータの中では何を表しているデータなのかを区別して処理しているよ

2　数値計算

　　コンピュータは様々なデータを数値で表し，計算する処理を行ってデータを分析したり加工したりして，人間にとって意味のある結果を出してくれます。どのような処理をさせるかは，プログラムの中で具体的な計算方法などを指定します。例えば，集めたデータを分析したいときには平均や最大・最小値，標準偏差などを求める統計処理の計算方法を指定します。

　　ここでは，コンピュータが行う計算に関する知識として，データの表現方法の尺度と，処理した結果の誤差について説明します。

尺度▶　**（1）尺度**

　　コンピュータで処理する数や文字の表現方法を説明しましたが，データを数値として表現する方法には，数をそのまま表現すること以外に，データの特徴に対応させて数値化する基準である尺度という考え方があります。

名義尺度▶　**①名義尺度**

　　電話番号や郵便番号など，区別や分類だけのために用いられる番号のことです。計算対象となるデータではありません。

順序尺度▶　②順序尺度

　　５段階評価で行うアンケートの満足度や地震の震度など大小関係は
あるが，値の間隔には意味がない数値のことです。このため，足し算
や引き算をしても意味のある結果になりません。

間隔尺度▶　③間隔尺度

　　温度や西暦のように目盛が等間隔で，差に意味はあるが，０や比率
に特別の意味がない数値のことです。平均や標準偏差などの統計デー
タの対象になります。

比例尺度▶　④比例尺度（比率尺度）

　　長さや重さ，時間や金額など，０という値に「ない」という意味が
あり，間隔と比率も両方意味がある数値のことです。四則演算（加減
乗除）の対象になるデータです。

誤差▶　**(2) 誤差**

　　長さや重さなど，現実の世界では，どんなに精密な測定機器で測って
も誤差が生じます。例えば，棒の長さを測って 15.6 センチだったとし
ても，真の長さは 15.5925…センチかもしれません。細かい値を必
要としていない場合は，小数第２位を四捨五入して，15.6 として利用
することはよくあることです。このように，人間は生活の中で誤差とう
まく付き合っているのですが，正確を特長とするコンピュータの処理結
果にも誤差を含む場合があります。

　　例えば，10 進数の 0.1 を２進数で表現しようとすると，

　　$(0.1)_{10} = (0.000110011001100110011001100\cdots)_2$

のように無限小数になってしまい，正確には表現できません。

　　仮に，小数点以下を 24 ビットで表現すると，

　　$(0.1)_{10} = (0.000110011001100110011001)_2 = (0.099999\cdots)_{10}$

となり，元の値とは違う誤差が生じます。しかし，利用する上で誤差が
小さく問題なければ，この数を使って何か支障が出る訳ではありません。

　　代表的な誤差として，丸め誤差と打切り誤差を説明します。

丸め誤差▶　①丸め誤差

　　数値の特定の桁を四捨五入したり，切上げ，切捨てをしたりするこ
とを「丸める」といい，これによって生じる誤差のことです。例えば，
57.87 という数値の小数第２位を丸めるには次のような方法があり
ます。

$$
丸める
\begin{cases}
四捨五入 & 57.87 \rightarrow 57.9\ (0.03\ の誤差) \\
切上げ & 57.87 \rightarrow 57.9\ (0.03\ の誤差) \\
切捨て & 57.87 \rightarrow 57.8\ (0.07\ の誤差)
\end{cases}
$$

打切り誤差▶

②打切り誤差

技術計算などで複雑な計算結果を求めるとき，処理を続ければ続けるほど結果の精度を高くできる場合があります。このとき，結果がある値に収束していることが確認されたところで，処理を打ち切って結果を求めますが，これによって生じる誤差を打切り誤差といいます。この結果は，数学で計算される理論的な真の値とは異なりますが，実用上問題のない値として利用するわけです。

（例）円周率の計算

真の値　：3.141592653589……

計算結果：3.14159265（ここで打切り）

真の値と　0.000000003589……の誤差がある。しかし，

実用上は問題がない。

3 論理と集合，論理演算

論理▶ ### (1) 論理とは

正しい事実やいくつかの前提（仮定といいます）に基づいて，矛盾なく結論を導き出す方法のことです。論理を扱う学問は論理学と呼ばれ，コンピュータの分野では，論理回路や計算処理を行うプログラムの作成などに応用されます。

コンピュータは，2進数の0，1を使ってデータを表現し，計算するだけでなく，与えられた条件を判断し，次に何をするかを決めることができるという特徴ももっています。

実際のプログラムでは，いくつかの条件をいろいろと組み合わせて考える場合が多く，こうした条件の判断を何回も繰り返します。このように，条件が成立している（真）か，成立していない（偽）かを考えるときの個々の条件が命題です。命題とは，真か偽か，どちらか一方に必ず決まる文章や式のことです。

真▶
偽▶
命題▶

命題	命題とはいえないもの
誰が判断しても同じ結果になるもの	感覚的なもの
98は100以上の数ではない。	だいたい50個あればよい。
81は9の倍数である。	40歳ぐらいの人が3人いる。
10進数で5＋2＝7は正しい。	10,000は大きい数である。

表 命題とは

「IT の勉強って楽しい！」は，感覚的だから命題とはいえないんだね

(2) 集合

複数の命題の真偽をコンピュータで調べることで，複雑な処理が可能になるのですが，その考え方の基本となる集合について先に見ておきましょう。

集合▶　集合とは，明確に定義された対象の集まりのことで，一つの集合を構成

要素▶　する対象を要素（または元）といいます。例えば，"偶数の集まり"は集合であり，要素は {2，4，6，8，…} となります。しかし，"大きな数の集まり"は，人によって判断が異なるので集合とはいえません。この点，命題の考え方と同じです。

ベン図▶　集合は，ベン図を用いて表すことができます。例えば，自然数についてだけを考える場合，全体集合 U は自然数の集合となります。そして，集合 A を 2 の倍数の集合，集合 B を 3 の倍数の集合とすると，ベン図の各部分には次の要素が入ります。

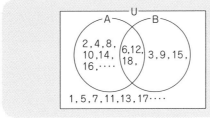

図　ベン図で表した集合

このとき，集合 A と集合 B の重なった部分（A にも B にも属する部分）

交わり▶　を A と B の交わりといい，A ∩ B と表します。

また，集合 A と集合 B を合わせた部分（A または B に属する部分）

結び▶　を A と B の結びといい，A ∪ B と表します。

(3) 論理演算

論理演算▶ 　複数の条件を組み合わせた命題を考えるとき，その条件の組合せ方のことを論理演算といいます。

論理積▶
論理和▶
否定▶
　基本的な論理演算として，論理積，論理和，否定があります。二つの条件を A，B とし，条件が真のとき「1」，偽のとき「0」と表すことを考えます。このように，条件の真偽を 1，0 に対応させたときの 1 と

論理値▶ 0 を論理値といいます。なお，真を「T」(True)，偽を「F」(False) と表す方法もあります。

　集合の説明の中で，自然数について，集合 A を 2 の倍数，集合 B を 3 の倍数として考えました。ここでは，これを命題として考え，ある自然数について，条件 A を「2 の倍数である」，条件 B を「3 の倍数である」として考えてみます。なお，条件 A と B，それぞれの真と偽の組

真理値表▶ 合せで演算結果をまとめたものを，真理値表といいます。

①論理積（AND）

　二つの条件がともに真のときだけ，結果を真とする演算です。

AND▶ 　A と B の論理積は，A **AND** B，A ∧ B，A・B などと表します。集合の交わり（積集合）を求める演算と考えてください。

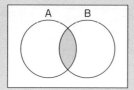

図　論理積のベン図と真理値表

A	B	A AND B
0	0	0
0	1	0
1	0	0
1	1	1

　条件 A と条件 B の論理積は，「2 の倍数である」AND「3 の倍数である」となり，具体的な値として，2 と 3 の公倍数である {6，12，18，24，…} が当てはまります。

②論理和（OR）

二つの条件のうち一つでも真のとき，結果も真とする演算です。

OR▶　　　AとBの論理和は，A OR B，A∨B，A＋Bなどと表します。集合の結び（和集合）を求める演算と考えてください。

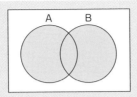

A	B	A OR B
0	0	0
0	1	1
1	0	1
1	1	1

図　論理和のベン図と真理値表

条件Aと条件Bの論理和は，「2の倍数である」OR「3の倍数である」となり，具体的な値として，2と3のどちらかの倍数である {2, 3, 4, 6, 8, 9, 10, 12, 14, 15, …} が当てはまります。

NOT▶　③否定（NOT）

ある条件が真のとき，結果を偽に，偽のとき，結果を真とする演算です。

Aの否定は，$\overline{A}$，¬Aなどと表します。集合では，ある集合ではない要素の集まりを補集合といいますが，この補集合と同じです。

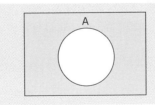

A	$\overline{A}$
0	1
1	0

図　否定のベン図と真理値表

条件Aを否定した条件$\overline{A}$は，「2の倍数でない」自然数のことになり，具体的な値として奇数である {1, 3, 5, 7, 9, 11, 13, 15, …} が当てはまります。

排他的論理和▶　④排他的論理和（XOR；エックスオア）

二つの条件の真，偽が異なるとき，結果を真とする演算です。1ビットの2数を足したときの，1桁目とも考えられます。

XOR ▶　　AとBの排他的論理和は，A XOR B，A ⊕ Bなどと表します。

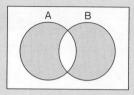

A	B	A XOR B
0	0	0
0	1	1
1	0	1
1	1	0

図　排他的論理和のベン図と真理値表

条件Aと条件Bの排他論理和は，「2の倍数である」XOR「3の倍数である」となり，具体的な値として，2と3のどちらかの倍数である {2，3，4，6，8，9，10，12，14，15，…} から，2と3の公倍数である {6，12，18，24，…} を除いた，{2，3，4，8，9，10，14，15，16，20，21，22，26，…} が当てはまります。

言葉で表現すると少しややこしいですが，「2または3の倍数から，2と3の公倍数を除いた数」や「『2の倍数でかつ3の倍数ではない数』または『2の倍数ではない数でかつ3の倍数』」となります。

⑤否定論理積（NAND；ナンド）

論理積の結果の否定を演算結果とします。

NAND ▶　　AとBの否定論理積は，A NAND Bと表します。

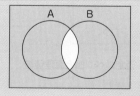

A	B	A AND B	A NAND B
0	0	0	1
0	1	0	1
1	0	0	1
1	1	1	0

図　否定論理積のベン図と真理値表

条件Aと条件Bの否定論理積は，「2の倍数である」NAND「3の倍数である」となりますが，意味としては「『2の倍数である』AND『3の倍数である』」の否定という意味なので，具体的な値として，2と3の公倍数ではない自然数 {1，2，3，4，5，7，8，9，10，11，13，14，15，16，17，19，20，…} が当てはまります。

⑥否定論理和（NOR；ノア）

論理和の結果の否定を演算結果とします。

NOR ▶ 　　　Ａ と Ｂ の否定論理和は，Ａ NOR Ｂ と表します。

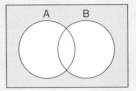

A	B	A OR B	A NOR B
0	0	0	1
0	1	1	0
1	0	1	0
1	1	1	0

図　否定論理和のベン図と真理値表

条件 Ａ と条件 Ｂ の否定論理和は，「２の倍数である」NOR「３の倍数である」となりますが，意味としては「『２の倍数である』OR『３の倍数である』」の否定という意味なので，具体的な値として，２の倍数でもなく３の倍数でもない自然数 {1，5，7，11，13，17，19，23，25，…} が当てはまります。

4　ビット演算とシフト演算

（1）ビット演算

ビット演算 ▶ 　　論理演算は，０，１で表現される２進数にも適用され，**ビット演算**といいます。演算を行う二つの数の対応する各桁に，指定された論理演算を行います。

このような演算を行うと，０と１で表されるデータの一部分を強制的に０にしたり，１にしたりするデータの加工などの処理が行うことができます。

$(10011010)_2$と$(11110000)_2$との論理積	AND	10011010 11110000 10010000
$(10011010)_2$と$(11110000)_2$との論理和	OR	10011010 11110000 11111010
$(10011010)_2$と$(11110000)_2$との排他的論理和	XOR	10011010 11110000 01101010

図　ビット演算の例

(2) シフト演算

シフト▶　数値の桁を右や左にずらすことを，**シフト**といいます。

2 進数では，各桁が 2 のべき乗で表されるので，1 ビット（1 桁）左にシフトすると元の値の $2^1 = 2$ 倍の数になります。また，1 ビット右にシフトすると元の値の $2^{-1} = 1/2$ 倍の数になります。

（例）元の 2 進数を $(10011)_2 = (19)_{10}$ とすると，

① 1 ビット左にシフトした場合

右に空いたビットは 0 が入ります。

10011 ……10 進数の 19

100110 ……10 進数の 38 で 2 倍の数になっています。

② 1 ビット右にシフトした場合

最も右の桁はシフト後，小数点以下の数になります。

10011 ……10 進数の 19

1001.1 …10 進数の 9.5 で 1／2 倍の数になっています。

同じように考えると，2 ビット左にシフトすると元の値の $2^2 = 4$ 倍に，3 ビット左にシフトすると元の値の $2^3 = 8$ 倍に，n ビット左にシフトすると元の値の 2^n 倍の数になります。

また，2 ビット右にシフトすると元の値の $2^{-2} = 1/4$ 倍に，3 ビット右にシフトすると元の値の $2^{-3} = 1/8$ 倍に，n ビット右にシフトすると元の値の $2^{-n} = 1/2^n$ 倍の数になります。

$(10011)_2 = (19)_{10}$ を 3 ビット左にシフトした値は 10 進数でいくつになるかしら

上の考え方を使えば，$19 \times 2^3 = 19 \times 8 = 152$ だね

2 進数のままなら，$(10011\underline{000})_2$ だけど，シフトの考え方を理解することで簡単に計算できるのね

5 グラフ

数値や文字のデータだけでなく，地点間の経路や関係などを表す図形のデータも2進数で表現して，コンピュータで処理することができます。目的地へ行く最短経路やすべての目的地を効率良く巡回する経路，データの関連分析などで利用されます。

(1) グラフとは

グラフ▶
頂点▶
ノード▶
辺▶
エッジ▶

ここで説明する**グラフ**は，データの量を表す棒グラフや増減を示す折れ線グラフのことではなく，**頂点（ノード）**と**辺（エッジ）**の集合で構成されるものです。一筆書きできるかどうかを調べる図形をイメージするとわかりやすいでしょう。数学のグラフ理論でわかっている性質を使って，経路探索など様々な処理をします。ここでは，グラフの種類として無向グラフと有向グラフ，グラフを表現する要素である端点，始点，終点と次数ついて説明します。

①無向グラフと有向グラフ

無向グラフ▶
有向グラフ▶

グラフのうち，枝の向きを考えないグラフを**無向グラフ**，枝の向きを考えるグラフを**有向グラフ**といいます。

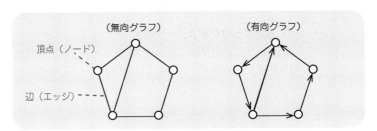

図　無向グラフと有向グラフ

②端点，始点，終点

端点▶

ある辺が頂点uとvを結ぶとき，uとvを**端点**といい「uとvは隣接している」といいます。特に，有向グラフである辺が端点uから

始点▶
終点▶

vに向かっているときはuを**始点**，vを**終点**といいます。

③次数

次数▶

ある頂点から出ている辺の数をその頂点の**次数**といいます。

(2) 無向グラフを表すデータの例

頂点①～⑤を結ぶ辺の「ない」と「ある」を，0（ない）と1（ある）で表すとき，右の無向グラフのデータは，次のような縦横のデータで表すことができます。

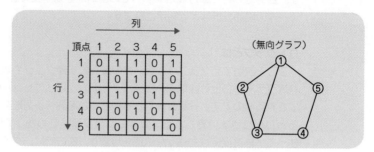

図 無向グラフを表すデータの例

辺を（行の番号，列の番号）で表すと，例えば，頂点①は，このデータの1行目を見ると，(1, 2)，(1, 3)，(1, 5) が1になっているので，三つの辺があります。なお，無向グラフなので，データの1列目 (2, 1)，(3, 1)，(5, 1) も同じ辺を表します。

(3) 有向グラフを表すデータの例

同じように有向グラフのデータを表すとき，行の番号を始点，列の番号を終点と決めると，次のような縦横のデータで表すことができます。

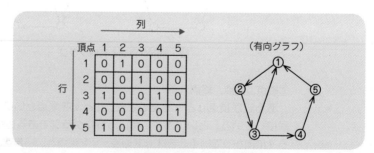

図 有向グラフを表すデータの例

辺を（始点，終点）で表すと，例えば，頂点③からは①と④への辺があるので，このデータの3行目を見ると，(3, 1)，(3, 4) が1になっています。逆方向の①から③，④から③への辺はないので，データの1行目の (1, 3) と，4行目の (4, 3) は0になっています。

7.2

アルゴリズムとプログラミング

　コンピュータはプログラムで指定された処理を単純に実行していくので，思ったとおりの結果を出すためには，正しく処理を指定した手順，つまりアルゴリズムが必要になります。
　そして，このアルゴリズムを考えるには，どんなデータを処理するのか，データの性質や表現方法を理解する必要があります。データのことを考えずに処理方法を考えることはできません。お店でお客さんが行列を作って並んでいたら，特別な事情がない限り，先に並んだ人から入ってもらいますよね。

1　データ構造

　データをどのように表現するかは，データの特徴や性質に合わせて決められます。例えば，ある商品で先に仕入れた物から先に販売するルールと，後から来た伝言内容を先に実行するルールでは，全く違う処理になります。コンピュータの処理対象であるデータの性質を表すものが

データ構造▶　**データ構造**です。

　データの処理方法を指定するアルゴリズムを考えるには，まず処理対象のデータ構造を理解する必要があります。

7

(1) 配列

　同じ特徴をもつデータを連続して並べたもののことです。個々のデータを個別に処理するのではなく，同じ処理内容を繰返し行うときに使います。データには配列名を付け，連続して並んでいる特徴を生かして，一つ一つのデータ（要素）は先頭から何番目かを示す要素番号で指定します。

　なお，配列の途中のデータを削除する場合，削除するデータの後ろにあるデータを一つずつ前にずらして詰める操作が一般に行われます。

図　配列と要素の参照方法

二次元配列▶　上の図は横方向だけの一次元の配列の例ですが，縦と横で考える二次元配列も使われます。例えば，2行3列の二次元配列では，全体で6個の要素が確保できます。

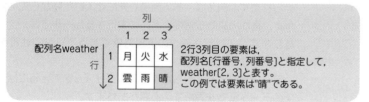

図　二次元配列

構造体▶ **(2) 構造体（レコード）**

　複数の項目を一つのまとまりとして管理するデータ構造のことです。項目は数値データ（例えば整数型）や文字データが混ざっても構いません。プログラム言語によっては，構造体のことを**レコード**といいます。

レコード▶

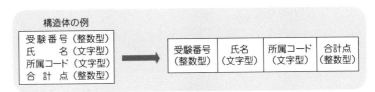

図　構造体の例

図　構造体配列

　「図　構造体の例」のように，ある試験の受験者1人分のデータを構造体として表現すると，複数の項目（受験番号，氏名，所属コード，合計点）をまとめて管理することができ，データもまとめて読み出したり書き込んだりすることができます。

　構造体は，ファイルのレコード記述に使われたり，配列の一つの要素を構造体にした構造体配列として使われたりします。

リスト▶ **(3) リスト**

　リストはつながりをもつデータのことですが，データ構造のリストは，
ポインタ▶ データ部と次につながるデータの格納位置を示す**ポインタ**と呼ばれる
データ（ポインタ部）からなる要素で構成されます。

　ポインタ部に次の要素の格納位置（アドレス）を入れてデータのつな
がりを表すので，個々のデータが別の離れた場所に記憶されていても構
いません。次の図のようなイメージになります。格納場所はデータを記
憶しているメモリの場所のことで，〜番地という表現で示しています。

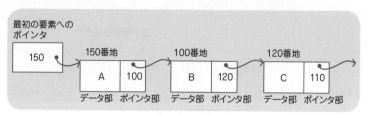

図 リスト構造

　リストのデータは次のデータの場所だけを示すポインタをもつ場合と
（単方向），前のデータの場所を示すポインタももたせる場合があります
（双方向）。どちらの場合も，リストの途中にあるデータは，最初の要素
から順にたどっていく必要があります。

　リストのデータに対する基本的な操作には，データの追加／挿入，削
除がありますが，これらの操作はポインタの付替え（場所の変更）によっ
て行われ，配列のように要素の移動は行いません。

キュー▶
待ち行列▶
先入れ先出し▶
FIFO▶
(4) キュー（待ち行列）

　先入れ先出し（FIFO：First In First Out）方式のデータ構造です。
キューに入ったデータは，最初に入ったものから順に出ていきます。私
たちが窓口で順番待ちのために並ぶことと同じなので，「待ち行列」と
いうそのままの言い方もします。

図 キュー

スタック▶ **(5) スタック**

後入れ先出し▶
LIFO▶
　後入れ先出し（LIFO：Last In First Out）方式のデータ構造です。スタックにデータを積んでいき，最後に積まれたデータから先に取り出して処理します。

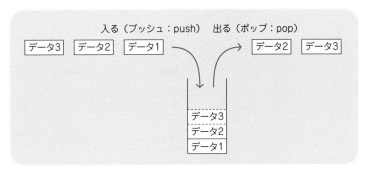

図　スタックの構造

木構造▶ **(6) 木構造**

　親子関係にあるデータに対して，階層的な関係をもつデータ構造です。

節▶
ノード▶
親から子へデータ（節，ノード）をたどることによって，データを取り出すことができます。木構造の中で，どのデータも子の数が2以下であるような木構造を2分木といいます。

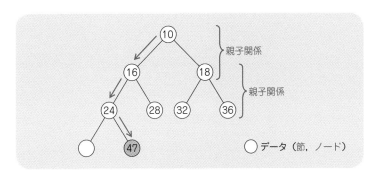

図　木構造の例（2分木）

2　アルゴリズム

流れ図▶
フロー
チャート▶
アルゴリズム▶

(1) 流れ図（フローチャート）

　アルゴリズムとは，「何かの目的を達成するための手順，順番」，「問題を解決するときの方法」です。ここでは，「休日を使った生活の改善」という流れ図を使って，考えてみましょう。

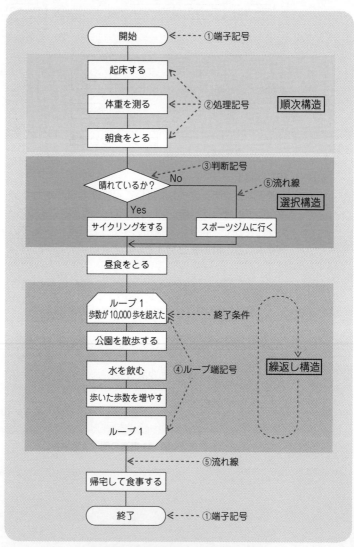

図　流れ図（休日を使った生活の改善）

端子記号▶　　①端子記号

　　フローチャートの始めとフローチャートの終わりを示す記号です。始めには，端子記号の中に"開始"，あるいは，処理名が入る場合もあります。終わりには，"終了"と記入します。

処理記号▶　　②処理記号

　　処理の内容を表すときに使う記号です。次の図のように処理をわかりやすく表現することができます。

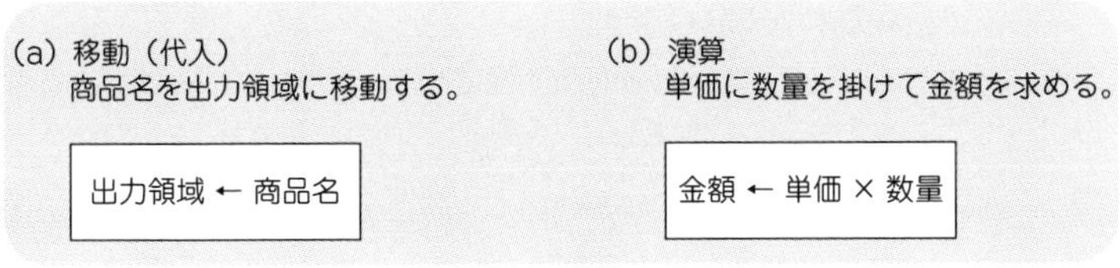

(a) 移動（代入）
商品名を出力領域に移動する。

出力領域 ← 商品名

(b) 演算
単価に数量を掛けて金額を求める。

金額 ← 単価 × 数量

図　処理記号

判断記号▶　　③判断記号

　　ある質問に対して，"はい"と，"いいえ"のときでは別の行動をする場合があります。条件が成立するとき（Yes）と，成立しないとき（No）で違う処理をさせるときに使うひし形の記号です。

7

ループ端記号 ▶

④ループ端記号（繰返し記号）

　ある状態（条件）が続いている間，処理を繰り返すときに使用します。繰り返し行う処理の始めと終わりには同じ名前（**ループ名**）を付け，二つの記号を対にします。また，繰返し処理を終了するときの「**終了条件**」を指定します。

ループ名 ▶
終了条件 ▶

　終了条件はループ始端か，ループ終端の記号の中にループ名と一緒に書きます。例えば，「歩数が 10,000 歩を超えるまで公園を散歩し，水を飲み，歩いた歩数を増やす」をフローチャートで表すと，次の図のようになります。

・ループ1は，ループ名。対になっている同じループ名の間の処理（点線の中）が繰り返される。

・「歩数が 10,000 歩を超えた」は終了条件なので，10,000 歩を超えるまでは，「公園を散歩する→水を飲む→歩いた歩数を増やす」が繰り返される。

・10,000 歩を超えると，ループ1の処理から抜け出し，「帰宅して食事する」に移る。

図　繰返し処理

流れ線 ▶

⑤流れ線

　フローチャート記号とフローチャート記号を結ぶために使います。フローチャートは，処理の流れを表しているので，分岐する場合は方向がわかるようにしなければなりません。

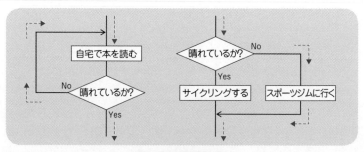

図　流れ線の書き方

(2) アルゴリズムの基本構造

　アルゴリズムを考えるときの基本構造として，順次，選択，繰返しの三つの構造があります。それぞれの使い方として，次の図を参照してください。

順次 ▶ 　①順次 (sequence)

　　順番に上から下へ処理が流れることを示す構造です。最も単純でわかりやすい構造です。

選択 ▶ 　②選択 (if then else)

　　ある条件によって処理を二つに振り分けることを示す構造です。

繰返し ▶ 　③繰返し (while< 前判定 >，do while< 後判定 >)

　　記述した処理を繰り返し行うことを示す構造です。

　　繰返し構造の例をもう一つ示します。次の図のループ始端で終了条件「貯金≧ 50 万円」とした例です。貯金が 50 万円以上になったら点線の繰返し処理を終了します。前判定の繰返し構造は，繰返し処理が始まる前に，終了条件になっているかどうかを確かめるので，ループの最初で終了条件になっているときには，繰返しの処理は実行されません。

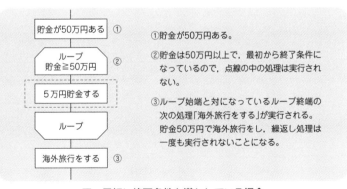

図　最初に終了条件を満たしている場合

7

3 基本的なアルゴリズム

整列▶
ソート▶
昇順▶
降順▶
キー▶

(1) 整列（ソート）

複数のデータをある項目の昇順（小さい順），または降順（大きい順）になるように並べ替えることです。並替えのため比較される項目を**キー**といいます。

ここでは，配列に格納されたデータを昇順に整列する例で説明します。

交換法▶
バブルソート▶

①交換法（バブルソート）

互いに隣り合うデータのキーを比較し，大小関係が逆なら入れ替えます。次の図を見ながら確認してみましょう。

「55，35，15，40，60，20」を昇順に並べることにします。

「55 と 35 を比較」→「大きい 55 が右にくるよう入替え」

「55 と 15 を比較」→「大きい 55 が右にくるよう入替え」

「55 と 40 を比較」→「大きい 55 が右にくるよう入替え」

「55 と 60 を比較」→「大きい 60 が右にあるのでこのまま」

「60 と 20 を比較」→「大きい 60 が右にくるよう入替え」

「60 の位置が確定」

この処理を 2 回目以降も続けていきます。

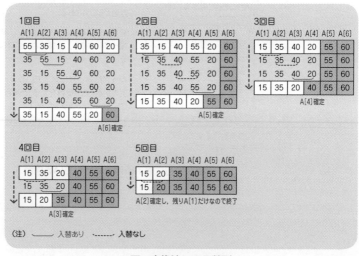

図　交換法による整列

　この例では 6 個の要素をもつ配列のデータを並び替えましたが，並び終えるまでに何回データを比較したでしょうか。左から比較を始めて，右端のデータ比較が終了するまでを 1 回のパスとして考えてみます。

　1 回目のパスでは，隣同士のデータを 5 回比較しています。同様に，2 回目のパスでは 4 回，3 回目のパスでは 3 回，4 回目のパスでは 2 回，5 回目のパスでは 1 回比較しているので，合計して 5 ＋ 4 ＋ 3 ＋ 2 ＋ 1 ＝ 15 回比較しています。

　アルゴリズムの善し悪しを判断するときには，このように何回比較を行ったかということも指標の一つになります。

選択法▶　**②選択法**

　整列対象の中で最小のデータを選択し，1 番目のデータから順に交換します（最小値選択法）。次の図の列を見てみましょう。

　「最小値 15 を選択」→「1 番目の 55 と交換」
　「最小値 20 を選択」→「2 番目の 35 と交換」
　「最小値 35 を選択」→「3 番目の 55 と交換」
　「最小値 40 を選択」→「4 番目のまま」
　「最小値 55 を選択」→「5 番目の 60 と交換」

　つまり，データ数 n の中の最小のデータを選択し，1 番目のデータと交換，2 〜 n 番目の n － 1 個のデータに対しても同様の処理を続け，残りのデータが一つになるまで行います。なお，最大のデータを選択して，整列を進める方法は最大値選択法といいます。

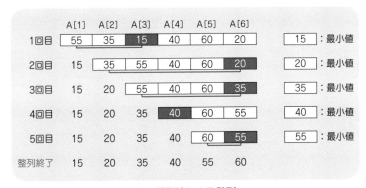

図　選択法による整列

挿入法▶ ③挿入法

整列されている要素の適切な位置にデータを挿入しながら進めていく方法です。次の図の例で考えると，2番目の要素35を対象として，それより左側のデータ列（最初はA[1]だけ）の整列を乱さないように，適切な位置に挿入します。次は3番目の要素15を対象として，それより左側のデータ列（35，55の並び）の適切な位置（この場合先頭）にデータを挿入し，同様の処理を続けていきます。

	A[1]	A[2]	A[3]	A[4]	A[5]	A[6]
1回目	55	㉟	15	40	60	20
2回目	35	55	⑮	40	60	20
3回目	15	35	55	㊵	60	20
4回目	15	35	40	55	㊿	20
5回目	15	35	40	55	60	⑳
整列終了	15	20	35	40	55	60

図 挿入法による整列

④その他の整列法

ここまで説明した基本的な整列法のほかに，クイックソート（交換法の改良），ヒープソート（選択法の改良），シェルソート（挿入法の改良）など，高速で整列できるように改良した整列法があります。ここでは，クイックソートの例を説明します。

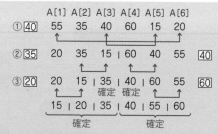

①中央のデータとして40を取り出す。
　55と20，40と15の交換が行われ，境界値の40より小さいグループと，40以上のグループに分割された。

②前半のグループ，後半のグループそれぞれに対して同様の処理を行う。
　前半については，35を取り出し，35と15の交換が行われ，さらに分割が行われて35の位置が確定した。

③次に20を取り出し，20と15の交換・分割が行われ，15と20の位置も確定した。

図 クイックソートによる整列

　比較するデータを境界値として一つ取り出し（中央のデータを取ることにします），その境界値より小さいデータのグループと，境界値以上のデータのグループに分割していくことを繰り返して，整列を進めていきます。

探索▶ **(2) 探索（サーチ）**

探索キー▶ 　複数のデータから指定したデータ（**探索キー**）を探すことです。ここでは，配列に格納されたデータの例を使って説明します。

線形探索▶ ①**線形探索（逐次探索）**
逐次探索▶ 　配列の先頭のデータから順に，探索キーとして指定したデータを探していく方法です。

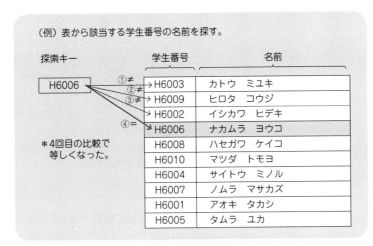

図　線形探索の例

2分探索▶

バイナリ
サーチ▶

②2分探索（バイナリサーチ）

　探索対象の配列データをあらかじめ整列しておき，探索対象範囲を2分割しながら狭めていき，探索キーを探す方法です。

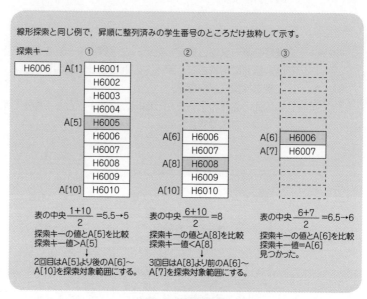

線形探索と同じ例で，昇順に整列済みの学生番号のところだけ抜粋して示す。

表の中央 $\dfrac{1+10}{2}=5.5 \rightarrow 5$

探索キーの値とA[5]を比較
探索キー値>A[5]
↓
2回目はA[5]より後のA[6]〜A[10]を探索対象範囲にする。

表の中央 $\dfrac{6+10}{2}=8$

探索キーの値とA[8]を比較
探索キー値<A[8]
↓
3回目はA[8]より前のA[6]〜A[7]を探索対象範囲にする。

表の中央 $\dfrac{6+7}{2}=6.5 \rightarrow 6$

探索キーの値とA[6]を比較
探索キー値=A[6]
見つかった。

図　2分探索の例

ハッシュ法▶

③ハッシュ法

　線形探索では，探索キーが配列の最後のデータのとき，探索の時間が最大になってしまいます。ハッシュ法は，データの値そのものを使って配列内で格納する位置を計算し，探索するときも同じ方法で，データの値そのものを使って格納位置を計算して探すので，探索キーによって探索時間が大きく変わりません。

　ハッシュ法では，データの値にある関数を適用して計算した値を格ハッシュ関数▶納位置とします。このとき使う関数を**ハッシュ関数**といいます。この方法では，違うデータでもハッシュ関数によって同じ値になることがシノニム▶あるので，そのときの対応を考える必要があります（この状態を**シノニム**といいます）。シノニムが発生したときには，そのデータの格納場所を示すポインタを用いてシノニムの関係にあるデータをつなぐ方法がとられます。

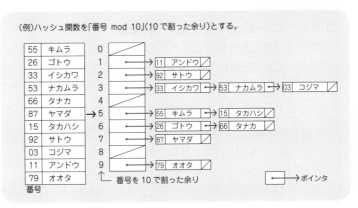

図　ハッシュ法によるデータ格納例

併合▶
マージ▶

(3) 併合 (マージ)

　レコード形式が同じデータの集まりが複数あるとき，これらのデータを一つに統合することです。アルゴリズムを考える場合には，統合前のそれぞれのデータをキー項目であらかじめ整列しておきます。

A店舗の売上データ

商品コード	日付	売上数
1001	20230501	180
1003	20230510	50
1006	20230524	300

B店舗の売上データ

商品コード	日付	売上数
1002	20230513	100
1003	20230506	235

商品コードの昇順にデータを併合する

商品コード	日付	売上数
1001	20230501	180
1002	20230513	100
1003	20230510	50
1003	20230506	235
1006	20230524	300

図　併合 (マージ) の例

(4) 再帰処理

　プログラムの中で，自分自身を呼び出す処理のことです。自分自身のプログラムを呼び出すことを再帰呼出しといいます。代表的な例としては，階乗の計算やハノイの塔などがあります。

コラム　コンピュータでも計算困難！？

　ハノイの塔の伝説を聞いたことありますか。5000年もの昔，インドのある大寺院に，純金の円盤が棒に64枚重ねられて積まれていました。この円盤は下が大きく，上に行くほど小さくできていて，ピラミッド状に積まれていました。そして，インドの神ブラフマーは僧侶たちに次のような修行を与えました。

> 1. 積まれた円盤を，すべて他の棒に移す。
> 2. その際に，1回に1枚しか動かすことができない。また，小さな円盤の上にそれより大きな円盤を乗せることができない。
> 3. すべてこの3本の棒を使って移しかえる。棒以外のところに円盤を置くことはできない。

すべての円盤を移し替え終わったときに，世界は終焉を迎えるといわれているわ

え，でも，大昔ならともかく，コンピュータなら簡単に計算できちゃうんだよね

それが違うの。ハノイの塔は，n枚の円盤を移すのに，$2^n - 1$ 回の処理が必要といわれていて，1回の処理時間を1マイクロ秒として，N = 10 なら，2^{10} = 1024 マイクロ秒＝約1ミリ秒で処理できるけど，n = 64 では，2^{64} = 18,446,744,073,709,600,000 マイクロ秒＝58万4342年もかかるのよ

そんなに大きな数なの？　単純処理でも，そんなに長い時間がかかる処理なんだ

そういうこと。コンピュータはどんどん高速化しているけど，効率の良いアルゴリズムの研究は今でも行われているのよ

4 プログラム言語

　　コンピュータへの指示（命令）も，0と1の2進数で表現された機械語と呼ばれる命令を使って行います。しかし，人間が2進数で機械語のプログラムを直接作ることは非常に難しいため，人間が見てわかりやすいプログラム言語を使って記述し，専用のソフトウェアで機械語に翻訳します。この翻訳のことを**コンパイル**といい，翻訳に使うソフトウェアを**コンパイラ**といいます。プログラム言語で人が書いた最初のプログラムをソースコードやソースプログラムといいます。

コンパイル▶

コンパイラ▶

インタプリタ▶ 　　コンパイラはプログラムをまとめて翻訳しますが，**インタプリタ**と呼ばれるソフトウェアは，ソースコードを，1命令ずつ解釈して実行していきます。

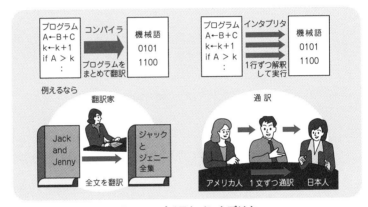

図　コンパイラとインタプリタ

(1) プログラム言語

　プログラム言語には処理する内容に応じて，いろいろな種類があります。次に挙げるプログラム言語は代表的なものですが，これ以外に非常に多くのプログラミング言語があり，適した処理が異なるなど，それぞれ特徴があります。英語に近い表現でプログラムを記述することは共通していますが，文法やデータの表現方法など細かい点で異なります。

言語名	主な用途
C（C言語）	システム記述言語，技術計算，制御処理，事務処理などの汎用言語
Java	オブジェクト指向言語，Web アプリケーションを中心とした汎用言語
Python	オブジェクト指向言語，技術計算，画像処理，統計処理など
C ＋＋	C にオブジェクト指向を取り入れた言語（シープラスプラスと読む）
Fortran	技術計算（世界で最初に発表されたプログラム言語）
R 言語	統計処理，データ解析など（オープンソースソフトウェア：OSS の一つ）

表　プログラム言語

```
（Python プログラムの例）1 から 100 までの数を足した合計を出力する

（行番号）
1  sum = 0                 # 合計 sum の初期値を 0 にする
2  i = 1                   # 足す数 i の初期値を 1 にする
3  while i <= 100:         # i が 100 以下なら 4,5 行目を実行
4      sum = sum + i       # 合計に i を加えて更新する
5      i = i + 1           # 足す数 i に 1 を足して更新する
6  print("Sum=", sum)      # "Sum=" の見出しを付けて合計を出力

（実行結果）
Sum= 5050
```

図　Python プログラムの例

スクリプト言語▶ (2) スクリプト言語

　文法の制限が少なく，簡単に記述できる特長をもつプログラム言語です。Web ページの制作に向いている JavaScript や PHP などがあり，Python もスクリプト言語の一つです。

擬似言語▶　**(3) 擬似言語**

　情報処理技術者試験用に考えられた，アルゴリズムを表現するための
プログラム言語です。プログラミング言語は非常に種類が多く，特定の
言語で試験問題を出題するのが難しいため，代表的なプログラム言語で
ある C に近い記述方法で書けるようになっています。

順次▶　　アルゴリズムの三つの基本構造（順次，選択，繰返し）を擬似言語で
選択▶　表すと，次のようになります。擬似言語全体の詳しい説明は，巻末の〔資
繰返し▶　料　擬似言語について〕で学習してください。

	順次	選択	繰返し（前判定）
流れ図	a ← 0 b ← 1 c ← 2	k > 0 No Yes a ← 0　b ← 0	ループ 1 a < 0 k ← k × 2 a ← a − 1 ループ 1

擬似言語	a ← 0
	b ← 1
	c ← 2
		if (k > 0)
		　a ← 0
		else
		　b ← 1
		endif
			while (a ≧ 0)
			　k ← k × 2
			　a ← a − 1
			endwhile

（注）流れ図の繰返し記号には終了条件（a < 0）を書きますが，while の条
　　　件は繰返し条件を書くので，終了条件を逆にした（a ≧ 0）を書きます。

7

擬似言語のプログラムとして、「1 から 100 までの数を足した合計
while ▶ を出力する」例を示します。while を使った前判定を使っています。

(擬似言語プログラムの例) 1 から 100 までの数を足した合計を出力する

```
整数型 :sum ← 0        /* 合計 sum の初期値を 0 にする */
整数型 :i ← 1          /* 足す数 i の初期値を 1 にする */
while(i ≦ 100)         /* i が 100 以下なら endwhile までの処理を実行 */
  sum ← sum + i        /* 合計に i を加えて更新する */
  i ← i + 1            /* 足す数 i に 1 を足して更新する */
endwhile
"Sum=",sum を表示する   /* "Sum=" の見出しを付けて合計を出力 */
```

(実行結果)
Sum=5050

図　擬似言語プログラムの例（while）

for ▶ 　同じ処理を擬似言語の for を使うと、繰り返す条件に使った i の初期
設定と 1 増加させる処理をまとめて条件の中に書くことができ、プロ
グラムの構造がシンプルになります。

(擬似言語プログラムの例) 1 から 100 までの数を足した合計を出力する

```
整数型 : sum ← 0               /* 合計 sum の初期値を 0 にする */
整数型 : i                     /* 足す数 i */
for ( i を 1 から 100 まで 1 ずつ増やす )
  sum ← sum + i                /* 合計に i を加えて更新する */
endfor
"Sum=", sum を表示する         /* "Sum=" の見出しを付けて合計を出力 */
```

(実行結果)
Sum=5050

図　擬似言語プログラムの例（for）

(4) マークアップ言語

文章表現やデータ表現をタグと呼ばれる記号で情報を指定することによって，Web ページのレイアウトやイメージを指定できる言語です。

SGML ▶　①SGML（Standard Generalized Markup Language）

最初に標準化されたマークアップ言語です。HTML，XML は，この SGML を基に開発されました。

HTML ▶　②HTML（HyperText Markup Language）

Web ページを記述するための言語で，Web ページに表示する文書中の見出しや段落などの要素をタグとして記述します。HTML で記述した Web ページを表示するソフトウェアが Web ブラウザです。また，URL（Uniform Resource Locator）を指定して他の文書にリンクする（つなげる）こともできます。

〈HTML〉

```
<BODY>
HTML では，こんな表示ができます。<BR>
<FONT SIZE=7> 最大　アイテック </FONT><BR>
<FONT SIZE=6> 2番目　アイテック </FONT><BR>
<FONT SIZE=1> 最小　アイテック </FONT><BR>
<BR>
<I> イタリック　アイテック 　</I>
<U> 下線　　アイテック </U><BR>
イメージ <IMG SRC="ITEC.GIF"><BR>
</BODY>
```

〈画面〉

HTML では，こんな表示ができます。

最大　アイテック

2番目　アイテック

最小　アイテック

イタリック　アイテック　<u>下線　　アイテック</u>

イメージ

図　HTML を含む Web ページの例

XML ▶ 　　　③ XML（eXtensible Markup Language）
　　　　文書の構造を記述する言語です。HTML の特徴に加えて，作成者が独自にタグの意味を定義して，文書の構造やデータの構造を定義できます。企業間などのデータ交換の標準として普及しました。

JSON ▶ 　　　④ JSON（JavaScript Object Notation）
　　　　JSON はマークアップ言語ではありませんが，XML との比較のためここで説明します。JSON はスクリプト言語の JavaScript のデータを記述する仕様ですが，現在では様々なプログラム言語間でのデータ交換に使用されています。XML よりも記述形式が簡潔でわかりやすく加工しやすいことから，軽量のデータ交換フォーマットといわれています。

XMLで表したデータ例	JSONで表したデータ例

`<?xml …… encoding="UTF--8" ?>`
`<会員データ>`
`<会員 会員番号="100">`
`<会員名>情報太郎</会員名>`
`<生年月日>2001/04/01</生年月日>`
`</会員>`
`<会員 会員番号="200">`
`<会員名>技術花子</会員名>`
`<生年月日>2000/10/01</生年月日>`
`</会員>`
`</会員データ>`
`</xml>`
	`{`
	`"会員データ":[`
	`{"会員番号":"100",`
	`"会員名":"情報太郎"`
	`"生年月日":"2001/04/01"},`
	`{"会員番号":"200",`
	`"会員名":"技術花子"`
	`"生年月日":"2000/10/01"}`
	`]`
	`}`

表　XML と JSON で表したデータ例

5　プログラミングの基礎知識

　　　アルゴリズムをプログラム言語で記述することがプログラミングです。プログラミングに関する基本的な用語の意味を理解しておきましょう。擬似言語の説明を読むときに必要な知識になります。

(1) プログラミングに関する用語

手続 ▶ 　　①手続，関数
関数 ▶ 　　　ある目的を実現するための一連の処理を「手続」や「関数」といいます。「手続」は個別の処理を行う記述で，計算だけしたり，結果を表示したりする処理と考えてください。
　　　　「関数」は個別の機能をもち，処理に必要なデータ（引数という）を指定して実行すると結果（戻り値）を返します（return）。

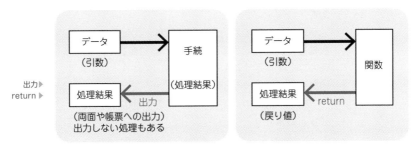

図 手続のイメージ　　　図 関数のイメージ

②データ

　プログラムの処理では，計算に使うデータ，計算途中の結果を格納しておくデータ，最終結果を格納するデータなど様々なデータを使います。これらのデータは名前を付けてプログラムの中で指定します。

定数▶ ③定数

　データの中で，処理を通じて値が変わらない（変えない）データのことです。円周率は定数の代表的なものです。

変数▶ ④変数

　データを処理する過程で値が変わるデータのことで，途中結果を格納するデータや，繰り返した回数などが変数になります。

引数▶ ⑤引数(ひきすう)

　関数に渡して処理させるデータのことです。処理した結果を格納するデータを引数に含める場合もあります。関数を呼び出す側との間でやり取りするデータといえます。

データ型▶ ⑥データ型

　データの種類（属性）を表す用語です。データ型によって，コンピュータが使う演算回路が異なるため，プログラムで指定する必要があります。数値データの整数型や実数型，文字データの文字型，条件指定で使う論理型などがあります。

代入▶ ⑦代入

　数値や文字を変数や定数に格納することです。

演算子▶ ⑧演算子

　加減乗除の演算内容を指定する＋－×÷や，余りを求める剰余算 mod，式のまとまりを示すかっこ（），大小関係を表す ≠ ≦ ≧＜＝＞，条件指定で使う論理演算の and，or などがあります。

単項演算子▶ 　・**単項演算子**……正負の符号や否定など，一つの項に付ける演算子

二項演算子▶ 　・**二項演算子**……二つの項に対する加減乗除や等号・不等号など

式▶　⑨式

　　プログラムの中で使用する定数などの値や変数，演算子などを組み
合わせた記述のことです。一つの値や変数だけでも式に含まれます。
条件などを指定するための式を特に条件式といいます。

文▶　⑩文

　　プログラムの中で実行する一つの処理の記述のことで，式は文を構
成する要素です。擬似言語には，代入文や手続・関数を呼び出す文，
if 文，while 文，do 文，for 文があります。

(2) コーディング標準やプログラム構造

字下げ▶　①字下げ（インデンテーション）
インデンテーション▶

　　プログラムを記述するとき，先頭の文字位置をずらすことです。プ
ログラムの構造や処理のまとまりをわかりやすくするために行いま
す。

ネスト▶　②ネスト（nest：入れ子）
入れ子▶

　　プログラムで記述する文の中に，同じ文をまた入れることで，if 文
の中に if 文を入れたり，while 文の中に while 文を入れることをい
います。

命名規則▶　③命名規則（命名規約）

　　変数名などを決める規則のことです。命名規則に基づいて変数名を
決めることによって，作成者以外の人でも，名前からどのデータを指
すかを特定できます。

ライブラリ▶　④ライブラリ

　　複数のプログラムから共通して利用できるようにした，特定の機能
をもつ部品のようなプログラムの集まりのことです。

API▶　⑤API（Application Programming Interface）

　　プログラムの中から OS の機能を利用するための仕組みです。ク
ラウドサービスが普及して，API を公開して他のシステムと連携し利
便性を高める動きが出てきています。

ローコード▶　⑥ローコード（low-code），ノーコード（no-code）
ノーコード▶

　　プログラム言語の文法に従って命令（コード）を記述していくので
はなく，画面上の部品や特定の機能をもつ部品を組み合わせて，プロ
グラムを作成する方法のことです。最小限のプログラミングを行うも
のをローコード，プログラミングなしで作成できるものをノーコード
といいます。開発者の不足や開発の迅速化，プログラム品質の向上な
どを目的として普及してきています。

確認問題

[7.1　ITの基礎理論]

問7-1
(H25秋-IP 問76)

2バイトで1文字を表すとき，何種類の文字まで表せるか。

ア　32,000　　　　イ　32,768　　　　ウ　64,000　　　　エ　65,536

問7-2
(R1秋-IP 問82)

次の体系をもつ電話番号において，80億個の番号を創出したい。番号の最低限必要な桁数は幾つか。ここで，桁数には"020"を含むこととする。

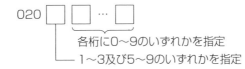

ア　11　　　　　　イ　12　　　　　　ウ　13　　　　　　エ　14

問7-3
(R2-IP 問62)

10進数155を2進数で表したものはどれか。

ア　10011011　　イ　10110011　　ウ　11001101　　エ　11011001

問7-4
(H22春-IP 問52)

2進数1.101を10進数で表現したものはどれか。

ア　1.2　　　　　イ　1.5　　　　　ウ　1.505　　　　エ　1.625

問 7 - 5

(H24秋-IP 問79)

16 進数の A3 は 10 進数で幾らか。

ア　103　　　　　イ　153　　　　　ウ　163　　　　　エ　179

問 7 - 6

(H28春-IP 問98)

それぞれが独立に点灯／消灯の操作ができる 5 個のランプが並んでいる。2 個以上のランプが点灯しているパターンは何通りあるか。ここで，全てが点灯しているパターンは 1 通り，いずれか 1 個が点灯しているパターンは 5 通りと数えるものとする。

ア　4　　　　　　イ　10　　　　　　ウ　26　　　　　　エ　32

問 7 - 7

(H25秋-IP 問64)

次の真理値表で示される入力 x，y に対する出力 z が得られる論理演算式はどれか。

x	y	z
0	0	1
0	1	0
1	0	0
1	1	0

ア　x AND y　　イ　NOT(x AND y)　　ウ　NOT(x OR y)　　エ　x OR y

問 7 - 8

(H30秋-IP 問79)

8 ビットの 2 進データ X と 00001111 について，ビットごとの論理積をとった結果はどれか。ここでデータの左方を上位，右方を下位とする。

ア　下位 4 ビットが全て 0 になり，X の上位 4 ビットがそのまま残る。
イ　下位 4 ビットが全て 1 になり，X の上位 4 ビットがそのまま残る。
ウ　上位 4 ビットが全て 0 になり，X の下位 4 ビットがそのまま残る。
エ　上位 4 ビットが全て 1 になり，X の下位 4 ビットがそのまま残る。

問7-9

（H29秋-IP 問98）

次のベン図の網掛けした部分の検索条件はどれか。

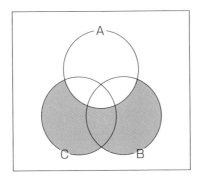

ア （not A）and（B and C）   イ （not A）and（B or C）

ウ （not A）or（B and C）   エ （not A）or（B or C）

[7.2 アルゴリズムとプログラミング]

問7-10

（H25春-IP 問53）

コンピュータを利用するとき，アルゴリズムは重要である。アルゴリズムの説明として，適切なものはどれか。

ア　コンピュータが直接実行可能な機械語に，プログラムを変換するソフトウェア

イ　コンピュータに，ある特定の目的を達成させるための処理手順

ウ　コンピュータに対する一連の動作を指示するための人工言語の総称

エ　コンピュータを使って，建築物や工業製品などの設計をすること

7

問7-11

（H30春-IP 問96）

　先入れ先出し（First-In First-Out，FIFO）処理を行うのに適したキューと呼ばれるデータ構造に対して"8"，"1"，"6"，"3"の順に値を格納してから，取出しを続けて2回行った。2回目の取出しで得られる値はどれか。

　　ア　1　　　　　　　イ　3　　　　　　　ウ　6　　　　　　　エ　8

問7-12

（R1秋-IP 問62）

　下から上へ品物を積み上げて，上にある品物から順に取り出す装置がある。この装置に対する操作は，次の二つに限られる。

PUSH x：品物xを1個積み上げる。

POP：　　一番上の品物を1個取り出す。

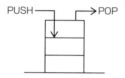

　最初は何も積まれていない状態から開始して，a，b，cの順で三つの品物が到着する。一つの装置だけを使った場合，POP操作で取り出される品物の順番として**あり得ないもの**はどれか。

　　ア　a，b，c　　　イ　b，a，c　　　ウ　c，a，b　　　エ　c，b，a

問 7-13 (R3春-IP 問74)

　流れ図 X で示す処理では，変数 i の値が，$1 \rightarrow 3 \rightarrow 7 \rightarrow 13$ と変化し，流れ図 Y で示す処理では，変数 i の値が，$1 \rightarrow 5 \rightarrow 13 \rightarrow 25$ と変化した。図中の a，b に入れる字句の適切な組合せはどれか。

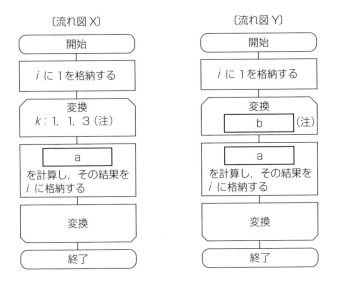

〔流れ図 X〕

開始
↓
i に 1 を格納する
↓
変換
k：1，1，3（注）
↓
　a
を計算し，その結果を i に格納する
↓
変換
↓
終了

〔流れ図 Y〕

開始
↓
i に 1 を格納する
↓
変換
　b　（注）
↓
　a
を計算し，その結果を i に格納する
↓
変換
↓
終了

（注）ループ端の繰返し指定は，変数名：初期値，増分，終値を示す。

	a	b
ア	$2i + k$	k：1，3，7
イ	$2i + k$	k：2，2，6
ウ	$i + 2k$	k：1，3，7
エ	$i + 2k$	k：2，2，6

問 7-14

(H23秋-IP 問91改)

デジタル画像を右に 90 度回転させる処理を流れ図で表すとき，図の a に入れる適切な字句はどれか。

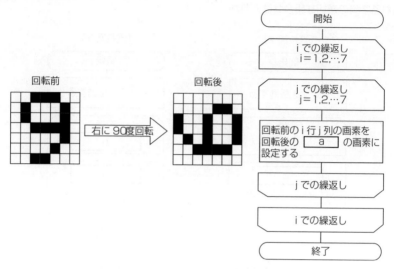

図　デジタル画像を右に 90 度回転させる処理

ア　(8 − i) 行 j 列

イ　(8 − j) 行 i 列

ウ　i 行 (8 − j) 列

エ　j 行 (8 − i) 列

問 7-15　　　　　　　　　　　　　　　　　　　　　　（R5春-IP 問64）

　関数 sigma は，正の整数を引数 max で受け取り，1 から max までの整数の総和を戻り値とする。プログラム中の a に入れる字句として，適切なものはどれか。

〔プログラム〕
〇整数型: sigma(整数型: max)
　整数型: calcX ← 0
　整数型: n
　for (n を 1 から max まで 1 ずつ増やす)
　　┌─ a ─┐
　endfor
　return calcX

ア　calcX ← calcX × n　　　　　　　　イ　calcX ← calcX + 1
ウ　calcX ← calcX + n　　　　　　　　エ　calcX ← n

第7部　**確認問題　解答・解説**

問7-1　エ　　　　　　　　　　　　　　　　　2バイトで表せる文字の種類（H25秋-IP 問76）

　1バイトは8ビットなので，2バイトは16ビットです。1ビットで0か1の2種類（2^1 ＝2種類）の値を表すことができ，2ビットなら00，01，10，11の4種類（$2^2 = 4$ 種類）の値を，3ビットなら000，001，010，011，100，101，110，111の8 種類（$2^3 = 8$ 種類）の値を表すことができます。同じように考えると，16ビットでは，$2^{16} = 65,536$ 種類の文字を表現することができるので，（エ）が正解です。

問7-2　ウ　　　　　　　　　　　　　80億個の番号を創出するのに最低限必要な桁数（R1秋-IP 問82）

　電話番号体系をテーマにした問題ですが，単純に数学の問題として解くことができます。まず，020に続く1桁は1～3及び5～9からしか指定できないので，8通りの表現しかできません。この時点で，要件である80億個の8通り部分は確保できるので，あとは 10億個が10進数の何桁で表現できるかを考えればよいです。1,000,000,000と，ゼロ が九つで，10億なので，020の3桁，8通りの表現しかできない1桁，10億に該当す る9桁を足した13桁が必要な桁数になります。したがって，（ウ）が正解です。

問7-3　ア　　　　　　　　　　　　　　　　　10進数を2進数で表したもの（R2-IP 問62）

　10進数を2進数に変換するには，2で割って余りを求めていき，商が0になるまで計算 を進め，下から順に余りを並べていきます。

```
2 ) 155        （2進数）
2 )  77……1   → 1桁目  ▲
2 )  38……1   → 2桁目  ┊
2 )  19……0   → 3桁目  ┊
2 )   9……1   → 4桁目  ┊
2 )   4……1   → 5桁目  ┊
2 )   2……0   → 6桁目  ┊
2 )   1……0   → 7桁目  ┊
2     0……1   → 8桁目  ┊
```

> この順に並べると，
> $(155)_{10} = (10011011)_2$
> となるので，（ア）が正解です。

問7-4　エ　　　　　　　　　　　　　　　　2進数を10進数で表現したもの（H22春-IP 問52）

2進数の1.101の各桁に基数の重みを掛けて10進数に変換すると，次のようになります。

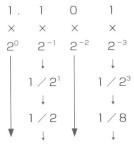

$$1 + 0.5 + 0 + 0.125 = 1.625$$

したがって，（エ）が正解です。

問7-5　ウ　　　　　　　　　　　　　　　　16進数の10進数変換（H24秋-IP 問79）

16進数は，1桁で10進数の0～15までを表すために，1桁を0～9とA～Fの16種類で表します。また，16進数を10進数で表す場合には，いったん2進数で表すと分かりやすいです。

10進数	0	1	2	3	4	5	6	7	8	9	10	11	12	13	14	15
16進数	0	1	2	3	4	5	6	7	8	9	A	B	C	D	E	F
2進数	0000	0001	0010	0011	0100	0101	0110	0111	1000	1001	1010	1011	1100	1101	1110	1111

16進数のA3は，2進数で$(1010\ 0011)_2$です。これを10進数で表すと，

$$2^7 + 2^5 + 2^1 + 2^0 = 128 + 32 + 2 + 1 = 163$$

となります。したがって，（ウ）が正解です。

問7-6　ウ　　　　　　　　　　　　　　　　ランプの点灯パターン（H28春-IP 問98）

5個のランプのうち2個以上が点灯しているパターンの数は，ランプが2個点灯，3個点灯，4個点灯，5個点灯しているパターン数をそれぞれ求めて合計すれば求められます。ここでは，5個のランプを〇〇〇〇〇で表し，〇を点灯，●を消灯として示します。

・5個点灯しているパターン数

　　〇〇〇〇〇　　1通り（問題で示されています）

・4個点灯しているパターン数

　　〇〇〇〇●，〇〇〇●〇，〇〇●〇〇，〇●〇〇〇，●〇〇〇〇　　5通り

・3個点灯しているパターン数

　　〇〇〇●●，〇〇●〇●，〇〇●●〇，〇●〇〇●，〇●〇●〇

　　〇●●〇〇，●〇〇〇●，●〇〇●〇，●〇●〇〇，●●〇〇〇　　10通り

・2個点灯しているパターン数

　　〇〇●●●，〇●〇●●，〇●●〇●，〇●●●〇，●〇〇●●，
　　●〇●〇●，●〇●●〇，●●〇〇●，●●〇●〇，●●●〇〇　　10通り

　以上から，2個以上のランプが点灯しているパターンの数は，1＋5＋10＋10＝26
通りとなり，（ウ）が正解です。

　参考までに，n個の中からr個を選び出す方法（組合せの数）は，$_nC_r = \dfrac{n!}{(n-r)! \times r!}$

で計算できます。ここで！は階乗を示し，$5! = 5 \times 4 \times 3 \times 2 \times 1$，$0! = 1$です。

　この公式を知っていれば，5個のランプのうち2個以上が点灯しているパターンの数は，

　　$_5C_5 + {}_5C_4 + {}_5C_3 + {}_5C_2$

　$= \{5!/((5-5)! \times 5!)\} + \{5!/((5-4)! \times 4!)\} + \{5!/((5-3)! \times 3!)\} + \{5!/((5-2)! \times 2!)\}$

　$= \{5!/(0! \times 5!)\} + \{5!/(1! \times 4!)\} + \{5!/(2! \times 3!)\} + \{5!/(3! \times 2!)\}$

　$= 1 + 5 + 10 + 10 = 26$（通り）と求めることができます。

問7-7　ウ　　　　　　　　　　　　　　真理値表で示される論理演算式（H25秋-IP 問64）

　選択肢に出てくる論理演算式は次のような意味をもっています。

OR：二つの入力のうち，どちらか一方が1，または，どちらも1のとき出力が1となります。
　それ以外の場合は，出力は0です。

AND：二つの入力のうち，どちらも1のときだけ出力が1となります。それ以外の場合は，
　出力は0です。

NOT：入力が0のとき出力は1，入力が1のとき出力は0となります。

　このことから，選択肢の論理演算を真理値表で表すと次のようになります。

ア　x AND y

x	y	z
0	0	0
0	1	0
1	0	0
1	1	1

イ　NOT(x AND y)

x	y	z
0	0	1
0	1	1
1	0	1
1	1	0

ウ　NOT(x OR y)

x	y	z
0	0	1
0	1	0
1	0	0
1	1	0

エ　x OR y

x	y	z
0	0	0
0	1	1
1	0	1
1	1	1

したがって，（ウ）が正解です。

問7-8　ウ　　　　　　　　　　　　ビットごとの論理積をとった結果 (H30秋-IP 問79)

　8ビットの2進データXを10110101として，00001111とビットごとの論理積（AND）をとると，結果は右のように00000101となります。

（データX）	10110101
AND	00001111
	00000101

　ビットの0と論理積（AND）をとると，演算対象が0でも1でも結果は0になります。また，ビットの1と論理積（AND）をとると，演算対象が0なら結果も0，演算対象が1なら結果も1になり，演算対象と同じ結果になります。

　このことから，8ビットの2進データXを10110101として，00001111とビットごとの論理積（AND）をとると，結果の上位4ビットが全て0になり，下位4ビットはXのデータ0101がそのまま残ります。したがって，（ウ）が正解です。

ア：データXと11110000をビットごとに論理積演算すると，選択肢の説明と同様になります。
イ：データXと00001111をビットごとに論理和演算すると，選択肢の説明と同様になります。
エ：データXと11110000をビットごとに論理和演算すると，選択肢の説明と同様になります。

問7-9　イ　　　　　　　　　　　　ベン図の該当部分の検索条件 (H29秋-IP 問98)

　ベン図の網掛け部分は，BかCの領域（B or C）であり，かつ，Aではない領域（not A）を指しています。したがって，（イ）の（not A) and (B or C) が正解です。

　その他の検索条件式をベン図で表したものは次のとおりです。

ア　(not A) and (B and C)　　ウ　(not A) or (B and C)　　エ　(not A) or (B or C)

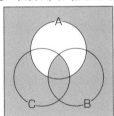
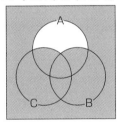

問7-10　イ　　　　　　　　　　　　アルゴリズムの説明 (H25春-IP 問53)

　アルゴリズム（algorithm）とは，コンピュータに，ある特定の目的を達成させるための処理手順のことをいいます。アルゴリズムをプログラミング言語で表現したプログラムによって，コンピュータで処理手順が実行されます。したがって，（イ）が適切です。

ア：コンパイラ（翻訳プログラム）の説明です。
ウ：プログラミング言語の説明です。
エ：CAD（Computer Aided Design）の説明です。

問7-11　ア
キューから取り出される値（H30春-IP 問96）

　先入れ先出し（First-In First-Out, FIFO）方式でデータが処理されるキューというデータ構造に "8"，"1"，"6"，"3" の順でデータを格納したとき，データを取り出す順序は入れた順と同じ "8"，"1"，"6"，"3" になります。このため，取出しを続けて 2 回行ったとき，2 回目に取り出されるデータは 2 番目に入れた "1" になるので，（ア）が正解です。後入れ先出し（Last-In First-Out, LIFO）のスタックと間違えないようにしましょう。

問7-12　ウ
POP操作で取り出される品物の順番（R1秋-IP 問62）

　スタックは英語で「積む」を意味しており，コンピュータでは，複数のデータを格納していくと，最後に格納したデータからしか取り出せない構造を指します。PUSH はこのスタックへの品物の格納，POP はスタックからの品物の取出しを示しています。

　問題では，a，b，c という順に到着する品物を取り出す順番として不可能なものが問われています。その際の PUSH と POP はどのような順番でもよいことになります。

ア：a，b，c の取出し順は，PUSHa，POP，PUSHb，POP，PUSHc，POP というように，積上げと取出しを 1 個ずつ行うことで実現可能です。

イ：b，a，c の取出し順は，PUSHa，PUSHb，POP，POP，PUSHc，POP で可能です。

ウ：最初に c を取り出すには，PUSHa，PUSHb，PUSHc，POP と操作する必要があり，この場合，次に取り出せるのは一番上の b なので，c，a，b は不可能な取出し順です。

エ：c，b，a の取出し順は，PUSHa，PUSHb，PUSHc，POP，POP，POP で可能です。

　したがって，（ウ）の c，a，b が取り出される品物の順番としてあり得ないものです。

問7-13　エ
流れ図に入る処理（R3春-IP 問74）

　本問のように，サンプルとなる結果が少ない場合，法則が分からないため，選択肢の消去法で解答する方が良いです。

　まず，空欄 a は，「$2i + k$」あるいは「$i + 2k$」の 2 択になります。i は初期値が 1 であり，空欄 a の中で値が更新されます。一方で k は初期値が 1 で，1 ずつ加算され，3 になるまで「変換」と示された繰り返し処理が行われます。つまり，k の値は，1，2，3 と変遷します。

　仮に，i に「$2i + k$」を代入すると，

　　　$k = 1$ のとき：i には 3 が代入されます

　　　$k = 2$ のとき：i には 8 が代入されます　←　この時点で問題文と不一致

　　　$k = 3$ のとき：i には 19 が代入されます

ここで正解は（ウ）と（エ）に絞られます。念のため i に「$i + 2k$」を代入すると，

　　　$k = 1$ のとき：i には 3 が代入されます

　　　$k = 2$ のとき：i には 7 が代入されます

　　　$k = 3$ のとき：i には 13 が代入されます　←　問題文と一致

　続いて，空欄 b ですが，流れ図 Y の空欄 a の部分は，「$i + 2k$」と確定しているので，k

の変化だけ考えればよいです。1回目の「$i + 2k$」が5になるには，kの初期値は2である必要があるため，（エ）と確定できます。念のため，（エ）を踏まえて変化を追ってみます。

　　　$k = 2$のとき：iには5が代入されます

　　　$k = 4$のとき：iには13が代入されます

　　　$k = 6$のとき：iには25が代入されます ←　問題文と一致

　したがって，（エ）が正解です。

問7-14　エ　　　　　　　　　　　　　　　　流れ図の空欄に入る字句（H23秋-IP 問91改）

　デジタル画像を右に90度回転させた場合に，四隅の画素は次のように移動します。

　　① 1行1列　→　1行7列　　　　② 1行7列　→　7行7列

　　③ 7行1列　→　1行1列　　　　④ 7行7列　→　7行1列

　流れ図では，行を変数 i，列を変数 j で表しています。選択肢の i と j に四隅の行と列の値を代入して，先に示したような結果になるかどうかを確認すると，次のようになります。

ア：i = 1, j = 1（1行1列）　→　7行1列　…　×

イ：i = 1, j = 1（1行1列）　→　7行1列　…　×

ウ：i = 1, j = 1（1行1列）　→　1行7列　…　○

　　i = 1, j = 7（1行7列）　→　1行1列　…　×

エ：i = 1, j = 1（1行1列）　→　1行7列　…　○

　　i = 1, j = 7（1行7列）　→　7行7列　…　○

　　i = 7, j = 1（7行1列）　→　1行1列　…　○

　　i = 7, j = 7（7行7列）　→　7行1列　…　○

　したがって，（エ）が正解です。

　なお，繰返し処理は二重ループになっており，i が 1（1行目）のときに，j は 1 から 7（1列目から7列目）まで変化しながら画素を移動する処理を繰り返します。j = 7 の処理が終わると i は 2（2行目）となり，j は再び 1（1列目）に初期化されて 7（7列目）まで変化しながら画素を移動します。

　i は 1 から 7 まで，j も 1 から 7 まで変化するので，移動する画素は，縦 7 画素 × 横 7 画素 = 49 画素分となります。

問7-15　ウ　　　　　　　　　　　　整数の総和を求めるプログラム（擬似言語）（R5春-IP 問64）

　引数として受け取った max に対して，1 から max までの整数の総和を求める関数です。
プログラムを 1 行ずつ説明した注釈を入れると，次のようになります。

```
○整数型: sigma(整数型: max)   // 関数 sigma の宣言。引数は整数型の max
  整数型: calcX ← 0            // 変数 calcX を宣言し，初期値として 0 を代入
  整数型: n                    // 変数 n を宣言（初期値は設定しない）
  for (n を 1 から max まで 1 ずつ増やす)   // 繰返し処理。n の初期値 1，終値 max
      a                        // 増分 1 で，空欄 a の処理を繰り返す
  endfor
  return calcX                 // calcX（合計）を戻り値として関数呼出し元に返す
```

　return calcX から，合計は calcX に求めることが分かります。例えば，max の値が 3 であ
れば，n の値を 1 から 3 まで変えながら空欄 a の処理を繰り返し，1 ＋ 2 ＋ 3 の合計であ
る 6 が calcX に求められるような処理を考えます。これは，初期値として 0 が設定された
calcX に n（1，2，3 と変わる）を加算し，その加算結果を calcX に改めて代入する処理で
ある（ウ）の calcX ← calcX ＋ n が適切です。

（例）max が 3 のとき	calcX	n	n と max の比較
（始め）	0	1	1 ＜ 3 である
空欄 a の 1 回目実行後 (calcX ← calcX ＋ n)	1	2	2 ＜ 3 である
空欄 a の 2 回目実行後 (calcX ← calcX ＋ n)	3	3	3 ＝ 3 である
空欄 a の 3 回目実行後 (calcX ← calcX ＋ n)	6	（終わり）	

　他の選択肢では次のような処理結果になってしまいます。

ア：calcX ← calcX × n……calcX に初期値として 0 を代入しているので，何回 n を掛け
　　ても掛け算の結果は 0 で，calcX の値 0 が返されます。

イ：calcX ← calcX ＋ 1……calcX の初期値が 0 なので，空欄 a を実行するたびに calcX
　　の値が 1 増え，例えば max が 3 であれば 1 が 3 回足され，calcX の値 3 が返されます。

エ：calcX ← n……空欄 a を実行するたびに n の値そのものが calcX に代入されます。例え
　　ば max が 3 であれば n の最後の値 3 が代入され，calcX の値 3 が返されます。

第8部

コンピュータシステム

スマートフォンや PC を新しいものに買い替えて，性能
が上がりすごく快適に使えるようになった経験のある人
は多いと思います。IT を有効活用するには，目的に合っ
た機器やソフトウェアを使ってシステムを構成させる必
要があり，そのためには，PC のプロセッサやメモリ，
周辺機器，オペレーティングシステムの機能や特徴を
しっかり理解することが大切です。これらの知識を学習
した上で，PC など使いこなせるようになってください。

8.1 コンピュータ構成要素

コンピュータはハードウェア（hardware）とソフトウェア（software）によって構成されています。企業で言えば，建物や設備がハード，働く人がソフトで，映画なら，再生装置がハード，見ている作品がソフトです。ここでは，主にハードウェアについて説明します。コンピュータは用途や性能によっていろいろな種類があります。しかし，どれもソフトウェアがなければ使えない機械です。

1 コンピュータの種類

スーパーコンピュータ▶

(1) スーパーコンピュータ

　最先端の技術と最高速の性能をもつコンピュータで，1台で数億円を超えるものもあります。大規模な科学技術計算が必要な分野である気象予測やロケットの軌道計算などに利用されています。

汎用コンピュータ▶
メインフレーム▶

(2) 汎用コンピュータ（メインフレーム）

　企業や研究所などで，事務処理から科学技術計算まで幅広い用途に利用される大型コンピュータです。システム運用管理には，専用の施設と専門の技術者が必要となります。

サーバ▶

(3) サーバ

　クライアントサーバシステムという言葉で表現されるように，サーバとは，ネットワーク上で，各種サービスを提供するコンピュータです。

PC▶
パーソナルコンピュータ▶
パソコン▶

(4) PC（パーソナルコンピュータ，パソコン）

　個人利用を主な目的とした安価で小型のコンピュータで，用途もワープロや表計算などのソフトウェア，会議ツール，ソフトウェア開発，画像処理，ゲームなどと非常に広範囲です。

　①デスクトップ型

　　コンピュータの本体が表示装置と別になっているタイプです。簡単

に機能を拡張できるように，拡張スロットやドライブベイ（機器を内蔵させる場所）があらかじめ付けられています。

②ノートブック型

B5〜A4判のノート程度の大きさで，デスクトップ型と同様の性能をもっています。どこでも持ち歩ける特徴があり，次に説明するタブレットと区別が付きにくくなっています。

図　デスクトップ型とノートブック型

(5) スマートフォン・タブレット

スマートフォン▶　スマートフォンは，メールやWebページの閲覧だけでなく，高画質のカメラが付き，音楽や動画が視聴でき，様々なアプリが利用できる個人用の携帯情報端末（モバイル端末）です。また，タッチパネルと表示装置を兼ね備えたコンピュータを**タブレット**や**パッド**といいます。

タブレット▶
パッド▶
スマート
デバイス▶　スマートフォンやタブレットなど，従来のコンピュータの分類にとらわれない情報機器を総称して**スマートデバイス**ということがあります。通信機能をもち，ソフトウェアで様々な処理を行うことができる電子機器の総称ともいえます。

図　スマートデバイス

マイコン▶
マイクロ
コンピュータ▶　### (6) マイコン（マイクロコンピュータ）

炊飯器，洗濯機，エアコン，自動車，ゲーム機などに組み込まれ，特定の処理を行う超小型のコンピュータです。普段，利用者の目に触れることはありませんが，製品の機能を実行する重要な部品です。

2　コンピュータの構成

(1) CPUと5大装置

　　コンピュータを構成するハードウェアは，プログラムやデータを入力
する**入力装置**，それらを記憶する**記憶装置**，データの計算や比較を行う
演算装置，処理結果を出力する**出力装置**，これらの装置に動作の指示を
出す**制御装置**から構成されており，これら五つの装置をまとめて**5大
装置**と呼んでいます。また，制御装置と演算装置を合わせて**中央処理装
置**（**CPU**：Central Processing Unit）といいます。

入力装置▶
記憶装置▶
演算装置▶
出力装置▶
制御装置▶
5大装置▶
中央処理装置▶
CPU▶

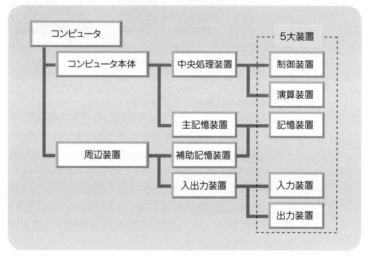

図　コンピュータの構成

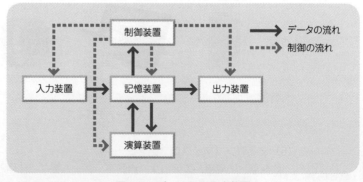

図　コンピュータの5大装置

(2) プログラム記憶方式

　ほとんどのコンピュータは，プログラムをあらかじめ主記憶装置に格納してから実行するプログラム記憶方式です。

　コンピュータが発明された当初から基本的には変わっておらず，コンピュータ創成期に活躍したフォン・ノイマン（J.von Neumann）の名前から，ノイマン型コンピュータとも呼ばれています。

(3) 情報の単位

　ハードウェアの選定を行うときには，情報量を表す単位も目安の一つとなります。コンピュータの処理速度はとても速く，また，記憶容量は大きいため，私たちが日常使っている単位では表現できません。コンピュータの世界で使われる単位には多くの種類があり，データの量や大きさを表現したり，計算したりする場合には注意が必要です。

　非常に短い時間や非常に大きな記憶容量を表すために，次のような単位の**接頭語**が用いられます。

接頭語▶

（例）時間	
ミリ▶	1ms　＝1ミリ秒　＝10^{-3}秒　＝1／1,000 秒
マイクロ▶	1μs　＝1マイクロ秒＝10^{-6}秒　＝1／1,000,000 秒
ナノ▶	1ns　＝1ナノ秒　＝10^{-9}秒　＝1／1,000,000,000 秒
ピコ▶	1ps　＝1ピコ秒　＝10^{-12}秒　＝1／1,000,000,000,000 秒

（例）記憶容量	
キロ▶	1kバイト＝1キロバイト＝10^3バイト＝1,000 バイト（kは小文字です）
メガ▶	1Mバイト＝1メガバイト＝10^6バイト＝1,000,000 バイト　　　　　　＝1,000kバイト
ギガ▶	1Gバイト＝1ギガバイト＝10^9バイト＝1,000,000,000 バイト　　　　＝1,000Mバイト
テラ▶	1Tバイト＝1テラバイト＝10^{12}バイト＝1,000,000,000,000 バイト　　＝1,000Gバイト
ペタ▶	1Pバイト＝1ペタバイト＝10^{15}バイト＝1,000,000,000,000,000 バイト＝1,000Tバイト

　コンピュータが扱う数値や文字のデータは8ビット単位で表現されることが多く，8ビットをまとめて1**バイト**（byte）と呼んでいます。

バイト▶

　1バイトでは256（＝2^8）種類の情報（256 種類の色や文字など）を表現できます。なお，厳密には，コンピュータの記憶容量はビット単位なので2^n倍していく単位となり，

　　1 kバイトは 1,024 バイト（＝2^{10} バイト≒10^3 バイト，千），

　　1 Mバイトは 1,024 kバイト（＝2^{20} バイト≒10^6 バイト，百万），

　　1 Gバイトは 1,024 Mバイト（＝2^{30} バイト≒10^9 バイト，十億），

　　1 Tバイトは 1,024 Gバイト（＝2^{40} バイト≒10^{12} バイト，一兆）

などとなりますが，記憶容量や速度などを計算するとき，国際標準では10^n の 1,000 倍していく方法が採用されています。

8

3 PC 本体の構成要素

マザーボード▶　**(1) マザーボード**

　PC 本体の中を見てみると，マザーボードと呼ばれるプリント基板に CPU（中央処理装置），メモリ（主記憶装置），拡張スロット（入出力装置などを接続するための拡張ボードの差込み口）などが搭載されています。PC の背骨ともいえる最も重要な部分です。

図　マザーボード

中央処理装置▶　**(2) 中央処理装置（CPU：Central Processing Unit）**

CPU▶　　コンピュータの中で，各装置の制御やデータの計算・加工を行う中枢部分です。

　PC では CPU の機能が一つの IC チップに集積された**マイクロプロセッサ**（MPU：Micro Processing Unit）が利用されます。多くの場合，CPU のことを単に**プロセッサ**といいます。最近では，コンピュータの処理能力をさらに上げるため，複数のプロセッサを一つにまとめた**マルチコアプロセッサ**が主流で，同時

マイクロプロセッサ▶

プロセッサ▶

マルチコアプロセッサ▶

図　CPU

にたくさんの処理を実行できるようになっています。プロセッサの数によって，2 個のものをデュアルコア，4 個をクアッドコア，8 個をオクタコアといい，16 個のコアをもつ PC も登場しています。

　また，高画質の 3 次元画像の表示など高い性能が要求されるグラフィックス処理専用のプロセッサを **GPU**（Graphics Processing Unit）といいます。最近では，AI やビッグデータにおける膨大な計算処理など，他の目的でも GPU が利用されています。

GPU▶

　マイクロプロセッサの処理能力は，次の要素で概要を知ることができます。

バス幅▶　**①バス幅**

バス▶　　CPU は，記憶装置から命令とデータを読み出して処理し，**バス**と呼ばれる通り道を経由して各装置にデータを送ります。CPU が頭脳だとすれば，バスは神経や血管といえるでしょう。この通り道のために使われている信号線の本数，すなわちバス幅が広いほどデータ転送速度は上がります。高性能の CPU でも，バス幅が狭ければ，データ

の交通渋滞を招いてしまい能力を完全に発揮できません。バス幅は，一度に送ることのできるデータのビット数で表され，初期の 8 ビットから 16，32，64 ビットへと性能を向上させています。

　バスは大きく分けて，CPU 内部の構成要素を結ぶ内部バスと，CPU と記憶装置や周辺機器を結ぶ外部バスがあります。外部バスには次のようなものがあります。

PCIe ▶
PCI Express ▶

・PCIe（PCI Express；ピーシーアイエクスプレス）
　以前の PCI（Peripheral Component Interconnect）バスを高速化したバスで，現在の主流となっています。

・AGP（Accelerated Graphics Port）
　一度に 32 ビットのデータをやり取りできるグラフィックス専用のバスですが，旧規格になっています。

②クロック周波数（動作周波数）
　CPU 内部では構成している複数の装置が連続して動作しています。

クロック ▶

クロックはこれらの CPU 内部の動作の同期を取る信号のことです。クロック周波数は，1 秒間に出されるこの信号の数のことで，CPU

ヘルツ ▶
Hz ▶

の動作速度を表し，単位は**ヘルツ（Hz）**を用います。他の条件が同じであれば，この数値が大きいほど処理能力が高いということになります。1GHz は 1 秒間に 10 億回（＝ 10^9 回）の基本動作を行うので，例えば，5GHz のプロセッサは，1 秒間に 5×10^9 回（50 億回）の基本動作を行うことになります。

クロック
サイクル ▶

図　クロック周波数

③ MIPS（Million Instructions Per Second）

１秒間に実行できる命令の数を表す性能指標です。1MIPS は 1 秒間に 100 万回命令実行ができることを示します。

④ FLOPS（FLoating-point Operations Per Second）

１秒間に実行可能な浮動小数点演算命令の回数を表す性能指標です。

⑤ CPI（Cycles Per Instruction）

１命令の実行に必要なクロックサイクル数を示した値です。

（3）記憶装置の分類

コンピュータが処理するデータは，主記憶や補助記憶などの記憶装置に記憶されてから処理されます。ここでは，記憶装置の種類について，使用する目的，使用される記憶素子，用途別の分類で整理し，最後に補助記憶装置の種類を確認してみましょう。

①揮発性と不揮発性

主記憶装置は，コンピュータ内でデータやプログラムを記憶する装置で**メモリ**ともいいます。記憶の処理を電気的に行うため高速で，CPU から直接読んだり書いたりすることができます。電源を切ると記録されていた内容は失われてしまう**揮発性**の性質があります。

▶メモリ

▶揮発性

また，後で説明する補助記憶装置（例えば，ハードディスクやフラッシュメモリ）などは，**不揮発性**メモリと呼ばれ，電源を切ってもデータが失われることはありません。

▶不揮発性

国語辞典によると揮発とは「液体が気体となって発散すること」という意味みたいだね

電源を供給していないと，
データなどがぽーん！と消えてしまうのよ

メモリは用途に応じて，アクセス速度を重視するか，記憶容量を重視するか分かれます。各種のメモリの性能を大まかに示したメモリ階層は，次のようになります。

メモリの種類	アクセス速度	記憶容量	
① レジスタ（CPU内部）	数百ピコ秒～数ナノ秒	数バイト	高速小容量
② キャッシュメモリ	数ナノ～数十ナノ秒	数M～数十Mバイト	
③ 主記憶（ディスクキャッシュ）	数十～数百ナノ秒	数G～数Tバイト	
④ SSD	数百マイクロ秒	数G～百Tバイト	
⑤ ハードディスク	数十ミリ秒	数十G～10数Tバイト	
⑥ 光ディスク	数百ミリ秒	数百M～数百Gバイト	
⑦ 磁気テープ	数秒	数十Gバイト～十数Tバイト	低速大容量

表　メモリ階層

②メモリを用途別に分類する

（a）レジスタ

レジスタ▶

CPU 内部にある高速小容量の記憶回路で，演算や制御にかかわるデータを一時的に記憶するのに用いられます。

（b）主記憶（メインメモリ：main memory）

主記憶▶
メインメモリ▶

CPU で処理するプログラムやデータを記憶するメモリで，単にメモリや，メインメモリと呼ぶことが多いです。一般に，8.4 ①で説明する DRAM という記憶素子で構成されています。主記憶の容量は大きいほどよいので，後からメモリを増やすメモリ増設が行われることも多いです。

メモリ▶

メモリ増設▶

・DIMM（Dual In-line Memory Module）

DIMM ▶

複数のメモリチップをまとめた小さな基板（ボード）で，PCのメモリ用の場所にはめ込んで使います。

・SO-DIMM（Small Outline-DIMM）

DIMM の約半分程度に小さくした基板で，主にノート PC で使用されます。

8

キャッシュ
メモリ▶

(c) キャッシュメモリ（cache memory）

CPU と主記憶装置の動作速度の違いを吸収するために CPU の中に置くメモリです。高速の SRAM で構成されているため，主記憶装置よりもアクセス速度は速いです。キャッシュメモリがある場合，CPU がデータを使用すると，そのデータはキャッシュメモリにコピーされます。次に同じデータを使用する場合は，キャッシュメモリにあるデータを優先するため，高速に処理することができます。さらにキャッシュメモリを追加する場合，CPU に近いものから **1 次キャッシュ**，**2 次キャッシュ**といいます。

1次キャッシュ▶

2次キャッシュ▶

CPU は，まず 1 次キャッシュにアクセスし，該当データがなければ，2 次キャッシュにアクセスしていきます。キャッシュメモリに該当データがなければ主記憶装置にアクセスすることになります。

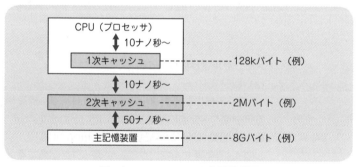

図　キャッシュメモリと主記憶装置

ディスク
キャッシュ▶

また，主記憶装置と補助記憶装置との速度差を埋めるために，両者の間に置かれるキャッシュメモリを**ディスクキャッシュ**といいます。ハードディスク装置にディスクキャッシュを搭載する場合と，主記憶装置の一部をディスクキャッシュ領域として使用する場合があります。

(d) ビデオメモリ（グラフィックスメモリ）

ディスプレイに表示する画像の情報を記憶するためのメモリで，**VRAM**（Video RAM；ブイラム）ともいいます。データの書込みと表示が同時にできて，メモリ自体は DRAM で構成されています。高い解像度で多くの色数を使いたい場合には多くのビデオメモリが必要です。画面の大きさと 1 ドット（1 画素）の表示色数から，必要な VRAM の容量を計算することができます。

VRAM ▶

（例）1ドットの表示に8ビット使うとき，1ドットに
　　表示できる色の種類は，
　　　256色（256＝2^8より）
1画面で必要なバイト数
　　1,024×768（ドット）×8（ビット／ドット）
　　　＝6,291,456（ビット）÷8（ビット／バイト）
　　　＝786,432（バイト）

256色で1画面を表示するために必要なVRAMの
容量はおよそ0.8Mバイトになります。

横方向
点の数が
1,024ドット

縦方向
点の数が
768ドット

ディスプレイ

図　1画面に必要な VRAM の容量

補助記憶装置▶ **（4）補助記憶装置**

主記憶の内容は，電源を切ると失われます。そのため，残しておく必要のあるデータやプログラムは，補助記憶に保存する必要があります。補助記憶装置には様々な種類があり，記憶容量が大きく，データの読み

アクセス速度▶ 書き速度（**アクセス速度**）の速い製品が，数多く発売されています。

ここでは，代表的な補助記憶装置について特徴を見ていきます。なお，PC 本体の箱（ 筐 体）に組み込むタイプの装置を内蔵型といい，本体
　　　　きょう
の外側に置いて接続するタイプを外付け型といいます。

HDD▶ **①磁気ディスク装置（ハードディスクドライブ：HDD）**

磁気ディスク▶ 　樹脂製の薄い円盤（ディスク）に磁性体を塗った記憶媒体が**磁気ディ**

ハードディスク▶ **スク**で，**ハードディスク**といわれることも多いです。

磁性体の磁化状態を電気的に変化させることによって，データの記憶や消去を行います。ディスクは高速に回転しており，読み書きを行う際には，磁気ヘッドによって記録表面の磁界を制御します。光ディスクなどに比べて，高速にアクセスすることができます。

図　内蔵型（左）と外付け型（右）のハードディスク

CD-ROM ▶

② CD-ROM（Compact Disc-Read Only Memory）装置

オーディオ用の CD と同じ媒体にデータを記録します。ディスク
ピット▶ 上の**ピット**（pit）と呼ばれるくぼみの有無で，2 進数の 1 と 0 を表
現し，レーザー光を照射したときの反射率でデータを読み取ります。
記憶容量は，最大 700 M バイトで，読取り専用になっています。

CD-R ▶

(a) CD-R（Compact Disc-Recordable）

データの書込みが一度だけ可能な CD です。追記はできますが，
個々のデータの削除や上書き保存はできません。書込みには専用の
ハード／ソフトが必要ですが，読出しは通常の CD-ROM と互換性
があり，手軽に利用できます。

CD-RW ▶

(b) CD-RW（Compact Disc-Rewritable）

何度でも書込みと消去が可能な CD です。書込みには専用のハー
ド／ソフトが必要ですが，読出しは CD-RW のタイプと合ってい
る CD-ROM 装置であれば可能です。

DVD ▶

③ DVD（Digital Versatile Disc）

CD-ROM と同じ 12cm のディスクを 2 枚張り合わせた構造です。
レーザー光線の波長を短くして大容量化していて，片面 4.7G バイト，
両面 9.4G バイトの容量があります。なお，DVD-Video は，動画を
MPEG-2 という規格で圧縮して記録したものです。

DVD-ROM（DVD-Read Only Memory）は読取り専用，DVD-R
（DVD-Recordable）は一度だけ書込み可（追記は可）の DVD です。

ブルーレイ
ディスク▶

④ ブルーレイディスク（Blu-ray disc）

DVD の後継として，高精細な画像を提供するハイビジョン放送を
記録でき，1 層式で 25G バイト，2 層式で 50 G バイト，3 層式で
100 G バイトという大容量のほかに，記録した情報の保護機能が強
いという特長があります。専用の装置が必要となりますが，ほとんど
スーパーマルチ のブルーレイドライブでは CD や DVD も利用できます。このように
ドライブ▶ 多くの規格に対応した製品を**スーパーマルチドライブ**といいます。

図　ブルーレイドライブとブルーレイディスク

⑤ USB メモリとカード型フラッシュメモリ

フラッシュ
メモリ▶

　不揮発性 IC メモリの**フラッシュメモリ**を使用した記憶装置で, カード型のものはメモリカードともいいます。デジタルカメラや携帯電話などを中心に PC 用の補助記憶装置としても幅広く利用されています。いくつかの形式の異なる製品があり, 専用の差込み口（スロット）にそのまま挿入したり, 形状を変えるアダプタに付けて使用したりします。数 G ～数十 G バイトの記憶容量の製品が主流です。

USB メモリ　　コンパクトフラッシュ　　SD カード　　マイクロ
　　　　　　　　　　　　　　　　　　　　　　　　　　　SD カード

図　USB メモリとカード型フラッシュメモリ

ソリッド
ステート
ドライブ▶

SSD ▶

⑥ソリッドステートドライブ（SSD：Solid State Drive）

　磁気ディスクの代わりとして使われることが多くなった補助記憶装置として, フラッシュメモリを利用したソリッドステートドライブがあります。SSD は半導体部品で構成されていて, ハードディスクと違い, 物理的に動作する部品がないため, 故障が起きにくい特長があります。高速で読み書きができ, 消費電力が少なくて衝撃に強く, 小型で騒音も出ないため携帯用途に向いています。記憶容量も数百 G バイトを超える製品が普及しています。

　なお, フラッシュメモリのデータ書換え可能回数は無限ではないため, カード型フラッシュメモリや SSD は, 数年連続の使用や数万回の書換えで寿命がくるといわれています。

図　最新のソリッドステートドライブ（8T バイト）

(5) 入出力インタフェース

コンピュータと各種周辺装置を接続するとき，それぞれに接続用の
コードや回路が必要になってきます。ここでは，周辺機器を接続するた
めの規格（入出力インタフェース）について学習します。

①インタフェースの分類

シリアル
インタフェース▶
シリアルデータ
転送方式▶

(a) シリアルインタフェース（シリアルデータ転送方式）

データを１ビットずつ順に送る方式です。以前は転送速度が低
速でコストが安く，長距離のデータ転送に適しているとされていま
した。現在では，技術の進歩によってパラレルと比較してシリアル
の方が高速に転送できるようになっています。これはパラレルの場
合，高速化しようとすると並列に転送する信号線間の信号の同期を
とることが難しくなったためです。

パラレル
インタフェース▶
パラレルデータ
転送方式▶

(b) パラレルインタフェース（パラレルデータ転送方式）

データを複数ビットずつまとめて送る方式です。信号線が複数本
必要となるため，長距離のデータ転送には不向きです。

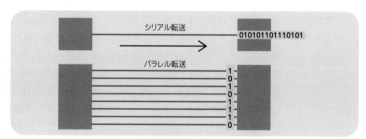

図　シリアル転送とパラレル転送

②シリアルインタフェースの種類

名称	主な接続機器	特徴
USB ▶ USB（Universal Serial Bus） （USBハブ） USB 3.0 ▶ ホットプラグ▶ （Type-C）	キーボード マウス モデム プリンター スキャナー	米インテル社を中心に 7 社が共同発表したシリアルインタフェースの規格。ハブを使ってツリー状に最大 127 台までの機器を接続できる。転送速度は，ハイスピードモードの 480M ビット／秒（USB 2.0），スーパースピードモードの 5G ビット／秒（USB 3.0）などがある。電源を投入したまま脱着できる機能であるホットプラグ（ホットスワップ）が可能。
IEEE 1394 ▶ IEEE 1394	デジタルビデオカメラ デジタル家電	ビデオ接続に使われたシリアルインタフェースの規格で，転送速度は最大 3.2G ビット／秒。ハードディスクやプリンターなど，このインタフェースに対応した製品がいくつか市販されている。FireWire，i.LINK とも呼ばれている。USB と同じく，ホットプラグインに対応。
HDMI ▶ HDMI（High-Definition Multimedia Interface）	テレビ ディスプレイ DVDレコーダー デジタルカメラ	映像・音声データと制御信号を 1 本のケーブルで入出力できるシリアルインタフェースの規格。最新規格の転送速度は最大 48G ビット／秒
DisplayPort ▶ ディスプレイ ポート▶ DisplayPort（ディスプレイポート）	高解像度ディスプレイ	映像と音声データをパケットという単位に分割して転送できるシリアルインタフェースの規格。データの著作権保護に対応し，出力機器を認証したときだけ映像を表示できる。

表　シリアルインタフェースの種類

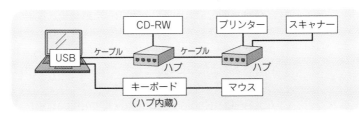

図　USB のツリー状接続の例

③パラレルインタフェースの種類

名称	主な接続機器	特徴
SCSI (Small Computer System Interface；スカジー)	ハードディスク CD-ROMドライブ イメージスキャナー	ANSI（米国規格協会）によって標準化されたパラレルインタフェースの規格。高速なデータ転送が要求されるハードディスクなどとの接続に使われる。7台（コンピュータ本体を含めると8台）までの装置を，**デイジーチェーン**（いもづる式）で接続できる。転送速度を高速化し，最大接続台数を多くした規格もある。

SCSI ▶

デイジー
チェーン ▶

表 パラレルインタフェースの種類

図 SCSIのデイジーチェーン接続の例

④無線インタフェース

IrDA ▶
(a) IrDA（Infrared Data Association；アイアールディーエー）
赤外線を使ってデータ転送をするための規格です。PDA（携帯情報端末）同士やPCとデジタルカメラの間のデータ転送を，ケーブルを使わずに行うことができます。

Bluetooth ▶
(b) Bluetooth（ブルートゥース）
免許不要の2.45GHzを利用した無線伝送技術の規格で，電波を用いているので，機器間の距離が10m以内であれば障害物があってもデータ伝送を行うことができます。なお，低消費電力で動作できるようにした規格として，**BLE**（Bluetooth Low Energy）があり，IoTで利用されています。

BLE ▶

RFID ▶
(c) RFID（Radio Frequency IDentification）
データを送受信するためのアンテナを内蔵したICタグと呼ばれる媒体に記録されている人やモノの情報を，無線通信で読み書きする自動認識システムです。実用例として，JR東日本のSuica（スイカ）があり，回転寿司店の皿に付けて自動精算するシステムなどで応用されています。

NFC ▶   (d) NFC（Near Field Communication：近距離無線通信）

　　近距離で無線通信を行う国際規格で，RFID も含んだ規格といえ
ます。10cm 程度の距離に機器を近付けることによって通信し，
RFID の応用例を含め，非接触 IC カードやスマートフォンの非接
触 IC 決済（おサイフケータイ機能など）で利用されています。

4 PC の周辺機器

(1) 入力装置

　　コンピュータが処理するデータを入力する装置です。

人間工学を考慮したキーボード　　おなじみのマウス

人感センサー　　Web カメラ　　タッチパネル

イメージスキャナー　　バーコードリーダー

図　いろいろな入力装置

キーボード ▶   ①キーボード

　　キーを押すと下にあるスイッチがオンとなって電気信号を発生しま
す。キーボードには，文字，数字，記号，シフト，個別の機能を示す
キーがあり，英数字，カタカナ，特殊文字などを含めて 150 種類以
上の文字や記号が入力できます。"1" と "！"，"A" と "a" のように，
一つのキーには複数の文字が割り当てられていて，シフトキーやコン
トロールキーなどの補助キーと組み合わせて入力します。

②ポインティングデバイス（pointing device）

　ディスプレイ上で位置を指定し，その位置情報や処理の指示をコンピュータに与える装置です。主なものとして，次のようなものがあります。

　(a) マウス

　　平面上で移動させ，方向と移動量によって，画面中のカーソルを移動させる機器です。内部に埋め込んだボールの回転によって移動方向と距離を検出する機械式と，縞模様のアルミ板上を移動させ，発光ダイオードと受光センサーによって検出する光学式があります。キーよりも速く，希望の位置を確認できます。

　(b) トラックボール

　　ボールを手で触れて回転させ，回転方向，回転量に対応させて，表示画面中のカーソルを移動させるのに使います。場所をとらず，疲れにくいという特徴があります。

　(c) スライドパッド（タッチパッド）

　　平面上のパッドを指先でスライドさせることによってマウスと同じ働きをする装置です。ノートPCのポインティングデバイスとして多く使用されています。

　(d) タッチパネル

　　パネル上の指で触れた位置をデータとして入力します。タッチパネルをかぶせた画面をタッチスクリーンといい，銀行のキャッシュディスペンサーやタブレット端末などに広く使われています。

③光学式文字読取り装置（OCR：Optical Character Reader）

　決められた位置に書かれた文字に光を当て，その反射光によって文字を読み取る装置です。読み込んだ情報を，あらかじめ登録してある文字パターンと照合して文字を認識します。

④光学式マーク読取り装置（OMR：Optical Mark Reader）

　マークシートでおなじみの答案用紙を読み取る装置です。鉛筆などで塗りつぶしたマークや，コンピュータで印字された黒色のマークに光を当て，反射率の違いによって読み取ります。

⑤バーコードリーダー

　バーコードで表示されたデータに光を当て，その反射光の強弱を電気信号に変換してデータを入力する装置です。バーコードをなぞるペン型，バーコードに当てるタッチ型，バーコードに直接触れなくても読取り可能なレーザー型があります。コンビニエンスストアではタッチ型，スーパーマーケットではレーザー型がよく利用されています。

バーコード▶

JANコード▶
ITFコード▶
ISBNコード▶

[語句解説] バーコード

　縦線の幅や線と線のすきま間隔の違いによって数値や文字などの情報を表現するコードで，商品用の **JANコード**（Japan Article Number Code），物流用の **ITFコード**（Interleaved Two of Five Code），書籍用の **ISBNコード**（International Standard Book Number Code）などがあります。

　1次元バーコードでは，水平方向に情報を記録します。

　2次元コード（2次元バーコード）では，水平と垂直方向に記録するため，1次元バーコードと比べると，同じ面積で多くの情報を記録できます。2次元コードには，1次元バーコードを縦に積み重ねて情報を表現するスタック式と，黒と白のパターンが格子状になっているマトリックス式（**QRコード**など）があります。どちらもデータ誤り訂正機能が装備されており，マトリックス式は360度全方向から読み取ることが可能です。

QRコード▶

マトリックス式
（QR コード）

イメージ
スキャナー▶

⑥イメージスキャナー

　絵や写真などの画像を点（ドット）に分解し，データとして読み取る装置です。画像を分解するドットの数である解像度が大きいほど，読み取った画像は原画に近くなります。なお，紙面を固定しておき，読取り部を移動させて入力するものはイメージセンサーといいます。

3Dスキャナー▶

⑦ 3Dスキャナー（3次元デジタイザー）

　物体の形状を表すデータや色をデータ化する装置です。物体にレーザー光を当てて距離を測り，3次元データ化するとともに，物体の色情報もデータ化します。物体を複製したり加工したりするのに利用され，機械部品の製造や医療への応用，デザインや工芸など様々な分野で応用されています。

デジタルカメラ▶
Webカメラ▶

⑧デジタルカメラ，Webカメラ

　画像データをそのままコンピュータに入力できるカメラをデジタルカメラといい，インターネット経由でデータを送るものを Web カメラといいます。CCD（Charge Coupled Device：電荷結合素子）や CMOS（Complementary Metal Oxide Semiconductor）という光を検知する半導体素子を用いて，画像をデジタル信号に変換します。

8

センサー▶

⑨センサー

温度や光，音，距離，圧力，加速度，煙や磁気・赤外線の量などをデータとして計測する機器がセンサーで，入力装置の役割を果たしています。センサーを通じて得られたデータをコンピュータで解析して，電気製品や機械，自動車などを制御します。

IoT▶
IoTデバイス▶

遠隔地にある複数の機器をインターネットと接続して相互に制御するIoT（Internet of Things：モノのインターネット）の実現に欠かせない構成要素で，カメラと合わせIoTデバイスの一部になります。

・ジャイロセンサー

センサーを搭載した端末の角速度（モノが回転する速度）を検出するセンサーです。

(2) 出力装置

データの処理結果を画面に表示したり，紙に印刷したり，物として造形したりする装置です。

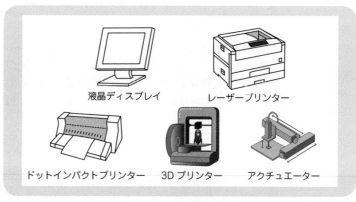

液晶ディスプレイ　　レーザープリンター

ドットインパクトプリンター　3Dプリンター　アクチュエーター

図　いろいろな出力装置

①ディスプレイ

データを目に見える形で画面に表示する装置です。製品を選ぶ際には画面の見やすさや，事務スペース（机上）の広さを考慮します。R

RGB▶

（Red），G（Green），B（Blue）の光の3原色（RGB）を組み合わせたドット（画素）によって，カラー画像を表示する仕組みになっています。

画面の大きさは，対角線の長さで表し，24 インチ，29 インチ，32 インチなど，様々な種類があります。画質の細かさを表現する性能を**解像度**といい，1 画面に表示できるドット数を「横×縦」の数値で表します。規格としては 640 × 480（**VGA**：Video Graphics Array），800 × 600（SVGA：Super VGA），1024 × 768（XGA：eXtended Graphics Array），1280 × 1024（Super XGA）を基本として発展し，多くの種類があります。

ディスプレイは，長時間同じ画面を表示していると，不正に内容を見られてしまうセキュリティ上の問題があります。これを防ぐために別の内容の表示に切り替えるソフトウェアが**スクリーンセーバー**です。

(a) 液晶ディスプレイ（LCD：Liquid Crystal Display）

電圧によって分子構造が変わり，光の透過度が変化する液晶というゼリー状の物質をガラス板の間に入れた表示装置です。

液晶自体は発光しないので，液晶板の裏から蛍光灯などで照らすバックライト方式が主流になっています。

(b) 有機EL（Electro Luminescence）ディスプレイ

電圧をかけると自ら発光する有機化合物を使ったディスプレイです。発光体をガラス基板にはさんだ構造になっていて，5 ～ 10V の直流電圧をかけて表示します。薄型で低電力，高い輝度が得られ，応答速度が速いという特長があります。

②プリンター

処理結果を用紙に出力する代表的な出力装置です。印刷方式で分類すると，衝撃力で印字するインパクトプリンター，インクの微粒子を飛ばしたり静電気の原理で印刷するノンインパクトプリンターに分けられます。また，印刷する単位で分類すると，1 文字単位のシリアルプリンター，1 行単位のラインプリンター，ページ単位のページプリンターとなります。

プリンターの性能は，きれいに印刷できる度合いを表す解像度dpi（dot per inch：1 インチに入る画素数）や，印刷の速さを表すppm（pages per minute：枚／分）で表します。

(a) ドットインパクトプリンター

ドットで活字を表現し，プリンターヘッドから突き出したピンでインクリボンを叩いて印字します。印字に騒音を発生するのがやや難点ですが，何枚もの伝票を重ねた複写式伝票に印字するため，業務用プリンターとして現在も使われています。

（左注）
解像度▶
VGA▶
スクリーンセーバー▶
液晶ディスプレイ▶
LCD▶
有機EL
ディスプレイ▶
プリンター▶
dpi▶
ppm▶
ドットインパクトプリンター▶

8

(b) 熱転写式プリンター

インクリボンに熱を加えて印刷するプリンターで，カラー印刷も可能です。仕組みが比較的簡単で，騒音がないため，レシートや商品用シールなどの印刷用として普及しています。

(c) インクジェットプリンター

特殊なインクの粒子を噴射させ，その粒子を制御して用紙に付着させて印刷します。騒音がなく高速です。カラー印刷には C（シアン：青紫）M（マゼンタ：赤紫）Y（イエロー：黄）という CMY の 3 色，または，黒を鮮明に出すため K（ブラック：黒）を加えた CMYK の 4 色のカラーインクを使用します。個人向けのプリンターで最も広く普及しているプリンターです。

(d) レーザープリンター

感熱ドラムにレーザー光を当てて，文字や図形の形に静電気を発生させ，着色した微粒子（**トナー**）を付着させることによって印刷します。複写機（コピー機）と同じ原理になっています。

1 ページ単位に高速に印刷でき，印刷品質も高いので，オフィスで最も使われているプリンターです。文字や図形の縮小，拡大も可能で，最近ではカラープリンターが主流です。

(e) 3D プリンター（3D printer）

3 次元の立体物をそのままの形で物体として作り出す装置で，3D は 3 次元（three Dimensions）を表します。原理としては，立体の形状に合わせて 0.1mm 程度の非常に薄い樹脂の断面を何層にも積み上げて，元の物体と同じものを作り出す方式が主流です。

③アクチュエーター（actuator）

コンピュータが出力した電気信号を機械的な運動に変える装置で，広い意味で出力装置と考えることができます。センサーと並んでアクチュエーターも IoT の実現に必要な IoT デバイスの一つといえます。応用例として，ロボットアームを動作させるためのモーターを制御する装置や，物の運搬や介護で人を抱えたりするときに作業者を支援する装置などがあります。

(3) デバイスドライバ

ディスプレイやプリンターなどの周辺装置は，同じ機能をもった装置でもメーカーが異なると制御や操作内容も変わるため，個々の機器用の制御や操作を行うデバイスドライバというソフトウェアが必要になります。なお，周辺装置を PC に接続したとき，デバイスドライバのインストール（使えるようにすること）を自動的に行い，すぐに使える機能を**プラグアンドプレイ**といいます。

余白注：熱転写式プリンター▶　インクジェットプリンター▶　CMY▶　CMYK▶　レーザープリンター▶　トナー▶　3Dプリンター▶　アクチュエーター▶　デバイスドライバ▶　プラグアンドプレイ▶

8.2 システム構成要素

　データの処理の仕方には，まとめて処理するもの，要求のたびに処理するものなどいくつか方法があります。また，規模，処理時間，コスト，リスク，柔軟性などを考えて，利用者のニーズにあった方法が選ばれます。そしてシステムが今の状態や性能でいいのかも評価しなくてはいけません。

　今，注目されている処理・利用形態は，クラウドコンピューティングや仮想化技術です。聞いたことありますか？

1　システムの構成

　　情報システムは，データをどのように処理するかによって分類されます。

（1）システムの利用形態

　　代表的な利用形態には，データをまとめて処理するバッチ処理と，処理要求のたびに処理するリアルタイム処理，対話型処理があります。

バッチ処理▶　　①バッチ処理

　　バッチ（batch）は，まとまりや束の意味で，バッチ処理はデータを一定期間まとめて一括して処理する方法です。即時性を要求されない処理に使われます。なお，PCではいくつかの処理を連続して自動的に実行することをバッチ処理という場合があります。

リアルタイム
処理▶　　②リアルタイム処理

レスポンス
タイム▶
応答時間▶
　　処理要求が発生するたびに，即座に処理を行い，結果を返す方式です。処理要求を出してから結果が得られるまでの時間を**レスポンスタイム**（応答時間）といいますが，このレスポンスタイムが重視されるときに使用されます。

対話型処理▶　　③**対話型処理**

　　画面に表示された操作や回答の要求に対して，利用者が処理の選択やデータの入力をして，その内容に沿って処理を進めていく方法です。利用者からはシステムと対話しているように感じられます。駅の券売機や銀行のATMなどが該当します。

8

(2) システムの処理形態

代表的な処理形態には，次のものがあります。

集中処理▶　①集中処理

　ネットワーク環境において，中央に位置するホストコンピュータで，すべての処理を行う方式です。システムの構成はすっきりしていますが，ホストコンピュータが停止したときにはシステム全体が停止してしまうことや，性能の高いコンピュータが必要とされることから，費用が高くなる欠点があります。

分散処理▶　②分散処理

　ネットワークを利用して，複数のコンピュータで処理を分散させる方式です。システムの拡張性に優れ，一部のコンピュータが停止しても，その影響がシステム全体に波及しにくいというメリットがありますが，システムの構築や運用管理は複雑になります。

　・レプリケーション（replication）

　分散処理方式のシステムでは，可用性や性能を向上させるため，各拠点のコンピュータにデータベースの複製（レプリカ）を作ることがあり，その内容の更新を自動で行う仕組みをレプリケーションといいます。災害発生時にデータベースが使えなくても，短時間で復旧が可能になります。

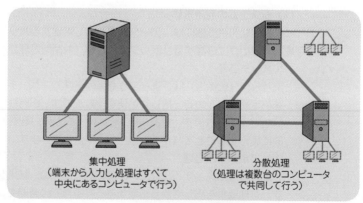

集中処理
（端末から入力し，処理はすべて
中央にあるコンピュータで行う）

分散処理
（処理は複数台のコンピュータ
で共同して行う）

図　集中処理と分散処理

クライアント
サーバ
システム▶

　・クライアントサーバシステム（Client Server System：CSS）

　分散処理方式のシステムを効果的に構築する方法の一つで，次の（3）で詳しく説明します。

クライアント
サーバ
システム▶

(3) クライアントサーバシステム

①クライアントサーバシステムとは

　LAN で接続されたコンピュータの役割を，サービスを要求するコ

クライアント▶

ンピュータである**クライアント**（client）と，サービスを提供するコ

サーバ▶

ンピュータである**サーバ**（server）に分け，処理内容を分担するシ
ステム形態です。PC を中心としたネットワーク環境では最も一般的
な方式になっています。

　データをサーバで一元管理し，ネットワーク規模を必要に応じて大
きくできるため，企業内ネットワークに適しています。また，クライ
アントとサーバがそれぞれ処理を分散して行うため，システムへの負
荷を分散することもできます。

　ここで，"サービス"という用語について補足します。サーバ上に
あるアプリケーションやシステムの各種機能を実行したり，ネット
ワーク上で共有されているファイルやプリンターを使用したりするこ
とを，「サービスを利用する」と表現します。

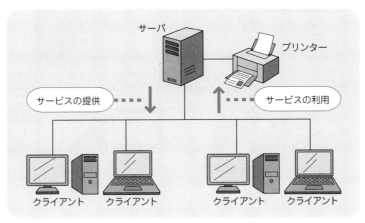

図　クライアントサーバシステム

②クライアントサーバ型とピアツーピア型

クライアントサーバシステムのほかに，さらに小規模なシステムとして**ピアツーピア**（peer to peer）という形態があります。ピアツーピア型では，各コンピュータが対等の関係にあり，相互に資源や機能を利用し合います。特徴を比較すると次のようになります。

ピアツーピア▶

	クライアントサーバ型	ピアツーピア型
LANの規模	中・大規模	小規模
サーバ専用マシン	必要	不要
導入コスト	高い	安い
規模の柔軟性	高い	低い

表　クライアントサーバ型とピアツーピア型の特徴

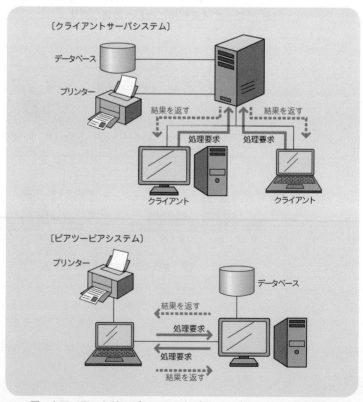

図　クライアントサーバシステムとピアツーピアシステムの仕組み

③サーバの種類

クライアントサーバシステムで使用されるサーバは，役割に応じて次のように分類されます。なお，1台のサーバが複数の機能をもつこともあります。

ファイルサーバ▶

(a) ファイルサーバ

ファイル（データ）を保存し，ファイルを一元管理します。ファイルサーバを置くことで，複数のコンピュータ間でファイルを共有し，有効に活用することができます。

プリントサーバ▶

(b) プリントサーバ

ネットワーク上のプリンターを使った印刷処理を管理，制御します。**プリントキュー**と呼ばれる仕組みを利用して，複数のクライアントから送られてきた印刷要求を順番に処理します。**キュー**（queue）は待ち行列とも呼ばれ，処理要求が発生した順番に処理を行うためのデータ管理の仕組みです。

プリントキュー▶
キュー▶

データベース
サーバ▶

(c) データベースサーバ

データベース管理システム（DBMS）を備えたサーバです。クライアントから送られてきた，データの検索，追加，削除などの処理要求に対して処理を行い，結果を返します。

Webサーバ▶

(d) Webサーバ

HTML文書や画像などの情報をファイルとして蓄積しておき，クライアントのWebブラウザの要求に応じて，インターネットなどを通じて，情報を送信する機能をもちます。

クラウド
コンピュー
ティング▶

(4) クラウドコンピューティング（cloud computing）

インターネットを経由して，必要なハードウェアやソフトウェア，データなどを利用できるシステム形態のことです。利用者自身が管理していたコンピュータシステムを，インターネットを介したサービスとして利用できるため，システムを拡張することにも柔軟に対応できる利点があります。また，ハードウェアを自分自身で導入する場合に比べて，低コストで信頼性の高いサービスを受けることが可能です。詳しくは，3.1 ④ のソリューションビジネスで説明しています。

8

写真や動画を友達に送ったり，TwitterやYouTubeにアップロードしたり，使いたいアプリをダウンロードしたり……
アップロードやダウンロードという言葉は，知らず知らずのうちに，クラウド（雲）をイメージしていたのかもしれないね

(5) 仮想化技術

自分が利用している PC から，別の機能をもつコンピュータの処理ができたり，複数のクライアントの処理を並行して実行できたりすると，非常に便利です。このような都合のいい話を実現してくれる機能が**仮想化技術**です。以前はメインフレームなどの高機能のコンピュータシステムでしか利用できなかった技術ですが，今では身近に利用できるようになりました。

▶仮想化技術

仮想化とは，コンピュータのリソース（CPU，主記憶などの資源）について，性能や容量などの制約を気にせず使えるようにする技術です。仮想化技術の具体例をいくつか確認していきます。

▶仮想化

①仮想マシン（Virtual Machine）

一つのコンピュータを仮想的に分割して複数のコンピュータのように見せる技術です。仮想マシンの技術を特徴付けるものとして，ある物理マシン上の仮想マシンを他の物理マシン上に移動できる**ライブマイグレーション**という機能があります。

▶仮想マシン

▶ライブマイグレーション

②ストレージ仮想化

複数のストレージ（ハードディスク，SSD などの外部記憶装置の総称）をまとめて，一つの装置のように見せることです。ストレージ仮想化によって，既存の装置の容量が不足した場合など，比較的自由にストレージ装置の容量を拡張できるようになります。

▶ストレージ仮想化

③サーバ仮想化

1 台のコンピュータを複数のサーバとして動作させる技術です。複数台のサーバを置く場所や消費電力を削減でき，記憶装置や出力装置などの物理的資源を需要に応じて柔軟に配分することができます。

▶サーバ仮想化

④クライアント仮想化（VDI（Virtual Desktop Infrastructure：デスクトップ仮想化）

1 台のコンピュータを複数のクライアントとして利用する技術です。サーバで仮想クライアント OS を稼働させて実現していて，ユーザーがクライアント端末から入力したキーボードやマウスの情報に応じて，デスクトップ画面の情報がサーバに転送され，端末自身の画面と同じように操作できます。自宅でのテレワークで活躍している機能です。

▶クライアント仮想化
▶VDI
▶デスクトップ仮想化

コンピュータの中に複数のコンピュータがあって使えたり，
見えないところにある最新の周辺機器を利用できたり，
夢のようなことが実現できるようになっているのね

2 システムの評価指標

(1) システムの性能

コンピュータシステムに求められる性能の良し悪しは，使用目的や形態，システムの構成，処理内容によって異なるので，画一的に評価することはできません。しかし，システムの性能を判断する標準的な指標は，いくつかあります。また，数値で示される指標だけでなく，使いやすさやユーザーインタフェースの良し悪しなども考慮に入れる必要があります。

スループット▶ ①スループット

システムが単位時間当たりに処理できる仕事量で，この値が大きいほど性能が高いといえます。

②ターンアラウンドタイムとレスポンスタイム

ターンアラウンドタイム▶
レスポンスタイム▶
応答時間▶

システムに処理要求を出してから，すべての結果が得られるまでの時間が**ターンアラウンドタイム**で，最初の結果が出始めるまでの時間が**レスポンスタイム**（応答時間）です。

③ CPU の性能評価

MIPS▶ (a) MIPS（Million Instructions Per Second）

CPU が 1 秒間に実行できる命令の数を百万単位で表した値です。

MFLOPS▶ (b) MFLOPS（Million FLoating-Point Operations Per Second）

CPU が 1 秒間に実行できる浮動小数点演算の回数を百万単位で表した値です。

オーバーヘッド▶ ④オーバーヘッド

システムがデータ処理を行うためにかかった時間のうち，システム内の装置の制御や処理内容の管理に使われる時間など，データ処理と直接関係のない時間のことです。利用者からみれば，オーバーヘッドはシステムの利用目的と関係のない時間なので，少ない方がよいことになります。

⑤信頼性，保守性

信頼性▶ **信頼性**とは，システムが故障せずに安定して稼働することです。信頼性を高めるためには，故障の発生を防ぐような工夫や対策が必要です。そして，万一，故障してしまったら，迅速に修理できなければなりません。これが**保守性**（保守容易性）です。

保守性▶

⑥使いやすさ，ユーザーインタフェースの良し悪し

ユーザーがシステムを使いやすい環境になっているかどうかも重要な評価尺度です。使いやすい環境は，生産性を上げ，処理の信頼性も高めます。

8

(2) 性能評価の技法

命令ミックス▶　①命令ミックス（instruction mix）

　　よく使用される命令に使用頻度に応じた重みを設定して，評価の対象となっているコンピュータの対応する命令の実行時間にその重みを乗じて加えたものです。命令の平均命令実行時間を評価します。

ベンチマーク▶　②ベンチマーク（benchmark）

　　実際にプログラムを実行させて，コンピュータやコンピュータシステムの性能を測定することをベンチマークといい，その際に実行するプログラムのことをベンチマークプログラムといいます。代表的なものとして，CPU の性能を評価する SPECint（整数演算能力），SPECfp（浮動小数点演算能力）などがあります。

モニタリング▶　③モニタリング（monitoring）

　　（a）ソフトウェアモニタリング

　　　計測用のソフトウェアを使って，実行中のプログラムの内部動作や装置の利用状況の変化などを調べる方法で，例えば，タスクごとの CPU 使用時間や入出力回数などを調べます。

　　（b）ハードウェアモニタリング

　　　専用のハードウェアを使ってモニタリングする方法で，ソフトウェアモニタリングでは測定できないキャッシュメモリのヒット率や分岐命令の使用頻度などを測定します。

(3) サーバの処理性能向上策

①サイジング（sizing）

　　システムを構成する要素の必要な機能や性能，台数などを見積もることです。状況の変化によって，スケールアップやスケールアウトなどの対応をします。

②スケールアップ（scale up）

　　高性能・大容量のサーバに入れ換えることによって処理能力を高めたり，CPU や主記憶の性能をさらに良いものに替えたりすることです。

③スケールアウト（scale out）

　　サーバの台数を増やして並行処理させて対応することです。

3 システムの信頼性

(1) 信頼性を表す指標

　システムの信頼性は，故障の発生しにくさ，故障が発生したときにどのくらい早く回復できるかなどの指標で表現できます。これらの指標をMTBF（Mean Time Between Failures：平均故障間隔，平均故障間動作時間）とMTTR（Mean Time To Repair：平均修復時間）といいます。MTBFはシステムが正常に稼働している連続時間の平均値のことで，MTTRは故障したときに，修復に要する平均時間のことです。

MTBF ▶
平均故障間隔▶
平均故障間
動作時間▶
MTTR ▶
平均修復時間▶

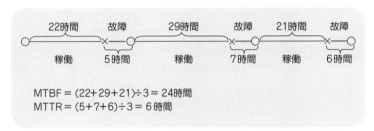

図　MTBFとMTTRの計算例

稼働率▶ ### (2) 稼働率

　ある期間のシステムの全運転時間に対して，故障せずに稼働している時間の割合のことで，MTBFとMTTRを使用して，次の式で表すことができます。

$$稼働率 = \frac{MTBF}{MTBF + MTTR}$$

　上の図のシステムの稼働率は，$\dfrac{24}{24+6} = \dfrac{24}{30} = 0.8$ となります。

　システムを構成しているすべての装置が稼働している場合にだけ，システム全体が稼働する構成を直列接続のシステムといいます。直列接続したシステム全体の稼働率は，各装置の稼働率を掛けた値になります。

直列接続▶

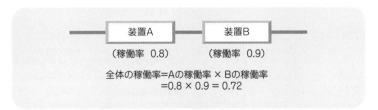

図　直列接続の稼働率

並列接続▶　システムを構成している装置の中のどれか一つでも稼働していれば，システム全体も稼働する構成を**並列接続**のシステムといいます。通常の状態では余分な装置をもつことから冗長構成ともいいます。並列接続したシステム全体の稼働率は，確率の総和である１から，両方の装置が稼働していない確率を引いた値になります。

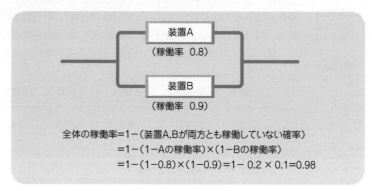

図　並列接続の稼働率

(3) 信頼性の設計

システムの信頼性を上げるために，故障が起きないようにしたり，故障が起きても安全なようにしたりする仕組みを使って設計します。

フォールト トレラント▶	フォールトトレラント	システムに障害が発生しても，正常に動作を続けるように設計されていることを表す用語。システムを二重化するといった冗長構成にするなどの方法がある。
フェールセーフ▶	フェールセーフ	障害発生時に，安全な状態でシステムを停止させること。人命にかかわるシステムで重視される考え方であり，例えば，信号の一部が故障した場合に，交通事故につながらないよう，信号機をすべて「赤」にした上で停止させることなどが該当する。
フェールソフト▶	フェールソフト	システムの一部分に障害が発生した場合に，故障した個所を切り離すなどして障害の影響が他所におよぶのを防ぎ，最低限のシステムの稼働を続ける考え方。銀行のシステムなど，システムが完全に停止することによる社会的影響が大きい場合に適用される。
フールプルーフ▶	フールプルーフ	不慣れな利用者を想定して，操作ミスや意図しない使われ方をしても，システム自体が異常な動作をしないように設計すること。

表　システムの信頼性

(4) システムの二重化

冗長化▶　また，高信頼性を確保するためには，システムを二重化（**冗長化**）することが有効で，次のような方法があります。

デュアル
システム▶　①デュアルシステム

同じ構成からなる2組のコンピュータシステムで，同じデータを処理して，結果を照合しながら運転するシステムです。2組のコンピュータシステムでは，どちらも同じプログラムを実行しています。

計算誤りや処理の中断が重大な障害につながる航空制御システムや金融システムなどで用いられ，障害が発生した場合は，障害原因となっている部分を切り離して運転を続行します。

照合▶

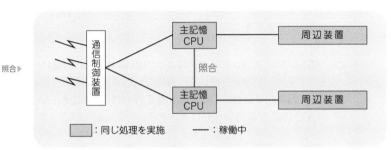

図　デュアルシステム

デュプレックス
システム▶　②デュプレックスシステム

同じ構成からなる2組のコンピュータシステムですが，現用系と待機系に役割が分かれる方式です。通常は現用系のコンピュータシステムを運転し，現用系に障害が発生した場合には，待機系のシステムに切り替えて運転を継続します。

なお，通常の待機系では，バッチ処理など現用系とは異なる処理を行っており，現用系に障害が発生した場合は，処理を中断した後，現用系で運転していたプログラムを起動します。

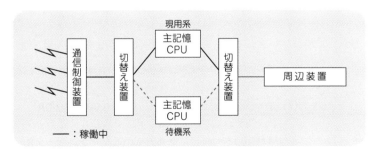

図　デュプレックスシステム

故障しないシステムはないと考えて，何か異常があったとき，
なるべく早く正常な状態でシステムが利用できるよう，いろいろ工夫しているよ

クラスタリング▶

(5) クラスタリング（clustering）

　利用者から多くのアクセスがある Web サービスなどにおいて，信頼性を高めて処理するために，複数のコンピュータを LAN などのネットワークで連携させて全体として一つの大きなコンピュータのように動作させる方式です。なお，クラスタ（cluster）は，「房」や「群れ」，「集団」の意味です。

グリッド
コンピュー
ティング▶

(6) グリッドコンピューティング（grid computing）

　インターネットを介して，遠隔地にある多数のコンピュータを結ぶことで仮想的に高性能コンピュータを作り，利用者はそこから必要なだけ，CPU の処理能力やメモリを使えるようにしたシステムのことです。コンピュータは，PC から大型コンピュータまで種類は問わず，それぞれのプロセッサにデータの処理を分散して，大規模にデータ処理を進めることができます。

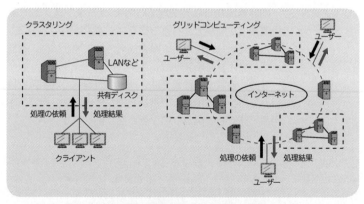

図　クラスタリングとグリッドコンピューティング

エッジ
コンピュー
ティング▶

(7) エッジコンピューティング（edge computing）

　IoT システムにおいて，IoT デバイスの近くでデータ処理を行い，必要な情報だけをサーバに送る方式のことです。データ転送時間を短くして処理の遅延を防ぎ，ネットワーク負荷を低減させることができます。

(8) RAID (Redundant Arrays of Inexpensive Disks)

複数の磁気ディスク装置をまとめて一つの装置として扱い，信頼性や速度を向上させる技術です。RAID0，RAID1，RAID5 がよく使われていて，RAID2 〜 RAID4 は実用化されていないので省略します。

RAID0 ▶
ストライピング▶
① RAID0 (ストライピング)

データを複数の磁気ディスク装置に分散して保存する方式です。データの読み書き速度を向上できますが，冗長化ではなく可用性は高くなりません。

RAID1 ▶
ミラーリング▶
② RAID1 (ミラーリング)

同じデータを 2 台の磁気ディスク装置に保存する方式です。片方のディスクに障害が発生しても，もう片方のディスクのデータを利用できるので可用性が高くなりますが，書込めるデータ量は 1 台分です。

RAID5 ▶
③ RAID5

データを複数の磁気ディスク装置に分散して格納し，エラー訂正用のデータも各ディスクに分散して配置する方式です。

4 システムの経済性

システムを利用するためには，導入時と導入後に様々な費用がかかります。

初期コスト▶
イニシャル
コスト▶
(1) 初期コスト (イニシャルコスト)

情報システムの導入時に発生する費用のことです。システム企画段階の要件定義にかかる検討費用や，ハードウェアの購入費，ソフトウェアの開発費，機器の設置工事費などが該当します。

運用コスト▶
ランニング
コスト▶
(2) 運用コスト (ランニングコスト)

情報システム導入後に発生する費用のことです。利用するために必要な社員教育の費用，通信費，リース費用，機器の保守費用，消耗品費，設備維持費などが該当します。

TCO ▶
(3) TCO (Total Cost of Ownership)

システムを利用するためにかかわるすべての費用のことです。システムを利用するための費用を検討する場合，導入時の初期コストだけでなく，運用コストも含めたすべての費用について考慮する必要があります。

8.3 ソフトウェア

　PC の電源を入れれば，デスクトップ画面が表示され，コンピュータを制御するソフトウェアであるオペレーティングシステムが動き始めます。今の PC はソフトウェアが最初からインストールされているので，ソフトウェアについて意識することは少ないかもしれません。ソフトウェアは，ハードウェアを効率良く動かし作業させるための命令が集まったプログラムで，これがなければコンピュータは動きません。

1　ソフトウェアの体系

　用途に応じてソフトウェアを大別します。

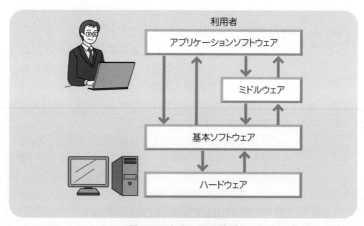

図　ソフトウェアの体系

基本ソフトウェア▶
オペレーティングシステム▶
OS▶

(1) 基本ソフトウェア (Operating System：オペレーティングシステム)
　ハードウェアを動作させるために必要な機能をもつ最も基本的なソフトウェアで，OS（オーエス）ともいいます。ワープロ，表計算ソフト，ホームページの閲覧など用途に応じたソフトウェアの実行に先立ち必要

となる"縁の下の力もち"です。メモリの管理，ファイルの管理，周辺機器の動作管理，通信の管理など，基本的な管理を行う非常に多くの機能をもっています。②で詳しく説明します。

(2) ミドルウェア（middleware）

ミドルウェア▶

　基本ソフトウェアとアプリケーションソフトウェア（応用ソフトウェア）の間に位置して動作し，様々な利用分野に共通する基本機能を実現するソフトウェアです。データベース管理システム（DBMS），ソフトウェア開発支援ツールなどがあります。

アプリ
ケーション
ソフトウェア▶
応用
ソフトウェア▶

(3) アプリケーションソフトウェア（応用ソフトウェア：application software）

　利用目的に対応して作られているソフトウェアのことです。業務や業種に限定したものから，幅広い利用者に共通して使用されるものまで，広範囲にわたっています。代表的なものとして，表計算ソフト，文書作成ソフトなどのオフィスツールや，データベースソフト，給与計算ソフト，販売管理ソフトなどがあります。なお，携帯電話やスマートフォン

アプリ▶

などで利用されるものは単にアプリともいいます。

2 オペレーティングシステム（OS）

(1) OS の定義

　OS とは，コンピュータやスマートフォンなどの IT 機器を利用するための資源（ハードウェア資源，情報資源，人的資源など）を有効に活用し，使いやすさ，性能向上を目指すソフトウェアのことです。

　PC の OS では選択肢は限られていますが，製品を選ぶに当たって，通信やセキュリティなどで強力な機能が必要な場合など，その機能に対応したものを選ぶことになります。

(2) OS の目的

　OS は様々な機能をもった小さなソフトウェアの集合体といえますが，OS が目指すものは次のとおりです。

①スループットの向上

　コンピュータは，入出力装置や記憶装置などのハードウェアを効率良く利用できることが大切です。一定時間内に処理できる仕事の量を示すスループットを向上させる方法としてマルチプログラミングがあり，これは，CPU の動作に空きができないように，複数のプログラムで並行して CPU を利用する手法です。

この手法を用いると，見かけ上は同時に複数のプログラムを実行しているような動きになります。

②ターンアラウンドタイムやレスポンスタイムの短縮

コンピュータは，多くの処理要求に対して速やかに応えられる仕組みになっていなければなりません。コンピュータに処理要求を出してから，すべての結果が返ってくるまでのターンアラウンドタイムや，コンピュータに処理要求を出してから，最初の応答が返ってくるまでのレスポンスタイムは短ければ短いほど性能が高く，快適に利用できることになります。

③信頼性・保全性の確保

ハードウェアはできるだけ障害を起こさない信頼性の高い仕組みになっていることが大切で，障害が発生した場合でも速やかに回復できなければなりません。また，記憶しているプログラムやデータが破損しないように**機密保護**の対策も行う必要があります。

機密保護▶

④拡張性

システムへの要求の変化に対して，柔軟に対応できることが大切です。ハードウェアの増設や通信機能の強化などを行いたい場合，あらかじめ OS にその機能が備わっていれば，新たなソフトウェアの購入などが発生せず，容易に拡張ができることになります。

(3) OS の役割

ユーザー管理▶

①ユーザー管理

1 台のコンピュータを複数のユーザーが使えるようにするための機能です。ユーザーごとに利用できるフォルダやデスクトップの表示設定を管理することで，ユーザー同士が独立して，同じコンピュータを使うことができるようにしています。

コンピュータを操作する際には，ユーザー ID とパスワードを入力させて，ユーザーを識別することが一般的に行われます。

プロセス管理▶
タスク管理▶

②プロセス管理（タスク管理）

一つの CPU を使って複数のプログラムを同時に実行できるようにする機能です。CPU を利用する一つのプログラムをプロセスあるいはタスクといい，OS は，これらのプロセスを次々と切り替えながら並行して実行させることで，見かけ上，複数のプログラムが同時に実行されているように見せています。この機能を**マルチタスク**といいます。

マルチタスク▶
スレッド▶
マルチスレッド▶

さらに，一つのプログラムの中で並行して処理が可能な単位を**スレッド**，それらを並行して処理することを**マルチスレッド**といいます。マルチコアプロセッサを使ったコンピュータで，処理能力を有効活用する方式です。

主記憶管理▶ ③主記憶管理

　プログラムが利用する主記憶を管理する機能です。特にマルチタスク環境では，複数のプロセス（タスク）が主記憶を同時に利用するため，他のプロセスの領域を侵害しないようにしたり，逆に複数のプロセス間で主記憶上の領域を共有したりする機能が必要になります。

　また，主記憶の容量が足りなくなると，補助記憶装置を主記憶装置仮想記憶方式▶ の一部として利用する**仮想記憶方式**という機能もあります。

入出力管理▶ ④入出力管理

　コンピュータに接続された入出力装置を制御するための機能です。マルチタスク環境では，複数のプロセスが同時に動いているため，キーボードやマウスからの入力をどのプロセスに伝えるかという制御や，画面への出力を次の図のようにウィンドウとして重ね合わせるといった機能が必要になります。

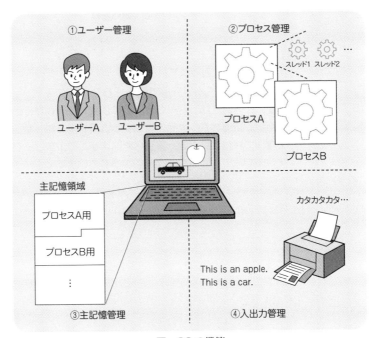

図　OS の機能

⑤電源管理

　ノートPCやタブレット端末，スマートフォンのように，バッテリーで動作するコンピュータが増えてきたため，コンピュータを制御するOSに電源を管理する機能も加えられました。ノートPCでは，次のような機能があります。

用語	意味
スタンバイ (standby) サスペンド(suspend) スリープ (sleep)	コンピュータの主記憶装置には電力を供給し続けてデータや処理途中の状態を保持し，CPUや磁気ディスク装置などを停止させて，すぐに再開できる状態にすること
ハイバネーション (hibernation)	コンピュータの主記憶装置上に格納されているデータや処理途中の状態を，磁気ディスク装置などの補助記憶装置にいったん退避して，完全に電源を切ること。再度，電源を投入した際には，処理途中の状態から再開できる。

表　電源管理

(4) 代表的な OS

UNIX ▶　　① UNIX（ユニックス）

　AT&T社のベル研究所で開発されたワークステーション用のOSです。C言語というハードウェアに依存しない移植性の高いプログラム言語で記述され，大元のプログラム量も少なかったことから，多くの機種に移植され，広く普及しています。マルチユーザー・マルチタスクのOSでネットワーク機能に優れています。

Windows ▶ ② Windows（ウィンドウズ）

マイクロソフト社が開発したマルチタスクで動作する OS です。
GUI ▶ ウィンドウなどの GUI（Graphical User Interface）環境を採用し，現在 PC で最も普及しています。ネットワークやインターネットを利用する機能が標準で装備され，現在の最新版は Windows11 です。

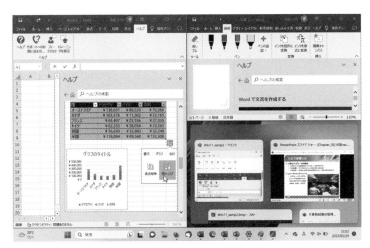

図　Windows11 の画面

③ macOS（マックオーエス）

アップル社が開発した OS で，同社が販売している Macintosh という PC（略して Mac：マック）で動作します。Windows よりも早くから GUI 環境を採用していました。

Linux ▶ ④ Linux（リナックス）

フィンランドの Linus Torvalds 氏が開発した UNIX 互換 OS です。オープンソースソフトウェアで配布され，仕様が公開されているため，利用者がかなり広がっています。

iOS ▶ ⑤ iOS（アイオーエス）

アップル社のスマートフォン iPhone や iPad などで動作する OS です。PC 用の macOS を小型の携帯端末のタッチパネル用に最適化しています。

Android ▶ ⑥ Android（アンドロイド）

スマートフォンやタブレット端末（アップル社製以外）で動作する OS で，グーグル社が開発しました。Linux をベースにしたオープンソースソフトウェアで，それぞれの機器用のカスタマイズが容易にできる特徴があります。

3 ファイルシステム

ファイル
システム▶
　データ（レコード）の集まりであるファイルを，階層化して管理できるようにした OS の仕組みを**ファイルシステム**といいます。

ディレクトリ▶
　ファイルは**ディレクトリ**（directory）という入れ物ごとに管理されます。ディレクトリは，ディレクトリの下に別のディレクトリを作成することで階層化することができます。このように階層化したディレクト

ルート
ディレクトリ▶
リの最上位のディレクトリを**ルートディレクトリ**（root directory）といい，"￥" または "\" で表します。ディレクトリの下に作成されるディ

サブ
ディレクトリ▶
レクトリのことを**サブディレクトリ**（sub directory）といいます。

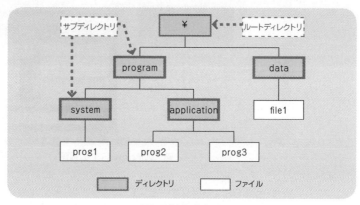

図　ディレクトリ

アクセス権
設定▶
　ファイルは利用者の権限によって，読取りだけ可，読取りと書込み可，読取り不可など，操作できる内容が異なります。利用者ごとにこのような権限を付けることを**アクセス権設定**といいます。

　プログラムを実行したり，ファイルにアクセスしたりするときのディレクトリ指定方法には，絶対パス指定と相対パス指定の二つがあります。

絶対パス指定▶ **(1) 絶対パス指定**

　ルートディレクトリから目的のディレクトリまでを階層に沿って順番に￥マークでつなげて指定する方式です。前ページの図のファイル "prog1" を指定する場合は，次のようになります。

￥program￥system￥prog1

　先頭の￥マークはルートディレクトリそのものを示しています。

相対パス指定▶ **(2) 相対パス指定**

　現在のディレクトリ（カレントディレクトリ）から見た相対的な位置を指定して，目的のファイルを指定します。自分のディレクトリを指定するときは「.」を，一つ上のディレクトリを指定するときは「..」を指定します。前ページの図でカレントディレクトリが "application" のとき，ディレクトリ "system" のファイル "prog1" を指定する場合は，次のようになります。

..￥system￥prog1

東京駅を基点として道案内する場合，「東京駅から西に進んで一つ目の角を右に～」など，自分のいる場所に関係しない説明が絶対パスね

 逆に「ここから東に行って，突き当たりを右に～」など，自分の今いる場所によって，説明が変わるのが相対パスだね

ファイル
拡張子▶ **(3) ファイル拡張子**

　ファイルは個々にファイル名を付けて管理されます。このとき，ファイル名の後に "."（ピリオド，ドット）を区切り記号として，ファイルの種類を表す記号（ファイル拡張子）を付けることができます。

　具体的な拡張子としては，実行できるプログラムを示す "exe" や，文字だけで構成される "txt"，画像ファイルの "jpg" や "jpeg"，表計算ソフトのデータを示す "xls" や "xlsx" などのほか，非常に多くの種類があります。

（例）file1.txt，prog1.exe，ITECmarc.jpg，sale2023.xlsx

ワイルド
カード▶

(4) ワイルドカード

　ファイルを検索する際などに，目的のファイルの名前をはっきり覚え
ていない場合や，似た名前のファイルを一度に見つけたい場合に利用す
る特別な記号のことで，次のようなものがあります。

●Windowsなどで使用されるワイルドカード

*	0文字以上の任意の文字列を表す。
?	1文字の任意の文字を表す。

●データベース操作言語で使用されるワイルドカード

%	0文字以上の任意の文字列を表す。
＿(アンダーバー)	1文字の任意の文字を表す。

表　ワイルドカード

（例）　program，prog1，prog2，prog3，proabc というファイル
　　　があったとき，
・「prog*」で検索すると，program，prog1，prog2，prog3 の四つ
　のファイルが検索されます。
・「prog ?」で検索すると，prog1，prog2，prog3 の三つのファイ
　ルが検索されます。

4 　アプリケーションソフトウェア

(1) 表計算ソフト

　数値データの集計，分析に用いる表を作成します。縦横に並んだマス
目（セル）にデータや数式，関数を入力していくと，自動的に数式や関
数を分析して計算してくれます。表からグラフを作成したり，データベー
スのように検索できたりするなど，機能が豊富になっています。

(2) 文書作成ソフト（ワープロ）

　文書を作成，編集して印刷するためのソフトウェアです。文字のフォ
ントや大きさを調整したり，文章の合間に罫線や表や図を埋め込んだり，
字送りや行間の調整をしたりといった機能をもっています。図や表を埋
め込んだり，凝った飾りを付けたりするなど，機能が進歩しています。

(3) データベースソフト

　データを蓄積し，様々な条件でデータを抽出したり，加工したりできるソフトウェアです。住所録や，顧客管理など，多様な用途に利用されています。業務処理と同じ複雑な計算処理や帳票作成もできるので，データベースソフトを利用して業務改善を行うユーザーも数多くいます。

(4) プレゼンテーションソフト

　プレゼンテーション用の資料を，PC 上で作成するためのソフトウェアです。文字以外にグラフや表，画像なども挿入できます。プレゼンテーションをわかりやすく実施できるため，幅広く利用されています。

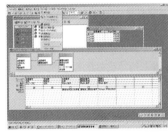
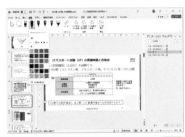

図　データベースソフトの画面　　図　プレゼンテーションソフトの画面

(5) Web ブラウザ（WWW ブラウザ）

　Web サーバから送られてきた HTML 文書の内容に従って Web ページを表示したり，他のページにリンクする役割をもつソフトウェアです。browse（閲覧する）の名詞 browser（閲覧ソフト）からきた用語です。

　最近の PC やスマートフォンは，最初から Web ブラウザがインストールされていて，すぐに使えるようになっている場合が多いね
　代表的なものは，マイクロソフト社の Edge や，アップル社の Safari かな
　次に学習するオープンソースソフトウェアにも Web ブラウザがあるよ

8

5　オープンソースソフトウェア（OSS）

　　幅広く使われるソフトウェアは，ソフトウェア開発会社によって開発・
販売されるのが普通でした。また，コンピュータを利用する上で便利な
ソフトウェアはパブリックドメインソフトウェア（無料，著作権放棄），
フリーソフト（無料），**シェアウェア**（試用は無料で，通常使用は有料）
などの形でも提供されてきました。

フリーソフト▶
シェアウェア▶
オープン
ソース
ソフトウェア▶
OSS▶

　　このような状況の中で，**オープンソースソフトウェア**（OSS：Open
Source Software）は利用が広がっているソフトウェアで，次のよう
な特徴があります。いろいろな団体が利用の促進を図っています。

(1) オープンソースソフトウェア（OSS）の特徴と定義
① OSS の特徴
・プログラムのソースコードが入手できる（ソースコードの開示）。
・プログラムの改良や改変を行うことができる。
・プログラムのコピーや配布を自由に行える。
・利用目的に制限がなく，商用目的の利用や有償販売も可能。

> OSS を推進することによって，特定のソフトウェアだけが独占的に利用される
> 弊害をなくす目的もあるといわれているわね

② OSS の定義
　　OSS の推進を目的とした非営利団体である OSI（Open Source
Initiative）は，次の 10 個の要件を挙げています。

```
OSS の定義
 1）自由な再頒布
 2）ソースコードの開示
 3）改変，派生の自由
 4）原著作物の一意性保持
 5）特定人物，団体への頒布制限の禁止
 6）特定用途への頒布制限の禁止
 7）追加ライセンス条項の禁止
 8）特定製品への依存禁止
 9）他のソフトウェアへの制約禁止
10）特定技術要素への依存禁止
                    （アイテックで要約）
```

(2) OSS の種類

OSS として提供されているソフトウェアは様々な分野にわたっていますが，そのはしりは，基本ソフトとして有名な Linux でしょう。このほか，サーバ用の管理ソフト，データベース，スクリプト言語など様々なものがあります。代表的なソフトウェアの種類は，次のとおりです。

①基本ソフトウェア（オペレーティングシステム）

Linux ▶
Android ▶

Linux，FreeBSD，Red Hat Linux，Android（スマートフォン向け）など

Apache
HTTP
Server ▶

②サーバソフトウェア

Apache HTTP Server（Web サーバ用），BIND（DNS サーバ），Tomcat（アプリケーションサーバ用），Samba（ファイル共用）など

③データベース管理

MySQL ▶

MySQL（MySQL社が商用サポート），PostgreSQL（国内で人気）など

④オフィス系ソフトウェア

Firefox ▶
Thunderbird ▶

Firefox（Web ブラウザ），Thunderbird（メールソフト），GIMP（グラフィックソフトウェア），OpenOffice.org（ワープロ，表計算，プレゼンテーションを含む統合オフィスソフト）

⑤プログラム言語

Perl（スクリプト言語），PHP（HTML に埋め込むスクリプト言語），Python（オブジェクト指向言語，急速に普及）

身近なものでは，Mozilla Foundation（モジラ・ファウンデーション）が提供するメールソフトの Thunderbird や，Web ブラウザの Firefox かな

8

8.4

ハードウェア

　主なハードウェアの説明は、「8.1　コンピュータ構成要素」でしたので、ここでは、半導体記憶素子や論理回路について説明しますね。

　半導体っていうのは、実は、「半」と「導体」がくっ付いた言葉だって知っていましたか？　電気を通す「導体」と通さない「絶縁体」の真ん中の存在だからこう呼ぶのです。

　この性質が、情報を記憶させたり、論理演算をさせたりするのに、とっても役立つのです。

1　半導体メモリ

　コンピュータの記憶装置は、半導体メモリ（IC メモリ）で構成されているものがあります。ここでは、記憶装置を構成する半導体メモリの中で基本的なものの種類と特徴について学びます。

RAM ▶　**(1) RAM（Random Access Memory；ラム）**

　読出しだけではなく、書込みも自由にできるメモリです。

DRAM ▶　**① DRAM（Dynamic RAM；ディーラム）**

　電荷によって情報の記憶が行われます。電荷は時間とともに減少することから、一定時間ごとに記憶保持のための再書込み（**リフレッシュ**）
リフレッシュ ▶　を行う必要があります。このため、コンピュータの電源を切ると記憶
揮発性 ▶　内容は消えてしまいます（**揮発性**）。しかし、SRAM と比較して回路が単純で集積度も簡単に上げることができ、価格も安いため、コンピュータの主記憶装置には DRAM が使用されています。

SDRAM ▶　現在は、CPU と同期を取って動作する **SDRAM**（Synchronous
シンクロナス
DRAM ▶　DRAM：**シンクロナス DRAM**）が主流になっていて、**DDR**
DDR
SDRAM ▶　**SDRAM**（Double Data Rate SDRAM）は SDRAM の 2 倍の速度で動作します。なお、最新の DDR4 SDRAM は、DDR SDRAM の 8 倍の速度で動作します。

SRAM ▶ **②SRAM（Static RAM；エスラム）**

記憶保持のためのリフレッシュが不要で，高速に動作することから
キャッシュメモリで使われています。回路構成が複雑で，DRAM と
比較して集積度を上げにくく，高価であるという特徴もあります。

ROM ▶ **(2) ROM（Read Only Memory；ロム）**

不揮発性 ▶ 電源を切っても記憶内容が消えない**不揮発性**の読出し専用メモリで
す。コンピュータを制御するプログラムの記憶用のほか，データやプロ
グラムをコンピュータ外部で保管する場合などに利用します。

マスク ROM ▶ **①マスク ROM（mask ROM；マスクロム）**

製造時に一度だけデータが書き込まれている ROM のことです。後
から内容を書き込んだり書き換えたりすることはできません。製造後
に修正ができない反面，PROM（Programmable ROM）に比べて
製造コストが安価なため，十分な利用期間と需要が見込まれる場合に
用いられます。

EEPROM ▶ **②EEPROM（Electrical Erasable Programmable ROM；
イーイーピーロム）**

電気的にデータを消去し，内容を書き換えられる ROM です。

フラッシュ
メモリ ▶ **③フラッシュメモリ**

電源を切ってもデータが消えない，不揮発性の記憶素子です。通常，
ブロックというまとまった単位でデータの読み書きを行います。

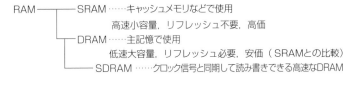

RAM ┬─ SRAM ……キャッシュメモリなどで使用
　　　│　　　　　　高速小容量，リフレッシュ不要，高価
　　　├─ DRAM ……主記憶で使用
　　　│　　　　　　低速大容量，リフレッシュ必要，安価（SRAMとの比較）
　　　└── SDRAM ……クロック信号と同期して読み書きできる高速なDRAM

ROM ┬─ マスクROM ……工場出荷時に書込み
　　　└─ プログラマブルROM
　　　　　├── PROM ……ロムライタを使って情報書込み，消去不可
　　　　　├── EPROM ……紫外線によって内容消去
　　　　　└── EEPROM ……高電圧によって内容消去

※フラッシュメモリは EEPROM の応用（安価，PC・スマートフォン用）

図　記憶素子の分類

8

2 論理回路

論理演算回路▶ **(1) 論理演算回路**

論理演算を行うための電子回路で，演算装置の中枢となる要素です。

論理演算回路の記号である MIL 記号（ミル記号：米国の軍事規格）を使って表わされる場合もあります。

論理演算の入力値（MIL 記号中の A，B）と結果（右側の出力 X）の関係を表した論理演算の定義は，条件に応じて処理内容を変えるプログラム作成で，大切な知識なので覚えておいてください。

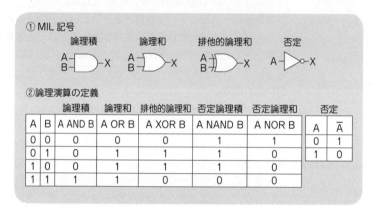

① MIL 記号

論理積　　　論理和　　　排他的論理和　　　否定

② 論理演算の定義

A	B	論理積 A AND B	論理和 A OR B	排他的論理和 A XOR B	否定論理積 A NAND B	否定論理和 A NOR B		A	否定 $\overline{A}$
0	0	0	0	0	1	1		0	1
0	1	0	1	1	1	0		1	0
1	0	0	1	1	1	0			
1	1	1	1	0	0	0			

図 MIL 記号と論理演算の定義

(2) 記憶回路と半導体チップ

フリップ
フロップ回路▶ **① フリップフロップ回路**

ビットが 1 か 0 のどちらかの状態を安定してもち続ける記憶回路で，SRAM に使われています。なお，DRAM は，コンデンサとトランジスタの組合せで構成されています。

SoC ▶ **② SoC（System on a Chip）**

システムの動作に必要なすべての機能を，一つの半導体チップに集積したものです。プロセッサやメモリなどが統合されています。SoC を使うことで，装置の小型化や製造コストの低減を実現します。

確認問題

[8.1 コンピュータ構成要素]

問 8 - 1

(H31春-IP 問66)

値の小さな数や大きな数を分かりやすく表現するために，接頭語が用いられる。例えば，10^{-3} と 10^3 を表すのに，それぞれ "m" と "k" が用いられる。10^{-9} と 10^9 を表すのに用いられる接頭語はどれか。

ア n と G　　　イ n と M　　　ウ p と G　　　エ p と M

問 8 - 2

(R3春-IP 問90)

CPU のクロックに関する説明のうち，適切なものはどれか。

ア USB 接続された周辺機器と CPU の間のデータ転送速度は，クロックの周波数によって決まる。
イ クロックの間隔が短いほど命令実行に時間が掛かる。
ウ クロックは，次に実行すべき命令の格納位置を記録する。
エ クロックは，命令実行のタイミングを調整する。

問 8 - 3

(R1秋-IP 問60)

コンピュータの記憶階層におけるキャッシュメモリ，主記憶及び補助記憶と，それぞれに用いられる記憶装置の組合せとして，適切なものはどれか。

	キャッシュメモリ	主記憶	補助記憶
ア	DRAM	HDD	DVD
イ	DRAM	SSD	SRAM
ウ	SRAM	DRAM	SSD
エ	SRAM	HDD	DRAM

問 8 - 4
(R3春-IP 問66)

RGB の各色の階調を，それぞれ 3 桁の 2 進数で表す場合，混色によって表すことができる色は何通りか。

　ア　8　　　　　　　イ　24　　　　　　ウ　256　　　　　エ　512

問 8 - 5
(R4春-IP 問94)

インクジェットプリンタの印字方式を説明したものはどれか。

　ア　インクの微細な粒子を用紙に直接吹き付けて印字する。
　イ　インクリボンを印字用のワイヤなどで用紙に打ち付けて印字する。
　ウ　熱で溶けるインクを印字ヘッドで加熱して用紙に印字する。
　エ　レーザ光によって感光体にトナーを付着させて用紙に印字する。

問 8 - 6
(R3春-IP 問72)

IoT デバイスと IoT サーバで構成され，IoT デバイスが計測した外気温を IoT サーバへ送り，IoT サーバからの指示で窓を開閉するシステムがある。このシステムの IoT デバイスに搭載されて，窓を開閉する役割をもつものはどれか。

　ア　アクチュエータ　　　　　　　　イ　エッジコンピューティング
　ウ　キャリアアグリゲーション　　　エ　センサ

問 8 - 7
(H30秋-IP 問66)

NFC に関する記述として，適切なものはどれか。

　ア　10cm 程度の近距離での通信を行うものであり，IC カードや IC タグのデータの読み書きに利用されている。
　イ　数十ｍのエリアで通信を行うことができ，無線 LAN に利用されている。
　ウ　赤外線を利用して通信を行うものであり，携帯電話のデータ交換などに利用されている。
　エ　複数の人工衛星からの電波を受信することができ，カーナビの位置計測に利用されている。

[8.2　システム構成要素]
問 8 - 8
(R1秋-IP 問74)

　サーバ仮想化の特長として，適切なものはどれか。

ア　1 台のコンピュータを複数台のサーバであるかのように動作させることができるので，物理的資源を需要に応じて柔軟に配分することができる。

イ　コンピュータの機能をもったブレードを必要な数だけ筐体に差し込んでサーバを構成するので，柔軟に台数を増減することができる。

ウ　サーバを構成するコンピュータを他のサーバと接続せずに利用するので，セキュリティを向上させることができる。

エ　サーバを構成する複数のコンピュータが同じ処理を実行して処理結果を照合するので，信頼性を向上させることができる。

問 8 - 9
(R3春-IP 問82)

　ネットワークに接続した複数のコンピュータで並列処理を行うことによって，仮想的に高い処理能力をもつコンピュータとして利用する方式はどれか。

ア　ウェアラブルコンピューティング　　イ　グリッドコンピューティング
ウ　モバイルコンピューティング　　　　エ　ユビキタスコンピューティング

問 8 -10
(H26秋-IP 問84)

　図のような構成の二つのシステムがある。システム X と Y の稼働率を同じにするためには，装置 C の稼働率を幾らにすればよいか。ここで，システム Y は並列に接続した装置 B と装置 C のどちらか一つでも稼働していれば正常に稼働しているものとし，装置 A の稼働率を 0.8，装置 B の稼働率を 0.6 とする。

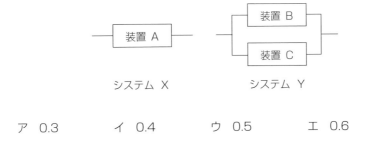

ア　0.3　　　　　イ　0.4　　　　　ウ　0.5　　　　　エ　0.6

[8.3 ソフトウェア]

問8-11

（H25秋-IP 問70）

OS に関する記述のうち，適切なものはどれか。

ア　1台のPCに複数のOSをインストールしておき，起動時にOSを選択できる。

イ　OSはPCを起動させるためのアプリケーションプログラムであり，PCの起動後は，OSは機能を停止する。

ウ　OSはグラフィカルなインタフェースをもつ必要があり，全ての操作は，そのインタフェースで行う。

エ　OSは，ハードディスクドライブだけから起動することになっている。

問8-12

（R1秋-IP 問83）

ファイルの階層構造に関する次の記述中の a，b に入れる字句の適切な組合せはどれか。

階層型ファイルシステムにおいて，最上位の階層のディレクトリを ［ a ］ ディレクトリという。ファイルの指定方法として，カレントディレクトリを基点として目的のファイルまでのすべてのパスを記述する方法と，ルートディレクトリを基点として目的のファイルまでの全てのパスを記述する方法がある。ルートディレクトリを基点としたファイルの指定方法を ［ b ］ パス指定という。

	a	b
ア	カレント	絶対
イ	カレント	相対
ウ	ルート	絶対
エ	ルート	相対

問8-13
(R1秋-IP 問99)

ワイルドカードに関する次の記述中の a, b に入れる字句の適切な組合せはどれか。

　任意の1文字を表す "?" と，長さゼロ以上の任意の文字列を表す "*" を使った文字列の検索について考える。　　a　　では，"データ" を含む全ての文字列が該当する。また，　b　　では，"データ" で終わる全ての文字列が該当する。

	a	b
ア	? データ *	? データ
イ	? データ *	* データ
ウ	* データ *	? データ
エ	* データ *	* データ

問8-14
(R3春-IP 問78)

OSS（Open Source Software）に関する記述として，適切なものはどれか。

ア　ソースコードを公開しているソフトウェアは，全て OSS である。
イ　著作権が放棄されており，誰でも自由に利用可能である。
ウ　どのソフトウェアも，個人が無償で開発している。
エ　利用に当たり，有償サポートが提供される製品がある。

[8.4　ハードウェア]

問8-15
(R2-IP 問79)

次の①～④のうち，電源供給が途絶えると記憶内容が消える揮発性のメモリだけを全て挙げたものはどれか。

① DRAM
② ROM
③ SRAM
④ SSD

ア　①, ②　　　　　イ　①, ③　　　　　ウ　②, ④　　　　　エ　③, ④

第8部　確認問題　解答・解説

問8-1　ア　　　　　　　　　　　　　　　　　　　　　数を分かりやすく表現するための接頭語 (H31春-IP 問66)

各接頭語が 10 の何乗になるかを正確に覚えておく必要があります。主な接頭語として次のものがあります。

テラ (T)	10^{12}		ミリ (m)	10^{-3}
ギガ (G)	10^9		マイクロ (μ)	10^{-6}
メガ (M)	10^6		ナノ (n)	10^{-9}
キロ (k)	10^3		ピコ (p)	10^{-12}

問題文にあるように，10^{-3} はミリ (m)，10^3 はキロ (k) を表しています。10^{-9} と 10^9 は，ナノ (n) とギガ (G) を表しているため，(ア) が正解です。

問8-2　エ　　　　　　　　　　　　　　　　　　　　　　　CPUのクロックに関する説明 (R3春-IP 問90)

CPU のクロックは，CPU 内の各構成要素のタイミング合わせのために利用される信号です。したがって，(エ) が適切です。

ア：CPU と主記憶や周辺装置とのデータ転送でもタイミング合わせは必要ですが，そこでは CPU のクロックとは別にバスのクロックが利用されます。

イ：同じ種類の CPU であれば，このクロックが高いほど，つまり，クロックの間隔が短いほど処理性能が高いため，命令実行に時間が掛からなくなります。

ウ：CPU 内のレジスタの一種，プログラムカウンタの役割です。

問8-3　ウ　　　　　　　　　　　　　　　　　　　　記憶階層における記憶装置の組合せ (R1秋-IP 問60)

コンピュータの記憶装置には幾つかの階層があり，「読み書きの速度は早いが記憶容量が小さいもの」から「読み書きの速度は遅いが記憶容量が大きい」ものまでの階層分けとなります。コンピュータの記憶装置は，次の表のように分類でき，(ウ) が適切です。

名称	設置箇所	特長
キャッシュメモリ	一次キャッシュは CPU の中	極めて高速，SRAM (Static Random Access Memory) で構成される
主記憶（メモリ）	コンピュータの基板上	高速，DRAM (Dynamic Random Access Memory) で構成される
補助記憶装置 (HDD，SSD，DVD)	コンピュータの筐体内部	SRAM，DRAM と比べて低速

問8-4　エ　　　　　　　　　　　　　　　RGBで混色によって表すことができる色数（R3春-IP 問66）

　RGBは，光の三原色であるR（Red），G（Green），B（Blue）を表しています。それ
ぞれを3桁の2進数で表す場合，一つの原色当たり2^3で8段階となり，これが三つ（三原
色）あるため，8^3（$8 \times 8 \times 8$）の512通りの色を表現できることになります。したがって，
（エ）が正解です。

問8-5　ア　　　　　　　　　　　　　　インクジェットプリンタの印字方式（R4春-IP 問94）

　インクジェットプリンタは，ノズルからインクの微細な粒子を用紙に直接吹き付けて印字
するプリンタです。したがって，（ア）が正解です。

イ：インパクトプリンタの印字方式に関する説明です。

ウ：感熱式プリンタの印字方式に関する説明です。

エ：レーザプリンタの印字方式に関する説明です。

問8-6　ア　　　　　　　　IoTデバイスに搭載され窓を開閉する役割をもつもの（R3春-IP 問72）

　窓の開閉など，物理的な運動を行うための装置をアクチュエータといいます。アクチュエー
タとは，電気的な命令によって，ある回数の回転やある角度の動作を行うモータの一種です。
アクチュエータの役割は，電気信号を機械エネルギーに変換することです。したがって，（ア）
が正解です。

イ：エッジコンピューティングは，データを得るIoTデバイス（センサ端末）の近くで処理
　　を行い，結果だけをサーバに送る手法です。これによって，ネットワークの距離に応じて
　　生じるデータ転送の遅延を短縮し，ネットワーク負荷を少なくすることができます。

ウ：キャリアアグリゲーションは，無線通信において複数の搬送波（キャリア）を束ねるこ
　　とで1本の論理的な通信路とし，高速通信を実現する技術を指します。

エ：センサは，主に自然界の事象を感知するための装置です。温度センサや湿度センサのほか，
　　加速度を感知するための加速度センサ，いわゆる電子コンパスと呼ばれる地磁気センサ，
　　人が近付いてきたことを検知する人感センサなど，様々な種類のセンサが製品化されてい
　　ます。

8

問8-7　ア　　　　　　　　　　　　　　　　　　　　NFC（H30秋-IP 問66）

　NFC（Near Field Communication）は，その名のとおり近距離での通信規格です。具体的には，非接触ICカードや，スマートフォンの非接触IC決済（おサイフケータイ機能）などがあり，10cm程度の近距離で通信を行うことで電子マネー機能などを実現しています。したがって，（ア）が適切です。

イ：IEEE 802.11 シリーズや，Wi-Fiとして標準化された無線通信規格に関する説明です。

ウ：IrDA（Infrared Data Association）に関する説明です。

エ：GPS（Global Positioning System）に関する説明です。

問8-8　ア　　　　　　　　　　　　　　　　　サーバ仮想化の特長（R1秋-IP 問74）

　サーバの仮想化は，主に1台の物理サーバ上で複数の論理的なサーバを稼働させる目的で利用されています。サーバを置くスペースや消費電力を削減できるほか，物理的資源を，需要に応じて配分を変化させることができます。したがって，（ア）が適切です。

イ：ブレードサーバに関する記述です。ブレードは，筐体（箱）に抜き差しできるサーバのことです。

ウ：スタンドアロンサーバに関する記述です。

エ：デュアルシステムに関する記述です。

問8-9　イ　　　　　　　仮想的に高い処理能力をもつコンピュータとして利用する方式（R3春-IP 問82）

　ネットワークを介して複数のコンピュータを結ぶことで仮想的に高性能コンピュータを作り，利用者はそこから必要なだけ，処理能力や記憶容量を取り出して使う方式をグリッドコンピューティングといいます。

　この仮想的なコンピュータを構成するプロセッサは，PCから大型コンピュータまで種類は様々なものでよく，それぞれのプロセッサに処理を分散して，大規模な一つの処理を行うことができます。したがって，（イ）が正解です。

ア：ウェアラブルは「装着できる」という意味です。ウェアラブルデバイスは身体に装着して使用するデバイスで，これをコンピュータとして利用する方式がウェアラブルコンピューティングです。最近では，血圧や体温，脈拍などの情報を収集して健康管理に活用するスマートウォッチや，電子マネー機能，GPS機能などを利用した機器が普及しています。

ウ：スマートフォン，タブレットPC（ノートPC）などをモバイル端末として利用する方式をモバイルコンピューティングといいます。

エ：生活環境の中にコンピュータとネットワークが組み込まれ，コンピュータの存在を意識することなく，コンピュータの機能をどこにいても自由に利用できる方式をユビキタスコンピューティングといいます。

問8-10　ウ　　　　　　　　　　　　　　　　　　　システムの稼働率（H26秋-IP 問84）

　システムの稼働率は，次の式で求められます。

・装置SとTが直列に接続されている場合：

　　　（装置Sの稼働率）×（装置Tの稼働率）

・装置SとTが並列に接続されている場合：

　　　1－（1－装置Sの稼働率）×（1－装置Tの稼働率）

　システムYでは装置Bと装置Cが並列に接続されているので，システムYの稼働率は，

　　　1－（1－0.6）×（1－装置Cの稼働率）となります。

　システムXは，装置Aだけなので，稼働率は，装置A自身の稼働率の0.8です。

　これらのことから，システムXとYの稼働率を同じにするためには，

　　　1－（1－0.6）×（1－装置Cの稼働率）＝0.8

となる装置Cの稼働率を求めればよいことになります。この式の計算を進めると，

　　　1－0.4×（1－装置Cの稼働率）＝0.8

　　　1－0.4＋0.4×装置Cの稼働率＝0.8

となります。この式を変形すると，

　　　装置Cの稼働率＝（0.8－1＋0.4）÷0.4＝0.5

となるので，装置Cの稼働率を0.5にすればよいことが分かります。したがって，（ウ）が
正解です。

（確認）

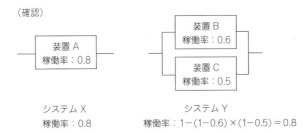

　　　システムX　　　　　　　　システムY
　　　稼働率：0.8　　　　稼働率：1－（1－0.6）×（1－0.5）＝0.8

問8-11　ア　　　　　　　　　　　　　　　　　　　OSに関する記述（H25秋-IP 問70）

　OS（Operating System）は，キーボード入力，メモリ管理，ディスプレイへの表示など，
コンピュータに必要な基本的な処理機能を提供します。1台のPCに複数のOSをインストー
ルしておき，起動時にOSを選択することもできるので，（ア）が適切です。

イ：OSはPCを稼働させるための基本ソフトウェアであり，PCの起動後もOSは機能し
　　続けます。

ウ：OSは必ずしもグラフィカルなインタフェースをもつ必要はなく，コマンドを入力して
　　行うことができる操作もあります。

エ：OSは，ハードディスクドライブだけでなく，USBやCD，DVDドライブから起動す
　　ることも可能です。特にハードディスクに障害が発生したときには，別の媒体からOSを
　　起動する必要があります。

問8-12　ウ

　階層型ファイルシステムでは，ファイルを格納するディレクトリを関連するもの同士を階層的につなげて管理します。ディレクトリの下にはファイル以外に別のディレクトリも格納することができます。

　階層型ファイルシステムの最上位に位置するディレクトリを「ルートディレクトリ」といいます。これに対して，利用者が現在参照しているディレクトリを「カレントディレクトリ」といい，このカレントディレクトリを基点として目的のファイルまでの全てのパスを記述する方法が相対パス指定です。

　そして，ルートディレクトリを基点として目的のファイルまでのすべてのパスを記述する方法が絶対パス指定なので，空欄 a には「ルート」，空欄 b には「絶対」が入り，（ウ）が適切な組合せです。

問8-13　エ

　ワイルドカードとは，任意の1文字や文字列を特殊文字で表現する際の，特殊文字を指す用語です。この問題では"?"が任意の1文字，"*"が長さゼロ以上の任意の文字列を表すとあるので，このルールに沿って文字列"データ"がどのように抽出されるかを見ていく必要があります。

　"データ"を含む全ての文字列を検索したければ"*データ*"と記載する必要があります。また，文字列の最後が"データ"で終わる全ての文字列を検索する場合は，"*データ"と記載する必要があります。したがって，（エ）が適切な組合せです。

問8-14 エ　　　　　　　　　　　　　　　　　　　　　OSSに関する記述（R3春-IP 問78）

　OSS（Open Source Software）として提供されるソフトウェアは，ソースコードが公開されていますが，著作権が放棄されているわけではないので，利用に際してはライセンス規約に従う必要があります。OSS は，有志グループが主体となって無償で開発している場合もあれば，企業が営利目的で開発している場合もあります。

　ソフトウェア自体は OSS として無償提供していても，実際の業務システムに組み込んで利用するためのコンサルテーションや保守サービスを有償で行ったりする場合があります。代表的な例として，業務用サーバの主要 OS の一つである Red Hat Enterprise Linux が挙げられます。したがって，（エ）が適切です。

ア：ソースコードが公開されているソフトウェアが全て OSS とは限りません。例えば，パブリックドメインソフトウェア（PDS）は，ソースコードが公開されている場合が多いですが，OSS ではありません。

イ：いずれの OSS も著作権を放棄するものではありません。著作権を放棄したものは，パブリックドメインソフトウェアと呼ばれます。

ウ：個人が無償で開発している OSS もありますが，利用実績が高い OSS の多くは，企業や団体などで開発されています。

問8-15 イ　　　　　　　　　　　　　　　　　　　　　　揮発性のメモリ（R2-IP 問79）

　電源供給が途絶えると記憶内容が消えるメモリは，① DRAM と③ SRAM で，このような記憶素子の性質を揮発性といいます。したがって，（イ）が正解です。

　SRAM は，CPU 内のキャッシュメモリなどに使用されている記憶素子で，DRAM よりも高速な動作が可能ですが，消費電力が DRAM よりも多く，製造コストも高いため，キャッシュメモリなど，比較的容量の小さい記憶装置に使用されます。

　一方で，② ROM は CD-ROM や DVD-ROM などのように，電源供給が途絶えても記憶内容が消えない不揮発性の性質をもちます。不揮発性メモリには，EEPROM のようにデータを消して書き換えられるものも含まれます。このメモリは電源供給が途絶えてもデータは消えません。④ SSD（ソリッドステートドライブ）は HDD（ハードディスクドライブ）の代替として利用されている補助記憶装置で，電源供給が途絶えても記憶内容を保持します。

8

第9部

技術要素

情報デザイン，情報メディアという技術要素が登場します。また，わかっているようで，説明がしにくいデータベース，ネットワーク，情報セキュリティについても把握しておきましょう。

9.1 情報デザイン

　ITシステムの発展に伴い，コンピュータ端末の種類や取り扱われるデータも多種多様なものになってきました。このため，情報をどのような構造で扱い，どのように可視化（図や表，あるいは画面構成で利用者に見せること）するかという点が重要になりました。ここでは，可視化だけではなく，ITシステムを操作するためのヒューマンインタフェースの種類や設計思想について学習します。

1　情報デザインの考え方や手法

(1) 情報デザインとは

　目的や受け手の状況に応じて正確に情報を伝えたり，操作性を高めたりするための考え方や手法です。

デザインの原則▶

①デザインの原則

　次の四つの原則にのっとることで，情報の表示を見やすくわかりやすくする考え方です。

(a) 近接：関連する要素を近付けてまとまりにする。

(b) 整列：要素や要素のまとまりの並びを整列する。

(c) 反復：同じ種類の要素や要素のまとまりを繰り返し並べる。

(d) 対比：要素間の違いがわかりやすくなるように並べる。

構造化シナリオ法▶

②構造化シナリオ法

ペルソナ▶

　デザインをする上で，それを目にする人の本質的な要求やペルソナを作り，そこから具体的な表示要素の位置や画面遷移，図表の使い方などを設計していく手法です。なお，ペルソナとは，一般消費者向けの広告などの情報表示の場合，その情報の受け手の年代や性別，居住地域，家族構成，交友関係，趣味などを想定したものを指し，業務用のシステムの画面や帳票デザインの場合，利用者の立場や職位，業務内容，業務の流れなどを想定したものを指します。

UXデザイン▶
③ UXデザイン（User Experience デザイン）

　UX（ユーザー体験）は，製品やシステム・サービスを利用して出てくる人間の反応のことで，利用者の満足感や感動などを初めから意識して設計することをUXデザインといいます。例えば，画面でアニメーションを使ってわかりやすく操作方法を表示したり，利用するたびにスタンプが増えてプレゼントがもらえたりなど，ユーザーが楽しく利用できるような工夫を行います。

バリアフリー▶
(2) バリアフリー

　障害のある人や高齢者などハンディキャップをもつ人に対して，障壁（バリア）のない設計をしようという考え方です。建造物の設計でいうバリアフリーと同じで，コンピュータの世界では，色覚障害のある人が識別の難しい緑と赤の色の違いを情報の表現手段として極力使わない配慮や，聴覚障害のある人が操作中に起きたエラーに気付くように，通知音だけでなく，画面上のアクションとして目立たせて表示するといった
情報
バリアフリー▶
配慮を行います。これらを**情報バリアフリー**といいます。

(3) ユニバーサルデザイン

　年齢や能力，文化にかかわりなく，すべての人が障壁なく利用できる設計をするという思想です。例えば，ボタンに日本語で「削除」とある場合，日本語がわかる人にしか理解できませんが，ごみ箱の絵をアイコンなどで表現することによって，世界中の人が機能の概要を把握できる
ユニバーサル
デザイン▶
ようになります。このような設計が，**ユニバーサルデザイン**といえます。ユニバーサルデザインの具体的な手法として
ピクトグラム▶
インフォ
グラフィックス▶
は，記号としての**ピクトグラム**やグラフ，図解化した表現の**インフォグラフィックス**が挙げられます。どちらも，示したいものごとを文字ではなく図形で示すことで，言語が異なる利用者に直感的にも意味が通じることを目的としています。ピクトグラムとしては，エスカレーターを示す標識の図形や，禁煙を示す図形が代表例として挙げられます。

図　エスカレーター

図　禁煙

誰もが見やすく／わかりやすい情報の配置を心がけるということだね

9

2　インタフェース設計

ヒューマン
インタフェース▶　**(1) ヒューマンインタフェース**

　　インタフェースという用語はもともと"境界"を表す用語ですが，IT分野では境界をつなぐ技術，境界を意識させずに使えるような見せる技術，操作する技術など，境界周辺の技術を指します。このうち，ヒューマンインターフェースは，機械（コンピュータ）と人間のインタフェースを指します。

入力設計▶　**(2) 入力設計**

　　利用者がシステムにデータを入力したり，どのように処理の指示を行ったりするかを決めることです。

　　データの入力方式としては，即座に入力するオンライン入力方式が主流です。入力方式が決定したら，システム全体でどのような入力画面が

メニュー
階層図▶　必要かを洗い出し，それを**メニュー階層図**にします。

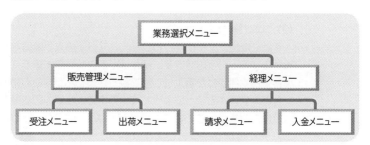

図　メニュー階層図の例

画面遷移図▶　次に，どの画面からどの画面に移るのかを示す**画面遷移図**を作成します。

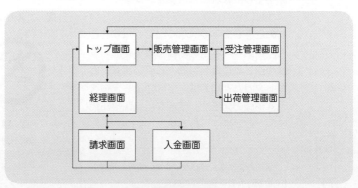

図　画面遷移図の例

(3) 画面設計

メニュー階層図，画面遷移図ができたら，個々の画面の設計を行います。個々の画面では，最初に入力項目を洗い出し，それを画面に配置します。利用者がスムースに入力できるように，次の点に留意します。

・入力は，画面の左上から右下に順番に行えるようにし，操作が逆戻りすることがないようにする。

・色や罫線などをうまく使って，重要な項目は区別がつくようにする。

ヘルプ機能▶ ・**ヘルプ機能**やガイダンス機能を使って，操作をわかりやすくする。

・警告音などを利用して，入力エラーはすぐにわかるようにする。

・プルダウンメニューやポップアップメニューなどの GUI 部品をうまく使って，入力が楽になるようにする。

チェック
ディジット▶ ・**チェックディジット**など，入力エラーを防ぐ仕組みを入れる。なお，チェックディジットは，入力データが正しいかどうかを判断するために，本来のデータとは別にチェック用のデータを付加したものです。

帳票設計▶ ### (4) 帳票設計

システムが出力する処理結果を利用者が見る帳票にどのように出力するかといったことを決めることです。出力する必要がある項目を洗い出し，それを帳票レイアウト上に配置していきます。このときの留意点としては，次のようなことがあります。

①用紙の選択

・用途に応じて専用用紙と汎用用紙を選択する。

②帳票レイアウトの設計

・出力する項目を必要なものに絞る。

・関連する項目は近くに並べる。

・ページや出力日付など，帳票に共通して印字する項目を決める。

・項目の印字位置，文字の大きさやフォント（字体）を統一する。

・1 ページに印字する行数，文字数を規定する。

・罫線の利用基準と，利用する場合の線の太さを統一する。

・複数の帳票がある場合は統一したルールで設計する。

Webデザイン▶ ### (5) Webデザイン

Web コンテンツの場合，不特定多数の人が利用することになりますが，社内システムと違って，全員に操作方法などを説明することはできません。また，Web ブラウザの種類によって表示の仕方が異なる場合もあるため，Web デザインでは，Web ブラウザへの対応やデザイン性も考慮する必要があります。

9

　Webデザインは，これらを考慮して画面設計を行うことを指し，ホームページなどのWebページのデザインでは，サイト全体の印象を統一

CSS▶ するため，色調やデザインの表現に**CSS**（Cascading Style Sheets）と呼ばれるスタイルシートを使います。Webページのレイアウトや文字の大きさ，色といったデザインは，文字のデータと併せて

HTML▶ **HTML**（Hyper-Text Markup Language）という言語で記述します。

モバイル
ファースト▶ 　なお，Webデザインを行う際に，スマートフォン向けの画面サイズや操作性をPC向けのものよりも優先することを**モバイルファースト**といいます。

GUI▶ ## (6) GUI（Graphical User Interface）

　人間がPCやスマートフォンなどのコンピュータを操作する際に，画面にアイコンやマウスカーソルなどグラフィカル表示がされ，操作もマウスを操作したり，ディスプレイをタップしたりする形で操作できるものが現在では主流です。ここでは，GUIの画面を構成する要素の代表例を紹介します。

ウィンドウ▶ ### ①ウィンドウ

　ディスプレイに複数のメニューやソフトウェアの画面を表示させた枠のことで，窓のように見えることからこの名前が付いています。複数のソフトウェアを同時に実行できるコンピュータでは，いくつもの

マルチ
ウィンドウ▶ ウィンドウが表示できます。このことを**マルチウィンドウ**といいます。

図　マルチウィンドウ

メニュー▶ ②**メニュー**

コンピュータが受け付けられる処理や，発生した事態に対応できる処理の種類，処理の実行に必要な指定事項の詳細などを一覧にして画面に表示します。利用者は表示されているものの中から必要なものを選べばよく，操作が簡単で，間違いが少なくなります。

アイコン▶ ③**アイコン**

メニューやメッセージをわかりやすく表示するための図柄のことです。データや処理内容がわかるアイコンを使うことによって，文章に比べ，一見して理解できるので間違いが減り，操作が楽しくなるという効果もあります。

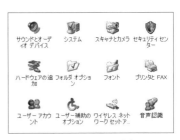

図　アイコンの例

これらの他にも次のような要素があります。

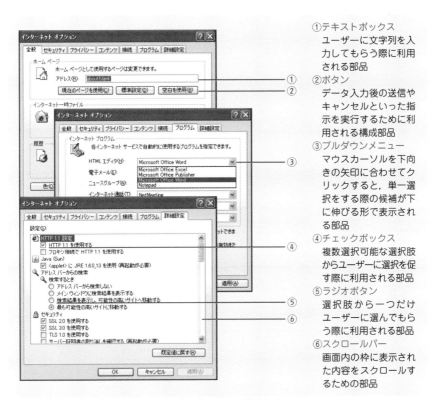

①テキストボックス

ユーザーに文字列を入力してもらう際に利用される部品

②ボタン

データ入力後の送信やキャンセルといった指示を実行するために利用される構成部品

③プルダウンメニュー

マウスカーソルを下向きの矢印に合わせてクリックすると，単一選択をする際の候補が下に伸びる形で表示される部品

④チェックボックス

複数選択可能な選択肢からユーザーに選択を促す際に利用される部品

⑤ラジオボタン

選択肢から一つだけユーザーに選んでもらう際に利用される部品

⑥スクロールバー

画面内の枠に表示された内容をスクロールするための部品

図　主な GUI 部品

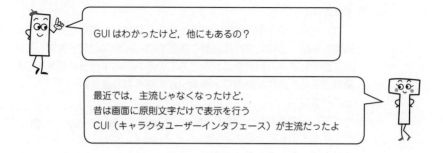

GUI はわかったけど，他にもあるの？

最近では，主流じゃなくなったけど，
昔は画面に原則文字だけで表示を行う
CUI（キャラクタユーザーインタフェース）が主流だったよ

ヘルプ▶ **(7) ヘルプ**

　コンピュータの操作方法や細かい指示内容をすべて覚えることは，利用者には負担となります。そこで，疑問が生じたときに，必要な情報をすぐに調べられるような機能をヘルプといいます。ソフトウェアは機能が豊富になったこともあり，ヘルプ機能も充実してきています。

ユーザビリティ▶ **(8) ユーザビリティ（usability）**

　使いやすさを表す用語です。一般の利用者が広く使うシステムでは，説明の表示方法やデータの入力方法などをわかりやすくし，優れたユーザビリティを提供する必要があります。

　ユーザビリティの指標としては，見やすさ，言葉のわかりやすさ，操作のやさしさ（覚えやすさ），使うまでの手間の少なさなどがあります。

アクセシ
ビリティ▶ **(9) アクセシビリティ（accessibility）**

　バリアフリーの考え方やユニバーサルデザインにおいて，多くの人が障壁なくシステムを使えるようにする工夫は，誰もが簡単にシステムを利用できるようにするためのものです。このような工夫や配慮によって，様々な立場の人が簡単にシステムや情報機器を活用できる環境のことをアクセシビリティといい，特にインターネットの情報の利用のしやすさ

Webアクセ
シビリティ▶ のことを **Webアクセシビリティ**といいます。

"ユーザビリティ"が，使いやすさ，わかりやすさを示すのに対して，
"アクセシビリティ"は様々な立場の人がいかに簡単に情報にアクセスできるか
（利用できるか）を示すよ

人間中心設計▶ **(10) 人間中心設計**

　システムを人間にとって使いやすく意義のあるものにしようという設計思想です。これを具体化するための手法には，国際標準規格としてのISO 9241-210:2019 お よ び そ の 国 内 規 格 版 で あ る JIS Z8530:2021 があります。そこでは，人間中心設計を次のように定義しています。

システムの利用に焦点を当て，人間工学（ユーザビリティを含む）の知識および技法とを適用することによって，インタラクティブシステムをより使やすくすることを目的とするシステムの設計及び開発へのアプローチ

図　JIS Z8530:2021 での「人間中心設計」の定義

　また，この標準規格の中では人間中心設計の六つの原則として次のことが示されています。

①ユーザー，タスク及び環境の明確な理解に基づいて設計

②設計と開発全体を通してユーザーが参加

③ユーザー中心の評価に基づいて設計を実施し，改良

④プロセスの繰り返し

⑤ユーザー体験全体を考慮して設計

⑥専門分野の技能及び視点を含む設計チーム

9.2

情報メディア

情報メディアは，コンピュータにおける，文字，写真，音声，音楽，動画などの表現方法を体系化した学習分野です。コンピュータが取り扱う情報がどのように分類され，どのような仕組みで取り扱われるのかを学習していきましょう。また，情報量が大きくなる文字以外の情報については，情報の圧縮と伸張を行うことが一般的になっているので，この圧縮・伸張についても学習していきましょう。

1 マルチメディア

マルチメディア▶ **(1) マルチメディア（multimedia）とは**

コンピュータ上で，文字，静止画，動画，音声など様々な形態の情報を統合して扱うことです。単に異なる複数の形式の情報を統合するだけでなく，利用者の操作に応じて情報の表示や再生方法が変わる双方向性（インタラクティブ性，または対話性）をもたせていることが多いです。

コンピュータ
グラフィックス▶ **(2) コンピュータグラフィックス（CG：Computer Graphics）**

CG▶ コンピュータを利用したマルチメディア処理は，特に CG を中心に発展してきました。CG 画像作成における基本的な手順は，次のようになります。
①モデリング……3 次元の形状を決める処理
②ジオメトリ処理……3 次元の形状を数値データ化する処理
レンダリング▶ ③**レンダリング**……数値データ化した画像をディスプレイに描画できるように映像化する処理

ストリーミング▶ **(3) ストリーミング**

ネットワークを通じて動画や音声データのやり取りをするとき，受信側でデータを受け取りながら，データの再生も合わせて行う方式のことです。

(4) 音声のデジタル化

音声のデジタル化は，次のような過程を通って行われます。

①サンプリング（標本化）……一定間隔で音声信号を測定

②量子化……測定した音声信号を整数値に変換

③符号化……量子化で変換した数値をビットデータ（2進数）で表現

音声データの形式や圧縮方式によって，これらの処理内容は変わります。なお，符号化で表すビット数を大きくすると，微細な音の変化が記録できるようになりますが，音声データの量も大きくなります。

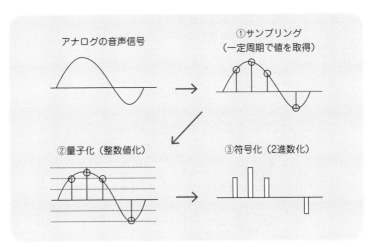

図　アナログ信号のデジタル化

(5) マルチメディアで必要なハードウェア

マルチメディアデータを扱う PC は，画像データや音声データなど非常に大きいデータを処理するため，処理能力が高い CPU や画像処理に適した GPU，解像度の高いディスプレイ，大容量のメモリ・補助記憶装置が必要となります。

このうち，ディスプレイには，高精細のフルハイビジョン（解像度 1,920 × 1,080 ドット）の規格があり，さらに超高精細の規格として，

4K ▶ この4倍の解像度をもつ 4K（3,840 × 2,160 ドット）と，16倍

8K ▶ の 8K（7,680 × 4,320 ドット）があります。

9

このほかにも，次のようなハードウェアが必要となります。

① Web カメラ

　撮影した写真や動画を画像データ・動画データとして記録することができます。

②スキャナー

　印刷物やフィルムなどの画像を，スキャナーで読み取り，画像データとして PC に取り込むことができます。

③グラフィックアクセラレータボード

　画像を高速に描画することができる拡張ボードです。

④ビデオキャプチャボード

　ビデオ信号を動画データに変換して，PC に取り込む拡張ボードです。

⑤サウンドボード

　PC で音声データを扱う拡張ボードです。

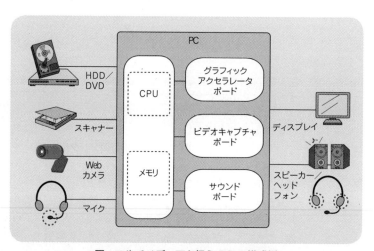

図　マルチメディアを扱う PC の構成例

(6) マルチメディアを扱うソフトウェア

マルチメディアを扱うソフトウェアには，次のようなものがあります。

①オーサリングソフト

　文字, 画像, 音声, 動画といったデータを編集して一つのソフトウェアを作ることを**オーサリング**といい，制作で使うソフトウェアをオーサリングソフトといいます。

▶オーサリング

② Web 編集ソフト

　Web ページを編集，作成するソフトウェアです。

2 マルチメディアで扱うデータ形式

(1) データ形式の種類

　マルチメディアシステムでは，様々な形式のデータを取り扱います。利用者は各データ形式の特徴をしっかりととらえ，目的に合ったデータ形式を選択する必要があります。データ形式の種類には，次のような種類があります。

	種類	データ形式	特徴
HTML ▶	文書データ	HTML	タグと呼ばれる記号で区切った形式。Web ページを記述するために使用される。
PDF ▶		PDF	Adobe Systems 社の Acrobat（アクロバット）という製品で読むことができる文書形式。インターネット上での文書配布の標準形式
	静止画データ	BMP	画像データをドットの集まりとして保存する形式
GIF ▶		GIF	線画画像などのデータを圧縮して保存するためのデータ形式。256 色を扱うことが可能で，インターネット上の画像形式としてよく利用される。
JPEG ▶ 非可逆圧縮▶		JPEG	写真画像などの画像データを圧縮して保存するための形式。一般的に**非可逆圧縮**だが，可逆圧縮もある。フルカラー（1,677万色）を扱うことが可能
PNG ▶ 可逆圧縮▶		PNG	ネットワーク経由で画像を扱うことを考慮した**可逆圧縮**のデータ形式。圧縮効率が高く，下にある画像を透かして見せる透過処理が可能
		TIFF	主に FAX 画像データの表現のために利用されている画像データフォーマットである。可逆圧縮，非可逆圧縮の両方に対応している。
MPEG ▶ MPEG1 ▶ MPEG2 ▶ MPEG4 ▶ MP4 ▶	動画データ	MPEG	デジタル動画データや音声データを圧縮するデータ形式 ・MPEG1：カラー動画像と音声の標準的な圧縮伸張方式。CD-ROM などに利用されている。 ・MPEG2：MPEG1 の画質を高めた方式。DVD ビデオやデジタル衛星放送などに利用されている。 ・MPEG4：携帯電話やアナログ回線など，比較的低速な回線で利用される動画圧縮方式。衛星などを利用した無線通信でも利用されている。このデータ形式のデータを格納したファイルフォーマットに**MP4** がある。
		AVI 形式	Microsoft 社が開発した動画を保存するためのファイル形式。AVI は，Audio Video Interleave の略
MIDI ▶	音楽データ	MIDI	電子楽器を，PC から制御する標準インタフェース。これらの電子楽器で作成された音楽データのことも MIDI という。
WAV ▶		PCM	音声をサンプリングし，量子化，デジタル符号化したデータ形式。このデータ形式のデータを格納したファイルフォーマットに**WAV** がある。
MP3 ▶		MP3	MPEG1 の音声を圧縮した形式。音声データを少ない容量で高音質に保存可能。音声配信などに利用されている。

表　マルチメディアで扱うデータ形式の種類

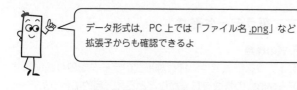

データ形式は，PC 上では「ファイル名.png」など
拡張子からも確認できるよ

扱っているデータの形式がすぐにわかって便利ね

（2）情報の圧縮と伸長

マルチメディアで扱うデータは，文字だけのデータに比べて非常に
圧縮▶ データ量が大きいため，データを小さく**圧縮**して保存し，利用時に元の
伸長▶ データに戻す**伸長**処理が行われます。データ形式に応じて自動的に圧縮
／伸長は行われ，利用者が意識することはありません。

可逆圧縮▶ **①可逆圧縮**

圧縮したデータを伸長して，完全に元のデータに戻せる方式です。
プログラムや一般のデータなどを圧縮するのに多く使われますが，圧
縮率は高くありません。代表的なフォーマットに ZIP があります。

非可逆圧縮▶ **②非可逆圧縮**

圧縮したデータを伸長して，完全には元のデータに戻らない方式で
す。圧縮率は高く，人間が気付かない程度の誤差が許される画像や音
声データの圧縮で利用されています。代表的なフォーマットに JPEG
や MPEG，AVI，MP3 があります。

3　マルチメディア技術の応用

バーチャル
リアリティ▶ **（1）バーチャルリアリティ（VR：Virtual Reality，仮想現実）**
VR ▶
コンピュータグラフィックスや音響効果などを使って合成した情報を
人間の感覚器官に示して，人工的に体感できるかのような技術のことで
す。ゲームや映像アミューズメントのほか，軍事，宇宙工学，医療，教
育，建築など様々な分野で応用されています。

バーチャルリアリティを訓練やシミュレーションに使うだけでなく，
商品の宣伝や購買，またはバーチャル空間で行われるイベントへの参加
や空間そのものを有償化することで，バーチャル空間上で経済活動その
メタバース▶ ものを行えるようにしようという考え方を**メタバース**といいます。

(2) バーチャルリアリティに必要な技術

3DCG ▶

① 3DCG（3次元コンピュータグラフィックス）

３次元の空間や立体などを，コンピュータの画面に投影して描画する技術，または実際に描画された画像を指す用語です。

ヘッドマウント
ディスプレイ ▶

②ヘッドマウントディスプレイ（Head Mounted Display）

頭に装着して視界をすっぽりと覆う装置です。3DCG の画像と組み合わせると，頭の向きや動きに対応した視界が表示でき，その空間に入り込んだ感覚が得られます。

③データグローブ

手の動きなどを検知したり，擬似的に触覚を与えたりする手袋上の装置です。仮想空間で物をつかむことができます。

④データスーツ

体をすっぽり包み込む衣服状の入出力装置です。身体の動きなどを検知することができます。

⑤音響効果

①〜④の技術に加え，音響効果を組み合わせれば，臨場感あふれる擬似体験が得られます。

図　ヘッドマウントディスプレイ

図　データグローブ

拡張現実 ▶
AR ▶

(3) 拡張現実（AR：Augmented Reality）とは

現実世界の映像や音声などに，3DCG などの出力を重ね合わせる技術のことで，多くの分野で応用されています。例えば，スマートフォンで映している何もない部屋に実物大の家具や電化製品を重ね合わせて，レイアウトを検討するといった用途があります。

9

9.3 データベース

　企業などの組織で仕事をしていると，そこで取り扱う顧客情報や商品情報，取引情報などは組織の共有データになります。これを集中管理し，複数人あるいは複数のシステムが同時にアクセスできるものが必要になりました。これがデータベースです。ここでは，データベースの種類やデータベース設計，そしてデータベースを実現するためのデータベース管理システムについて学習していきましょう。

1 データベースの基本

(1) データベースの種類

　データベースの中では，データとデータが決まった関係でつながっており，このつながり方によって，次のように分類されます。

①関係データベース（リレーショナルデータベース）
　データを表形式で表し，表と表を組み合わせて構成しているデータベースです。最も使われるデータベースで，③で詳しく説明します。

> 関係
> データベース▶
> リレーショナル
> データベース▶
> キーバリュー型
> データベース▶

②キーバリュー型データベース
　データをキーになる値（例えば，社員番号）と，バリュー（例えば，氏名）といった形で格納するデータベースです。レコード間の関連性を考慮した検索などは苦手ですが，キーに基づくデータの取出しでは圧倒的な速度を誇ります。

> ドキュメント
> 指向データ
> ベース▶

③ドキュメント指向データベース
　XMLやJSONなどの構造化されたデータをドキュメントとして格納するデータベースです。例えば，「あるデータの子要素としての〇〇というフィールドの値が△△というデータを抽出したい」といったデータ抽出が可能です。

> グラフ指向
> データベース▶

④グラフ指向データベース
　データをノード（データ要素）とエッジ（データ要素間の関係）として表現し，これを格納するためのデータベースです。SNSの友人関係などのつながりの表現などに適しています。

NoSQL ▶ 　なお，前記のうち①以外のものを総称して **NoSQL**（Not only SQL）といいます。①が SQL という言語で操作されるので，その対抗馬ということでこのような名称になりました。

2 データベース設計

　データベース設計とは，データベース管理システム（DBMS）を用いて管理するデータの構造を設計することを指します。ここでは，データベース設計に関する用語の説明を行います。

コード設計 ▶ **(1) コード設計**
　「コード」は「符号」を指しており，社員コードや商品コード，ログイン ID など識別子になるような値の桁数や利用可能文字，採番方法を決めることを指します。

(2) テーブル（表），レコード（行），フィールド（項目）
　主に関係データベースでのデータ構造の考え方になりますが，一つの種類のデータを管理するまとまりを**テーブル**（表）として管理するため，取り扱うデータをどのようなテーブルに分割して管理するかを考える必要があります。このテーブルの中には**レコード**（行）が複数格納されることが一般的です。レコードの中にはさらに**フィールド**（項目）が格納されます。

テーブル ▶
レコード ▶
フィールド ▶

(3) 主キー，外部キー
　フィールドの中には社員コードのように，その値が決まると対象となるデータ（例えば，ある社員のレコード）が特定できるフィールドを設けます。これが**主キー**です。一方，**外部キー**は他の表の主キーを見ている別の表にあるフィールドのことです。

主キー ▶
外部キー ▶

データ
クレンジング ▶ **(4) データクレンジング**
　直訳すると「データの洗浄」で，具体的には次のようなものを取り除いたり，修復したりすることを指します。
・重複するデータ（重複する会員情報など）
・破損したデータ
・不正確なデータ
　このうち，会員情報のように同じ人や組織に関するデータが重複することは，情報をもつ企業や組織の統合などによって，よく発生します。
名寄せ ▶ このときの重複除去の処理を**名寄せ**といいます。

9

3 関係データベース

(1) 関係データベースの特徴

　関係データベースは，2次元の表形式でデータを管理します。現在利用されているデータベースの多くが関係データベースです。

キー▶　複数の表に共通する項目（**キー**）を基にして関連付けを行うことによって，複数の表からデータを抽出し，一つの表のように扱うことができます。また，表を作成した後で，複数の表の関連付けを行うことができるため，入力したデータの順序を意識する必要がありません。

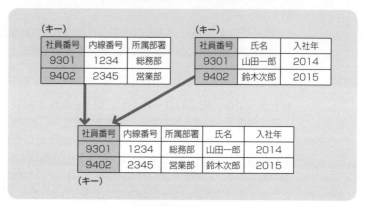

図　関係データベース

(2) 関係データベースの構成

　関係データベースの表の各部分には，次のような名前が付いています。

表▶　①表（テーブル）

テーブル▶　データを格納する入れ物のことです。

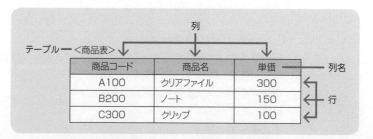

図　関係データベースの表の構成要素

値▶ ②値

'A100'，'クリアファイル'，300 など，表中のデータ一つ一つ
のことです。

行▶ ③行（レコード，タプル）

レコード▶
タプル▶
　列　中の値の横の並びのことで，1 行が 1 件分のデータを示します。

列▶ ④列（フィールド，アトリビュート（属性））

フィールド▶
アトリビュート▶
　1 件のデータを構成する項目の最小単位のことで，列には列名（項
目名）が付いています。

主キー▶ ⑤主キー（primary key）

表中の各行は他の行と区別するための主キーと呼ばれる列（項目）
を定義することができます。複数の列を組み合わせて主キーにするこ

複合キー▶ ともでき，この場合，「主キーは複合キーである」といいます。主キー
に空白や重複は許されません。

次の図の売上表では，主キーは"伝票コード＋商品コード"の複合
キーで，商品表では，"商品コード"が主キーとなっています。

外部キー▶ ⑥外部キー（foreign key）

複数の関係データベースの表において，ある表の項目が他の表（ま
たは自身の表）の主キーを参照している場合，その項目を外部キーと
いいます。次の図の売上表の商品コードは，商品表を参照する外部キー
です。

図　主キーと外部キー

(3) 実表とビュー表

実表▶
ビュー表▶

　関係データベースで，実際にデータが物理的に格納されている表のことを実表といいます。また，複数の表からデータ操作を行うことによってデータを抽出し，ビュー表と呼ばれる仮想的な表を経由してデータを参照することができます。なお，ビュー表は読取り専用で用いられる場合が多いのですが，元の表のどのレコードを更新するかの判断ができる場合は，ビュー表を通した更新が可能です。

〔実表〕
<売上表>

伝票 コード	商品 コード	売上個数
H14001	B200	50
H14002	A100	30
H14002	C300	15
H14003	B200	40

<商品表>

商品 コード	商品名	単価
A100	クリアファイル	300
B200	ノート	150
C300	クリップ	100

〔ビュー表〕
<売上明細表>

伝票 コード	商品 コード	商品名	単価	売上個数	売上金額
H14001	B200	ノート	150	50	7,500
H14002	A100	クリアファイル	300	30	9,000
H14002	C300	クリップ	100	15	1,500
H14003	B200	ノート	150	40	6,000

売上表と商品表を「商品コード」で関連付けして，売上明細表というビュー表を作成します。
ビュー表にある売上明細表の売上金額は，売上表の売上個数と商品表の単価を掛けて求めるように定義しています。

図　実表とビュー表

(4) 関係データベースの集合演算

集合演算▶
　集合演算とは，列の構成が同じである複数の表から新しい表を作成するための操作方法のことで，次の3種類があります。

和▶
①和（union）演算
　複数の表からいずれかに出現する行をすべて抽出します。

積▶
②積（intersection）演算
　複数の表から列の値が共通している行を抽出します。

差▶
③差（difference）演算
　複数の表を比較して，列の値が異なる行を片方の表から抽出します。

社員名	所属

<社員表A>

社員名	所属
鈴木	人事部
鈴木	情報システム部
高橋	情報システム部
山田	営業部

<社員表B>

社員名	所属
鈴木	人事部
鈴木	情報システム部
山本	総務部

〔和演算〕

社員名	所属
鈴木	人事部
鈴木	情報システム部
高橋	情報システム部
山田	営業部
山本	総務部

「社員表A」と「社員表B」にある重複を除いたすべての行を抽出します。社員表AをA，社員表BをBとしたとき，A＋Bに相当します。

〔積演算〕

社員名	所属
鈴木	人事部
鈴木	情報システム部

「社員表A」と「社員表B」に共通する行を抽出します。A×Bに相当します。

〔差演算〕

社員名	所属
高橋	情報システム部
山田	営業部

「社員表A」にあり，「社員表B」にない行を抽出します。A−Bに相当します。

社員名	所属
山本	総務部

「社員表B」にあり，「社員表A」にない行を抽出します。B−Aに相当します。

図　集合演算

(5) 関係データベースの関係演算

関係演算▶　　関係演算とは，関係データベースのデータを操作して新しくビュー表を作成するための演算です。関係演算には次の3種類があります。

選択▶　　①選択（selection）：一つの表から，指定した条件を満たす行を抽出AND や OR を使って条件を複合的に指定することができます。

9

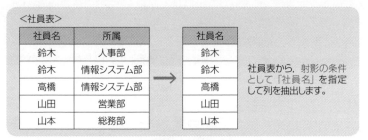

図　関係演算（選択）

射影▶　②**射影（projection）：一つの表から，指定した条件を満たす列を抽出**

図　関係演算（射影）

結合▶　③**結合（join）：複数の表から，列の値が一致する行同士を結合**

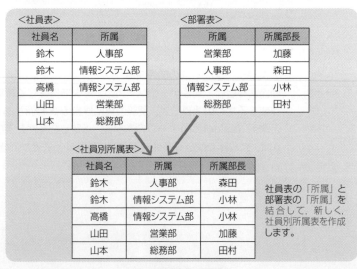

図　関係演算（結合）

4 データベース管理システム

データベースを利用するためには，データベースを管理する専用のソフトウェアが必要になります。このソフトウェアのことを**データベース管理システム**（**DBMS**：DataBase Management System）といい，特に関係データベース（RDB）を管理するものをRDBMSといいます。

▶ データベース
管理システム
▶ DBMS

(1) DBMSの機能

①データの問合せ機能（データ操作機能）

利用者の指定や問合せ内容に従って，指定した条件を満たすデータをデータベースの表から取り出したり，挿入・更新・削除などを行ったりします。

- **挿入**……表に新しい行(レコード)を入れることです。例えば，"社員"表に新しい社員データを登録することです。
- **更新**……表の既存の行（レコード）の内容（の一部）を修正することです。例えば，"社員"表のある社員の部課番号が変わった場合にデータを更新することです。
- **削除**……表の既存の行（レコード）を消去することです。例えば，ある社員が退職した場合にデータの削除をすることです。

②データ定義機能

実際にデータが格納されている実表や，利用する部分だけを取り出したビュー表（仮想表）を定義することができます。

③トランザクション機能

トランザクションとは，一連のデータ操作のかたまりのことを指します。例えば，「Aさんの口座から10万円をBさんの口座に振り込む」といったときに「Aさんの口座残高から10万円を減らす」という操作と，「Bさんの口座残高に10万円を足す」といった一連のデータ操作が必要になります。もし，「Aさんの口座残高から10万円を減らす」データ操作だけが完了した瞬間にシステムが落ちてしまった場合，この操作の結果が残ってしまってはいけません。そのために一連のデータ操作の結果を保証する仕組みがトランザクション機能です。

▶ トランザ
クション

トランザクションには，次の**ACID特性**が求められています。

▶ ACID特性

- **"Atomicity"（原子性）**
  トランザクションに含まれる個々の手順が「すべて実行される」か「一つも実行されない」のどちらかの状態になるという性質です。
- **"Consistency"（一貫性）**
  トランザクションの前後でデータの整合性が保たれ，矛盾のない

9

状態が継続される性質です。

・"Isolation"（独立性）

トランザクション実行中の処理過程が外部から隠ぺいされ，他の処理などに影響を与えない性質です。

・"Durability"（永続性）

トランザクションが完了したら，その結果は記録され，システム障害などが生じても失われることがないという性質です。

データベースを利用するアプリケーションは，一連のデータ操作の
コミット▶ 最後に，それらのデータ操作を確定（**コミット**：commit）するか，
ロールバック▶ 取消し（**ロールバック**：rollback）するか指定する必要があります。
二重更新▶ (a) 二重更新

データベースを多数の利用者が同時に使う（データベースの共有利用）場合，二重更新という問題が発生する可能性があります。

複数個のプログラムが同時に同じデータを更新処理する場合に起こり，更新後のデータは矛盾し，正常な値になりません。

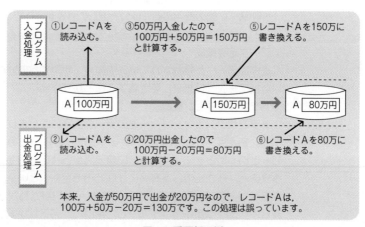

図　二重更新の例

排他制御▶ (b) 排他制御

二重更新の基本的な回避方法は，同時に同じデータをアクセスできないようにする排他制御です。つまり，あるプログラムがデータを更新中にはそのデータをロックして（鍵をかける），他のプログラムにはアクセスさせないようにすることです。これはプログラムに対して排他的にデータをアクセスさせるという意味で排他制御と呼んでいます。

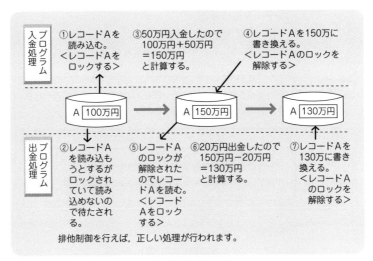

図　排他制御の例

デッドロック▶ **(c) デッドロック（deadlock）**

　排他制御をすることで二重更新は回避できますが，デッドロック
と呼ばれる困った問題が起きることがあります。異なる二つの処理
プログラムが，二つのデータを互いに逆の順番でロックしようとし
て，互いにもう一つのデータを永遠に待ち続ける状態で，どちらの
プログラムも処理を行うことができません。この状態は，利用者か
ら見ると，いつまでも答えが返ってこないことになります。

　回避方法は，複数のロックをかける順番を一定（例えば，
X → Y）にすることですが，実際には他にも複雑な制御を行います。

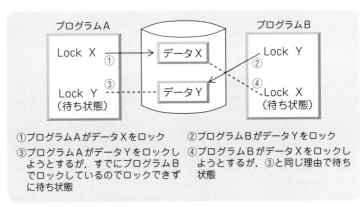

図　デッドロックの例

④データ管理機能

インデックス▶
索引▶

　　　データの管理を行います。また，**インデックス（索引）**と呼ばれる領域を作成して，データの検索を高速化します。

インデックスがあることで，データの検索が効率化する一方で，データの追加や更新は複雑になるわ

データの追加や更新頻度など，表の特性を考慮してインデックスを設定するかを決める必要があるんだね

⑤権限付与機能

　　　データベースの利用者や表に対して，アクセス権を設定します。利用者ごと，表ごとに読取り権限，書込み権限をきめ細かく設定できるようにしており，これによって不必要なアクセスを防止します。

⑥障害回復機能

　　　データの整合性がない場合や，データベースの障害時に，データを正しく回復する機能をもっています。

データベース
退避データ▶

（a）データベース退避データによる回復

　　　データベース退避データは，ある時点のデータベースの内容を磁気テープなどに**退避（セーブ）**しておいたものです。障害（特に媒体障害）が発生した場合，媒体が修復された後で**復元（ロード）**すれば，退避した時点のデータベースに戻すことができます。

退避▶
セーブ▶
復元▶
ロード▶

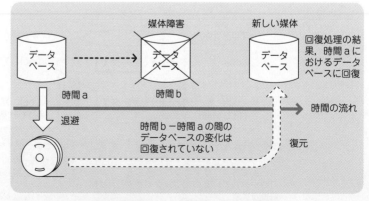

図　データベース退避データによる回復

(b) ログデータによる回復

ログデータ▶

　ログデータは，障害が発生したデータベースを障害発生直前の状態に迅速に復元するために必要なもので，データベースの更新が発生するごとに**更新履歴**（更新前ログ，更新後ログ）を取得して，時系列的に記録します。**ログファイル**（ジャーナルファイル）ともいいます。ログデータを使った障害回復処理には，ロールバック処理とロールフォワード処理の二つがあります。

更新履歴▶
更新前ログ▶
更新後ログ▶
ログファイル▶
ジャーナル
ファイル▶
ロール
バック処理▶

・ロールバック処理（バックワードリカバリ）

　デッドロックの解除処理などのトランザクション障害に対処するために，更新前ログを使って行われる処理です。

　プログラムがデータベースのレコードを更新した直後，異常終了したとします。このような場合，単純に再実行するとデータの二重更新になってしまいます。そこで異常終了前に行ったプログラムの処理を無効にして，データベースを更新前の状態に戻す必要があります。このように，ログファイルの中の更新前ログを使って行う回復処理をロールバック処理といいます。

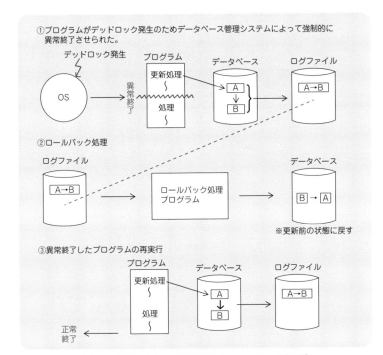

図　ログデータによる回復例（ロールバック処理）

ロール
フォワード処理▶

・ロールフォワード処理（フォワードリカバリ）

　システム障害と媒体障害に対処するために，退避データと更新後ログを使って行われる処理です。

　媒体障害が発生した場合には，ディスク上のデータが失われてしまいます。このようなときには，まず，ディスクを使えるようにするため交換したり，修理したりします。次に，失ったデータの回復は，データベース退避データによって，退避時点までの回復が行われます。しかし，データベースの退避時点以降に更新されたデータについては，回復できていません。ここで行われるのがロールフォワード処理で，退避以降に発生したデータベースの更新内容（更新後ログ）を使って，ディスクが障害発生した直前の状態まで回復します。

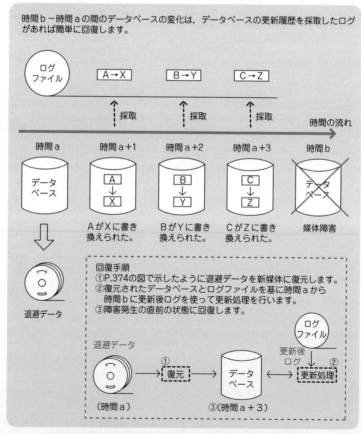

図　ログデータによる回復例（ロールフォワード処理）

更新前ログを使って内容を元に「戻す」のがロールバック処理で，
更新後ログで更新を「進める」のがロールフォワード処理ということね

(2) RDBMS の特長

①データの共有化

異なるアプリケーションソフトの間で，データベースに格納されて
いるデータを共有することができます。

②冗長性の排除

データを1か所でまとめて管理（一元管理）するようにすれば，
同じデータが分散して格納されることがなく，データの重複を防ぎま
す（冗長性の排除）。ただし，DBMS を使えば一元管理が自然にでき
るわけではなく，重複データがないように意識してデータベースを設
計する必要があります。これを正規化といいます。

正規化▶

・正規化

正規化とは，正しい規格（フォーマット）に変化させるという意
味です。次のページからの図では，第1→第2→第3とデータの
冗長性が排除され，正規化されていく例を確認してみましょう。

③機密保護

データに対するアクセス権限を利用者ごとに細かく設定することが
でき，データベースの内容の機密を保護します。

④データの整合性の維持

排他制御機能によって，複数の利用者が同じ表に同時にアクセスし
ても，データ更新の矛盾が起こらないように整合性を維持します。

9

（表 A）　正規化されていない表

社員番号	氏名	部課番号	部課名	部課場所	資格
90001	小川花子	100	開発一課	東京	英検2級, ITパスポート
99010	山田太郎	100	開発一課	東京	基本情報技術者
91002	山口幸男	100	開発一課	東京	応用情報技術者
92003	鈴木一郎	200	開発二課	横浜	ITストラテジスト, 英検1級
82003	太田講治	200	開発二課	横浜	
77008	吉田信二	400	営業課	本社	宅建
92001	川上恵子	400	営業課	本社	ITパスポート
79004	渡辺良子	500	総務課	本社	

第1正規化（繰返し項目がなくなる）

⬇

（表 B）　第1正規形

社員番号	氏名	部課番号	部課名	部課場所	資格
90001	小川花子	100	開発一課	東京	英検2級
90001	小川花子	100	開発一課	東京	ITパスポート
99010	山田太郎	100	開発一課	東京	基本情報技術者
91002	山口幸男	100	開発一課	東京	応用情報技術者
92003	鈴木一郎	200	開発二課	横浜	ITストラテジスト
92003	鈴木一郎	200	開発二課	横浜	英検1級
82003	太田講治	200	開発二課	横浜	
77008	吉田信二	400	営業課	本社	宅建
92001	川上恵子	400	営業課	本社	ITパスポート
79004	渡辺良子	500	総務課	本社	

図　正規化の例（次ページに続く）

第２正規化
主キーの一部の属性だ
けで決まる属性の組合
せを別の表にする

（表C）　第２正規形

社員番号	氏名	部課番号	部課名	部課場所
90001	小川花子	100	開発一課	東京
99010	山田太郎	100	開発一課	東京
91002	山口幸男	100	開発一課	東京
92003	鈴木一郎	200	開発二課	横浜
82003	太田講治	200	開発二課	横浜
77008	吉田信二	400	営業課	本社
92001	川上恵子	400	営業課	本社
79004	渡辺良子	500	総務課	本社

（表D）　第２正規形

社員番号	資格
90001	英検２級
90001	ITパスポート
99010	基本情報技術者
91002	応用情報技術者
92003	ITストラテジスト
92003	英検１級
77008	宅建
92001	ITパスポート

第３正規化
キーでない属性間の従
属関係を別の表にする
（ここでは部課番号）

（表E）　第３正規形

社員番号	氏名	部課番号
90001	小川花子	100
99010	山田太郎	100
91002	山口幸男	100
92003	鈴木一郎	200
82003	太田講治	200
77008	吉田信二	400
92001	川上恵子	400
79004	渡辺良子	500

（表F）　第３正規形

部課番号	部課名	部課場所
100	開発一課	東京
200	開発二課	横浜
400	営業課	本社
500	総務課	本社

図　正規化の例（続き）

9

5 データベースの応用

ビッグデータ▶ ## (1) ビッグデータとは

　膨大なデータの集まりのことですが，単にデータの量だけでなく，データの種類の多さや，データからさらに新たなデータが生まれる（増えていく）意味をもつ，巨大で複雑なデータの集合を指します。量としての決まりがあるわけではありませんが，数十テラバイトから数ペタバイト程度の範囲以上にはおよぶとされています。

データサイズ	10^n	大きさの例
1 ギガバイト	10^9	約 10m に積み上げた本のデータ量
1 テラバイト	10^{12}	図書館の本のデータ量
1 ペタバイト	10^{15}	200 万個分のキャビネットに入れた本のデータ量
1 エクサバイト	10^{18}	5 エクサバイトは，過去から現在までに人類によって話された語の数
1 ゼタバイト	10^{21}	高速のブロードバンドを使って，インターネットからデータをダウンロードするのに，110 億年を要するデータ量

表　巨大なデータ量の例

　ビッグデータは，利用方法もこれまでのデータとは違うと考えられています。次の図に示す多種多様なデータを連携させることで，新たな付加価値を創造できると期待されています。

ソーシャルメディアデータ	マルチメディアデータ	Web サイトデータ
ソーシャルメディアにおいて参加者が書き込むプロフィール，コメントなど	Web 上の配信サイト等において提供される音楽，動画など	EC サイトやブログ等において蓄積された購入履歴，ブログエントリーなど

カスタマデータ		センサーデータ
CRM システムにおいて管理される DM 等の販促データ，会員データなど	ビッグデータ	GPS，IC カードや RFID 等において検知される位置，乗車履歴，温度，加速度など

オフィスデータ	ログデータ	オペレーションデータ
オフィスの PC 等において作成されるオフィス文書，E メールなど	Web サーバ等において自動的に生成されるアクセスログ，エラーログなど	販売管理等の業務システムにおいて生成される POS データ，取引明細データなど

（平成24年情報通信白書 情報通信審議会ITC基本戦略ボード「ビッグデータの活用に関するアドホックグループ」資料を参考に作成）

図　ビッグデータとなる可能性がある多種多様なデータ

(2) データウェアハウスとデータマイニング

データ
ウェアハウス▶

　情報の分析や意思決定を支援するため，目的別に蓄積されたデータの集合体を**データウェアハウス**（data warehouse：データ倉庫）といいます。組織の基幹システムから抽出したデータを時系列に蓄積し続けるため，大規模なデータベースとなります。

データ
マイニング▶

　データマイニング（data mining）は，データウェアハウスなどにある大量のデータを分析して，認識されていない規則や関係性を導き出すことです。例えば，スーパーの同時購入の分析では，ビールと紙おむつが壮年男性によって夕方よく購入されていることを見つけました。

NoSQL▶

(3) NoSQL（Not only SQL）

　ビッグデータや頻繁に発生するデータ，複数のサーバに分散しているデータなどは，SQL を利用する関係データベースでの管理に適していません。そこで，このようなデータでも高速に処理でき，事前に構造を定義する必要のない NoSQL といわれるデータベースが利用されるようになりました。

　NoSQL は関係データベース以外のデータベースを表す用語で，データを表形式でもたず，利用するときに SQL を使いませんが，性能向上やコストダウンにつながるため，利用が広がっています。

9

9.4 ネットワーク

　インターネットが発達する前から，ネットワークという言葉は使われています。企業間，取引先，家族，友人，同窓生，同趣味の仲間，ご近所などが，網の目のように次々とつながっていく人と人との関係を意味しています。

　IT社会では，コンピュータと通信回線によって，人，家庭，オフィス，全世界がつながっており，この巨大ネットワークによってデータを自由自在にやり取りできるのです。

1 ネットワークの基礎知識

ネットワーク▶ **(1) ネットワーク（network）とは**

　ケーブルや通信回線などを介して，複数のコンピュータを接続する仕組みのことです。コンピュータを単独で利用する形態（**スタンドアロン**）と比較して，次のような利点があります。

スタンドアロン▶

・遠隔地にあるコンピュータ間で，距離を意識することなくデータを送受信することができます。

・時間と場所を選ばずにデータの送受信が可能なので，コミュニケーション効率が向上します。

・データを一元管理しネットワークを通じてアクセスすることによって，データの更新や管理を効率良く行うことができます。

・プリンターなどの周辺機器を，複数の人で共有して利用できます。

(2) ネットワークの構成要素

　ネットワークはノードと伝送路で構成されています。

ノード▶ **①ノード（node：節点）**

　ネットワークに接続されたコンピュータやネットワーク機器などのハードウェアのことです。なお，利用者が操作するコンピュータは端末ともいいます。

端末▶

伝送路▶　②伝送路

ノードとノードを結ぶ経路のことです。

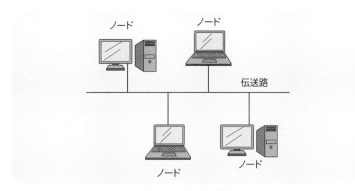

図　ノードと伝送路

(3) ネットワークの種類

ネットワークの形態は，その規模によって次のように分類されます。

LAN▶　①LAN（Local Area Network：構内通信網）

オフィスや学校，家庭などのコンピュータ同士を接続した比較的小規模なネットワークです。利用者となる企業，家庭などが自ら設置，運用するものです。

WAN▶　②WAN（Wide Area Network：広域通信網）

地区内や国内など遠隔地間のコンピュータやLAN同士を接続した比較的大規模なネットワークです。電気通信事業者が所有する回線を借りて接続します。

インターネット▶　③インターネット（Internet）

全世界のネットワークを相互に接続したネットワークです。通信するための決まり（ルール）をプロトコルといいますが，インターネット上のサービスやアプリケーションは，ほとんどがTCP/IPというコンピュータの機種に依存しない標準化されたプロトコルを利用しており，様々なコンピュータ間で通信することができます。

イントラネット▶　④イントラネット（intranet）

インターネットの技術を利用して構築するLANです。TCP/IPを使用しており，様々なサービスを低コストで構築できるという利点があります。

9

OSI基本
参照モデル▶

(4) OSI基本参照モデル

　ネットワークを介してデータ通信するためにはプロトコル（ルール）が必要になることを説明しましたが，これを数多くある団体や会社が勝手に決めていては，通信できません。そこで，国際標準化機構の

ISO▶　ISO が制定したプロトコルが OSI基本参照モデルです。

OSI▶　　OSI（Open Systems Interconnection）は，異なる機種間でデータ通信するのに必要なネットワーク構造の設計方針のことで，これに基づいて，通信機能を7階層に分割し，各層ごとに標準的な機能を定義したモデルとなっています。データ通信に必要な機能を階層化することで，各層の機能やプロトコルが単純化できます。

階層	階層名	役割
第7層	アプリケーション層	ファイル転送，Web の閲覧などの通信機能の提供
第6層	プレゼンテーション層	通信で使用する文字コードやデータの表現形式を規定
第5層	セション層	通信の開始・終了に関する規定
第4層	トランスポート層	通信の品質を確保するための通信手順を規定
第3層	ネットワーク層	データに付加される宛先アドレスを基に，通信経路の選択やデータの中継機能を規定（ネットワークとネットワークをどう中継するか）
第2層	データリンク層	同じネットワーク内での通信を規定
第1層	物理層	接続に必要な物理的なケーブル，インタフェースの規定

表　OSI 基本参照モデル

2 LAN

LAN ▶ **(1) LAN とは**

　オフィス内などの限られた範囲で，複数のコンピュータをつないだネットワークのことです。LAN 環境のあるオフィス内では，複数のコンピュータ間でファイルやプリンターなどを共有して，業務を効率良く進めていくことができます。LAN は，主に IEEE 802 委員会で提唱されている規格に従って構築され，目的や利用規模，予算などによって構築方法が変わってきます。LAN を構築する際には，ケーブルの種類，トポロジ，アクセス制御方式，LAN の規格などを考慮する必要があります。なお，IEEE 802 委員会とは，LAN の標準化を行っている

IEEE ▶ IEEE（電気電子学会；アイトリプルイー）の委員会のことです。

(2) ケーブルの種類

　LAN に利用されるケーブルの種類には，次のようなものがあります。

ツイストペアケーブル ▶ **①ツイストペアケーブル（より対線）**

　絶縁体で覆われた 2 本の銅線をねじり合わせたものを束ねたケーブルです。安価ですが，電磁ノイズに弱いという欠点があります。

同軸ケーブル ▶ **②同軸ケーブル**

　信号伝送用の銅芯を絶縁体で包み，その周囲を網状の銅線で巻き，さらに外側をビニールで絶縁したケーブルです。ツイストペアケーブルよりも大量のデータ伝送が可能で，電磁ノイズにも強いのですが，一般にはツイストペアケーブルや光ファイバケーブルが使われます。

テレビとアンテナをつないでいるケーブルも同軸ケーブルだね

光ファイバケーブル ▶ **③光ファイバケーブル（光ファイバ）**

　石英ガラスなど光の屈折率の高い透明な物質を，屈折率の低い物質で包んだ細い筒状のケーブルで，この中を光信号が伝送されていきます。同軸ケーブルよりも大量データを高速に伝送でき，電磁ノイズに最も強いという特徴があります。

9

「長距離，大量，高速，電磁波影響なし！」ということね

(3) LAN のトポロジ

　LAN の配線接続形態のことをトポロジといいます。接続するコンピュータの数や構造によって，次の3種類のトポロジがあります。

バス型▶　　①バス型

ターミ
ネーター▶
　　バス（bus）と呼ばれるケーブルに複数のコンピュータを接続する方式です。ケーブルの端には**ターミネーター**（終端抵抗）が取り付けてあり，信号が反射して雑音になるのを防ぎます。配線が簡単で，障害が発生しても他のコンピュータへの影響は少ないという利点がありますが，レイアウト変更のたびに配線し直す必要があることや，障害発生箇所の特定が困難であるなどの欠点もあります。

リング型▶　②リング型

　　リング状（環状）のケーブルにコンピュータを接続する方式です。他の方式に比べケーブルの総延長を長くすることが簡単で，配線の変更や障害発生箇所の特定も容易であるという利点がありますが，障害発生時に他のコンピュータへの影響が出やすい欠点があります。

スター型▶　③スター型

　　中心となる通信機器（ハブなどの集線装置）を介して複数のコンピュータを放射状に接続する方式です。1本につながったケーブルにすべての端末を接続するバス型やリング型に比べ，配線の自由度が高くコンピュータの増設も容易なため，現在の主流の LAN トポロジです。障害発生箇所の特定も容易ですが，中心の集線装置に障害が発生すると，ネットワーク全体に影響をおよぼし，全体が停止してしまいます。

	バス型	リング型	スター型
トポロジ			
伝送媒体	ツイストペア 同軸ケーブル 光ファイバ	ツイストペア 同軸ケーブル 光ファイバ	ツイストペア

図　LAN の分類

(4) イーサネット型 LAN

イーサネット▶ 　イーサネット（Ethernet）は，最も普及している LAN の規格で，以前は使用するケーブルの種類によって次の図のように分類されましたが，現在は高速化された 100M ビット／秒の 100BASE-TX という規格のほか，1G ビット／秒の 1000BASE-T が普及しています。なお，1000BASE-T の規格は，IEEE 802.3ab として標準化されています。

10BASE2▶
10BASE5▶
10BASE-T▶
100BASE-TX▶
1000BASE-T▶
10GBASE-T▶

規格	10BASE2	10BASE5	10BASE-T	100BASE-TX	1000BASE-T	10GBASE-T
トポロジ	バス型	バス型	スター型			
伝送速度	10Mビット／秒	10Mビット／秒	10Mビット／秒	100Mビット／秒	1Gビット／秒	10Gビット／秒
最大伝送距離	185m	500m	100m			
ケーブル	細い同軸ケーブル 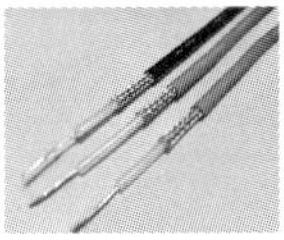	太い同軸ケーブル（イエローケーブル） 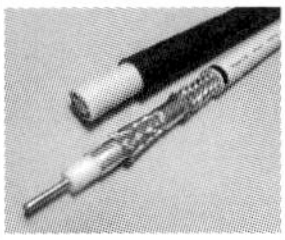	ツイストペアケーブル 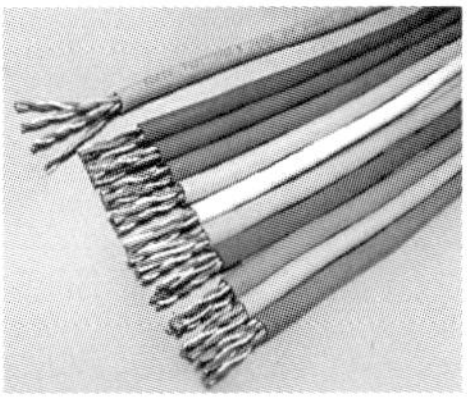			
コネクタ	BNC 	N型（延長用） 	RJ-45（モジュラーコネクタ） 			

図　イーサネット型 LAN の種類

(5) ギガビットイーサネット

　通信速度が 1G ビット／秒の高速イーサネット規格のことです。最も普及しているのはツイストペアケーブルを使う 1000BASE-T ですが，さらに高速の 10G ビット／秒の通信速度を実現した 10GBASE-T（10 ギガビットイーサネット）も登場しています。

9

(6) 無線 LAN と Wi-Fi

無線 LAN ▶ 　　　無線LANは，ケーブルを使用しない無線通信によるLANのことです。

IEEE 802.11 ▶ 　国際規格は，**IEEE 802.11** シリーズとして策定されています。広い意味での無線 LAN には，赤外線による無線通信を行うものも含まれますが，一般に無線 LAN という場合は，Wi-Fi アライアンスという団体に

Wi-Fi ▶ 　よって規格化された **Wi-Fi**（Wireless Fidelity）という電波を使った無線 LAN を指します。

　　無線 LAN（Wi-Fi）は，ケーブルを使わないため，コンピュータを自由に持ち運んで通信することができるという利便性から，一般家庭でも広く利用されるようになっています。しかし，適切なセキュリティ対策を行わずに利用すると，盗聴や情報の改ざんの危険にさらされることになるため，通信データの暗号化や，MAC アドレスによるフィルタリングを行うといったセキュリティ対策を行います。無線 LAN の主な規格としては，次の種類があります。

規格名	周波数帯	最大伝送速度
IEEE 802.11a	5 GHz	54 M ビット／秒
IEEE 802.11b	2.4 GHz	11 M ビット／秒
IEEE 802.11g	2.4 GHz	54 M ビット／秒
IEEE 802.11n	2.4/5 GHz	600 M ビット／秒
IEEE 802.11ac	5 GHz	約 6.9G ビット／秒

表　主な無線 LAN の規格

身近な通信規格の一つである「Wi-Fi」という名称は，「IEEE 802.11 という規格に対応した製品である」ということを意味しているんだよ

(7) LAN 構築に必要な機器

　　LAN を構築する際には，LAN の規格，構築する規模，利用する回線などによって適切なネットワーク機器を選定する必要があります。一般に LAN 構築に使用されるネットワーク機器は次のとおりです。

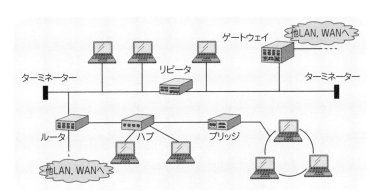

図　LAN 構築に必要な機器

LANアダプタ▶

① LANアダプタ

　コンピュータを LAN に接続するために必要となるアダプタです。コンピュータの拡張スロットに差し込んで使用しますが，始めから内蔵されることも多くなっています。LAN アダプタには **NIC**（Network Interface Card）や LAN ボードがあります。

NIC ▶

図　LAN アダプタと LAN ボード

ハブ▶

②ハブ（HUB）

　スター型の LAN で使用される，ツイストペアケーブルを接続するための集線装置です。ハブには次のような種類があります。

リピータハブ▶

・**リピータハブ**

　受信したデータを，そのまますべての接続機器に流します。

スイッチング
ハブ▶

・**スイッチングハブ**

　データの宛先を判断して，宛先の機器が接続されているところにデータを流します。

図　ハブ

リピータ▶ ③リピータ

　LAN ケーブルを延長するための装置です。電気信号を補正することで，LAN の伝送距離を延長します。OSI 基本参照モデルの物理層（第1層）の中継機器です。

ブリッジ▶ ④ブリッジ

　アクセス制御方式の異なる LAN 間を接続し，伝送距離を延長するための機器です。送信先の LAN アダプタの識別番号である

MACアドレス▶ **MAC**（Media Access Control）**アドレス**が，送信元と同じ LAN 内にあれば中継せず，なければ他のLANへ中継します。これによって，ネットワークの混雑を緩和することができます。OSI 基本参照モデルのデータリンク層（第2層）の中継機器です。

　なお，MAC アドレスは，LAN アダプタが出荷される際に，出荷元で付けられる固有の識別番号で，LAN アダプタごとに番号は異なります。ブリッジと同等の機能をもち，同じプロトコル階層で動作す

レイヤー2 スイッチ▶ る装置をスイッチングハブ（**レイヤー2スイッチ**）といいます。

ルータ▶ ⑤ルータ

　LAN 間や，LAN と WAN，LAN とインターネットを接続するための機器です。ネットワーク内でやり取りされるパケットの宛先情報（IP アドレス）などから，データ伝送の最短経路（ルート）を自動選択する経路選択（ルーティング）

図　ルータ

機能をもっています。OSI 基本参照モデルのネットワーク層（第3層）の中継機器です。

　パケットはデータを伝送するときに，データを扱いやすいブロックごとに区切り，区切ったブロックに宛先を示す符号を付けたものです。

レイヤー3 スイッチ▶ なお，スイッチングハブの機能をもっているルータを**レイヤー3スイッチ**といいます。

ゲートウェイ▶ ⑥ゲートウェイ

　異なる通信プロトコルを用いるネットワーク間を，プロトコルを変換する機能によって接続する装置です。OSI 基本参照モデルのトランスポート層（第4層）以上のプロトコルを変換します。

　ゲートウェイという表現は，ハードウェアやソフトウェアの総称ですが，実際には専用機器であったり，その役割をもたせたネットワーク上のコンピュータであったりします。

第7層	アプリケーション層	ゲートウェイ	
第6層	プレゼンテーション層		
第5層	セション層		
第4層	トランスポート層		
第3層	ネットワーク層	ルータ （レイヤー3スイッチ）	
第2層	データリンク層	ブリッジ （レイヤー2スイッチ）	
第1層	物理層	リピータ	

図　OSI 基本参照モデルと LAN 間接続装置との対応

⑦無線 LAN のアクセスポイント

アクセス
ポイント▶

ビーコン▶

宅内に構築した有線 LAN の信号を無線 LAN で利用するための機器が**アクセスポイント**です。基地局の役割をもち，アクセスポイントからは各ポイントの名前を示す信号（**ビーコン**）が出ていて，利用する機器から検出できるようになっています。

SSID ▶

ESSID ▶

アクセスポイントの名前を **SSID**（Service Set IDentifier）といい，一つのネットワークに複数のアクセスポイントをもつ場合でも識別できるようにしたものを **ESSID**（Extended SSID）といいます。

無線LAN
ルータ▶

⑧無線LANルータ

複数の機器で無線 LAN を利用するにはルータが必要になります。ルータのうち，アクセスポイントの機能ももっているルータのことをいいます。

SDN ▶

⑨SDN (Software Defined Network)

ネットワーク機器の設定や状態の管理をソフトウェアで行う仕組みのことです。様々な企業のスイッチングハブ

図　無線 LAN ルータ

やルータ，ファイアウォールなどを統一して管理できます。有名なプロトコルとしては Open Flow があります。

9

(8) 伝送速度の計算

　ネットワークを構築する際に，データを伝送する速度は重要な検討事項の一つです。ネットワーク上でデータを伝送する速さのことを，伝送速度，または通信速度，伝送にかかる時間を**伝送時間**といいます。

伝送時間▶

伝送時間＝伝送するデータの長さ÷伝送速度

　なお，ネットワーク上でデータを伝送する際には，伝送を制御するための情報のやり取りや，通信エラーが起きたときのデータの再送などがあるため，本来の性能どおりに通信できるわけではありません。伝送速度のうち，実際に伝送が行われる割合のことを**伝送効率（回線利用率）**といいます。

伝送効率▶
回線利用率▶

　このため，実際の伝送速度は"伝送速度×伝送効率"になります。

実際の伝送時間＝伝送するデータの長さ÷（伝送速度×伝送効率）

　伝送速度は，1秒間に何ビットのデータを転送することができるかを示す"**ビット／秒**"または **bps**（bits per second）という単位で表します。

ビット／秒▶
bps▶

3 WAN

WAN ▶ 　離れた場所にある複数の LAN 同士を結んだものを WAN（Wide Area Network：広域通信網）といいます。WAN は電気通信事業者が所有する通信回線を借りて構築します。

FTTH ▶ **(1) FTTH（Fiber To The Home）と光回線**
光回線 ▶ 　現在の WAN では，FTTH という構想に基づき，NTT 東日本 / 西日本が全国に張りめぐらせた光回線ネットワークを利用することが主流になっています。光回線は信号の伝送を光ファイバー内に光を通すことで行っており，従来の銅線に電気を通す方式と比べて，より長距離の伝送も可能にしています。FTTH として利用者の自宅や事務所内まで引き込まれた光回線と，銅線ケーブルの LAN を相互に接続して信号を変換
ONU ▶ する装置を ONU（Optical Network Unit）といいます。

(2) 通信サービス
　通信事業者は，通信回線を使って様々なサービスを利用者に提供しています。これらのサービスを利用して，ビジネス用途のネットワークを構築したり，インターネットに接続したりすることができます。
　新しいインターネット接続サービスとして，光ファイバを利用した FTTH や，ケーブルテレビを利用したインターネット接続などがあります。このほか，インターネットを利用して，専用線のネットワークのように利用できる IP-VPN（Internet Protocol Virtual Private Network）などのサービスもあります。
　①専用線サービス
　交換機を経由しないで特定の相手とだけ接続して通信する回線で，定額制です。代表的な例として NTT の専用線サービスがあり，使用料金は使用した時間や量に関係しない定額制です。
パケット交換 ▶ 　②パケット交換
　伝送するデータをパケットというある一定の大きさに分割して送る方式のことです。パケットには，宛先アドレス情報やパケット自身の大きさ，などのデータがヘッダー（先頭）部分に含まれています。
　送られたパケットは，いったんメモリに蓄積され，ヘッダーの宛先に応じて，対応する宛先に送られます。パケット交換は蓄積交換方式なので，伝送誤りがあった場合は，蓄積しているデータを再度送ることになります。インターネットでは，ルータが IP パケットのパケット交換を行うことによって，これらの処理を実現しています。

9

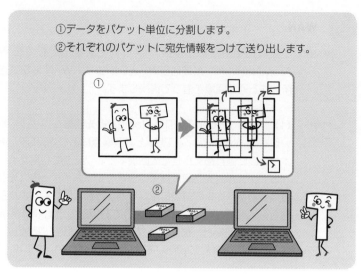

①データをパケット単位に分割します。

②それぞれのパケットに宛先情報をつけて送り出します。

図　パケット交換方式のイメージ

VPN ▶

③ VPN

インターネット
VPN ▶

　インターネットをあたかも専用線で構築されたネットワークのように利用する技術を**インターネット VPN**（Virtual Private Network）といいます。また，電気通信事業者が提供する IP ネットワーク網に，

IP-VPN ▶

ユーザー個別の VPN を構築したものを **IP-VPN** といいます。

　VPN では，安全に通信するためのセキュリティが非常に重要になります。専用線と同等のセキュリティを確保するために，暗号化と認証に関する高度な技術を組み合わせて利用しています。

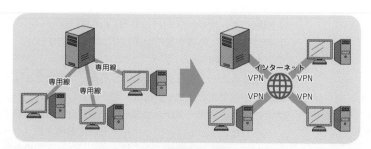

図　専用線と VPN

VDSL ▶　④ VDSL（Very high speed Digital Subscriber Line）

　　ビルや集合住宅内の電話回線を利用して最大で数十Mビット／秒の高速データ通信を行う技術で，上り（利用者→インターネット）は最大で数百k～十数Mビット／秒程度，下り（インターネット→利用者）は百Mビット／秒程度の通信を可能にします。建物内に光ファイバーケーブルを敷くことが難しい古い建物などで利用されています。

　⑤ CATV（ケーブルテレビ）

　　もともとテレビの有線放送サービスでしたが，敷設する同軸ケーブルや光ファイバケーブルとケーブルモデムを利用することによって，高速のインターネット接続サービスが利用できるようになりました。

VoIP ▶　⑥ VoIP（Voice over Internet Protocol）

　　インターネットなどを使って，音声データを送受信する技術です。社内 LAN を使用した内線電話や，インターネット電話などに応用されています。

(3) モバイルシステム

　　ここ数年の多機能化したスマートフォンやタブレットの普及は目を見張るものがありますが，ネットワーク技術という視点で新機能やサービスを見ていきましょう。

MVNO ▶　① MVNO（仮想移動体通信事業者：Mobile Virtual Network Operator）

　　移動体通信網サービスを提供する事業者の中で，実際の通信設備をもたず，他の通信事業者の設備を借用している事業者のことです。

LTE ▶　② LTE（Long Term Evolution）/WiMAX

　　LTE や WiMAX は，4G（第4世代）の移動体通信規格です。スマートフォンや携帯電話で利用される通信方式で，数十Mビット／秒の高速な無線通信を屋内屋外問わず利用できます。

　　この LTE の高速性を生かして音声通話やビデオ通信を高品質で実
VoLTE ▶　現する技術は VoLTE（Voice over LTE）といいます。

9

5G ▶　③5G（ファイブジー）

　　移動体通信規格をさらに高速・大容量化し，端末の同時接続数，遅延時間，信頼性の高度化した移動通信システムで，2020年にサービスが開始されました。目標性能は次のようになっています。

- ・通信速度……最大10Gビット／秒以上
- ・応答速度を示す遅延時間……1ミリ秒以下
- ・端末の同時接続数……1平方キロメートル当たり100万台

1G 第1世代	音声をアナログ電波で送信する規格。 ノイズが乗りやすく，盗聴されやすい課題も。
2G 第2世代	デジタル方式で，メールやネットに対応。
3G 第3世代	速度は数Mbps〜14Mbps程度まで高速化。
4G 第4世代	100Mbpsクラスの高速通信を目指して開発された。
5G 第5世代	10Gbps以上の高速通信を実現し，端末の同時接続数増加，遅延時間低減，高信頼性を目指して開発された。

表　1G〜5Gへの進化

5Gなどの「G」はGeneration（世代）という意味で，「数字＋G」の数字が大きくなるほどスピードが速くなるんだね

SIMカード ▶　④SIMカード（Subscriber Identity Module Card）

　　携帯電話網に接続する携帯電話やスマートフォンなどの通信機器で，加入者を識別するためのICチップが埋め込まれたカードです。近年ではSIMカードのもつ機能を端末そのものに組み込まれているICチップで行うeSIM（embedded SIM）も登場しています。

ローミング ▶　⑤ローミング（roaming）

　　自分が契約していない通信事業者の回線を経由して，契約している通信事業者の回線に接続することです。

テザリング▶   ⑥テザリング

    ノートPCやタブレット端末など，通信機能をもつ情報機器を，携帯電話やスマートフォンといった無線通信機器を経由して，インターネットなどに接続することを指します。

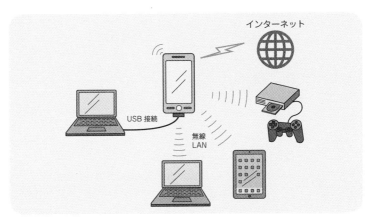

図　テザリング

4　インターネット

インターネット▶   **(1) インターネット（The Internet）とは**

    米国国防総省の軍事用ネットワークのARPAnet（アーパネット）で開発された技術を基に，大学や学術機関を結ぶネットワークとして構築されたものです。なお，インターネットは固有名詞です。

    インターネットは，異なるコンピュータを相互に接続するために，TCP/IPというネットワーク機器に依存しない標準化されたプロトコルを用いてデータ通信を行っています。

    企業などでは，内部ネットワークのLANからコミュニケーションサーバ（通信サーバ）を通じて，インターネットの様々なサービスを利用することができます。ここで，内部ネットワークと外部ネットワークの間

デフォルト
ゲートウェイ▶ で出入り口の役割をもつ機器を**デフォルトゲートウェイ**といいます。なお，プロトコルの異なるネットワークを接続する機器のゲートウェイとは少し意味が違い，多くの場合，ルータがこの機器に該当します。

インターネット
接続サービス
事業者▶
ISP▶   個人の利用者がインターネットを利用するためには，一般に**インターネット接続サービス事業者**（ISP：Internet Service Provider；インターネットサービスプロバイダ）と呼ばれる通信事業者と契約を結び，通信回線を通じてプロバイダに接続してインターネットを利用します。

9

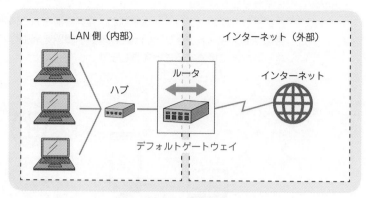

図　デフォルトゲートウェイ

(2) インターネットの仕組み

IPアドレス▶ ① IPアドレス（Internet Protocol Address）

　インターネットに接続されたコンピュータ1台1台に割り振られた
識別番号のことです。現在広く普及している **IPv4** では，8ビットず
IPv4▶ つ四つに区切られた32ビットの数値が使われていて，
「210.145.108.18」のようにピリオドで区切った10進数で表記
します。このIPアドレスは，各10進数を2進数に変換すると，
（11010010 10010001 01101100 00010010）という
32ビットのデータになります。

210	145	108	18
⬇	⬇	⬇	⬇
1101 0010	10010001	01101100	00010010

図　IPアドレス

　IPv4 は約43億種類のアドレスしか表現できず，不足するおそれ
IPv6▶ が出てきたため，新たに IPv6 が標準化されました。IPv6 では128
ビットでアドレスを表現するため（およそ340×1兆×1兆×1
兆種類），当分アドレスが足りなくなる心配はありません。なお，IP
アドレスに重複があってはならないため，割当てなどの管理は専門の
組織が行い，日本では JPNIC（Japan Network Information
Center）が行っています。

IPアドレスはもともとインターネット用のアドレスですが，組織内の個々の端末を識別することにも応用されています。インターネットで利用するIPアドレスを**グローバルアドレス**といい，組織内の通信で利用する場合を**プライベートアドレス**といって区別しています。

グローバル
アドレス▶
プライベート
アドレス▶

電話でいうと，グローバルアドレスが外線番号，
プライベートアドレスが内線番号といったところなんだね

DNS ▶　②DNS（Domain Name System）

IPアドレスは2進数で表される単純な数値の羅列になり，人間にとっては覚えにくいため，通常の利用を考えて，人間にとってわかりやすい名前（ドメイン名）が付けられます。この名前とIPアドレスの相互変換をDNSという仕組みで行います。

TCP/IP ▶　③TCP/IP

インターネットで通信するときに利用される標準プロトコルです。

IP ▶　・IP（Internet Protocol）

OSI基本参照モデルの第3層（ネットワーク層）の機能を担当するプロトコルで，ネットワークに接続している機器の住所付け（アドレッシング）や，相互に接続された複数のネットワーク内での通信経路の選定（ルーティング）を行います。

IPは，自分と送信相手の通信経路を確立せずに通信を行うコネクションレス型のプロトコルです。相手に確実にデータが届くことを保証するためには，上位層のTCPも利用する必要があります。

TCP ▶　・TCP（Transmission Control Protocol）

OSI基本参照モデルの第4層（トランスポート層）の機能を担当するプロトコルで，送信した順序で受信側にデータを届けたり，到着しなかったときの再送制御を行って，信頼性の高い通信を実現しています。

TCPは，データの送信前に送信相手のコンピュータが受信可能か確認してから通信を行うコネクション型のプロトコルです。

なお，TCPと同じ第4層に位置するプロトコルとしてUDP（User Datagram Protocol）があります。こちらはデータの到着確認機能をもたず簡便で遅延も少ないため，音声通信やDNSの通信に使われています。

9

DHCP ▶　　④DHCP（Dynamic Host Configuration Protocol）

インターネットを利用する複数のコンピュータに，あらかじめIP
アドレスを割り当てるのではなく，コンピュータから要求があるたび
に，IPアドレスを自動的に割り当てるプロトコルです。

NTP ▶　　⑤NTP（Network Time Protocol）

複数のコンピュータが時刻の同期をとるためのプロトコルです。時
刻情報を提供するNTPサーバにコンピュータが問合せを行って取得
します。

	OSI基本参照モデル	TCP/IP
第7層	アプリケーション層	アプリケーション層 FTP，POP3，SMTP，HTTP， SSL/TLS，TELNET，NTPなど
第6層	プレゼンテーション層	
第5層	セション層	
第4層	トランスポート層	トランスポート層 TCP，UDPなど
第3層	ネットワーク層	インターネット層 IPなど
第2層	データリンク層	ネットワークインタフェース層 Ethernet，無線LANなど
第1層	物理層	

表　OSI基本参照モデルとTCP/IPプロトコルとの対応

(3) 電子メール

インターネットを介してメッセージを送受信するシステムです。ビジ
ネス業務や日常生活で，欠かすことができません。

①電子メールの仕組み

電子メールソフトを使って，メールサーバに電子メールを送信する
と，インターネットを介して受信者のメールサーバに届きます。この
とき,送信者からメールサーバへの送信,および送信者と受信者のメー

SMTP ▶　　ルサーバ間のデータ転送には，SMTP（Simple Mail Transfer
Protocol；エスエムティーピー）というプロトコルが使用されてい
ます。また，受信者がメールサーバから自分宛に届いた電子メールを

POP3 ▶　　取り出すときには，POP3（Post Office Protocol version3；ポッ
プスリー）というプロトコルが使用されています。

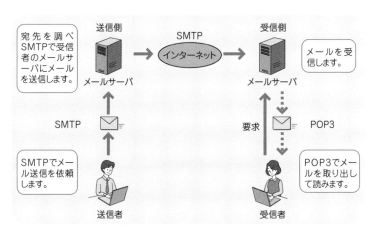

図 電子メールの仕組み

このほかのメールプロトコルとして，次のようなものがあります。

MIME ▶

(a) MIME（Multipurpose Internet Mail Extensions；マイム）

　　本文以外に画像などの添付ファイルを付けて送受信できるように
したプロトコルです。

IMAP4 ▶

(b) IMAP4（Internet Message Access Protocol 4）

　　メールサーバからメールを読み出すためのプロトコルです。
POP3 とは異なる機能をもち，メールタイトルだけの取出しや，
指定したメールだけ読み出すことができます。

②電子メールアドレス

　　電子メールを送信するためには，相手のアドレスが必要になります。
電子メールシステムの利用者を識別するための住所を電子メールアド
レスといい，次のように表記します。

username ＠ itec.co.jp
　(a)　　(b)　　(c)

ユーザー名▶

(a) **ユーザー名**
　　インターネット上で個々のユーザーを識別するための文字列で，加入して
いるプロバイダや，企業のネットワーク管理者から割り当てられます。

区切り文字▶

(b) **区切り文字**
　　ユーザー名とドメイン名を識別する文字で，＠（アットマーク）で区切り
ます。

ドメイン名▶

(c) **ドメイン名**
　　インターネット上のコンピュータに付けられる識別子です。サーバ名(itec)，
組織の種別を示す属性（co），地域名（国名）(jp) で構成されています。

図 メールアドレスの表記

③エラーメッセージ

電子メールが送信できないときはエラーメッセージが返されます。メッセージの種類によって，宛先のメールアドレスのどこが間違っているかを調べます。例を示します。

・"Returned Mail:User unknown"

指定した送信先のメールアドレスのユーザー名が違います。

・"Returned Mail:Host unknown"

指定した送信先のメールアドレスのドメイン名が違います。

④電子メール利用の留意点

電子メールは，時間や距離を気にせず送信でき，受信者も都合のよいときにメールボックスから取り出して読むことができます。

このように便利な電子メールですが，相手に届くまでに，通常いくつものメールサーバを通過するため，送信途中で内容を盗み読みされたり，改ざんされたりする危険性もあります。電子メールをやり取りするときの主な留意点を理解しておきましょう。

(a) 添付ファイルの大きさ

添付ファイルが大きすぎると，相手が受信するときに時間がかかるため，圧縮するか，分割して送信しましょう。

(b) 添付ファイルのファイル形式

画像データやワープロソフトのファイルなど，テキスト形式以外のデータを送信する場合は，必ず相手の PC の OS や電子メールソフトの種類を確認しましょう。

(c) 入力文字

半角カタカナ，丸付き文字，ローマ数字などは，OS によっては文字化けすることがあるため，使わないようにしましょう。

(d) ウイルス

ファイルを破壊するなどコンピュータに悪影響をおよぼすプログラムです。添付ファイルを開いただけで感染することもあるので，心当たりのない添付ファイルを開いてはいけません。

スパムメール▶ (e) スパムメール

広告や勧誘などを目的として，受信者の意向とは無関係に短時間のうちに大量に送信されるメールのことです。

⑤電子メール，データ送受信のセキュリティ

電子メールやデータを送受信する際に，次のような技術を利用してデータの盗聴や改ざん，なりすましを防ぐことができます。

S/MIME ▶ (a) S/MIME (Secure Multipurpose Internet Mail Extensions)

電子メールを暗号化して送受信するプロトコルです。公開鍵暗号方式を用いてメッセージを暗号化します。

SSL/TLS ▶ **(b) SSL/TLS（Secure Sockets Layer/Transport Layer Security）**

　　SSL はインターネット上で，暗号化，デジタル証明書，ハッシュ関数などのセキュリティ技術を使って，データを安全に送受信するプロトコルです。

　　TLS は SSL の脆弱性を修正したプロトコルで，SSL と合わせ，SSL/TLS と表記することが多いです。利用例として，データを暗号化し，プライバシーにかかわる情報やクレジットカード番号などの金銭にかかわる情報，機密情報などを安全に送受信することができます。

(4) Web アクセス

WWW ▶ 　　WWW（World Wide Web）とは，「世界中に張り巡らされたクモの巣」という意味で，簡単な操作によって，インターネット上にある世界中の情報を検索し，必要な情報を得ることができる仕組みです。ホームWeb ▶ページといった方が馴染みがあるかも知れません。また，単に Web ということも多くなっています。

① Web の仕組み

　　Web は，インターネット上に設置された Web サーバに蓄積されているハイパーテキストを検索，閲覧するためのシステムです。

ハイパー
テキスト▶ 　　**ハイパーテキスト**（hypertext）は，テキストファイル中に移動先ハイパーリンク▶が設定された**ハイパーリンク**を使って，別のテキストファイルに移動HTML ▶することができる形式のデータです。HTML（HyperText Markup Language）と呼ばれるマークアップ言語を使用して記述され，記述した情報（HTML ファイル）を一般に Web ページと呼んでいます。企業や個人のホームページも HTML で作られています。

　　利用してもらう Web ページを提供するコンピュータを Web サーバといい，利用者は，閲覧用ソフトである Web ブラウザ（browser）を使ってそれらのファイルやデータを閲覧したり，各種サービスを利用したりします。

URL ▶ #### ② URL（Uniform Resource Locator）

　　インターネット上の情報の所在は，URL を使って表します。Web ブラウザで検索，閲覧できる Web ページは膨大な数があるので，URL を使って一つずつ明示する必要があります。URL は次のような構成になっています。

9

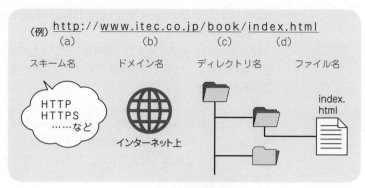

（例）http://www.itec.co.jp/book/index.html
　　　　(a)　　　　　(b)　　　　　　(c)　　　　　(d)

スキーム名　　　　ドメイン名　　　ディレクトリ名　　　ファイル名

HTTP
HTTPS
……など

インターネット上

index.
html

図　URL の表記の例

スキーム名▶ **(a) スキーム名**……（例）の http
　　HTML で記述されたテキストファイルの検索と閲覧で使用するスキーム名としてプロトコル名を記述します。http は次の HTTP プロトコルを使うことを意味します。

HTTP▶ 　**・HTTP（Hyper Text Transfer Protocol）**
　　　Web サーバと Web ブラウザの間でデータを送受信するためのプロトコルです。Web サーバに保存された Web ページを，クライアントの Web ブラウザに転送します。
　　　HTTP にデータの暗号化や認証などのセキュリティ機能を加

HTTPS▶ えたプロトコルを **HTTPS**（Hyper Text Transfer Protocol Secure）といいます（https://…と指定）。

FTP▶ 　　　このほか，ファイルを転送するための **FTP**（File Transfer Protocol）プロトコルも指定できます（ftp://…と指定）。

ドメイン名▶ **(b) ドメイン名**……（例）の www.itec.co.jp
　　Web ページの住所です。www に続けて，組織名（itec），組織の属性（co），地域名（jp）を記述します。組織の属性には co のほか，学校研究機関の ac，政府機関の go などがあります。

ディレクトリ名▶ **(c) ディレクトリ名**……（例）の book
　　ファイルが格納されているディレクトリ名を記述します。

ファイル名▶ **(d) ファイル名**……（例）の index.html
　　使用するファイル名を記述します。

(5) IoT ネットワーク

　　インターネットに接続される機器はコンピュータやスマートフォンだけでなく，家庭電化製品，防犯カメラ，自動車，センサーなど様々な「モ
IoT▶ ノ」に広がっています。**IoT**（Internet of Things；モノのインターネッ

ト）は，様々な「モノ」がインターネットを通じて情報交換することによって相互に制御する仕組みのことです。

図　IoT を取り巻く環境

IoT
ネットワーク▶

① IoTネットワーク

　IoT を実現するネットワークのことです。特徴としては，電気を供給できない環境で設置されるセンサーや機器をネットワークにつなぐため，バッテリの長寿命，経済性，通信範囲の広域性が必要になります。例えば，農業，土木，気象観測などでは，センサーが広い範囲に数多く配置されます。

LPWA ▶

　・LPWA（Low Power Wide Area）

　　IoT ネットワークの実現で必要な，低消費電力で広域接続できる通信技術のことです。例えば，通信速度は 100 ビット／秒と遅いですが，接続範囲が数 10km もある規格があります。

BLE ▶

　・BLE（Bluetooth Low Energy）

　　低消費電力・低コストでの通信を可能にした Bluetooth の拡張規格ですが，互換性はありません。

　・ZigBee（ジグビー）

　　近距離無線通信規格の一つです。転送可能距離が短く，転送速度も低速ですが，安価で消費電力が少ないという特徴があります。

エッジ
コンピュー
ティング▶

②エッジコンピューティング

　データを収集したセンサーや端末（エッジ）などの近くで処理を行い，結果だけをセンターに送るなどして，ネットワークの距離に応じて起きる処理の遅延や，センターまでのネットワークの負荷を少なくする技術です。

9.5

情報セキュリティ

Webの普及やスマートフォンの普及によって，IT化が社会のあらゆるシーンにまでおよびました。国や地方公共団体による行政サービスや民間企業の各種サービスでもIT化・デジタル化が広まると同時に，サイバー攻撃や情報漏えい事故なども増加しています。情報セキュリティは，そのような中でいわば社会を守るための枠組みそのものといった重要な意味をなすものになっています。

1　情報セキュリティの概念

　情報セキュリティとは，社会・経済活動で必要不可欠になった情報システムの **CIA**（機密性：Confidentiality・完全性：Integrity・可用性：Availability）を維持することです。CIAについては，②で解説します。

CIA ▶

　情報セキュリティのCIAを脅かすものを脅威といいます。企業や組織は，重要な情報資産である営業情報や知的財産の情報などを脅威から守る必要があります。

(1) 脅威

　情報セキュリティを脅かす脅威について，典型的なものは次のようになります。地震や火災など物理的災害は目に見える形で被害が出ますが，最も注意すべきものは人的脅威です。脅威が現実のものになると，システムが利用できなくなったり，重要なデータが破壊や漏えいしたりして，損害をもたらします。

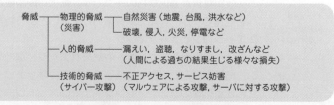

図　情報セキュリティを脅かす脅威

物理的脅威▶ **①物理的脅威**

　自然災害や，破壊，火災，停電などによってもたらされる脅威です。これらが起きると次のような障害が発生します。

・機器故障（CPU，メモリ，記憶媒体の故障）

・電源障害（停電，電源装置の故障）

・通信障害（通信回線の障害，通信機器の故障）

　また，許可されていない人物がセキュリティ区域に不正侵入することも物理的脅威となります。

人的脅威▶ **②人的脅威**

　人の悪意ある行動や操作ミスなどによってもたらされる脅威です。

ソーシャル
エンジニア
リング▶ **（a）ソーシャルエンジニアリング**

　コンピュータ（システム）を使わずに情報を盗み出すことです。

なりすまし▶ 　**・なりすまし**

　家族や知り合いを装い，電話などでパスワードや重要な情報を聞き出す行為です。

スキャ
ベンジング▶ 　**・スキャベンジング**

　ごみ箱をあさって，捨てられた書類を盗み出すことです。

ショルダー
ハック▶ 　**・盗み見**

　背後から操作画面を盗み見たり（**ショルダーハック**），他の人の操作画面に表示されたデータを盗み見たりすることです。

（b）誤操作

　メールの送信先を間違えたり，機密データの保存場所を間違えたりすることによって，情報漏えいが起きます。

クラッキング▶ **（c）クラッキング**

　システムに意図的に不正侵入して，データや設定内容を窃取したり，改ざんしたり，破壊したりする行為です。これによって，CIAの「I」（完全性：Integrity）が損なわれます。

改ざん▶

図　ネットワーク上の脅威

ビジネス
メール詐欺▶

(d) ビジネスメール詐欺（BEC：Business E-mail Compromise)

　取引先からのメールなどを偽装することで，攻撃対象をだまし，金銭や機密情報などを詐取する攻撃を指します。

ダークウェブ▶

(e) ダークウェブ

　特殊なブラウザでしかアクセスすることができない Web サイトの総称です。犯罪性の高い物品や個人情報の売買や，仕事の募集などが行われています。その性質上，やり取りは匿名で行われます。

技術的脅威▶

③技術的脅威

　悪意で作成されたソフトウェアやシステムなど，技術的な手段によって引き起こされる脅威です。

マルウェア▶

(a) マルウェア

　コンピュータウイルスに限らず，悪意をもったプログラム全般を指します。悪意の有無は被害があるかないかで判断され，悪意のある場合は，不正行為や破壊になります。マルウェアは，malicious software（意地の悪いソフトウェア）の略称で，インターネットや USB メモリなどを経由（伝染）して，システムに入ります（感染）。そして，一定期間経った後（潜伏），動作を開始します（発病）。

トロイの木馬▶

・トロイの木馬

　プログラム中に不正な処理を潜伏させ，日時や入力データなど，条件が該当すると不正な処理が開始されます。プログラム自体の処理は正しく動作するため，利用者が感染に気付かないという特徴があります。

ボット▶

・ボット

　語源はロボット（robot）です。コンピュータの中に潜み，ネットワークを経由して送られてくる命令を実行します。そのため，感染したコンピュータは遠隔操作されてしまいます。

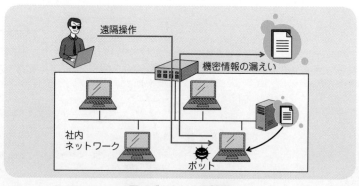

図　ボットによる被害

ワーム▶

・ワーム（worm）

　ネットワークを利用して自己増殖する不正なプログラムです。トロイの木馬のように寄生するプログラムはなく，単独で増殖していきます。

スパイウェア▶
キーロガー▶

・スパイウェア／キーロガー

　スパイウェアとは，感染したコンピュータから，情報を盗み出すことを目的としたマルウェアを指します。

　キーロガーは，スパイウェアの一種で，キーボードからの入力を監視して，インターネットバンキングのログイン ID やパスワードといったログイン情報などを盗み出します。これらの情報を盗まれないようにするため，PC 画面上に仮想のキーボードを表示し，マウスを使って入力するソフトウェアキーボードの利用が有効とされています。

(b) パスワードに対する攻撃手法

　パスワードを推測または解析して不正にサーバや情報資産にアクセスする攻撃です。

総当たり攻撃▶

・総当たり攻撃（ブルートフォース攻撃）

　システムへのログインに必要となるログイン ID やパスワードを総当たりで試し，システムに不正侵入する攻撃手法です。ブルートフォース（brute force）は，「強引に，力ずくで」という意味です。

辞書攻撃▶

・辞書攻撃

　ブルートフォース攻撃を応用した攻撃手法です。あらかじめ，ログイン ID やパスワードの候補となるキーワードを辞書として用意しておき，新たに不正侵入が成功すると，辞書に追記していくといった攻撃手法です。

パスワード
リスト攻撃▶

・パスワードリスト攻撃

　ある Web サイトから流出したログイン ID やパスワードを利用して，不正にアクセスする攻撃です。複数の Web サイトで同じ ID やパスワードを利用している人を狙います。

9

(c) サーバに対する攻撃手法

サーバ内の情報の不正入手や改ざん，サービス妨害のためのサーバ停止を目的とした攻撃手法です。

DoS攻撃▶
DDos攻撃▶

・DoS攻撃（Denial of Service attack：サービス妨害攻撃）/DDos攻撃（Distributed DoS attack：分散型サービス妨害攻撃）

DoS攻撃は，相手のサービスを妨害するために，意味のない大量のデータを送りつけ，通信不能な状態にする攻撃です。

同じ手法で，分散した拠点にある複数のコンピュータから一斉にデータを送りつける攻撃をDDoSといいます。

SQLインジェクション▶

・SQLインジェクション

データベースをアクセスするプログラムのセキュリティ上の不備を利用し，想定しないSQL文を実行させることで，データベースに不正にアクセスする攻撃です。ログイン権限をもたないユーザーによる不正ログインや，データ漏えい，データ改ざん・破壊などが行われます。

クロスサイトスクリプティング▶

・クロスサイトスクリプティング

Webアプリケーションの脆弱性を利用した攻撃の一つで，複数のサイトをまたがる（クロスサイト），スクリプト言語の実行（スクリプティング）による攻撃です。攻撃者は自分の存在を隠して，利用者の情報を盗み取ります。

DNSキャッシュポイズニング▶

・DNSキャッシュポイズニング

DNSサーバがもつドメイン情報を，攻撃者が誘導しようとする偽の情報に書き換え，訪問させる攻撃です。

(d) 相手を特定して狙う攻撃，その他の攻撃手法

標的型攻撃▶

・標的型攻撃

攻撃する組織や相手を特定して行われる攻撃です。手口としては，相手に標的型攻撃メールを送りつけてマルウェアに感染・潜伏させ，その後で感染した端末を外部からコントロールして，重要情報を盗み取ります。

水飲み場型攻撃▶

・水飲み場型攻撃

標的組織の従業員がアクセスしそうなWebサイトに罠を仕掛けて，標的組織からアクセスしたときにマルウェアを送り込む攻撃です。攻撃を検知されにくくするため，標的組織以外からのアクセス時には攻撃しないという特徴があります。

ドライブバイダウンロード攻撃▶

・ドライブバイダウンロード攻撃

Webサイトを閲覧したとき，利用者に気付かれないようにマルウェアをダウンロードし，インストールさせる攻撃です。

フィッシング▶

・フィッシング（phishing）

　金融機関やお店からのお知らせメールを装って，偽の Web サイトの URL を記述して利用者を誘導し，ID やパスワード，個人情報を不正に取得することをフィッシングといいます。また，この手口でお金を引き出したり，商品を購入したりする詐欺をフィッシング詐欺といいます。

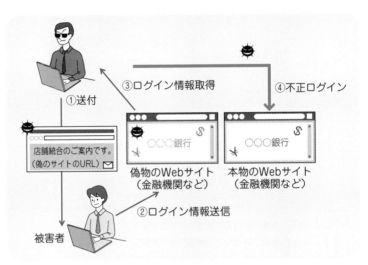

③ログイン情報取得　④不正ログイン

①送付

店舗統合のご案内です。
（偽のサイトのURL）

偽物のWebサイト
（金融機関など）

本物のWebサイト
（金融機関など）

②ログイン情報送信

被害者

図　フィッシング詐欺の仕組み

クリック
ジャッキング▶

・クリックジャッキング

　Web サイト上に見えないようにボタンを配置するなどして，利用者が意図しないクリック操作を行わせる攻撃手法です。意図しない課金や商品購入をさせられるといった被害などが発生します。

クリプト
ジャッキング▶

・クリプトジャッキング

　コンピュータ利用者に知られないようにしながら，悪意ある者が自らの利益になる暗号通貨の発掘処理（マイニング処理）を行わせるという不正行為です。Web ページにそのような発掘処理をするスクリプトを仕込んでおき，Web ページ閲覧者の PC やスマートフォンに発掘処理をさせるといった迷惑行為に留まらず，クラウド環境のサーバにマルウェアとして感染することで，恒久的に発掘処理を続ける事例もあります。この場合，クラウド環境のサーバは，計算量に応じて課金されるものもあるため，発掘処理にかかった費用をクラウド事業者から請求されてしまうという多額な被害が発生します。

9

プロンプトイン
ジェクション▶

・プロンプトインジェクション

生成 AI への入力や指示（プロンプト）を不正に操作して，目的としていない結果や悪意のある内容を表示させることです。

(2) 脆弱性

セキュリティを損なう弱点があることを脆弱性といいます。

セキュリティ
ホール▶

①**セキュリティホール（security hole）**

システムやネットワークの設計上の不備，オペレーティングシステムやアプリケーションソフトウェアの欠陥（バグ）のことです。

②**人的脆弱性**

技術的な脆弱性だけでなく，組織内で行動ルールが整備されていなかったり，ルールがあっても徹底されていなかったりする場合，人的脅威につながる人的脆弱性といえます。

シャドー IT ▶

③**シャドー IT**

会社の許可を得ずに，従業員や部門が業務で利用している IT 機器やサービスのことです。これらは，会社で管理できていないため，情報漏えいや攻撃の踏み台になる可能性があります。

脅威が悪意ある攻撃や災害の被害を指し，
脆弱性は何らかの被害や損害を被りそうな可能性を指すよ

不正の
トライアングル▶

(3) 不正の発生するメカニズム

不正が発生するときには，次に示す**不正のトライアングル**の 3 要素のすべてが存在すると考えられています。

・**機会**……不正の実行を可能または容易にする環境
・**動機**……不正を行おうと決定するときの心理的なきっかけ
・**正当化**……不正を自ら納得させるための自分勝手な理由付け

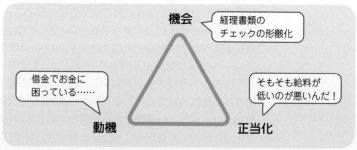

図　不正のトライアングル

2 情報セキュリティの管理

(1) リスクマネジメント

リスク
マネジメント▶

企業や組織では，次の手順でリスクを管理する**リスクマネジメント**を行うことが求められており，全社的に取り組んでいきます。

リスク
アセスメント▶

①リスクアセスメント

リスクを洗い出してから，各リスクを分析し，重要度を付け評価します。

リスク特定▶

・**リスク特定**……どのようなリスクが起こり得るかを，環境に基づいて洗い出します。

リスク分析▶

・**リスク分析**……各リスクの発生確率や損害の種類や規模を算出し，定量的に分析します。

リスク評価▶

・**リスク評価**……リスクに損害の発生確率，種類，規模によって重要度を付けます。

リスク対応▶

②リスク対応

リスクアセスメントの評価を基にして，各リスクの対応方法を検討し，実施します。リスク対応は，リスクコントロールとリスクファイナンスに大きく分けられます。

リスク
コントロール▶

(a) リスクコントロール

直接的なリスクの発生要因を取り除いたり，リスクの発生を低くしたりします。

リスク回避▶

・**リスク回避**……問題の発生要因を排除して，リスクが発生する可能性のあることを取り去ることです。

リスク低減▶

・**リスク低減**……可能な対策を行って，リスクの発生確率を下げることです。

リスク集約▶

・**リスク集約**……複数のリスクをまとめて，全体を把握しやすくすることです。

リスク
ファイナンス▶

(b) リスクファイナンス

リスクコントロールを実施しても残るリスクや，対応が困難なリスクに対して，資金面での手当てを行うことです。

リスク保有▶

・**リスク保有**……許容できるリスクと判断し，受け入れることです。損失発生時に備え，対応資金を用意しておきます。リスク受容ともいいます。

リスク共有▶

リスク移転▶

リスク分散▶

・**リスク共有**……他者とリスクを共有することです。保険などで損失を充当する**リスク移転**や，業務を外部委託することによる**リスク分散**などが含まれます。

9

(2) 情報セキュリティマネジメント

情報システムを安全に活用するために，機密性（Confidentiality），完全性（Integrity），可用性（Availability）の CIA を維持し，改善していく活動です。他の特性も含めて整理します。

機密性▶　①**機密性**……許可された正当なユーザーだけが情報を利用できること

完全性▶　②**完全性**……情報やその処理方法が完全・正確であること。改ざん・一部欠損などがないこと

可用性▶　③**可用性**……利用者が必要なときに必要とする情報が確実に利用できること

真正性▶　④**真正性**（Authenticity）……利用者が正しい本人であることや，情報が偽造されたものではなく正当であること

責任追跡性▶　⑤**責任追跡性**（Accountability）……事象を後から検証できること

否認防止▶　⑥**否認防止**（Non-Repudiation）……否定できない証拠をもつこと

信頼性▶　⑦**信頼性**（Reliability）……意図する行動と結果が一貫していること

情報
セキュリティ
マネジメント
システム▶

ISMS ▶

「否認防止」は，「本人がその情報を確かに作成したこと」を証明する仕組みだね
紙の取引では，ハンコやサインに当たるけど，
電子取引では，後から勉強するデジタル署名などを使うんだよ

(3) 情報セキュリティマネジメントシステム（ISMS：Information Security Management System）

情報セキュリティ上の問題には様々なものがあり，個別対策だけでは，組織全体のセキュリティを維持することができません。このため，適切，かつ効果的に組織全体のセキュリティを管理する情報セキュリティマネジメントシステムの確立が求められています。

ISMS の目的は，情報の機密性，完全性，可用性をバランス良く維持・改善し，リスクを適切に管理している信頼を利害関係者に与えることです。これは，日本産業規格の JIS Q 27001 に基づいて，第三者の認証機関の審査を受けることによって，認証資格を得ることができます。

PDCA
サイクル▶

① PDCA（Plan-Do-Check-Act）サイクル

マネジメントサイクルで知られており，ISMS の活動においても基本となる手法です（詳しくは第1部を参照）。

②情報セキュリティポリシー

情報
セキュリティ
ポリシー▶

PDCA サイクルの Plan（計画）段階で策定される ISMS を確立するための計画のことです。

- 基本方針……なぜセキュリティが必要かについて策定し，何をどこまで守るのか，誰が責任者かを明確にします。
- 対策基準……基本方針で策定した目的を受けて，何を実施しなければならないかについて規定を定めます。
- 実施手順……対策基準で定めた規程を実施する際に，どのように実施するかについて策定します。

(4) 情報セキュリティに関連する組織・機関

新しいマルウェアの被害や再発防止策などの情報は，社会で幅広く共有する必要があるため，複数の組織や機関が活動しています。

J-CSIP ▶

① J-CSIP（サイバー情報共有イニシアティブ）

政府と民間でサイバー攻撃の情報を共有するための組織で，IPA（独立行政法人 情報処理推進機構）が運営しています。

サイバー
レスキュー隊▶

②サイバーレスキュー隊（J-CRAT；ジェイ・クラート）

標的型サイバー攻撃の被害拡大防止のため，組織の被害を減らし，攻撃が連鎖しないよう支援する活動です。IPA が運営しています。

NISC ▶

③ NISC（National center of Incident readiness and Strategy for Cybersecurity：内閣サイバーセキュリティセンター）

サイバーセキュリティ基本法に基づき内閣官房に設置された組織で，サイバーセキュリティの確保に関する活動を行っています。

CSIRT ▶

④ CSIRT（Computer Security Incident Response Team）

企業や団体の中で，情報セキュリティに関する事件や事故（インシデント）が起きたときに，対応を行うチームです。

SOC ▶

⑤ SOC（Security Operation Center）

24 時間 365 日ネットワークやコンピュータへの不正侵入などの情報セキュリティインシデントの検知に向けた監視や，情報セキュリティインシデントが発生した場合の対処方法に関する助言を行っています。

SOC はインシデントの監視がメインで，
実際にインシデントが発生した際に対応するのが CSIRT なんだね

9

SECURITY
ACTION ▶

(5) SECURITY ACTION

IPA が行っている，中小企業向けの情報セキュリティ対策推進活動です。この中では中小企業向けの情報セキュリティ対策のガイドラインを示すとともに，セキュリティ対策自己宣言として中小企業が対外的にアピールするためのロゴの提供も行っています。事業再構築補助金などを申請する際の要件にもなっており，こうした枠組みによって国内産業の情報セキュリティ対策レベルの維持・向上が図られています。

PCI-DSS ▶

(6) PCI-DSS (Payment Card Industry Data Security Standard)

クレジットカードの加盟店やサービスプロバイダにおいて，クレジットカード会員データを安全に取り扱うことを目的として策定された，クレジットカード業界のセキュリティ基準のことです。認定制度となっており，クレジットカード番号情報を扱う業務の管理体制や，Web サイトの堅牢性などが審査されます。

3 情報セキュリティの対策

（1）物理的セキュリティ対策

外部からの侵入や盗難，災害などからシステムを保護する対策です。

入退室管理 ▶

①入退室管理

情報漏えいの可能性としては，ネットワーク経由のものと，コンピュータを直接操作されてしまうことによるものがあります。後者の直接操作されてしまう対策として有効なのが，入退室管理です。これは，コンピュータのある部屋には，部外者が入れないようにし，関係者の入退室も厳重にチェックする方法です。

チェック方法としては，次のようなものがあります。

図　入退室管理用
指静脈認証端末

・ID カードによる認証

・パスワードによる入退室権限の確認

・監視カメラによる入退室者の監視

バイオ
メトリクス認証 ▶

・指紋，網膜，静脈など生体的特徴を利用して個人を認証（**バイオメトリクス認証**）

チェックを厳重にする場合には，複数の認証方式を組み合わせる**多要素認証**にしたり，一人ずつ入退出できるよう**セキュリティゲート**を導入したりします。この仕組みは，入退室の際に前の人についていき，認証を免れる**共連れ**という行為を防止できるようになっています。

多要素認証▶
セキュリティ
　　ゲート▶
共連れ▶

②クリアデスク・クリアスクリーン

クリアデスク▶

クリアデスクは，秘密情報を含む書類や取り外し可能な記憶媒体を机の上などに放置しないという考え方です。机から離れるときには，書類や媒体を引出しに格納して施錠するか，常に携帯することによって，盗難や紛失を防止します。

クリア
スクリーン▶

クリアスクリーンは，PC を使った業務や打合せにおいて，PC を離れる際には秘密情報を画面に表示したままにしないという考え方です。具体的には，休止状態から復帰する際にパスワードの入力を要求する設定にして画面を閉じたり，ログオフしたりします。

私たち一人一人の注意が機密情報を守ることにつながるのよ

(2) 人的セキュリティ対策

不正行為や盗難などのリスクを軽減するための対策や教育を行います。

①利用者 ID とパスワード管理

最近のように，各現場の PC で組織内のいろいろな情報が取り出せるようになると，事務所やコンピュータのある部屋の入退室管理を厳しくするだけでは不十分です。

そのため，許可された人だけが，自分の PC や情報機器からデータにアクセスできるようにする認証方法が重要になり，このために使われる情報を**アカウント**といいます。

アカウント▶

利用者ID ▶
パスワード▶

アカウントによる認証は，**利用者ID**（ユーザー ID）と**パスワード**の確認で行う方法が一般的です。パスワードは各自でしっかり管理し，他の人に知られないようにする必要があるので，次のような管理基準を作り，組織内で守らせる努力が必要です。

・最低文字数と使用可能文字を設定する。例えば，8 文字以上，英数字を混ぜ，大文字と小文字を使用する。

・一定期間が経過したら強制的にパスワードを変更させる。

・パスワードは誕生日など推測されやすいものや，"AAAAAA"など単純なものを使わない。

・パスワードをメモ帳に書いたり，見える所に残したりしない。

9

・パスワードの取扱い上の注意点を，ユーザーに教育する。
・組織内で定期的にセキュリティ教育や攻撃などの不正行為に対する訓練を行う。

②シングルサインオン

シングル
サインオン▶

システムに1度ログインすると，連携している別のシステムへのログインを省略することができる認証方式です。ユーザーの利便性が向上する反面，パスワードの管理には一層の注意が必要です。

③アクセス権の管理

システム内のデータには機密情報も含まれるので，利用者ごとにアクセスできる権限を変えて，利用権限のない人のアクセスを防ぐ仕組みが必要です。そのため，データを目的に応じて適切なフォルダに格納し，そのデータやフォルダに対して，利用者ごとに「読込みだけ」，「読込みと更新」，「追加と削除」，「すべての操作」など，許可する操作をアクセス権として付けます。

(3) 技術的セキュリティ対策

ハードウェア，ソフトウェア，ネットワークに技術的な対策をして，システムや業務などに被害が発生することを防ぎます。

①リモートアクセスのセキュリティ管理

外出先や出張先から社員が情報システムを利用するために，PCやスマートフォンからアクセスすることがあります。このとき，アクセス権のない人がアクセスできないように，ワンタイムパスワードやコールバックという手法が使われます。

ワンタイム
パスワード▶

ワンタイムパスワードは，文字どおり1回限りのパスワードのことで，刻々と変化するパスワードを表示する専用の機器を利用者にもたせておき，そのとき表示されているパスワードを入れないとアクセスできないようになっています。専用の機器の代わりにスマートフォンにSMS（ショートメッセージサービス）としてワンタイムパスワードを送信するものもあります。この方法は**SMS認証**といいます。

SMS認証▶

コールバック▶

コールバックは，外部からアクセス要求があったら，一度電話を切り，アクセスされた側からユーザーごとに決められた電話番号に掛け直して接続する方法です。こうすれば，決められた電話番号としか接続することができないので，他の人がアクセスすることを防ぐことができます。

②ネットワークセキュリティ／ファイアウォール

(a) 無線 LAN のセキュリティ

無線 LAN（Wi-Fi）の信号は空中を飛んでいるので，信号が傍受できれば，アクセス権限がない者による不正アクセスや盗聴ができてしまうため対策が必要になります。

このための認証や暗号化規格として，WEP や WPA がありましたが脆弱性が見つかり，現在は **WPA2**（Wi-Fi Protected Access 2）がよく用いられています。利用できるネットワークは SSID や ESSID で区別でき，パスワード入力して使えるようになります。なお，パスワードのないネットワークは，セキュリティ対策がされていないため，利用には十分注意が必要です。また，より強度の強い暗号アルゴリズムや，Wi-Fi への接続パスワードへの総当たり攻撃・辞書攻撃を防止する機能を追加した **WPA3**（Wi-Fi Protected Access 3）も登場しています。

(b) ファイアウォール（firewall：防火壁）

外部から不正侵入してくる危険を防ぐ仕組みとして広く利用されている手段です。

インターネットと LAN との間に設置されデータ通信を管理し，外部からの攻撃や不正アクセスから内部ネットワークを守ります。一般に，サーバの代理役をする**プロキシサーバ**やゲートウェイを使い，IP アドレスや通信処理の内容を示す**ポート番号**を調べることによって，データ（パケット）の通過，または遮断するアクセス制限を行います（**パケットフィルタリング**）。

▷ WPA2

▷ WPA3

▷ ファイア
ウォール

▷ プロキシ
サーバ

▷ ポート番号

▷ パケット
フィルタリング

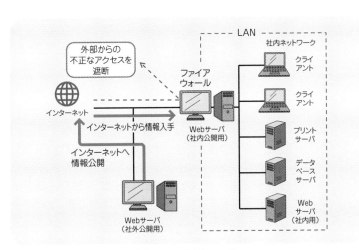

図 ファイアウォール

非武装地帯▶

DMZ▶

(c) 非武装地帯（DMZ：DeMilitarized Zone）

　さらに外部ネットワークからの攻撃から内部ネットワークを保護する方法として，DMZと呼ばれるネットワークセグメント（ネットワークの単位）を設けることがあります。

　DMZは，もともと，紛争地域などで境界に設定される緩衝地帯や非武装地帯のことです。ネットワークのDMZも同様で，外部ネットワーク（インターネット）と内部ネットワーク（組織内LANなど）の間に設置される緩衝地帯（非武装地帯）のことを表します。

　DMZは，外部ネットワークと内部ネットワーク双方から，ファイアウォールで分離されています。これによって，外部ネットワークからファイアウォールを通過してこのDMZに不正アクセスが行われたとしても，内部ネットワークとの間にあるファイアウォールによって，不正アクセスが内部ネットワークにおよぶのを防ぐことができます。

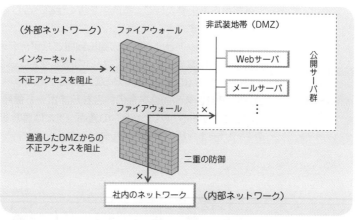

図　DMZ

③IDS／IPS／WAF

IDS▶

　IDS（Intrusion Detection System）は，ネットワークやコンピュータへの侵入を検知する装置です。通信路上に流れるパケット内容や順序などを監視し，不正侵入の可能性がある通信を検知すると，システム運用者に対して通知（メールやSMSなど）を送ります。これをさらに発展させ，不正侵入の可能性がある通信を検知した際に遮IPS▶断まで行う装置がIPS（Intrusion Prevention System）です。

　WAF は，Web 通信に特化した不正アクセス検知・防御システム
です。Web の通信の中に SQL インジェクションやクロスサイトス
クリプティングなどの悪意ある通信を検知すると，それを遮断します。
また，クレジットカード番号が Web サーバから外部に送信されそう
な際に，それをマスキングしたり遮断したりする機能をもつ WAF も
あります。

SIEM ▶　④ SIEM（Security information and event management）
　様々なサーバや通信機器から出力されるログを一元管理し不審な通
信や操作を自動検知すること，あるいはそのための仕組みです。

⑤その他の技術的セキュリティ対策

デジタル
フォレンジックス ▶　(a) デジタルフォレンジックス
　不正アクセスや情報の持出しなどのコンピュータに関する犯罪の
法的な証拠性を確保できるように，原因究明に必要な情報を保全，
収集して分析することです。何らかの操作をする前に証拠を保全す
ることが重要です。

ステガノグラフィ ▶　(b) ステガノグラフィ（steganography）
　他のデータの中にメッセージなどの情報を埋め込んでその存在を
隠してしまう技術のことで，秘密に通信する目的などで利用されま
す。

電子透かし ▶　(c) 電子透かし
　画像などのデジタルコンテン
ツの著作権を保護するために，
違法コピーを検知できるように
デジタルコンテンツに埋め込ま
れる情報です。著作権保護以外
にも，情報の流出を検知するた
めに，機密情報に埋め込むこと
もあります。

※実際には，"ITEC"の文字は見
　えないが，データには埋めこ
　まれている。

図　電子透かしのイメージ

ブロック
チェーン ▶　(d) ブロックチェーン
　仮想通貨を中心に普及しているブロックチェーンは，データの
ハッシュ値を数珠つなぎにした上で分散格納し，途中のデータに改
ざんがないことをデータ共有する利用者全体で保証する仕組みで
す。
　一部のデータが改ざんされても，取引データの完全性と可用性が
確保されるようになっているため，新しいセキュリティ技術として，
今後応用範囲が広がっていくと考えられています。

4 暗号技術と認証技術

（1）暗号技術

ネットワークの途中で通信データが傍受される危険性などを考慮すると，データの盗聴を防ぐためには，パスワードの設定やアクセス管理だけでは十分な対策とはいえません。そこで，使われる技術が暗号化技術です。暗号化の方式には，共通鍵暗号方式と公開鍵暗号方式があります。

共通鍵
暗号方式▶

①共通鍵暗号方式

暗号化▶
復号▶

一つの鍵で暗号化（平文から暗号文を作ること）と復号（暗号文を元に戻す）を行う方式で，一組の送信者，受信者で同じ秘密鍵を使う

秘密鍵
暗号方式▶

ことから秘密鍵暗号方式ともいいます。鍵は当事者以外の人に知られないように秘密で管理されます。代表的な暗号化規格としては，米国

DES▶

商務省が政府調達基準として選定したDES（Data Encryption

AES▶

Standard；デス）と，新しい方式のAES（Advanced Encryption Standard；エー・イー・エス）があります。

共通鍵暗号方式は，やり取りする相手ごとに別々の鍵をもつ必要があるため，不特定多数の人を送信先にするオンラインショップなどでは管理が大変です。そこで，これを解決するために考えられたのが公開鍵暗号方式です。

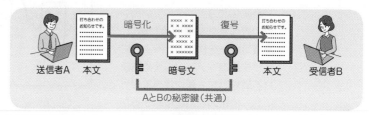

送信者A　本文　　　暗号文　　　本文　受信者B

AとBの秘密鍵（共通）

図　共通鍵暗号方式

公開鍵
暗号方式▶

②公開鍵暗号方式

公開鍵と秘密鍵という二つの異なる鍵を使用して，データを送る場合は公開鍵を利用して暗号化し，秘密鍵を利用して復号を行う方式です。送られてきたデータは，受信者の秘密鍵がなければ，他の人は元に戻せないので，暗号化鍵を公開することができます。ただし，復号に使う秘密鍵は本人だけしか利用できないように厳重な管理が必要です。

RSA▶

公開鍵暗号方式の代表的なものとしては，RSA（開発者3人の名前の頭文字から命名した）があります。

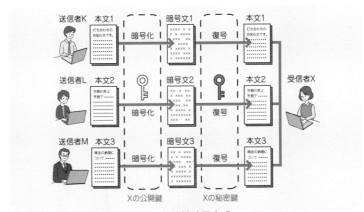

図　公開鍵暗号方式

③ハイブリッド暗号方式

公開鍵暗号方式と共通鍵暗号方式を組み合わせた方式です。

共通鍵暗号方式は，公開鍵暗号方式と比べて暗号化と復号の処理時間が短いので，性能が要求されるメールの暗号化処理などでは共通鍵暗号方式が使われます。しかし，送信者と受信者が同じ共通鍵をもつ必要があるため，ハイブリッド暗号方式では，この共通鍵を使い捨ての鍵として用意し，相手に送るために公開鍵暗号方式を使います。

(2) 電子認証と電子署名

①電子認証

利用者やデータを送った人が本人であることを電子的に確認することです。不特定多数の人が利用するインターネットでは，データの受信者は送信者が本当に本人であるかどうかを確認できません。このため，何らかの電子認証の仕組みが必要になるわけです。

②電子署名（デジタル署名）

電子認証のためによく使われるのが，公開鍵暗号方式を利用した電子署名の仕組みです。これは，データを送信するために使った公開鍵暗号化方式の逆の考え方で，秘密鍵で暗号化したデータは公開鍵で復号することができることを利用したものです。

送信者は，本文に加えて送信するデータをハッシュ化（別のデータに変換する処理）したものを，送信者の秘密鍵で暗号化したデータとともに送ります。この添付したデータを電子署名といいます。

9

　　受信者は，送られてきた本文をハッシュ化したものと，電子署名を送信者の公開鍵で復号したものとが一致すれば，そのデータは送信者本人が送信してきたこと，そして，データが途中で改ざんされていないことを確認することができます。なぜなら，この両者が一致するということは，送信者が秘密鍵の所有者であることが証明されたことになるからです。

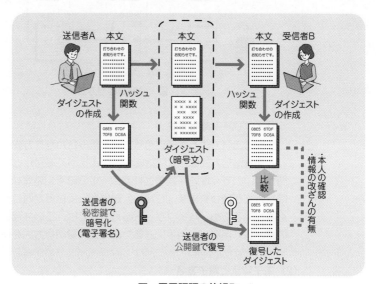

図　電子認証の仕組み

③認証局と公開鍵基盤

　　電子署名の仕組みでは，公開鍵暗号方式で使う鍵の信頼性を確認する必要があります。ある人の公開鍵を入手したつもりが，その人を装った別人のものであれば，だまされて別の人と通信することになってしまうからです。

　　そこで，信頼のおける第三者によって，誰の公開鍵かを証明する仕組みが考えられました。この第三者機関を，**認証局（CA：Certification Authority）**といいます。認証局は，公開鍵に認証局の署名を施して，本人の正しい公開鍵であることを証明し，デジタル証明書を発行します。認証局が発行する証明書には用途に応じて名称があります。Web サーバやメールサーバなどの真正性を証明するものを**サーバ証明書**，クライアント PC やスマートフォンの利用者を証明するためのものを**クライアント証明書**といいます。認証局自身の真正性を証明する証明書もあり，**ルート証明書**といいます。

認証局▶
CA▶

サーバ証明書▶
クライアント
証明書▶
ルート証明書▶

また，認証局は自身が発行した証明書の中で期限到来前に何らかの事
CRL ▶ 情で失効させた証明書のシリアル番号を示す **CRL**（証明書失効リスト）
というものも提供しています。

このように，公開鍵の正当性を第三者の認証局が認証して，安全に
PKI ▶ 通信できる仕組みを **PKI**（Public Key Infrastructure：**公開鍵基盤**）
公開鍵基盤 ▶ といいます。

5 セキュリティバイデザイン・プライバシーバイデザイン

IT システムやアプリケーションを設計する段階から，保護する情報
の種類分けや種類ごとに機密性，完全性，可用性の観点ごとの対策を考
セキュリティ え，脆弱性が入らないように設計することを**セキュリティバイデザイン**
バイデザイン ▶ （Security by Design）といいます。IT システムやアプリケーション
が完成してから情報セキュリティ観点での対策を行う場合，追加費用が
発生してしまったり，納期が延期になってしまったり，設計の根幹部分
からのやり直しが発生してしまったりといったことからしっかりとした
対策ができなくなるおそれがあるので，それを防ぐためにも重要な考え
方になります。また，個人情報保護の観点から顧客情報などの取扱いに
関して，必要な機能や対策を IT システムやアプリケーションの初期設
プライバシー 計段階から入れておくという考え方を**プライバシーバイデザイン**
バイデザイン ▶ （Privacy by Design）といいます。例えば，個人情報を入力してもら
う画面に「貴社の個人情報取扱い方針に同意します」というチェックボッ
クスを設けるといった法令対応も必要になります。

6 マルウェア対策（コンピュータウイルス対策）

マルウェア ▶ 経済産業省が示した「コンピュータウイルス対策基準」では，**マルウェ**
コンピュータ **ア（コンピュータウイルス）**を，次の機能を一つ以上有するプログラム
ウイルス ▶ と定めています。

機能	解説
自己伝染機能	プログラムやデータなどのファイルの破壊を行ったり，コンピュータに異常な動作をさせたりする機能
潜伏機能	発病するための特定時刻，一定時間，処理回数などの条件を記憶させて，条件が満たされるまで症状を出さない機能
発病機能	自らの機能によって他のプログラムに自らをコピーし，またはシステム機能を利用して自らを他のシステムにコピーすることによって，他のシステムに伝染する機能

表　ウイルスの3大機能

マルウェア（malware）は，悪意のある（malicious）とソフトウェ
ア（software）を合わせた造語です。

マルウェアには，次のような多種多様なものが存在します。

名称	特徴
ウイルス	コンピュータや記憶媒体などに感染する不正なプログラムで，ネットワークや USB メモリなどを経由して入り込み（伝染），一定期間経った後（潜伏），動作を開始します（発病）。
マクロウイルス	表計算やワープロソフトなどで利用できるマクロ言語で作成されているウイルスです。感染した文書ファイルや表計算ソフトのデータファイルを開くことで，他のファイルに感染します。
ワーム	自己複製機能をもちます。電子メールに自分の複製を添付するなど，ネットワークを利用して自分から感染を拡大させます。
ボット（BOT）	コンピュータの中に潜み，ネットワークを経由して受け取った命令を実行します。そのため，感染したコンピュータは遠隔操作されてしまいます。
スパイウェア	コンピュータ内部の情報を利用者に気付かれないように外部へ送信します。
キーロガー	キーボードの操作履歴を記録して，利用者が入力したパスワードなどの情報を窃取します。
トロイの木馬	プログラム中に本来の処理に影響を与えないように不正な処理を組み込んだものです。
ランサムウェア	感染した PC 内のファイルを暗号化して，復号するためのパスワードと引き換えに金銭を要求します。

マクロウイルス▶

ランサムウェア▶

表　マルウェアの種類

マルウェアに感染すると，ファイルが破壊されたり，処理が正しく行
われないなどの被害が出る上，伝染機能によって被害が組織全体に広が
るおそれがあります。このため，システムの管理者はコンピュータウイ
ルスの予防策をとると同時に，マルウェアに感染した場合には，対応策
をすぐにとる必要があります。

マルウェアに対する予防・対応策の例を挙げます。

ワクチンソフト▶
ウイルス対策
ソフト▶

・他人から渡されたファイルは，必ず**ワクチンソフト**（ウイルスチェッ
ク・駆除用ソフトウェア）や**ウイルス対策ソフト**で検査をする。

・インターネットでダウンロードしたファイルや電子メールで送信され
てきたファイルも，必ずワクチンソフトでチェックをする。

・ワクチンソフトをすべてのパソコンに導入して，定期的なウイルス
チェックを行う。

パターン
ファイル▶
　・ワクチンソフトのウイルス情報（**パターンファイル**）は，常に最新の
　　ものに更新する。
　・ワープロや表計算ソフトなどのマクロが動くソフトは，導入していな
　　いマクロが入り込んでいないかチェックをするオプションを設定して
　　おく。
　・OSや電子メールソフトおよびWebブラウザなどの外部からのデー
　　タを受信するソフトウェアは最新版を利用し，外部からの侵入を許す
セキュリティ
ホール▶
　　セキュリティホール（セキュリティ上の弱点）などがないようにして
　　おく。

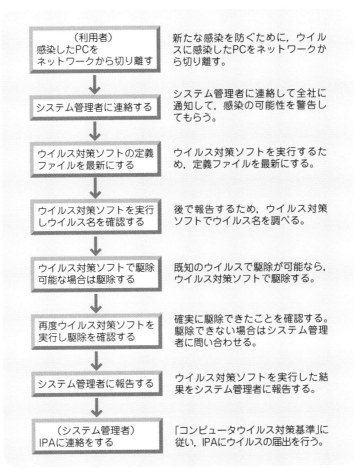

（利用者） 感染したPCを ネットワークから切り離す	新たな感染を防ぐために，ウイルスに感染したPCをネットワークから切り離す。
システム管理者に連絡する	システム管理者に連絡して全社に通知して，感染の可能性を警告してもらう。
ウイルス対策ソフトの定義 ファイルを最新にする	ウイルス対策ソフトを実行するため，定義ファイルを最新にする。
ウイルス対策ソフトを実行 しウイルス名を確認する	後で報告するため，ウイルス対策ソフトでウイルス名を調べる。
ウイルス対策ソフトで駆除 可能な場合は駆除する	既知のウイルスで駆除が可能なら，ウイルス対策ソフトで駆除する。
再度ウイルス対策ソフトを 実行し駆除を確認する	確実に駆除できたことを確認する。駆除できない場合はシステム管理者に問い合わせる。
システム管理者に報告する	ウイルス対策ソフトを実行した結果をシステム管理者に報告する。
（システム管理者） IPAに連絡をする	「コンピュータウイルス対策基準」に従い，IPAにウイルスの届出を行う。

図　マルウェアに感染したときの対処

確認問題

[9.1　情報デザイン]

問 9-1

（H27秋-IP 問61）

文化，言語，年齢及び性別の違いや，障害の有無や能力の違いなどにかかわらず，できる限り多くの人が快適に利用できることを目指した設計を何というか。

　ア　バリアフリーデザイン　　　　　イ　フェールセーフ
　ウ　フールプルーフ　　　　　　　　エ　ユニバーサルデザイン

問 9-2

（H31春-FE 問24）

GUI の部品の一つであるラジオボタンの用途として，適切なものはどれか。

　ア　幾つかの項目について，それぞれの項目を選択するかどうかを指定する。
　イ　幾つかの選択項目から一つを選ぶときに，選択項目にないものはテキストボックスに入力する。
　ウ　互いに排他的な幾つかの選択項目から一つを選ぶ。
　エ　特定の項目を選択することによって表示される一覧形式の項目から一つを選ぶ。

[9.2　情報メディア]

問 9-3

（H27春-IP 問76）

ストリーミングを利用した動画配信の特徴に関する記述のうち，適切なものはどれか。

　ア　サーバに配信データをあらかじめ保持していることが必須であり，イベントやスポーツなどを撮影しながらその映像を配信することはできない。
　イ　受信データの部分的な欠落による画質の悪化を完全に排除することが可能である。
　ウ　動画再生の開始に準備時間を必要としないので，瞬時に動画の視聴を開始できる。
　エ　動画のデータが全てダウンロードされるのを待たず，一部を読み込んだ段階で再生が始まる。

問9-4　　　　　　　　　　　　　　　　　　　　　(H30秋-IP 問86)

イラストなどに使われている，最大表示色が256色である静止画圧縮のファイル形式はどれか。

　　ア　GIF　　　　　　イ　JPEG　　　　　ウ　MIDI　　　　　エ　MPEG

問9-5　　　　　　　　　　　　　　　　　　　　　(H28春-IP 問100)

拡張現実（AR）に関する記述として，適切なものはどれか。

　　ア　実際に搭載されているメモリの容量を超える記憶空間を作り出し，主記憶として使えるようにする技術
　　イ　実際の環境を捉えているカメラ映像などに，コンピュータが作り出す情報を重ね合わせて表示する技術
　　ウ　人間の音声をコンピュータで解析してディジタル化し，コンピュータへの命令や文字入力などに利用する技術
　　エ　人間の推論や学習，言語理解の能力など知的な作業を，コンピュータを用いて模倣するための科学や技術

[9.3　データベース]

問9-6　　　　　　　　　　　　　　　　　　　　　(R1秋-IP 問66)

関係データベースにおいて，主キーを設定する理由はどれか。

　　ア　算術演算の対象とならないことが明確になる。
　　イ　主キーを設定した列が検索できるようになる。
　　ウ　他の表からの参照を防止できるようになる。
　　エ　表中のレコードを一意に識別できるようになる。

9

問9-7

　表1と表2に，ある操作を行って表3が得られた。行った操作だけを全て挙げたものはどれか。

表1

品名コード	品名	価格	メーカ
001	ラーメン	150	A社
002	うどん	130	B社

表2

品名コード	棚番号
001	1
002	5

表3

品名	価格	棚番号
ラーメン	150	1
うどん	130	5

ア　結合
イ　結合，射影
ウ　結合，選択
エ　選択，射影

問9-8

関係データベースの操作を行うための言語はどれか。

ア　FAQ　　　　　イ　SQL　　　　　ウ　SSL　　　　　エ　UML

問9-9

　DBMSにおいて，データへの同時アクセスによる矛盾の発生を防止し，データの一貫性を保つための機能はどれか。

ア　正規化　　　　イ　デッドロック　　ウ　排他制御　　　エ　リストア

問 9-10
(H30秋-IP 問63)

トランザクション処理におけるロールバックの説明として，適切なものはどれか。

ア　あるトランザクションが共有データを更新しようとしたとき，そのデータに対する他のトランザクションからの更新を禁止すること

イ　トランザクションが正常に処理されたときに，データベースへの更新を確定させること

ウ　何らかの理由で，トランザクションが正常に処理されなかったときに，データベースをトランザクション開始前の状態にすること

エ　複数の表を，互いに関係付ける列をキーとして，一つの表にすること

[9.4　ネットワーク]

問 9-11
(H30春-IP 問88)

IEEE 802.11 伝送規格を使用した異なるメーカの無線 LAN 製品同士で相互接続性が保証されていることを示すブランド名はどれか。

ア　MVNO　　　　　イ　NFC　　　　　ウ　Wi-Fi　　　　　エ　WPA2

問 9-12
(H31春-IP 問57)

DNS の機能に関する記述のうち，適切なものはどれか。

ア　IP アドレスと MAC アドレスを対応付ける。

イ　IP アドレスとドメイン名を対応付ける。

ウ　IP アドレスを利用してパケット転送の経路を選択する。

エ　アナログ信号とディジタル信号を相互に変換する。

問 9-13
(H23秋-IP 問70)

社外からインターネット経由で PC を職場のネットワークに接続するときなどに利用する VPN（Virtual Private Network）に関する記述のうち，最も適切なものはどれか。

ア　インターネットとの接続回線を複数用意し，可用性を向上させる。

イ　送信タイミングを制御することによって，最大の遅延時間を保証する。

ウ　通信データを圧縮することによって，最小の通信帯域を保証する。

エ　認証と通信データの暗号化によって，セキュリティの高い通信を行う。

問 9 -14

LTE よりも通信速度が高速なだけではなく，より多くの端末が接続でき，通信の遅延も少ないという特徴をもつ移動通信システムはどれか。

ア　ブロックチェーン　　　　　　イ　MVNO
ウ　8K　　　　　　　　　　　　　エ　5G

問 9 -15

インターネットで URL が “http://srv01.ipa.go.jp/abc.html” の Web ページにアクセスするとき，この URL 中の “srv01” は何を表しているか。

ア　“ipa.go.jp” が Web サービスであること
イ　アクセスを要求する Web ページのファイル名
ウ　通信プロトコルとして HTTP 又は HTTPS を指定できること
エ　ドメイン名 “ipa.go.jp” に属するコンピュータなどのホスト名

問 9 -16

IoT システム向けに使われる無線ネットワークであり，一般的な電池で数年以上の運用が可能な省電力性と，最大で数十 km の通信が可能な広域性を有するものはどれか。

ア　LPWA　　　　　イ　MDM　　　　　ウ　SDN　　　　　エ　WPA2

[9.5　情報セキュリティ]

問 9 -17

セキュリティリスクへの対応には，リスク移転，リスク回避，リスク受容及びリスク低減がある。リスク低減に該当する事例はどれか。

ア　セキュリティ対策を行って，問題発生の可能性を下げた。
イ　問題発生時の損害に備えて，保険に入った。
ウ　リスクが小さいことを確認し，問題発生時は損害を負担することにした。
エ　リスクの大きいサービスから撤退した。

問9-18
(R4春-IP 問72)

情報セキュリティにおける機密性，完全性及び可用性と，①〜③のインシデントによって損なわれたものとの組合せとして，適切なものはどれか。

① DDoS攻撃によって，Webサイトがダウンした。
② キーボードの打ち間違いによって，不正確なデータが入力された。
③ PCがマルウェアに感染したことによって，個人情報が漏えいした。

	①	②	③
ア	可用性	完全性	機密性
イ	可用性	機密性	完全性
ウ	完全性	可用性	機密性
エ	完全性	機密性	可用性

問9-19
(H25秋-IP 問79)

企業内ネットワークからも，外部ネットワークからも論理的に隔離されたネットワーク領域であり，そこに設置されたサーバが外部から不正アクセスを受けたとしても，企業内ネットワークには被害が及ばないようにするためのものはどれか。

ア DMZ　　　　イ DNS　　　　ウ DoS　　　　エ SSL

問9-20
(H28秋-IP 問97)

公開鍵暗号方式と比べた場合の，共通鍵暗号方式の特徴として適切なものはどれか。

ア 暗号化と復号とでは異なる鍵を使用する。
イ 暗号化や復号を高速に行うことができる。
ウ 鍵をより安全に配布することができる。
エ 通信相手が多数であっても鍵の管理が容易である。

9

問9-21

(R1秋-IP 問88)

バイオメトリクス認証の例として，適切なものはどれか。

ア　本人の手の指の静脈の形で認証する。

イ　本人の電子証明書で認証する。

ウ　読みにくい文字列が写った画像から文字を正確に読み取れるかどうかで認証する。

エ　ワンタイムパスワードを用いて認証する。

問9-22

(R2-IP 問86)

二要素認証の説明として，最も適切なものはどれか。

ア　所有物，記憶及び生体情報の3種類のうちの2種類を使用して認証する方式

イ　人間の生体器官や筆跡などを使った認証で，認証情報の2か所以上の特徴点を使用して認証する方式

ウ　文字，数字及び記号のうち2種類以上を組み合わせたパスワードを用いて利用者を認証する方式

エ　利用者を一度認証することで二つ以上のシステムやサービスなどを利用できるようにする方式

問9-23

(R2-IP 問100)

電子メールにディジタル署名を付与して送信するとき，信頼できる認証局から発行された電子証明書を使用することに比べて，送信者が自分で作成した電子証明書を使用した場合の受信側のリスクとして，適切なものはどれか。

ア　電子メールが正しい相手から送られてきたかどうかが確認できなくなる。

イ　電子メールが途中で盗み見られている危険性が高まる。

ウ　電子メールが途中で紛失する危険性が高まる。

エ　電子メールに文字化けが途中で発生しやすくなる。

問 9 -24 (R4春-IP 問56)

ランサムウェアによる損害を受けてしまった場合を想定して，その損害を軽減するための対策例として，適切なものはどれか。

ア　PC 内の重要なファイルは，PC から取外し可能な外部記憶装置に定期的にバックアップしておく。
イ　Web サービスごとに，使用する ID やパスワードを異なるものにしておく。
ウ　マルウェア対策ソフトを用いて PC 内の全ファイルの検査をしておく。
エ　無線 LAN を使用するときには，WPA2 を用いて通信内容を暗号化しておく。

問 9 -25 (H31春-IP 問74)

無線 LAN の暗号化方式であり，WEP では短い時間で暗号が解読されてしまう問題が報告されたことから，より暗号強度を高めるために利用が推奨されているものはどれか。

ア　ESSID　　　　　イ　HTTPS　　　　ウ　S/MIME　　　　エ　WPA2

問 9 -26 (H28秋-IP 問83)

情報システムに対する攻撃のうち，ある ID に対して所定の回数を超えてパスワードの入力を間違えたとき，当該 ID の使用を停止させることが有効な防衛手段となるものはどれか。

ア　DoS 攻撃　　　　　　　　　　　イ　SQL インジェクション
ウ　総当たり攻撃　　　　　　　　　エ　フィッシング

問 9 -27 (R2-IP 問60)

暗号資産（仮想通貨）を入手するためのマイニングと呼ばれる作業を，他人のコンピュータを使って気付かれないように行うことを何と呼ぶか。

ア　クリプトジャッキング　　　　　イ　ソーシャルエンジニアリング
ウ　バッファオーバフロー　　　　　エ　フィッシング

9

問 9 -28 (H30秋-IP 問61)

PDCA モデルに基づいて ISMS を運用している組織において，運用しているサーバのソフトウェアに対する最新の修正プログラムの有無を，定められた運用手順に従って毎日調べる業務は，PDCA のどのフェーズか。

　　ア　P（Plan）　　　イ　D（Do）　　　ウ　C（Check）　　　エ　A（Act）

問 9 -29 (R3春-IP 問79)

中小企業の情報セキュリティ対策普及の加速化に向けて，IPA が創設した制度である "SECURITY ACTION" に関する記述のうち，適切なものはどれか。

　　ア　ISMS 認証取得に必要な費用の一部を国が補助する制度
　　イ　営利を目的としている組織だけを対象とした制度
　　ウ　情報セキュリティ対策に取り組むことを自己宣言する制度
　　エ　情報セキュリティ対策に取り組んでいることを第三者が認定する制度

問 9 -30 (H30春-FE 問42)

セキュリティバイデザインの説明はどれか。

　　ア　開発済みのシステムに対して，第三者の情報セキュリティ専門家が，脆弱性診
　　　　断を行い，システムの品質及びセキュリティを高めることである。
　　イ　開発済みのシステムに対して，リスクアセスメントを行い，リスクアセスメン
　　　　ト結果に基づいてシステムを改修することである。
　　ウ　システムの運用において，第三者による監査結果を基にシステムを改修するこ
　　　　とである。
　　エ　システムの企画・設計段階からセキュリティを確保する方策のことである。

第9部　確認問題　解答・解説

問9-1　エ　　　　　　　　　　　　　　　　快適に利用できることを目指した設計 (H27秋-IP 問61)

　文化，言語，年齢及び性別の違いや，障害の有無などに関わらず多くの人が快適に利用できることを目指した設計をユニバーサルデザインといいます。具体的にはボタンの動作内容を文字ではなく図形で示すことで，言語が異なっていても理解できて使えたり，目の不自由な人のために音声による操作ができるようにしたりといった設計がこれに当たります。したがって，（エ）が正解です。

ア：バリアフリーデザインは，ユニバーサルデザインの基になった考え方で，障害のある人や高齢者など体が不自由な人でも快適に利用できることを目指した設計です。

イ：フェールセーフは，システムに障害が発生した際に安全な方向に向けるという設計手法で，電子レンジで加熱中にドアを開けたら過熱を中断するといった例が挙げられます。

ウ：フールプルーフは，誤った入力値などによってシステムが誤作動をすることがないように入力値をチェックし，入力値が許容範囲外である場合には，エラー表示をして利用者に知らせるといった仕組みです。「人間は間違えるもの」という前提を置き，致命的な間違いにならないように設計することを指します。

問9-2　ウ　　　　　　　　　　　　　　　　ラジオボタンの用途 (H31春-FE 問24)

　GUI（Graphical User Interface）は，パソコンの Windows や Macintosh などに採用されているヒューマンインタフェースです。画面上のアイコンをマウスなどのポインティングデバイスで指定することによって，キーボードからコマンドを入力するのと同様の処理を行うことができます。ラジオボタンは，選択画面の一方法で，同時には選択することのできない（排他的な）パラメタの内容を指定するときに使われます。したがって，（ウ）が適切です。

〔ラジオボタンの例〕

```
┌─ 表示オプション ────────┐
│                        │
│  ○ 表示しない          │
│  ◉ 一部分を表示        │
│                        │
└────────────────────────┘
```

ア：選択項目から複数の項目を同時に選択できる "チェックボックス" の記述です。

イ：選択項目にないものは，テキストボックスに直接文字入力して指定できる "コンボボックス" の記述です。

エ：一覧で表示された選択項目の中から選ぶ "リストボックス" の記述です。

問9-3　エ

　ストリーミングとは，主に動画データや音声データなどの再生方式として使われ，データの転送と再生を並行して行います。全てのデータをダウンロードしなくても再生できる特徴があります。したがって，（エ）が適切です。

ア：データの転送と再生を並行して行うことができるため，生中継のようにイベントやスポーツを撮影しながら配信し，受信側で再生することもできます。

イ：リアルタイム性を重視する（ア）の生中継のようなデータ配信形態の場合，受信データの部分的な欠落があった際に，データの再送を待つよりも，その部分を諦めて，その後のデータを時間通りに再生させる方式が採られます。

ウ：本来は，データの転送と同時に再生を開始したいですが，通信速度がインターネットのように不安定な場合，ある程度の時間分のデータを受信側でバッファに溜めてから再生を開始します。このための準備に数秒から数十秒の時間がかかるのが一般的です。

問9-4　ア

　GIF（Graphics Interchange Format）は，高速な圧縮が可能な画像の保存形式です。256色までしか扱えないので，写真よりイラストの保存などに向いています。複数の画像を一つのファイルに格納できるので，アニメーションの表示も可能です（アニメーションGIF）。したがって，（ア）が正解です。

イ：JPEG（Joint Photographic Experts Group）は，カラー静止画像の圧縮方式です。

ウ：MIDI（Musical Instrument Digital Interface；電子楽器のディジタルインタフェース）は，異なるメーカの電子楽器間で音楽データを統一的に扱えるように策定された，音をディジタル化する方法の規格です。音程，音の長さ，音の強弱，音色やメッセージフォーマットなどを規定しています。

エ：MPEG（Moving Picture Experts Group）は，カラー動画の圧縮方式です。

問9-5　イ

　拡張現実（AR：Augmented Reality）とは，人間が実際に知覚している現実世界に，コンピュータがCGや音声などによって作り出した仮想世界を重ね合わせ，映像や音声を合成する技術を指します。したがって，（イ）が適切です。具体的にはカメラやマイク，GPS（Global Positioning System：全地球測位システム），ジャイロセンサや電子コンパスによって，利用者の見ている映像や音声，位置や向きを検知しながらそれに合わせて情報をHMD（ヘッドマウントディスプレイ）やスマートフォンの画面に描画するといったソリューションが登場しています。

ア：OSの機能である仮想記憶（仮想メモリ）に関する説明です。

ウ：ボイスコマンドや音声入力に関する説明です。

エ：AI（Artificial Intelligence：人工知能）に関する説明です。

問9-6　エ　　　　　　　　　　　　　関係データベースで主キーを設定する理由 (R1秋-IP 問66)

　関係データベースの主キーを設定する理由は，表中のレコード（行）を一意に識別することです。したがって，（エ）が正解です。主キーは，一つのフィールドでも複数のフィールドの組合せでもよいです。また，主キーの値として，NULL（ナル：空値）をもつことができません。

ア：主キーの設定が，算術演算の対象とならないことを示すわけではありません。算術演算の対象となるかどうかは表中の列の属性によって，明確になります。

イ：関係データベースでは，主キーも含め，主キー以外の列も検索できます。

ウ：主キーは他の表から，外部キーとして参照可能となります。

問9-7　イ　　　　　　　　　　　　　　　　　　表からの抽出方法 (H28春-IP 問95)

　表1と表2から，表3の内容を得る方法が問われていますが，カラム（列）方向と，レコード（行）方向に分けて抽出結果を確認していきます。

　まず，カラム方向では，表3のカラムが「品名」，「価格」，「棚番号」から成っていることが分かります。このうち「品名」，「価格」は表1の表に含まれていますが，表1のうち「品名コード」，「メーカ」は表3に含まれていません。このため，カラムを絞り込む射影が行われていると分かります。次に，表3に含まれる「棚番号」は，表2に含まれているため，表1と表2を結合していることが分かります。したがって，（イ）が正解です。

　なお，行方向を見ると，表1の品名「ラーメン」，「うどん」に該当するレコードが，表3のレコードになっており，表2もこの「ラーメン」，「うどん」に該当する品名コード「001」，「002」で構成されているため，レコードを絞り込む選択は行われていません。

問9-8　イ　　　　　　　　　　　　関係データベースの操作を行うための言語 (H31春-IP 問95)

　SQL（Structured Query Language）は，関係データベースに対して，データ定義やデータ操作を行う際に利用される言語です。したがって，（イ）が正解です。

ア：FAQ（Frequently Asked Questions）とは，過去にあった問合せと回答をまとめ，利用者に公開することで，問合せなどを減らすようにする仕組みです。

ウ：SSL（Secure Socket Layer）は，TCP通信を暗号化するための暗号化方式です。

エ：UML（Unified Modeling Language）は，主としてオブジェクト指向分析・設計のためのモデリングに関する設計上の表現を標準化した統一モデリング言語です。

9

問9-9 ウ　　　　　　　　　　　　　　　　データの一貫性を保つ機能 (H27春-IP 問77)

　DBMS（データベース管理システム）において，データへの同時アクセスによる矛盾の発生を防止する機能は，排他制御と呼ばれます。したがって，（ウ）が正解です。排他制御がない場合，同じファイルを二つ以上のプログラムで同時に更新すると，先に更新したプログラムの出力結果は無視されてしまい，論理矛盾が発生することがあります。これに対してDBMS の排他制御では，あるプログラムが対象のデータを更新する前にロックを掛けることで，後からこのデータを更新しようとするプログラムは，先行プログラムが更新し終わるまで待たされるようになります。これによって論理矛盾の発生を防止しています。

ア：正規化は，データベースに格納するデータの形式を設計する際に，「一事実一箇所」の原則に照らし，無駄や矛盾がない形式とする手法のことを指します。

イ：デッドロックは，二つ以上のプログラムが互いに相手のロック解放を待ち，永遠に処理を進められなくなる事象を指します。

エ：リストアは，「復旧」と訳されますが，DBMS では，データベース内容を格納したデータベースファイルが破損した際に，バックアップしたデータと，障害発生時までのデータベース更新ログから，データベースの内容を復旧することを指します。

問9-10 ウ　　　　　　　　　トランザクション処理におけるロールバックの説明 (H30秋-IP 問63)

　トランザクション処理とは，主にデータベース操作における一連のまとまりの処理を指します。トランザクション処理中に行ったレコードの参照や更新に関して，その一貫性を保つために，正常に終了する場合には全ての更新をコミット（確定）させます。一方で，トランザクション処理中に何らかのエラーが発生した際には，そのトランザクション処理中に行った先行操作を全て取り消すことで，データに不整合が発生することを防止します。この取り消す操作をロールバック（巻戻し）といいます。したがって，（ウ）が適切です。

ア：排他制御に関する説明です。

イ：トランザクション処理のコミットに関する説明です。

エ：表の結合操作に関する説明です。

問9-11 ウ　　　　　　　　　無線LAN製品同士の相互接続性を保証するブランド名 (H30春-IP 問88)

　IEEE 802.11 という無線通信規格を使用した無線 LAN 製品のほとんどに「Wi-Fi」というブランド名（認定ロゴ）が付与されています。これは無線 LAN の互換性を保証する Wi-Fi Alliance という団体が策定した通信規格の互換性保証の認定ロゴです。Wi-Fi Alliance ではこの「Wi-Fi」を商標登録することで，ブランド化しています。一方で利用者は，この「Wi-Fi」の認定ロゴのついた製品を購入すれば，異なるメーカの製品であっても相互接続できるというメリットを得られます。したがって，（ウ）が正解です。

ア：MVNO（Mobile Virtual Network Operator：仮想移動体通信事業者）は，自身では無線通信設備をもたず，他社の無線通信設備を借り受けることで携帯電話やスマートフォン向けの無線通信サービスを提供する事業者を指す用語です。

イ：NFC（Near-Field Communication）は，近距離無線通信規格であり，Felica やRFID を包含する通信規格です。

エ：WPA2（Wi-Fi Protected Access 2）は，Wi-Fi の暗号化方式の規格名です。

問9-12　イ　　　　　　　　　　　　　　　　　　　　DNSの機能 (H31春-IP 問57)

DNS（Domain Name Server）は，ドメイン名（xxxx@itec.co.jp など）と IP アドレスの対応関係の情報をもっており，IP アドレスとドメイン名を対応付けることができます。この IP アドレスは 2 進数であり，人間には分かりにくいです。そこで，その代わりに意味のある文字列で表したドメイン名を用います。したがって，（イ）が適切です。

ア：DHCP（Dynamic Host Configuration Protocol）サーバなどの機能のことです。

ウ：route コマンドの機能のことです。

エ：モデムという通信機器の機能のことです。

問9-13　エ　　　　　　　　　　　　　　　　　　　　VPNに関する記述 (H23秋-IP 問70)

VPN（Virtual Private Network）は，インターネットなどの公衆網を通じて仮想的な専用ネットワークを構築するための技術であり，物理的に専用線を敷設するのに比べて大幅にコストを削減できるため，広く普及しています。不正アクセス防止のために認証技術，通信データの隠蔽化，改ざん防止のために暗号化を施しています。したがって，（エ）が最も適切です。

ア：マルチリンク，マルチホーミングに関する記述です。

イ：QoS（Quality of Service）に関する記述です。QoS に対応したネットワーク機器では，遅れの許されない通信を優先することで遅延の発生を抑えています。しかし，インターネットなど，速度が保証されない回線上ではあまり効果がありません。

ウ：通信データの圧縮率は，データの内容によって一定ではないため，通信データを圧縮しても最小の通信帯域を保証することはできません。

問9-14　エ　　　　　　　　　　　　LTEよりも通信速度が高速な移動通信システム (H31春-IP 問73)

5G（第 5 世代移動通信システム）は，今後の移動通信に求められる要求条件を考慮して，高速・大容量化，超多数端末接続，超低遅延，超高信頼性を目標として検討が進められている移動通信システムです。したがって，（エ）が正解です。

5G が目標としている性能は次のとおりです。

・通信速度……最大 10G ビット／秒以上

9

・応答速度を示す遅延時間……1ミリ秒以下

・端末の同時接続数……1平方キロメートル当たり100万台

ア：ブロックチェーンは，取引履歴などのデータとハッシュ値の組を順次つなげて記録した分散型台帳を，ネットワーク上の多数のコンピュータで保有し管理する技術を指します。

イ：MVNO（仮想移動体通信事業者：Mobile Virtual Network Operator）とは，移動体通信網サービスを提供する事業者のうち，実際の通信設備をもたず，他の通信事業者の設備を借用している事業者を指します。

ウ：8Kは，フルハイビジョンや4Kを超える超高画質の次世代映像規格です。フルハイビジョンや2K（1080p，約207万画素）に比べて，8K（4320p，約3318万画素）の画素数は16倍です。

問9-15　エ　　　　　　　　　　　　　　　　URLが示すもの (H30春-IP 問64)

URL（Uniform Resource Locator：統一資源位置指示子）は，インターネット上のデータやアドレスなどの資源の位置を示すための表記手法です。http:// や，https:// など，Webに関するものが多いですが，mailto: など，メールに関する表記もあります。URLの構成要素は次のようになっています。

http　　：//　　srv01.　　ipa.go.jp　　/　　abc.html
スキーム名　　ホスト名　　ドメイン名　　　ファイル名

"srv01" は，「jpドメインの下にある，goドメインの下にある，ipaドメインの下にある，srv01というホスト名」を指していることになります。したがって，（エ）が正解です。

ア：http://srv01.ipa.go.jp/abc.html というURL全体は，先頭のhttp: というスキームの指定からWebサービスと分かりますが，URLの構成要素として分解するとipa.go.jp自体はドメインを指しているため，ipa.go.jp自体がWebサービスとは判断できません。

イ：アクセスを要求するWebページのファイル名は，URLの最後にある，abc.htmlの部分です。

ウ：http: で始まるため，このURLだけでは，HTTPSを指定できるかどうかは分かりません。

問9-16　ア　　　　　　　　IoTシステム向けに使われる無線ネットワーク (R1秋-IP 問81)

IoTシステムは，広い施設の中や農地などに設置される事例が多く，長距離通信が必要とされます。また，電源をバッテリーに頼る物が多く，さらにこのバッテリーの交換周期も数か月から1年と非常に長いです。このため，通信機能として，省電力性や数km，数十kmに及ぶ通信が必要とされています。具体的な通信規格として，Sigfox，LoRa WAN，NB-IoT，LTE-Mなどがありますが，これらをカテゴリーとしてまとめた呼称がLPWA（Low Power Wide Area）です。したがって，（ア）が正解です。

イ：MDM（Mobile Device Management：モバイル端末管理）は，スマートフォンやタブレットといったモバイル端末を管理するためのシステムを指す呼称です。

ウ：SDN（Software Defined Network）は，直訳すると，ソフトウェア定義によるネットワークですが，様々なベンダが提供するスイッチングハブ（スイッチ）やルータ，ファイアウォールといったネットワーク機器の設定や，状態管理を統一された制御用プロトコルにて行う手法を指します。

エ：WPA2 は，無線 LAN の暗号化の規格です。当初は WEP（Wired Equivalent Privacy）という規格がありましたが，暗号通信の解読や鍵の漏えいの脆弱性が発見されると，WPA（Wi-Fi Protected Access）という，さらに強固な暗号化通信規格が登場しました。しかしそれでも脆弱性が発見され，現在は WPA2 が主流で，さらに新しい規格として WPA3 も登場しています。

問9-17　ア　　　　　　　　　　　　　リスクへの対応 (H28秋-IP 問62)

リスク対応におけるリスク低減とは，リスク要因の発生確率を低減させ，リスク発生時の損害を少なくするような試みを指します。セキュリティ対策を行って，問題発生の可能性を下げることは，リスク低減に当たります。したがって，（ア）が正解です。

イ：リスク発生時の損害を第三者に転嫁する，リスク共有（リスク移転）の一例です。

ウ：リスクの発生をそのまま受け容れる，リスク受容の一例です。

エ：リスクの原因そのものを回避する，リスク回避の一例です。

問9-18　ア　　　　　　機密性・完全性・可用性と損なわれたものの組合せ (R4春-IP 問72)

問題に記載されている①～③の事象や被害から想定される事柄を次に示します。

① DDoS 攻撃によって，Web サイトがダウンした。
→ Web サイトが見られなくなっているということで，可用性が損なわれているといえます。

② キーボードの打ち間違いによって，不正確なデータが入力された。
→ データが不完全な状態になってしまっているということで，完全性が損なわれているといえます。

③ PC がマルウェアに感染したことによって，個人情報が漏えいした。
→ 本来 PC から外に出てはいけない情報が第三者に漏えいしたということで，機密性が損なわれているといえます。

したがって，①可用性，②完全性，③機密性の組合せになっている（ア）が適切です。

9

問9-19　ア　　　　　　　　　　　　不正アクセスを受けて被害が及ばないようにするもの (H25秋-IP 問79)

　DMZ（DeMilitarized Zone：非武装地帯）は，企業内ネットワークからも，外部ネットワークからも論理的に隔離されたネットワーク領域であり，そこに設置されたサーバが外部から不正アクセスを受けたとしても，企業内ネットワークには被害が及ばないようにするためのものです。したがって，（ア）が正解です。

イ：DNS（Domain Name System）は，ホスト名から対応する IP アドレスを求めるシステムです。Web サイトにアクセスするときに指定するアドレスやメールアドレスは，DNS を利用して IP アドレスに解決されています。

ウ：DoS（Denial of Service：サービス妨害）は，プロトコルの特性やソフトウェアの脆弱性を利用して，サーバサービスを妨害する攻撃のことです。

エ：SSL（Secure Sockets Layer）は，TCP/IP ネットワーク上で暗号化通信を行うためのプロトコルです。

問9-20　イ　　　　　　　　　　　　　　　　　　共通鍵暗号方式の特徴 (H28秋-IP 問97)

　共通鍵暗号方式は，暗号化と復号に同じ鍵を使う仕組みです。このため，直接会えない相手に鍵を送る場合，途中で第三者に鍵を知られない方法で鍵を送ることが，理論的に難しくなります。この共通鍵暗号方式の課題を解決するために発明されたのが，公開鍵暗号方式であり，暗号化と復号に別の鍵を使う方式です。

　同じ鍵の長さで暗号化，復号処理を行う場合，共通鍵暗号方式の方が処理が単純で，公開鍵暗号方式よりも高速になります。したがって，（イ）が適切です。

ア，ウ：公開鍵暗号方式の特徴です。

エ：共通鍵暗号方式を用いて多数の人数で暗号通信を行う場合，通信するペア（送信者，受信者）ごとに鍵を用意する必要があるため，鍵の管理が難しくなります。

問9-21　ア　　　　　　　　　　　　　　　　　　バイオメトリクス認証の例 (R1秋-IP 問88)

　バイオメトリクス認証（生体認証）は，利用者一人一人に固有の生体要素を認証に利用するものの総称です。具体的な例としては，指紋認証，静脈認証，声紋認証，顔認証などが挙げられます。生体要素を認証にするため，所持品や記憶が不要であることが利点になります。したがって，（ア）が適切です。

イ：公開鍵暗号方式を用いた認証です。

ウ：CAPTCHA（キャプチャ）と呼ばれる認証です。システムの操作者が人間であり，コンピュータによる自動処理ではないことを検証する目的で使用されます。

エ：専用の小型装置や，スマートフォンの専用アプリを利用して，分単位や利用単位で変化するパスワード（暗証番号）を用いて認証する方式です。インターネットバンキングなどで利用されています。

問9-22　ア
二要素認証の説明 (R2-IP 問86)

　二要素認証とは，システムへのログイン時などに行われる認証に，方式の違う2種類の認証を盛り込む手法を指す用語です。ここでいう認証方式とは次のような分類を指します。

方式	説明
知識ベース認証	暗証番号やパスワードなど，利用者の知識・記憶をベースにする認証
所有物認証	IC カードなど，利用者が所有するものを利用した認証
生体認証	指紋や静脈，虹彩，顔，声紋，歩容（歩き方），筆跡など，個人個人が持つ特徴を用いた認証

　前記の中の二つを用いた認証ということで，（ア）が最も適切です。

イ：生体認証の説明であり，認証情報を2カ所以上使用しても二要素認証とはなりません。

ウ：知識ベース認証の説明であり，2種類以上の文字や記号を組み合わせても，二要素認証とはなりません。

エ：シングルサインオンの説明です。

問9-23　ア
ディジタル署名で送信者自身が作成した電子証明書のリスク(R2-IP 問100)

　送信者が自分で作成した電子証明書は，その正当性を送信者以外，誰も認めていません。このため電子証明書本来の目的である正当性の確認ができないことになり，正しい相手から送られてきたかどうかの確認ができません。したがって，（ア）が適切です。

イ：正当性が確認できない相手と電子証明書や公開鍵暗号方式を用いた電子メールの送受信を行った場合でも，通信路の途中にいる第三者は，内容を解読することはできません。

ウ：電子メールが途中で紛失するかどうかは，通信制御に掛かる問題であり，暗号化や証明書による通信相手の認証とは関係がありません。

エ：電子メールの文字化けは，メールを作成するプログラムや受信して表示するプログラムの不具合で発生するものであり，暗号化や証明書による通信相手の認証とは関係がありません。

9

問9-24　ア　　　　　　　　　ランサムウェアの損害を軽減するための対策例 (R4春-IP 問56)

　ランサムウェアは，感染した PC やアクセス可能なファイルサーバなどに保管されている
ファイルを暗号化し，復号して復元するための金品を要求するといった犯罪に利用されるマ
ルウェアです。ランサムウェアによる損害の軽減対策としては，日次でバックアップを一週
間分取っておくなど，ランサムウェアによるファイル暗号化の被害が発覚した場合に，前日
分のバックアップからファイルを復元するということができます。前日分もマルウェアによ
る被害を受けている場合はそのまた前日分から復元します。このとき，バックアップ先は
PC 上のマルウェアがアクセスできない外部記憶装置などが好ましいです。したがって，(ア)
が適切です。

　なお，金品を支払うことで解決を図ることは，犯罪者を利することになる点や，支払いを
行っても確実にファイルが復元される保証がないことから望ましくありません。

イ：Web サービスから漏えいしたログイン ID，パスワードを用いて，別の Web サービス
　　に不正アクセスするというパスワードリスト攻撃に対する対策です。

ウ：マルウェア対策としては有効ですが，これはマルウェア被害が発生するリスクを低減す
　　る対策であり，「損害を受けてしまった場合を想定して」の対策ではありません。

エ：通信の盗聴への対策であり，マルウェア対策ではありません。

問9-25　エ　　　　　　　　暗号強度を高めるため推薦されている無線LANの暗号化方式 (H31春-IP 問74)

　WEP (Wired Equivalent Privacy) は，無線 LAN の暗号化通信に関する規格の一つです。
問題文にもあるとおり，WEP では，短い時間で暗号が解読されてしまうといった暗号化ア
ルゴリズムの脆弱性などが指摘されており，最近は WPA2 (Wi-Fi Protected Access 2)
が，無線 LAN の暗号化通信での規格として推奨されています。したがって，(エ) が正解です。

ア：ESSID (Extended Service Set Identifier) は，無線 LAN の論理空間を識別するた
　　めの識別子です。通常，無線 LAN のアクセスポイントは，アクセスポイントを識別する
　　ための ESSID をビーコンという信号として周囲に伝えています。

イ：HTTPS (Hyper-Text Transfer Protocol Secure) は，Web ブラウザと Web サー
　　バ間の通信プロトコル HTTP (Hyper-Text Transfer Protocol) を SSL/TLS 上で行う
　　ためのプロトコルであり，https:// で始まる URL へのアクセスで利用されています。

ウ：S/MIME (Secure / Multipurpose Internet Mail Extensions) は，公開鍵暗号方式
　　を用いたメールの暗号化方式です。

問9-26　ウ　　　　　　　　　IDの使用停止が有効な防衛手段となるもの (H28秋-IP 問83)

　あるIDに対して所定の回数を超えてパスワードの入力を間違えたとき，当該IDの使用を停止させることは，パスワードとして想定される全ての文字列の組合せを試すような攻撃に対して有効な防衛手段となります。このような攻撃を総当たり攻撃といいます。したがって，（ウ）が正解です。

ア：DoS攻撃（Denial of Service attack：サービス妨害攻撃）は，サービスの停止を狙い，サーバのOSやWebアプリケーションのセキュリティホールを突いてソフトウェアを異常停止や誤動作させたり，大量の通信パケットを送り付けることで故意に負荷を引き起こしサーバをダウンさせたりする攻撃です。

イ：SQLインジェクションは，Webアプリケーションなど，後ろにDBMS（DataBase Management System：データベース管理システム）が接続されているアプリケーションのデータ入力欄に，不正なSQLを混ぜることで，データの不正取得や，破壊を引き起こす攻撃です。

エ：フィッシングは，偽物のWebサイトに攻撃対象者を誘導し，正規のWebサイトへのログインに必要なIDやパスワードといった情報を盗み出す攻撃です。

問9-27　ア　　　　　　暗号資産入手のためのマイニングを気付かれずに行うこと (R2-IP 問60)

　暗号資産（仮想通貨）は，コンピュータの演算によって，新たな仮想通貨を市場に供給する仕組みになっています。つまり金鉱山から金を採掘（マイニング）するようなモデルとして運用されています。

　悪意のあるものは他人のコンピュータにこのマイニングをさせることで，仮想通貨を入手しようとします。これを「クリプトジャッキング」といいます。したがって，（ア）が正解です。

イ：ソーシャルエンジニアリングとは，コンピュータやネットワークの技術を使わずに情報セキュリティに脅威を与える攻撃手法の総称です。例えばIDやパスワードを盗み出すためのごみ箱あさりや,ショルダーハッキング（肩越しにのぞき見すること）などが,ソーシャルエンジニアリングに分類されます。

ウ：バッファオーバフローとは，システムに何かの値を入力する際，あるいは通信路経由でデータを送る際に，受取り側システムが，その入力値を格納するためのメモリ領域（バッファ）のサイズを超えるデータを送ることで，システムの誤動作や操作権限の奪取を図る攻撃手法です。

エ：フィッシングは，実在の金融機関やショッピングサイトなどの正規の電子メールを装って，偽物サイトに誘導し，ID，パスワードなどの個人情報を詐取する不正行為を指します。

9

問9-28　イ　　　　　　　　　　修正プログラムの有無を調べるPDCAのフェーズ (H30秋-IP 問61)

　PDCA は，Plan（計画），Do（実行），Check（検証），Act（改善）というサイクルを表す用語であり，PDCA サイクルを繰り返すことによって，継続的な改善を行うことを示しています。ソフトウェアに対する最新の修正プログラムの有無を，定められた運用手順に従って毎日調べる業務は，もともと計画された業務を実行する Do のフェーズといえます。したがって，（イ）が正解です。

問9-29　ウ　　　　　　　　　　　　　　SECURITY ACTIONに関する記述 (R3春-IP 問79)

　SECURITY ACTION は，中小企業自らが情報セキュリティ対策に取り組むことを自己宣言する制度です。IPA（Information-technology Promotion Agency, Japan：独立行政法人情報処理推進機構）は，"中小企業の情報セキュリティ対策ガイドライン"の普及推進に当たり，中小企業と関わりの深い商工団体，士業団体，IT 関連団体，独立行政法人と連携し，中小企業における情報セキュリティ普及推進に関する共同宣言（平成 29 年 2 月）を発表しました。その際，中小企業の自発的な情報セキュリティ対策を促すための核となる取組みとして創設されたのが SECURITY ACTION です。したがって，（ウ）が適切です。

ア：SECURITY ACTION には，費用の一部を国が補助する制度はありません。

イ：SECURITY ACTION 制度は，特定非営利活動法人なども対象としています。

エ：IPA が推進している制度ではありますが，IPA（第三者）が認定する制度ではありません。

問9-30　エ　　　　　　　　　　　　セキュリティバイデザインの説明 (H30春-FE 問42)

　セキュリティバイデザイン（Security By Design）は，設計によるセキュリティを意味し，設計段階からセキュリティを検討し確保することです。システムが完成してからセキュリティ機能を追加したり，セキュリティ事故が発生してから対策をしたりするのでは遅すぎます。そのため，設計の基となる要件を決めるシステムの企画の段階からセキュリティ要件を検討し，確保する必要があります。したがって，（エ）が正解です。

ア：ペネトレーションテストの説明です。

イ：リスクアセスメントにおける，システム開発ライフサイクルアプローチの導入フェーズの説明です。企画・設計段階で入手できる情報だけでセキュリティ要件が足りるとは限らないので，システム開発ライフサイクル全体でセキュリティリスクを評価するという考え方です。導入フェーズでは，開発したシステムを運用環境下で使用した場合のセキュリティ要件について，実際にシステムを動かしてリスクアセスメントを行います。

ウ：システム監査（セキュリティ監査）の説明です。

資料　〔**擬似言語について**〕

　IT パスポート試験用の擬似言語の説明で出てくる用語の意味を補足します。
　アルゴリズムを表現するための擬似的なプログラム言語（擬似言語）を使用した問題では，各問題文中に注記がない限り，次の記述形式が適用されます。

〔擬似言語の記述形式〕

記述形式	説明
○**手続名又は関数名**	手続又は関数を宣言する。
型名 : **変数名**	変数を宣言する。
/***注釈***/ //**注釈**	注釈を記述する。
変数名 ← **式**	変数に**式**の値を代入する。
手続名又は関数名(**引数**, …)	手続又は関数を呼び出し，**引数**を受け渡す。

if（**条件式 1**）
　処理 1
elseif（**条件式 2**）
　処理 2
elseif（**条件式 n**）
　処理 n
else
　処理 n+1
endif
	選択処理を示す。
	　条件式を上から評価し，最初に真になった**条件式**に対応する**処理**を実行する。以降の**条件式**は評価せず，対応する**処理**も実行しない。どの**条件式**も真にならないときは，**処理 n+1** を実行する。
	　各**処理**は，0 以上の文の集まりである。
	　elseif と**処理**の組みは，複数記述することがあり，省略することもある。
	　else と**処理 n+1** の組みは一つだけ記述し，省略することもある。

while（**条件式**） 　**処理** endwhile	前判定繰返し処理を示す。 　**条件式**が真の間，**処理**を繰返し実行する。 　**処理**は，0 以上の文の集まりである。
do 　**処理** while（**条件式**）	後判定繰返し処理を示す。 　**処理**を実行し，**条件式**が真の間，**処理**を繰返し実行する。 　**処理**は，0 以上の文の集まりである。
for（**制御記述**） 　**処理** endfor	繰返し処理を示す。 　**制御記述**の内容に基づいて，**処理**を繰返し実行する。 　**処理**は，0 以上の文の集まりである。

〔演算子と優先順位〕

演算子の種類		演算子	優先度
式		()	高
単項演算子		not ＋ －	↑
二項演算子	乗除	mod × ÷	
	加減	＋ －	
	関係	≠ ≦ ≧ ＜ ＝ ＞	↓
	論理積	and	
	論理和	or	低

注記　演算子 mod は，剰余算を表す。

〔論理型の定数〕

true, false

〔配列〕

　一次元配列において"{"は配列の内容の始まりを，"}"は配列の内容の終わりを表し，配列の要素は，"["と"]"の間にアクセス対象要素の要素番号を指定することでアクセスする。

　　例　要素番号が1から始まる配列 exampleArray の要素が {11, 12, 13, 14, 15} のとき，要素番号4の要素の値（14）は exampleArray[4] でアクセスできる。

　二次元配列において，内側の"{"と"}"に囲まれた部分は，1行分の内容を表し，要素番号は，行番号，列番号の順に","で区切って指定する。

　　例　要素番号が1から始まる二次元配列 exampleArray の要素が {{11, 12, 13, 14, 15}, {21, 22, 23, 24, 25}} のとき，2行目5列目の要素の値 (25) は，exampleArray[2,5] でアクセスできる。

出典：試験で使用する情報技術に関する用語・プログラム言語など Ver.5.0（IPA）
　　　別紙1　擬似言語の記述形式（IT パスポート試験用）

〔擬似言語の記述形式〕 用語の補足説明

　記載されている個々の内容について，〔擬似言語の記述形式〕，〔演算子と優先順位〕，〔論理型の定数〕，〔配列〕の順に資料に記述されている説明とその補足をします。

(1) 擬似言語の記述形式

① | ○*手続名又は関数名* |

　　（補足）プログラムの最初に手続又は関数の名前を示します。処理するデータ
　　　　　である引数は名前の後ろに（）の中で指定します。関数の場合は，処理
　　　　　結果のデータである戻り値の型を最初に指定します。

　　（例1）○整数型: calc_factorial(整数型: num)
　　　　　　　関数名が calc_factorial で，整数型の数値 num を引数として受け取
　　　　　　り，階乗（英語で factorial）の計算を行って，整数型の結果を返すこ
　　　　　　とを示します。

　　（例2）○ printStars(整数型: num)
　　　　　　　手続名が printStars で，整数型の数値 num を引数として受け取り，
　　　　　　処理を行うことを示します。○の後ろに型がないので，関数ではなく手
　　　　　　続になります。

② | *型名 : 変数名* |

　　（補足）手続や関数の宣言に続いて，処理で使う変数の型と名前を示します。

　　（例1）実数型: sum, mean
　　　　　　　実数型の変数として sum と mean を使うことを宣言します。

　　（例2）整数型: cnt ← 0
　　　　　　　整数型の変数として cnt を使う宣言と，初期値 0 の設定を併せて行
　　　　　　う例です。

③ | /* *注釈* */ |
　 | // *注釈* |

　　（補足）プログラムには，後で見たときに処理内容やアルゴリズム，注意事項
　　　　　をわかりやすく示すために注釈を入れることができます。注釈は処理の
　　　　　実行に影響しません。

　　（例）/* 実数として計算する */
　　　　　// 実数として計算する

④ | *変数名 ← 式* |

　　（補足）←の方向に従って，代入先を左側に記述し，代入する数値や変数，計
　　　　　算式などを示します。　（代入先）←（代入する値や変数などの式）

　　（例1）sum ← 0
　　　　　　　変数 sum に 0 を代入します。

　　（例2）cnt ← cnt + 1
　　　　　　　現在の cnt の値に 1 を足した値を，改めて cnt に代入します。
　　　　　　　現在の cnt の値が 5 なら，1 を足した 6 が cnt に代入されます。

⑤ **手続名又は関数名 (引数, …)**

(補足) プログラムの中で手続名や関数名を指定すると，それらの手続や関数
が実行されます。受け渡す引数は手続名や関数名の後ろに（）の中で指定
します。複数の引数がある場合は，“,”で区切って指定し，引数は呼び
出す側で指定した引数の順に，各手続や関数で指定した引数に対応しま
す。

(例)（関数の宣言）　〇整数型: calc(整数型: num1, 整数型: num2)
　　　ある手続の中でこの関数 calc を呼び出して実行します。
　　　（呼出し時）　calc(w_a, w_b)
　　　呼び出した時点の w_a，w_b の値を引数として，この順に関数 calc の
　　　引数 num1，num2 の値となって関数が実行されます。

⑥
```
if (条件式 1)
    処理 1
elseif (条件式 2)
    処理 2
elseif (条件式 n)
    処理 n
else
    処理 n + 1
endif
```

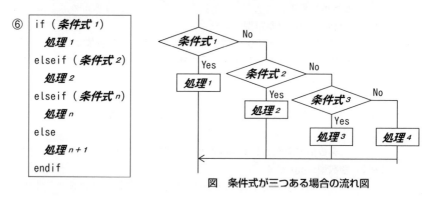

図　条件式が三つある場合の流れ図

(補足) 条件式はいくつでも指定できますが，条件が一つの場合は次のように
2分岐の if 文になります。*処理 1* か *処理 2* のどちらかの文が実行されます。

```
if (条件式 1)
    処理 1
else
    処理 2
endif
```

図　条件式が一つの場合の選択処理の流れ図

この if 文で else と *処理 2* を省略して，*条件式 1* が真のときに実行する処理
だけを記述することもできます。

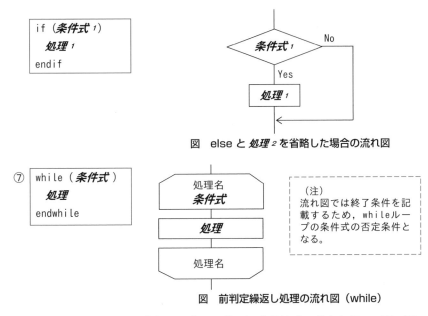

```
if (条件式 1)
    処理 1
endif
```

図　else と 処理2 を省略した場合の流れ図

⑦
```
while (条件式)
    処理
endwhile
```

（注）
流れ図では終了条件を記載するため，whileループの条件式の否定条件となる。

図　前判定繰返し処理の流れ図（while）

（補足）繰返し処理を実行する前に，繰り返す条件式の判定を行い，真の間，処理を繰返し実行します。条件式の判定で偽になったら，繰返し処理を抜けて次の文を実行します。最初から条件式が偽の場合は，一度も処理を実行せずに繰返し処理を抜けて，endwhile の次の文を実行します。

⑧
```
do
    処理
while (条件式)
```

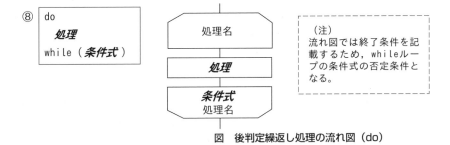

（注）
流れ図では終了条件を記載するため，whileループの条件式の否定条件となる。

図　後判定繰返し処理の流れ図（do）

（補足）繰返し処理を1回実行した後に，繰り返す条件式の判定を行い，真の間，処理を繰返し実行します。条件式の判定で偽になったら，繰返し処理を抜けて，while(条件式)の次の文を実行します。最低1回は処理を実行させたい場合に，この do 文を使います。

⑨
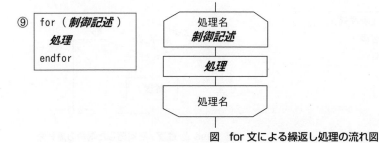

```
⑨ ┌─────────────────────┐
  │ for（制御記述）     │
  │   処理              │
  │ endfor             │
  └─────────────────────┘
```

図　for 文による繰返し処理の流れ図

（補足）考え方は while 文の前判定繰返し処理と同じですが，処理を一定回数
　　　　だけ単純に繰り返す場合などに，for 文がよく使われます。なお，制御
　　　　記述の方法については，説明がないので，「～を～～まで増やす」という
　　　　特定の変数を増減させる記述になります。

（2）演算子と優先順位

　擬似言語で指定できる演算子を優先順位の高い順に説明します。優先順位は複数の
演算子を式の中で記述したとき，どの演算子を先に実行するかという順序を決めたも
のです。実際のプログラム言語で使われる演算子の種類・優先順位とほとんど同じと
考えてください。

① 式　（）

　　（補足）条件式の記述や，長い式の部分的なまとまりを示すのに使われる括弧
　　　　　　です。（）の中にさらに（）を使って式を示すことができますが，複数指
　　　　　　定されている場合は，どこの"（"と"）"が対応しているかをしっかり
　　　　　　把握する必要があります。

　　（例1）条件式　（A が 10 より大きい）

　　（例2）式　（A ＋ B）×（C － D）

② 単項演算子　not ＋ －

　　（補足）一つの数値や変数に付ける演算子で，not は論理型の変数を否定します。
　　　　　　＋と－は，数値や変数の正負を表す符号として使います。

　　（例1）論理型変数：P に対して，not P
　　　　　　P は真偽を表す true か false のどちらかで，その否定を notP と記述
　　　　　　します。

　　（例2）変数や数値の符号　＋B　－2　など。括弧を付けて（＋B）（－2）と
　　　　　　して単項演算子であることをはっきり示す場合もあります。

③ 二項演算子　乗除　mod　×　÷

（補足）二つの数値や変数などの乗除算で使う演算子です。除算は／ではなく，
÷ を使います。mod は余りを求める剰余残の演算子で，例として，
20 mod 6 は 2 となります（20 を 6 で割ると，商が 3 で，余りが 2）。

（例1）代入文で，C ← A × B　　　D ← (A + B) ÷ 2

（例2）条件式で，while (B ≦ 100)　（変数 B が 100 以下なら処理を繰り返します）

（例3）剰余残　C ← A mod B　（A を B で割った余りを C に代入します）

④ 二項演算子　加減　＋　−

（補足）二つの数値や変数などの加減算で使う演算子です。単項演算子と混在する場合は () を付けて混乱しないように指定します。

（例1）代入文で，C ← A + B

（例2）代入文で，C ← A + (− B)

⑤ 二項演算子　関係　≠　≦　≧　＜　＝　＞

（補足）二つの数値や変数などの大小や，等しい・等しくないといった関係を示すときに使う演算子です。≦は「＜または＝」，≧は「＞または＝」の意味になり，＝の場合も含んでいます。

（例1）if 文の条件式で，if (C ≠ A)　　（C と A が等しくない）

（例2）while 文の条件式で，while (P ＜ Q)　　（P が Q より小さい）

⑥ 二項演算子　論理積　and

（補足）条件式の指定で，「二つの条件の両方が真のときに，条件全体を真とする」ような指定をするときに使う論理演算の演算子です。

（例）if (A ≦ 10) and (A = K)

（A が 10 以下で，かつ，A と K が等しい）とき

真となる場合……A = 7 で K = 7 のとき，A = 10 で K = 10 のとき，
A = 3 で K = 3 のとき　など

偽となる場合……A = 11 で K = 11 のとき，A = 3 で K = 2 のとき　など

⑦ 二項演算子　論理和　or

（補足）条件式の指定で，「二つの条件の少なくともどちらか一方が真のときに，条件全体を真とする」ような指定をするときに使う論理演算の演算子です。このとき，両方の条件が真のときにも条件全体は真となります。

（例）if (A ≦ 10) or (A = K)

（A が 10 以下，または，A と K が等しい）とき

真となる場合……A = 7 で K = 7 のとき，A = 7 で K = 10 のとき，
A = 12 で K = 12 のとき　など

偽となる場合……A = 11 で K = 12 のとき　など

(3) 論理型の定数（true, false）

　論理型の変数は真と偽の二つの状態をもつ変数です。変数を真の状態にするには論理型の定数 true を代入し，偽にするには論理型の定数 false を代入します。論理型定数 true と false は，あらかじめ決められた定数として扱われ（予約語といいます），この綴りと同じ変数名，手続名，関数名は指定できません。

（使い方の例）

　実数型のデータ samp の値が 1.25 以上のとき論理型変数 status を真にして，samp の値が 1.25 未満のとき status を偽にする。その後，status が真なら「Good！」を，偽なら「Bad！」を出力する。

```
実数型: samp
論理型: status
if (samp ≧ 1.25)
   status ← true        //samp ≧ 1.25 のとき，status を真にする
else
   status ← false       //samp ＜ 1.25 のとき，status を偽にする
endif
   :  （途中略）
if (status)
   "Good！" を出力する      //status が真（samp ≧ 1.25）のとき
else
   "Bad！" を出力する       //status が偽（samp ＜ 1.25）のとき
endif
```

※「samp ≧ 1.25」という条件式を，if (status) のように，一つの論理型変数 status で簡潔に表すことができ，長い条件式が何度も出てくる場合に繰返し書かずに済みます。

（4）配列

　〔擬似言語の記述形式〕の説明に出てくる一次元配列 exampleArray にデータが格納されているイメージを図で表すと，次のようになります。要素番号は実際のプログラム言語では 0 から始まるものもありますが，試験用の擬似言語では 1 から始まることが多いです。

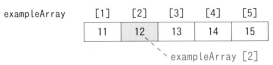

　次に説明で出てくる二次元配列 exampleArray は，縦横に要素を格納する表をイメージするとわかりやすいです。データが格納されているイメージは，次のようになります。図の下方向の要素番号が行に，右方向の要素番号が列に相当し，要素を指定するには，配列名［行番号，列番号］と指定します。

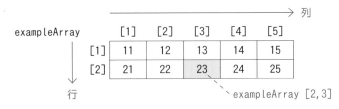

索 引

参考文献・参考サイト

◇独立行政法人 情報処理推進機構「IT パスポート試験」シラバス（Ver.6.2)，2023 年
　https://www.ipa.go.jp/shiken/syllabus/t6hhco000000p2y8-att/syllabus_ip_ver6_2.pdf
◇アイテック IT 人材教育研究部著;「IT パスポート試験対策書 第 6 版」，株式会社アイテッ
　ク，2022 年 ISBN: 978-4-86575-287-8
◇アイテック IT 人材教育研究部著;「コンピュータシステムの基礎 第 18 版」，株式会社
　アイテック，2021 年 ISBN: 9784-86575-238-0
◇アイテック IT 人材教育研究部著;「アルゴリズムの基礎 第 3 版」，株式会社アイテック，
　2023 年 ISBN: 978-4-86575-308-0
◇独立行政法人 情報処理推進機構「基本情報技術者試験」シラバス（Ver.8.1)，2023 年
　https://www.ipa.go.jp/shiken/syllabus/t6hhco000000ijhj-att/syllabus_fe_ver8_1.pdf
◇「What is Scrum?」 https://www.scrum.org/learning-series/what-is-scrum
◇「情報セキュリティ 10 大脅威」 https://www.ipa.go.jp/security/10threats/index.html
◇「情報セキュリティ関連ガイド」 https://www.ipa.go.jp/security/guide/index.html
◇「SECURITY ACTION 自己宣言」 https://security-shien.ipa.go.jp/security/index.html
◇国土交通省;「バリアフリー・ユニバーサルデザイン 案内用図記号（JIS Z8210)」
　https://www.mlit.go.jp/sogoseisaku/barrierfree/sosei_barrierfree_tk_000145.html
◇経済産業省;「システム監査基準」，2023 年
　https://www.meti.go.jp/policy/netsecurity/sys-kansa/sys-kansa-2023r.pdf
◇内閣府;「Society 5.0」 https://www8.cao.go.jp/cstp/society5_0/
◇落合和雄・倉田嘉奈・アイテック教育研究開発部著;「IT パスポート入門 第 2 版」株式
　会社アイテック，2012 年
◇独立行政法人 情報処理推進機構 技術本部 ソフトウェア・エンジニアリング・センター編著;
　「共通フレーム 2013 ～経営者，業務部門とともに取組む「使える」システムの実現～」，2013 年

写真提供

◇株式会社アイ・オー・データ機器
◇インテル株式会社
◇エレコム株式会社
◇日本マイクロソフト株式会社
◇株式会社バッファロー
◇株式会社日立産業制御ソリューションズ
　（P.418 入退室管理用指静脈認証端末（FVA-100))
◇パナソニック株式会社

（50 音順）

編著者

◇アイテック IT 人材教育研究部

落合　和雄	倉田　嘉奈
石川　英樹	小口　達夫
山本　明生	田村美弥子
青山　奈津	

イラスト

◇スズキ ケイコ

わかりやすい！IT 基礎入門　第 4 版

編著　▰ アイテック IT 人材教育研究部
企画・編集・制作　▰ 山浦　菜穂子　　晴野　慧大　　石井　紘美
DTP・印刷　▰ 株式会社ワコー

発行日　2023 年 9 月 29 日　第 4 版　第 1 刷
発行人　土元　克則
発行所　株式会社アイテック
　　　　〒 143-0006
　　　　東京都大田区平和島 6-1-1　センタービル
　　　　電話　03-6877-6312
　　　　https://www.itec.co.jp/